国家出版基金项目

NATIONAL PLBLICATION FOUNDATION

国家出版基金项目

“十四五”时期国家重点出版物出版专项规划项目

高速铁路基础研究与技术创新丛书

安全·健康·维护系列

高速铁路道砟飞溅机理及防治

本丛书编委会 总主编

高 亮 石顺伟 殷 浩 著

王 平 主 审

中国铁道出版社有限公司

2022年·北 京

内容简介

本书为"高速铁路基础研究与技术创新丛书"之一。针对高速铁路有砟轨道面临的道砟飞溅问题，本书采用理论与试验分析相结合的方法进行了深入系统地研究。自主设计高速铁路道砟飞溅风洞试验方法，探究了有砟轨道结构宏观流场分布特征、颗粒细观属性对道砟飞溅的影响；采用多孔介质及滑移网格方法构建高速列车-有砟轨道流场分析模型，实现了高速行车条件下有砟轨道复杂气动流场的真实还原；基于流体动力学-离散单元法-多体动力学耦合创建道砟飞溅动力分析模型，分析了列车空气动力、轨道结构振动、大风运营环境等多场耦合作用下道砟飞溅发生及发展机理，研究道床、轨枕设计参数对道砟飞溅的影响，提出了道砟飞溅防治措施，形成了系统化的高速铁路道砟飞溅机理、防治理论分析及应用技术体系。

本书适合铁道工程专业科研、设计、施工、养护维修人员参考，也可作为高等院校铁道工程专业研究生和本科生学习参考用书。

图书在版编目(CIP)数据

高速铁路道砟飞溅机理及防治／高亮，石顺伟，殷浩著．—北京：中国铁道出版社有限公司，2022.4

（高速铁路基础研究与技术创新丛书．安全·健康·维护系列）

"十四五"时期国家重点出版物出版专项规划项目

ISBN 978-7-113-28906-5

Ⅰ.①高…　Ⅱ.①高…　②石…　③殷…　Ⅲ.①高速铁路-轨道力学-动力学-研究　Ⅳ.①U213.2

中国版本图书馆 CIP 数据核字(2022)第 031688 号

书　　名：高速铁路道砟飞溅机理及防治
作　　者：高　亮　石顺伟　殷　浩

策　　划：刘　霞
责任编辑：刘　霞　　**编辑部电话：**(010)51873405　　**电子邮箱：**604105550@qq.com
封面制作：高博越　尚明龙　　**封面摄影：**王明柱　　**丛书标识设计：**崔丽芳
责任校对：孙　玫
责任印制：高春晓

出版发行：中国铁道出版社有限公司(100054，北京市西城区右安门西街 8 号)
网　　址：http://www.tdpress.com
印　　刷：北京联兴盛业印刷股份有限公司
版　　次：2022 年 4 月第 1 版　2022 年 4 月第 1 次印刷
开　　本：787 mm×1 092 mm　1/16　**印张：**13.75　**字数：**268 千
书　　号：ISBN 978-7-113-28906-5
定　　价：88.00 元

高速铁路基础研究与技术创新丛书

编 辑 组

序

我国高速铁路起步晚、发展快、后劲足，经过几代人的不懈努力，通过原始创新、集成创新、引进消化吸收再创新，成功地走出了一条符合中国国情路情、具有中国特色的自主创新之路。我国已系统掌握各种复杂地质和气候条件下高速铁路建造成套技术；在工务工程、列车运行控制、牵引供电、动车组等高速铁路核心技术方面实现自主化；形成了复杂路网条件下处理跨线运行的运营管理成套技术，构建了人防、物防、技防三位一体的主动安全保障机制。我国已成为全球高速铁路运营里程最长、在建规模最大、运营速度最快、技术体系最全、运营和管理经验最丰富的国家。我国高速铁路技术已走在世界前列，成为推动世界高速铁路发展的重要力量。

为贯彻落实中共中央、国务院《交通强国建设纲要》，推进国铁集团《新时代交通强国铁路先行规划纲要》的落地，系统总结、梳理我国高速铁路各领域前沿理论和技术，向我国乃至世界高速铁路科研工作者和工程技术人员提供一套前沿性的参考书，中国国家铁路集团有限公司铁道出版社公司特组织编著出版“高速铁路基础研究与技术创新丛书”。

丛书以习近平新时代中国特色社会主义思想为指导，以国家自然科学基金课题、国家基金委-国铁集团高铁联合基金课题、国家“973”课题、国家重点研发计划课题等科研成果为支撑，从高速铁路前沿研究、补短板技术、核心技术、技术发展趋势等方向组织选题，涵盖动车组、供电、通信与信号、列控与检测、工程勘察与设计、智能建造、运营与管理、现代信息技术、安全和维护等领域，规模为100册，是全面系统论述我国高速铁路基础研究与技术创新成就的大型系列原创性科技著作。

丛书力求突出制高点、原创性、权威性、全覆盖特色。丛书各册内容以作者团队长期从事高速铁路科学研究的成果为依托，多数成果居于国内领先水平甚至世界先进水平，多种成果荣获国家科学技术奖一等奖、二等奖，国家技术发明奖一等奖、二等奖，茅以升科学技术奖，詹天佑铁道科学技术奖，铁道科技进步奖等奖项，丛书内容体现了我国当今最新、最前沿以及展现未来发展趋势的高速铁路相关研究成果和应用技术。丛书包括动车组、供电、工程施工与组织等十个系列，基本实现高速铁路各领域全覆盖。

丛书由编委会总负责。编委会阵容强大，认真负责。编委会各成员都是长期从事我国高速铁路科研、技术、生产和管理的一流专家学者，是所从事领域的翘楚，其中包括高速铁路及其相关领域的四位院士。编委会多次开会商讨丛书的体系、内容特色、作者条件及质量保障机制；分工负责，精心审订和修改各册编写提纲；多次遴选选题，先从 150 多个选题意向中遴选出 100 个选题，后又剔除了内容特色不太鲜明的 8 个选题，还对 10 多个选题提出了较大的改进意见，补充了 8 个关键技术和弥补技术空白的选题；最后邀请专人对各册内容进行审定，从而保证了各册内容的正确性和先进性。

2021 年年底，国家新闻出版署经过严格评审，“高速铁路基础研究与技术创新丛书”(100 册)成功入选“‘十四五’时期国家重点出版物出版专项规划——重大出版工程”。这是对本丛书项目的认可，也是对编委会、作者和编辑等人员前期工作的认可，更是一种鞭策。我们相信，本丛书的出版，将助力于《交通强国建设纲要》的贯彻落实，推动我国乃至世界高速铁路事业的发展，也将为铁路领域的科研工作者、工程技术人员、管理人员，以及高校相关专业师生提供一套高水平、原创性、权威性、全覆盖的大型高铁科技精品著作。

中国工程院院士

“高速铁路基础研究与技术创新丛书”编委会主任

2022 年 2 月

前　言

本书为“高速铁路基础研究与技术创新丛书”之分册，按丛书要求，力图体现高速铁路道砟飞溅机理和防治办法的制高点、前沿性、原创性特色。

高速铁路作为我国自主创新的标志性成果已领跑世界。轨道是高速列车运行的下部基础，其质量状态直接影响列车运营安全。有砟轨道和无砟轨道是高速铁路最基本的两种轨道结构形式，其中采用碎石道床作为轨下基础的有砟轨道，以其经济合理、弹性良好、维修便捷、减振优良的特点，在世界范围内得到了广泛认可与应用，是国际上高速铁路轨道结构的主要形式。法国、日本、西班牙等高速铁路发达国家均主要采用有砟轨道结构，我国的长大桥梁、地下采空区、高架车站、软黏土地区等特殊地段也大多采用了有砟轨道。

目前，我国高速铁路发展方向已由大规模建设阶段，逐步转变为科学、高效的运营与维护阶段。我国气候、地形的多样性，使得高速铁路有砟轨道的运营与维护工作面临着前所未有的巨大挑战。虽然有砟轨道在世界范围内应用时间较长，积累了相对丰富的建设、运营和维护经验，然而在高速行车条件下，有砟轨道的受力特征发生了显著变化。由于有砟轨道固有的散粒体结构特征，列车高速通过时，在列车空气动力与轨道动力等因素的影响下，会出现道砟颗粒飞离道床，击打轨道、车辆及线路周边设施的情况，即道砟飞溅现象。

道砟飞溅对轨道和车体结构危害显著，增加了线路和车辆的养护维修成本，并威胁行车安全。飞溅道砟若散落在钢轨踏面，在轮轨力作用下会造成钢轨和车轮伤损，加速轨道恶化和车轮扁疤，进而导致轮轨受力改变，严重时甚至会产生脱轨等事故；若击打列车转向架、制动缸、车体等部位，会造成列车伤损，增加不安全因素以及车辆维修成本；会对线路周围设施造成一定的危害，甚至有可能发生人身伤害。道砟飞溅现象制约了高速铁路有砟轨道的进一步发展，使我国新建高速铁路大量采用了建设成本高、工期长、维修难的无砟轨道结构。

高速铁路道砟飞溅现象具有显著的不确定性，且飞溅道砟速度极快，较难通过现场试验手段观测到道砟飞溅，采用传统试验手段不能准确掌握道砟飞溅的发生和发展机理。同时，在列车的高频荷载反复作用下，轨道和下部基础均会产生较大的振动，道砟颗粒在列车风载与轨道动载作用下的稳定性显著降低。此外，我国幅员辽阔，高速铁路线路跨越区域气候条件差异较大，存在如大风等自然条件的影响，均可能诱发道砟飞溅现象。以上诸多因素导致高速铁路道砟飞溅发生和发展机理复杂，而我国在高速铁路道砟飞溅方面的研究存在较多空白。因此，道砟飞溅是高速铁路亟待解决的关键问题之一，有必要对高速铁路道砟飞溅机理及防治措施进行深入研究，保证高铁列车的安全运营，降低线路建造及养护维修成本，为我国高铁"走出去"战略提供重要的技术支撑。

近年来，笔者及团队承担了多项国家自然科学基金和中国国家铁路集团有限公司相关重大课题，针对时速 300 km 及以上有砟轨道设计、运营过程中基础理论方面所面临的若干关键科学问题开展了研究，在道砟飞溅发生机理及防控措施方面积累了大量的研究成果，并作为主要理论支撑方参与了高速铁路散体道床关键参数的设计。这些阶段性研究成果进一步总结凝练后，形成了本书的主要内容。

在开展铁路道砟飞溅机理及防治措施等关键技术的研究中，得到中国国家铁路集团有限公司、国家铁路局有关领导，以及中国铁道科学研究院集团有限公司、各相关高校、设计院、铁路局、工程局等单位的大力支持与帮助，得到国家自然基金的资助。本书由西南交通大学王平主审，课题组肖宏、蔡小培、尹辉、侯博文参与了大量工作，研究生刘畅、赵云哲、蔡航、王向宁、韩易昂等进行了国内外相关研究资料的收集整理并协助开展试验测试等工作；肖一雄、徐萌参与了校订工作。本书还参考了最近颁布的相关规范及国内外相关文献。在此，对上述单位及个人的支持与帮助一并表示感谢。

因水平有限，书中难免有疏漏、不妥之处，敬请广大读者批评指正。

著　者

2022 年于北京

目　　录

第1章 绪　论

高速铁路以其速度高、全封闭、自动化程度高、安全、舒适等显著优点而受到了全世界的青睐。有砟轨道及无砟轨道是高速铁路两种主要的轨道结构形式，在世界范围内得到了广泛应用。无砟轨道具有稳定性高、均匀性好、养护维修工作量小等优点，但存在造价高、振动噪声大等不足，且一旦发生上拱、离缝等病害，或地震等地质灾害造成的严重伤损，养护维修困难，威胁行车安全。相比之下，有砟轨道具有建设成本低、振动噪声小、养护维修方便等优势，但在高速列车高频循环荷载及复杂气动环境作用下易发生道床劣化及道砟飞溅等现象。

道砟飞溅会击打车辆及轨道设施，造成车轮扁疤、钢轨擦伤等病害，致使轮轨接触关系发生改变，轮轨作用力增大，严重时甚至引发脱轨等事故。此外，道砟飞溅可能会导致车体、制动缸及线路周边设施伤损，造成大量的不安全因素，大大增加列车及线路养护维修成本。因此，道砟飞溅严重影响列车运行的安全性、稳定性及舒适性，是高速铁路有砟轨道目前亟待解决的关键难题。列车高速运行产生的轨道表面复杂气动流场是道砟飞溅的主要原因，本章在充分调研高速铁路有砟轨道应用现状的基础上，总结分析了国内外学者针对高速铁路有砟轨道流场特征、道砟飞溅动力特性，以及道砟飞溅防治措施的研究现状，最后提出了目前有待完善的几个问题。

1.1 高速铁路有砟轨道应用现状

目前，拥有列车运营速度 200 km/h 及以上高速铁路线路的国家主要有中国、日本、法国、德国、意大利、西班牙、比利时、英国、瑞典、俄罗斯、荷兰等。近十年来，中国高速铁路经历了较大发展，积累了大量的工程实践经验。三大高速铁路技术国家在最初发展高速铁路时均选择有砟轨道结构，发展后期，日本和德国先后开始发展无砟轨道技术，法国则一直发展有砟轨道技术。中国高速铁路起步较晚，将有砟轨道和无砟轨道作为两种并行的技术路线，分别在国内不同外部环境下得到广泛应用。

1.1.1 国外应用现状

世界上第一条高速铁路——日本东海道新干线采用了有砟轨道结构。德国早期修建的城际铁路约75%为有砟轨道。法国高速铁路几乎全部为有砟轨道结构，东部线运营速度达到320 km/h，试验速度为574.8 km/h。西班牙、意大利等国的高速铁路绝大部分采用了有砟轨道结构。从发展趋势来看，有砟轨道也是未来高速铁路的主要结构形式之一。

日本是世界上第一个将高速铁路进行商业化运营的国家，日本在1964年10月1日正式将东海道新干线投入商业运营，列车运行速度最高可达210 km/h，全线主要采用有砟轨道结构。东海道新干线展现了当时世界上最先进的高速铁路技术，推动了高速铁路由试验阶段成功进入商业运营阶段。东海道新干线的建立缓解了当时紧张的运输能力，使曾经被称为“夕阳产业”的铁路焕发出新的生命力，预示着铁路高科技时代的到来。1971年《全国铁道新干线建设法》在日本顺利通过，高速铁路的建设高潮很快在日本出现并风靡全球。山阳新干线于1975年投入商业运营，列车最高运行速度270 km/h。东北新干线于1985年投入运营，列车最高运行速度240 km/h。上越新干线于1982年投入运营，列车最高运行速度240 km/h。长野新干线于1997年投入运营，列车最高运行速度260 km/h。

日本高速铁路的成功运营带动了世界其他国家，人们逐渐意识到高速铁路的优越性，纷纷开始自主发展高速铁路技术。自1950年起，法国国铁SNCF开始探索高速铁路设计和建造技术，并于1955年首次进行列车试验，创造了331 km/h的世界纪录。自1967年起，法国高速铁路TGV正式投入商业运营，虽然比日本晚3年，但是法国不断进行技术创新并努力提高列车速度。1981年，第二代TGV试验车的最高运行速度达380 km/h，刷新了世界纪录。1990年，第三代TGV列车再次刷新了世界纪录，最高瞬时运行速度达515.3 km/h。法国TGV线路主要有三大组成部分：巴黎东南线(TGV PSE)，列车最高运行速度260 km/h；大西洋线(TGV Atlangitue)，列车最高运行速度300 km/h；其他线路，主要包括TGV Nord、TMST、PBKA。法国高速铁路线路总数目为6条，总里程达1 520 km，其后期修建的部分高速铁路线路进入了欧洲其他国家。

1985年德国高速铁路ICE开始进行试验运行，列车最高运行速度达406.9 km/h，刷新了当时的世界纪录。ICE目前投入运营的线路一共有5条：汉诺威—维尔茨堡线和曼海姆—斯图加特线，于1991年正式商业运营；汉诺威—柏林线，于1998年正式商业运营；科隆—法兰克福线，于2002年正式商业运营；纽伦堡—因戈尔斯塔特线，于2006年正式商业运营。德国政府通过新建线路和改建既有线两种方式，建设的高速铁路线路总里程已经超过了1 560 km。按ICE列车种类的不同，划分了德国高速铁路发展的不同阶段。到目前为止，ICE列车类型一共有ICE 1、ICE 2、ICE 3、ICE T和ICE TD五种，它们的主要区别在于车厢结构和运行速度。虽然德国在全面掌握高速铁路技术方面比日本、法国要晚，但其独特的创新技术已经能与日本、法国相媲美。

高速铁路建设浪潮影响到了瑞典、英国、荷兰、意大利、西班牙等西方发达国家，X2000摆式列车于1991年在瑞典正式开通运营，法、德两国的技术被西班牙引进，并于1992年建成了马德里—塞维利亚高速铁路，线路采用有砟轨道结构，总里程达471 km。法国与英国通过英吉利海峡隧道连接起来，两国在1994年建成了第一条国际高速铁路联络线，该联络线极大地促进了欧洲高速铁路的发展，从法国巴黎始发的“欧洲之星”运营后连通了西欧多个国家。为了配合欧洲高速铁路网的建设，欧洲东部和中部的国家纷纷开始着手进行干线铁路的改造，提高列车运营速度。

1.1.2 国内应用现状

1999年，秦沈客运专线的修建，拉开了中国高速铁路发展的序幕。秦沈客专全线主要采用有砟轨道结构，采用特级道砟，设计速度达200～250 km/h，中国自主研发的动车组“中华之星”的最高试验速度高达321.5 km/h。秦沈客运专线是中国铁路步入高速化的起点，也是我国“八纵八横”高速铁路网的重要组成部分。

中国是世界上高速铁路线路总里程最长、运行速度最高、在建规模最大的国家。截至2021年底，中国高铁运营总里程突破4万km，稳居世界第一。其中，由既有线改造形成的高速铁路几乎全部采用了有砟轨道结构，新建线路在250 km/h的高速铁路也主要采用了有砟轨道，如温福线、福厦线、石太线等；在300 km/h及以上的高速铁路也在部分地段采用了有砟轨道线路，尤其是在长大桥梁、高架车站、地下有采空区、存在深厚黏土等特殊地段一般都采用有砟轨道结构。

综合以上分析可知，高速铁路有砟轨道在国内外均得到了广泛的应用，尤其是在高速铁路发展初期，有砟轨道受到了日本、德国、法国等国家的重视。人们生活水平的提高，对列车运行的速度提出了更高的要求，也使得有砟轨道道砟飞溅问题逐渐突出，制约了高速铁路有砟轨道的进一步发展。道砟飞溅主要由列车高速运行时产生的气动流场引发，同时受到轨道振动及外部风荷载等诸多因素的耦合影响，其发生机理复杂，现有的防治措施大多依赖经验，且经济性差，效果欠佳，甚至存在较大争议。为此，国内外学者从列车高速运行时的轨道流场特征、道砟飞溅的动力特征以及道砟飞溅的防治措施等方面进行了探索。

1.2 有砟轨道流场特征研究现状

列车高速运行时，有砟轨道表面产生复杂气动流场，是引发道砟飞溅的主要原因。因此，探明有砟轨道流场特征是揭示道砟飞溅机理的首要条件，国内外学者通过现场试验、室内试验、数值仿真等手段对此开展了一定的研究工作。

1.2.1 流场特征现场试验研究

意大利米兰理工大学 Premoli A、Rocchi D 等在米兰—都灵、罗马—那不勒斯高速铁路线路上开展了有砟轨道流场现场试验，采用图 1-1(a)所示测试装置对高速铁路轨道流场进行测试，测试参数包括道床表面风压和风速。图 1-1(b)为两种车型的高速列车通过时，最上端皮托管测试得到的风速因子时程曲线。结果表明，道床表面风速表现出低频周期性振荡特征，振荡频率与车厢长度有关，试验列车行车速度为 300 km/h 时的振荡频率为 3～4 Hz。

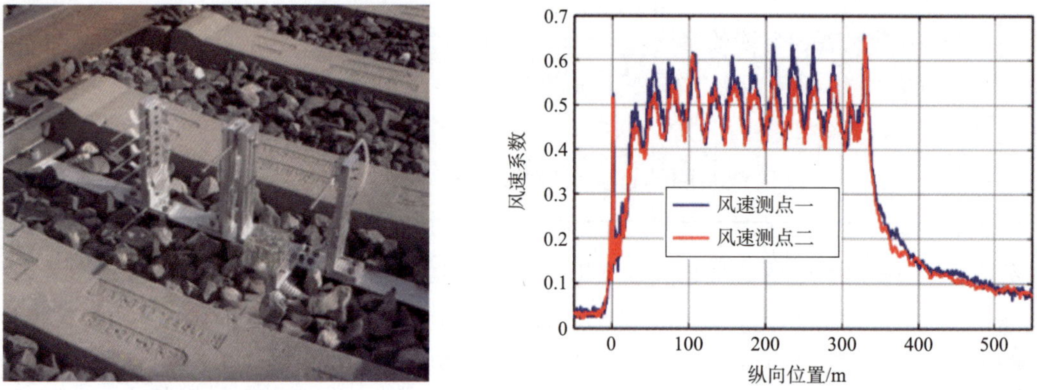

(a) 流场测试装置　　(b) 风速因子变化曲线

图 1-1　轨道流场特征现场试验及测试结果

英国伯明翰大学 Baker C 等在英格兰南部某高速铁路线路上开展了道砟飞溅现场试验，分别对轨道流场和振动特征进行测试，同步测量轨道表面流体风速和风压，以及轨枕位移和道砟振动加速度，风压测试结果如图 1-2 所示。结果表明，不同类型的列车通过前后，轨道结构的位移和振动加速度等动力响应特征较为相近，但流场测试数据差异显著。此外，质量状态较差的道床振动幅度较大，此时易导致道砟颗粒产生初始位移，进而发生道砟飞溅。

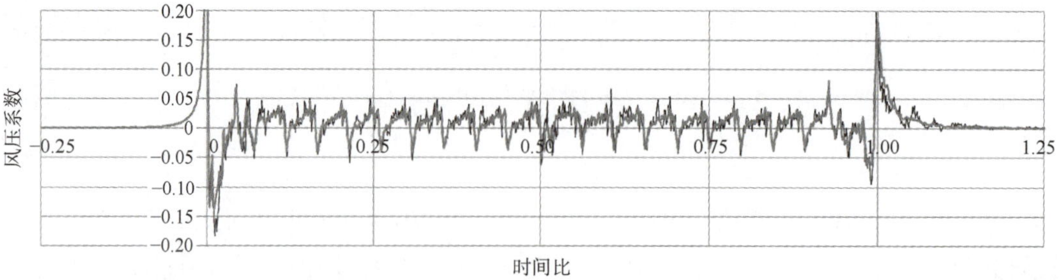

图 1-2　轨道风压测试结果

马德里理工大学 LÁZARO B 等进行了高速铁路道砟飞溅的现场试验研究，采用皮托管、热膜式风速仪对列车通过前后的轨道流场进行了测试，如图 1-3 所示。采用高频摄像机记录不同时刻轨道表面道砟颗粒所处位置，以记录道砟位移特征。测试结果表明，道床表面流场边界层的风速波动特征会受到轨道结构等效粗糙度的影响，轨道流场特征受到轨道和车底结构形状影响显著。

(a) 测试设备安装

(b) 热膜式风速探针

图 1-3 轨道流场风速测试

随着列车运行速度的提高，英国多条铁路线路的钢轨轨头扁疤病害逐渐增多，该问题引起了铁路研究人员的重视。英国伯明翰大学土木工程系 Quinn 等研究发现，该现象正是因为列车高速通过时，道砟飞溅后散落在轨面，后经车轮碾压所致。随后对道砟飞溅进行系统研究，在梅德斯通肯特附近的某高速铁路线路上开展轨道流场测试。图 1-4(a)所示，在沿线路纵向的道床边坡固定一根钢条，并在其表面等距系上轻质塑料彩带，通过摄像机记录彩带摆动方向，判断列车运行时轨道表面流体流动方向。此外，在轨道表面设置了一系列流场测试传感器，如图 1-4(b)所示，测试列车通过前后轨道结构的平均风压系数变化特征。研究表明，道砟飞溅须同时具备两个基本条件：一是道床表层的小颗粒道砟分布较多，二是具有持续作用的空气动力荷载。此外，道砟飞溅受列车运行速度、车体线形、轨道动力特征影响显著。

(a) 流场特征定性测试

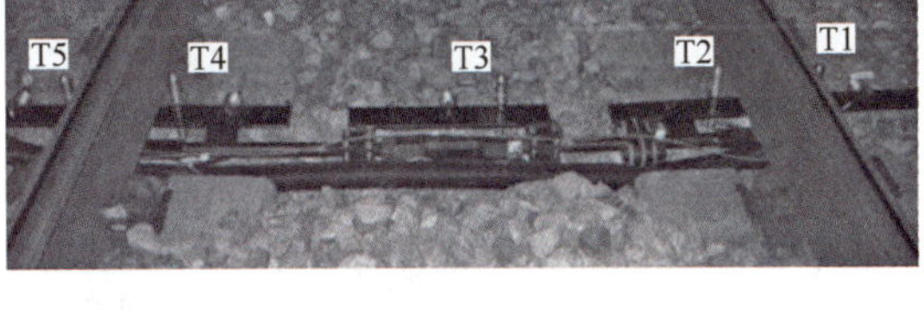

(b) 流场特征定量测试

图 1-4 高速铁路轨道流场特征现场试验

Kwon H 等通过现场试验测试高速铁路轨道流场特征，采用组合探针对 KTX 列车在 300 km/h 速度下的道床表面风速进行现场测试。该风速测试系统能够同时对 16 个测点进行测量：在线路横向上，由线路中心线至钢轨的 72 cm 距离内设置 10 个水平测点；在垂向上，由道床表面至 20 cm 高度范围内设置 6 个垂向测点，如图 1-5 所示。研究表明，在该车速下道床表面 20 cm 高度处的平均风速约为 40 m/s，且距道床表面越近风速越小。

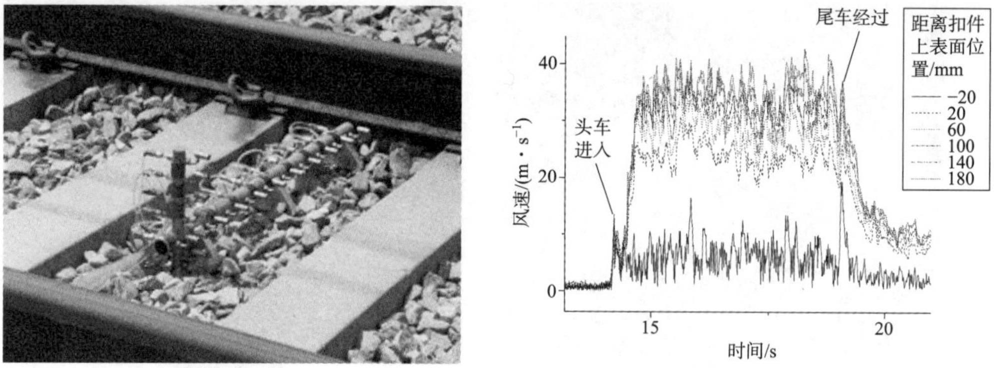

(a) 流场测试装置　　(b) 风速时程曲线

图 1-5　轨道流场风速测试装置及流场数据

德国 DB 铁路管理部门 Kaltenbach H J 等在轨道结构不同断面上分别安装了皮托管压力探针和双组分超声波风速计，采用两种测量原理的仪器测试列车通过时的轨道风速特征。研究表明，两种装置的测试结果基本一致，均表现为当列车头车经过测试断面时，轨道风速存在小幅波动；当中间车通过测试断面时，轨道风速较为稳定；而当列车尾车通过时，轨道风速先急剧增大，然后逐渐降低至前一阶段的稳定范围。

Sima M 等在马德里到巴塞罗那的高速铁路线路上开展了道砟飞溅现场试验，如图 1-6 所示。分别对 S-100、S-102 和 S-103 三种类型的高速列车进行测试，车体结构配置道砟颗粒撞击探测设备，轨道表面安装了风速测试仪和高速摄像装置，并对部分线路的道床表面安装了光滑板材，比较分析了车型、轨道条件等因素对轨道流场特征及道砟飞溅的影响。

(a) 道床光滑处理　　(b) 风速测试仪　　(c) 高速摄像装置

图 1-6　道砟飞溅现场试验

中国铁道科学研究院集团有限公司郄录朝等在京沪高速铁路的黄河大桥有砟轨道线路开展了轨道流场风压测试现场试验，分别在道床表面不同横向和纵向区域设置一系列风压测试传感器，测试列车通过前后轨道表面风压分布特征，及头车和尾车对轨道风压特征的影响。

1.2.2　流场特征室内试验研究

Premoli A 等在现场试验的基础上，开展了有砟道床的实尺模型风洞试验，如图 1-7 所示。试验模型包括道床、轨枕和钢轨结构，基于该风洞试验分析道床面高度、道床密实程度等因素对道砟飞溅的影响。基于风洞试验的定性测试结果表明，道床面高度越低，道床密实程度越大，飞溅道砟数量越少；同时，轨道结构振动会加剧道砟飞溅现象。

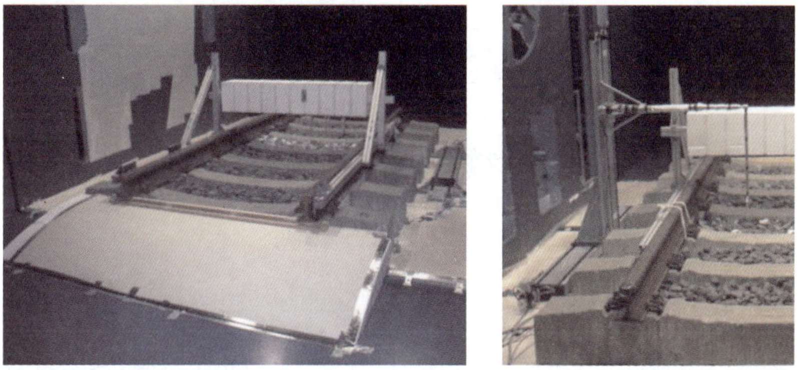

(a) 有砟轨道结构模型　　(b) 流场测试探针

图 1-7　有砟轨道风洞试验

Saussine G 等开展了轨道结构风洞试验，并在试验中考虑了 TGV 和 ICE 3 型两种高速列车的车底形状影响，如图 1-8 所示。在钢轨内侧枕间区域填充道砟颗粒，研究风载作用下道砟颗粒的移动和飞起过程。结果表明，模拟车速低于 180 km/h 时，并未发生道砟飞溅；当模拟车速达 240 km/h 时，15 枚道砟颗粒发生飞溅。

(a) TGV车底结构　　(b) ICE 3车底结构

图 1-8　考虑车底结构的有砟轨道风洞试验

Bell J R 等开展了 ICE 3 型列车的缩尺模型风洞试验，并与现场试验测试数据进行对比，分析高速列车附近流场特征，并研究了模型与试验台相对运动、模型缩尺比例、实验室截面尺寸等风洞试验中存在的局限性对测试结果的影响。

Kaltenbach H J 等在欧盟联合基金项目 Aerodynamic in Open Air (AOA)的资助下开展了车底结构风洞试验，如图 1-9 所示。通过建立 1∶7 的车厢底部风洞试验模型，并考虑车厢连接间隙的影响，研究高速列车车厢底部流场特征，进而为高速列车仿真模型的建立提供数据支撑。测试结果表明，转向架附近轨道结构形状的不规则性对轨道流场特征影响显著。

图 1-9 车底结构缩尺风洞试验

Kaltenbach H J 等通过开展有砟轨道 1∶10 缩尺试验，分析了轨道结构参数对风场作用下道砟颗粒运动特征的影响。试验设置了 3 种轨道结构工况：道床面低于轨枕顶面 40 mm 的整体轨枕结构，如图 1-10(a)所示；道床面与轨枕顶面平齐的整体轨枕结构，如图 1-10(b)所示；双块式轨枕结构，如图 1-10(c)所示。各组轨道模型均置于长 3 m，截面尺寸为 30 mm×40 mm 的风洞管道内，观察统计风载作用下每组模型的道砟颗粒位移情况。将试验结果与 Kind 对道砟飞溅风速临界值的研究结论对比分析，在道床面低于轨枕顶面40 mm 的整体轨枕结构试验组中[图 1-10(a)]，发生位移的道砟数量最少，道砟位移尺度最小。

(a) 整体式轨枕（低道床面） (b) 整体式轨枕（高道床面） (c) 双块式轨枕

图 1-10 有砟轨道结构缩尺风洞试验

Ido A 通过开展有砟轨道风洞试验表明，车底形状越光滑轨道表面流场强度越低。此外，还在风洞试验中采用人工雪颗粒，模拟线路积雪以及自然降雪的现象，并设计了一种置于车厢底部的导流板装置，研究其对车底积雪的影响。结果表明，采用该装置后，车厢底部转向架区域的积雪现象显著减少。Niu 等开展了高速列车气动特征风洞试验，通过调整风洞入口流体的湍流强度，能够模拟不同特征的大气边界层，在此基础上，研究行车速度对列车附近流体边界层的影响。

1.2.3 流场特征数值仿真研究

Sima M 较早采用计算流体动力学方法(CFD)开展道砟飞溅机理的数值仿真研究，通过建立车厢底部与轨道结构仿真模型，分析轨道表面流场特征。模型包含两组转向架，以及车厢连接结构，分别采用稳态 RANS 模型和瞬态 DES 模型开展仿真计算。结果表明，轨道流场产生的切向荷载对飞溅道砟发生的位移量影响显著。

GARCÍA J 采用 CFD 仿真分析方法建立了车厢底部与轨道之间的流场分析模型，将车厢底部、轨枕与道床结构均考虑为壁面单元，并将轨枕与道床视为连续的整体结构，如图 1-11(a)所示。在流场入口和出口施加周期性边界条件模拟列车风载，计算得到轨道与车底之间的流场分布特征，如图 1-11(b)所示。在此基础上分析了车底高度、壁面粗糙度等参数对轨道流场的影响。

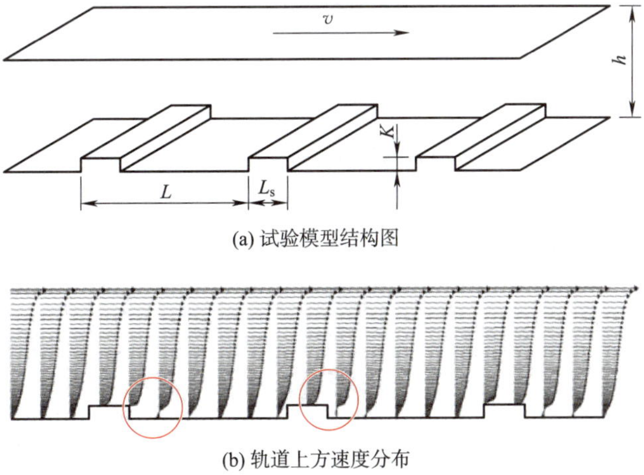

(a) 试验模型结构图

(b) 轨道上方速度分布

图 1-11 轨道与车底之间流场特征仿真计算

Paz C 建立了考虑轨枕和车底结构的轨道流场分析模型，计算列车运行时的轨道流场特征。通过与未考虑轨枕结构的仿真分析模型计算结果比较可知，考虑轨枕结构时，轨道流场阻力系数增大约 15%，即轨枕对降低轨道流场强度效果显著。但该仿真试验中，对轨枕外形进行了简化模拟。Paz C 针对道砟飞溅的既有流场仿真分析，忽略轨道粗糙特征的问题开展了进一步研究。首先对有砟轨道表面进行三维扫描，获取道床和轨枕表面的真实轮廓，并将图形信息转化为轨道结构的CAD模型,开展轨道流场仿真计算。该方法对有砟轨道表面的粗糙特征进行了真实还原,结果表明,采用该方法计算得到的轨道流场还原度显著提高。

Grappein对高速列车空气动力特征的CFD仿真研究基本方法进行了总结综述。Rocchi D基于现场实测轨道流场数据,对所建立的高速列车CFD数值模型进行验证,并分析了轨道流场与道砟所受荷载之间的关联。Zhu等通过建立车厢底部转向架区域的流场分析模型,计算转向架附近的空气流动特征。研究表明,转向架区域流场分布相对紊乱,车轮内侧的道砟颗粒受列车风载影响显著高于车轮外侧,更易发生飞溅。转向架后部区域的湍流强度相对较大,对道砟颗粒的脉动影响更为显著。Hassan采用大涡模拟(LES)法,对ICE型列车分别在露天和通过站台运行时的流场特征进行分析,并研究了网格密度对计算结果的影响。结果表明,列车头部和尾部通过时的流场风速较大,靠近车尾区域的流场脉动特征显著。

Wang采用将非定常雷诺时均N-S模型与离散相模型(DPM)相结合的方法,研究了三节编组的高速列车车底转向架附近流场特征,以及基于该流场特征的车底积雪规律,并比较了URANS与DES两种模型方法的仿真成本。Wang还进一步对转向架整流罩形状、行车速度、雪粒密度、车轮转动等参数对车底流场特征的影响进行了研究。结果表明,行车速度越大车底流场越显著,转向架积雪越严重。

郄录朝等基于CFD方法建立了高速列车-有砟轨道的空气动力学分析模型,由于不考虑侧向因素影响,故仅建立了以列车和轨道结构中心线为对称轴的半模模型。通过设置计算域入口风速边界条件,模拟列车运行中产生的列车风载。研究表明,列车车头和车轮附近的轨道流场存在很大的压力梯度和负压分布。殷浩等通过建立轨道和车厢底部精细化模拟的CFD仿真模型,计算分析有砟轨道表面流场强度及分布特征,研究行车速度、道床表面高度、砟肩堆高等因素对轨道流场特征的影响,并提出了一系列飞砟防治建议。

我国高速铁路起步较晚,对道砟飞溅机理的研究相对有限。然而,近年来我国高速铁路发展迅猛,随着行车速度的不断提升,由列车空气动力引起的行车阻力增大、倾覆荷载增大、车窗稳定性要求提高、旅客舒适度标准提高等问题,逐渐引起国内学者的重视,针对高速列车空气动力学问题开展了大量研究工作,并取得了突飞猛进的进展。针对不同类型的高速列车,如和谐号动车组、中华之星、高速磁悬浮等,开展了列车交会压力波、线间距影响、单/双线隧道效应等方面的研究,基于分析数据对列车头部线型、车身截面轮廓、编组方式等参数进行优化设计,并针对高速列车运营过程中遇到的常见问题(如横风等)进行重点分析。该系列成果对道砟飞溅流场特征研究的理论模型建立和完善,起到一定的借鉴作用。

中南大学田红旗对高速列车空气动力学问题开展了大量研究工作,测试分析列车高速运行时头车、中间车和尾车受到的空气阻力、升力、横向力的变化规律;针对采用长细比评估不同头部线形的列车时,无法精确考虑车体截面形状的问题,提出了整体长细比和宽细比参数,以评估列车气动性能;对不同头部形状的“中华之星”高速列车交会过程中产生的压力波、气动阻力、压力、升力、横向力等参数进行分析；对比分析了在地板抽吸和不抽吸的试验条件下，头车、中间车、尾车的气动力差异，并指出降低高速列车气动阻力，应重点关注车厢底部的空气阻力；评估了高速列车隧道空气动力效应问题中的空气压力波频率范围；分析了高速列车交会中受到的压力波与行车速度关系，交会工况设置为静止交会、等速交会和不等速交会三种情况，并进一步分析了交会压力波对高速列车车体和侧窗的影响；采用室内外试验、数值仿真和理论分析等方法，研究了列车头部外形、整体线型对车体受到气动力的影响。此外，还针对特殊环境下列车空气动力特征进行分析，研究了大风环境下风速、风向、车速等参数，对高速列车空气阻力的影响；建立了高速列车三维瞬态空气动力分析模型，模拟分析了侧风作用下桥梁、路基、平地等基础条件的列车气动特征；建立了桥梁基础上高速列车稳态流场分析模型，研究了峡谷风对列车气动特征影响；并针对国内恶劣风环境下列车行车安全的研究方法、研究内容、防治措施进行了调研综述。

北京交通大学毛军等通过建立 CRH 型高速列车空气动力分析模型，考虑列车转向架、受电弓等车体结构影响，采用分离涡计算方法，模拟分析横风作用下，车速、风速、风向角等参数对高速列车车体、转向架等结构气动荷载的时域和频域特征，并分析高速列车通过，对线路两侧风屏障的风压波动特征影响。任尊松通过建立高速列车流场分析模型，计算得到在侧风条件下列车受到的气动荷载，在此基础上建立了高速列车-轨道结构动力学模型，分析侧风风速对列车行车安全性的影响。黄林通过建立基于结构网格与非结构网格的混合网格，模拟了桥上高速列车气动特征，研究指出，利用桥上挡风屏障的空腔流绕流特征，能够降低列车的气动效应。李雪冰建立了高速列车三维稳态湍流模型，计算分析了受强风影响下，高速列车在运行时速为 200 km 时的空气动力特征。单魏基于京津城际线路上 CRH 3 型动车组实测数据，建立了高速列车空气动力分析模型，对高速列车的外形进行优化设计，进而有效降低了列车运行中受到的气动阻力。

综合以上分析可知，国内外学者通过现场试验及室内试验手段对风载条件下轨道表面风速、风压等流场特征进行了一定的探索，但轨道表面流场分布难以全面反映，且不同试验工况的初始条件难以控制。部分学者采用计算流体动力学的方法对有砟轨道流场特征进行了一定的研究，但较少考虑道砟颗粒精细化外形以及列车与有砟轨道的相对运动。

1.3　道砟飞溅动力特征研究现状

道砟飞溅现象主要由列车高速运行通过时产生的复杂气动流场引发，但也受到轨道振动以及外部风荷载等诸多因素的耦合影响；此外，道砟颗粒形状万千、大小不一，在多场耦合作用下的飞溅现象具有随机性及不确定性，致使道砟飞溅发生及发展机理复杂。为了进一步探明道砟飞溅机理，国内外学者通过试验及理论分析的方法针对道砟飞溅的动力特征开展了相关的研究工作。

韩国铁道协会的 Kwon 和 Park 通过开展道砟颗粒风洞试验，对不同形态特征的道砟颗粒进行测试，如图 1-12 所示，研究道砟颗粒在风荷载作用下的运动特征，以及道砟质量和形状等因素对运动特征的影响。结果表明，不同形状和质量特征的道砟颗粒，其发生飞溅时的临界风速差异显著。

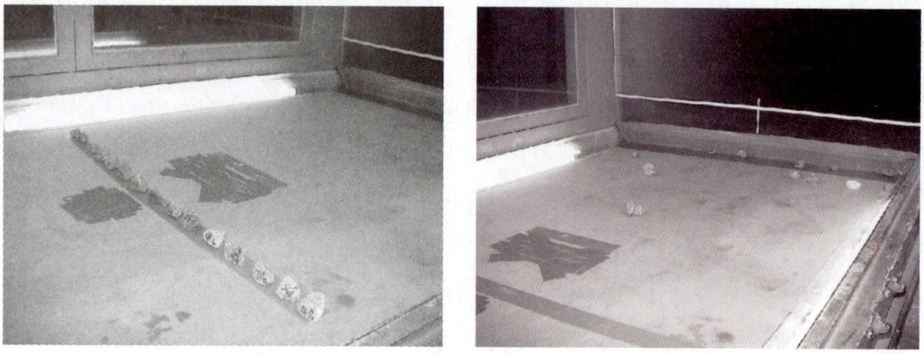

(a) 试验前　　(b) 试验后

图 1-12　道砟颗粒飞溅风洞试验

Schroeder-Bodenstein 开展了道砟飞溅模拟的道砟击打室内试验，试验模型如图 1-13 所示。通过向道砟箱内高速射击道砟颗粒，使道砟箱内的道砟被击飞，模拟并分析道砟飞溅后的运动行为及发展规律。镜面成像和背景墙面上的坐标格栅能够便于观测道砟飞溅发展过程。通过调整试验过程中道砟的入射速度和角度，分析其对道砟飞溅动力特征的影响。试验结果表明，当颗粒射击速度超过 150 km/h，射击角度大于 40°时，90%的入射道砟发生破碎。此外，被击飞的道砟飞起高度均大于 5 cm，被击飞的道砟数量主要取决于入射道砟的动能。Kawashimak 通过开展类似试验，也分析了列车底部积雪对道砟飞溅的影响。

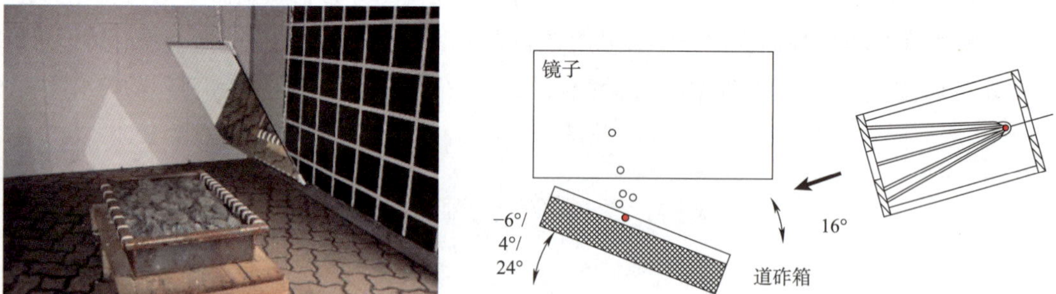

(a) 试验模型　　(b) 试验方案

图 1-13　道砟击打室内试验

Navarro-Medina 等通过建立道砟飞溅理论分析模型，研究了风载下的道砟飞溅初始阶段的颗粒运动状态，并通过开展风洞试验对理论模型进行验证。Deng 等建立了道砟飞溅概率风险分析(PRA)模型，定量评估了轨道特定位置上道砟颗粒发生飞溅的概率，并能预测发生飞溅的道砟颗粒数量。

Jing 等对单枚道砟颗粒进行力学原理分析，考虑颗粒在竖直方向上受到的重力、颗粒咬合力、风载和轨道动力荷载的影响，建立了道砟颗粒在竖直方向上的力学平衡方程，基于此指出道砟飞溅与道砟密度、道床面高度及道砟颗粒所处位置有关，研究表明，道砟飞溅运动受颗粒质量影响显著。

郄录朝等针对道砟飞溅问题，在国内首先开展了相关的高速铁路现场试验，试验于京沪高速铁路黄河桥上有砟轨道段开展。通过在试验点铺设低密度(2.5～2.6 g/cm)、小粒径(22.4～31.5 mm)的道砟样本，设置“小颗粒道砟飞溅观察区”，观察了列车通过前后的道砟颗粒飞溅运动行为。但在列车以 300～350 km/h 的速度通过试验点时，并未观测到道砟飞溅现象。

北京交通大学井国庆等开展了基于道砟颗粒可靠性分析的道砟飞溅理论研究，采用道砟颗粒力学状态平衡方程和 Monte Carlo 方法，并考虑多种不确定因素影响，对道砟飞溅进行了量化分析和风险评估。研究指出，可通过控制道砟颗粒质量，提高颗粒间咬合力，防治道砟飞溅现象。道砟飞溅受高速列车风载与道床表面负压影响显著，需进一步开展有砟轨道流场分析，以研究道砟飞溅机理并对其进行科学防治。

华中科技大学王芸芸等针对道砟飞溅问题，将道砟颗粒考虑为半球体单元，对其在列车风载作用下的受力特征进行仿真计算，研究了道砟颗粒所受升力和飞溅高度受流场入口风速的影响规律。计算表明，入口风速越大，颗粒所受升力及其飞起高度越大。

综合上述分析可知，既有研究通过室内试验及理论计算等手段针对列车风荷载作用下道砟颗粒的运动行为及力学特征进行了一定的探索，但道砟飞溅同时受轨道结构振动及外部横风荷载等诸多因素的耦合影响，既有研究对此考虑较少。

1.4 道砟飞溅防治措施研究现状

道砟飞溅问题严重威胁列车运行安全，增加车辆及线路的养护维修费用，制约了高速铁路有砟轨道的进一步发展。因此，针对道砟飞溅防治的研究具有十分重要的意义，基于此国内外学者开展了相关的研究工作。

美国伊利诺伊大学 Tutumluer 等通过对道砟飞溅既有研究进行了综合调研，系统性总结了道砟飞溅影响因素，并定义出道砟飞溅的风险概率评估公式：

$$R_{\mathrm{fb}} = P_{\mathrm{d}} \times P_{\mathrm{fb|d}} \times C \tag{1-1}$$

式中，R_{fb} 表示发生道砟飞溅的风险；P_d 表示道砟颗粒产生位移的概率；$P_{fb|d}$ 表示道砟颗粒在产生初始位移后发生飞溅的概率；C 表示道砟飞溅影响因子。

基于该风险概率评估公式，从列车空气动力特征、基础结构振动、气候条件等方面对道砟飞溅进行风险评估，并提出了一系列道砟飞溅防治措施，如降低 2～3 cm 的道床表面铺设高度，将道砟进行粘结形成整体道床等。

Saussine G 等基于实测数据及仿真分析结果，提出了一项与轨道表面流场强度相关的评价指标，基于该指标能够评估不同类型列车通过时，有砟道床发生道砟飞溅的风险等级，以及飞溅道砟对轨道和车辆的伤损程度。在此基础上，能够具有针对性地分析某种道砟飞溅防治措施的作用效果。Goo J S 等采取试验研究与数值研究相结合的方式，分析了飞溅道砟对高速列车转向架的影响，并提出了在转向架结构优化方面的道砟飞溅防治建议。

北京交通大学高亮等对国内外的有砟轨道结构进行了对比分析，将道砟材质、粒径、级配等道砟颗粒参数，道床厚度、顶面宽度、边坡坡度、砟肩堆高等道床断面尺寸，以及纵向阻力、横向阻力、支承刚度等道床力学状态指标进行综合比较。在此基础上，总结提出了我国高速铁路有砟轨道在道砟飞溅防治方面采取的相关措施，如限制道床顶面高度、道砟颗粒粒径等。

井国庆等对国内外道砟飞溅的研究进展与防治措施开展了系统分析，结合法国高速铁路有砟轨道在道砟飞溅防治方面的成功案例，总结提出了一系列针对道砟飞溅防治工作的相关措施。采取道床结构优化、应用聚氨酯固化道床、轨枕结构优化、铺设道砟覆盖网等措施，均可实现道砟飞溅的有效防治；提出需进一步开展高速铁路有砟轨道的空气动力特征研究，计算分析道砟飞溅防治措施。通过对高速列车和轨道线路进行结构优化，来控制严寒地区因冰雪问题引起的道砟飞溅现象。林建、丁冬、贾文利分别从道砟颗粒、道床结构和采用聚氨酯新型材料等方面，提出了一系列道砟飞溅防治方案，如限制道砟颗粒粒径、取消砟肩堆高、应用聚氨酯固化道床等措施。

此外，国内部分高速铁路有砟轨道线路，通过采用道砟胶将道床粘结的方式防治道砟飞溅，该方法在有效防治道砟飞溅的同时，还能延缓道床劣化。国内外学者针对道砟胶对道砟飞溅和道床劣化的影响进行了大量的探索。郭宏伟针对秦沈客运专线有砟轨道的道砟飞溅问题，采用理论分析与试验研究相结合的方式，开展了道砟胶的相关机理研究工作。刘春明通过在秦沈客运专线的部分有砟轨道区段应用“改性合成树脂”材料，有效避免了道砟飞溅现象，但采用道砟胶对道床进行粘结处理后，严重影响了基于大型养路机械的有砟道床养护维修工作，显著提高了线路的建设成本。

综合以上分析，国内外学者通过理论分析的方法针对道砟飞溅的风险概率进行评估，同时提出了聚氨酯固化道床、铺设覆盖网等外部措施防治道砟飞溅。既有措施在一定程度上能够起到防治道砟飞溅的作用，但也会引发有砟轨道养护维修困难，建设成本增加等一系列问题。

小 结

道砟飞溅制约了高速铁路有砟轨道的进一步发展,通过对国内外高速铁路道砟飞溅流场特征、动力特征和防治措施研究现状的分析可知,虽然既有研究在道砟飞溅机理方面取得了一定进展,但目前在以下几个方面仍有待完善:

(1)在道砟飞溅流场特征研究方面,既有研究多从宏观角度分析有砟轨道流场特征,较少精确考虑道砟外形、质量等颗粒属性对道砟飞溅影响的分析。同时,既有研究较少精确考虑轨道和车底结构的形状,有砟道床的散粒体结构特征,以及高速列车与有砟轨道的相对运动,导致有砟轨道流场的还原精度不足。因此,在道砟颗粒细观属性对道砟飞溅的影响方面,以及在有砟轨道流场的真实还原和分析方面,有待进一步研究。

(2)在道砟飞溅动力特征研究方面,道砟飞溅是道砟飞离轨道结构的过程,既有研究多通过轨道流场特征间接分析道砟飞溅病害,针对列车高速通过时,道砟飞溅运动行为和动力响应特征的直接模拟及分析较为欠缺。此外,在高速铁路轨道动力荷载作用下,有砟道床振动特征显著,道砟颗粒稳定性降低,受传统研究方法的限制,涉及列车空气动力荷载与轨道动力荷载共同作用下的道砟飞溅研究较为欠缺。因此,多场耦合作用下的道砟飞溅动力特征有待进一步研究。

(3)在道砟飞溅防治措施研究方面,我国现行铁路规范及行业标准多从延缓道床劣化的角度规定高速铁路有砟轨道设计参数,缺乏考虑道砟飞溅的防治。高速铁路线路运营中采取的道砟飞溅防治方案多基于工程经验,且采用新型材料或结构的道砟飞溅防治措施,多会影响线路的养护维修作业,增大线路的建设成本,还有可能产生新的安全隐患。因此,基于有砟轨道结构参数优化的道砟飞溅防治措施有待进一步研究。

第 2 章　高速铁路道砟飞溅风洞试验研究

列车高速运行条件下道砟飞溅现象受到轨道流场、道砟颗粒形状、道砟接触状态等诸多因素的耦合影响，致使其发生及发展机理复杂。对此，国内外学者通常采用现场试验及室内试验方法监测风载作用下轨道流场，进而研究道砟飞溅机理。现场试验能真实反映一定条件下轨道表面流场，但试验成本较大，危险程度较高，并且试验变量难以控制。室内试验的测试变量可控，且经济性、安全性较高，但既有研究较少考虑轨道及列车真实外形，此外，道砟颗粒细观属性对道砟飞溅的影响也少有研究涉足。

基于上述问题的考虑，自主研发了道砟颗粒风洞试验装置以及有砟轨道结构风洞试验装置，解决了既有研究较少考虑道砟颗粒细观属性、列车及轨道精细化外形的不足，同时大大提升了流场测试精度。在此基础上，研究道砟形状、顺风面、接触面粗糙度等颗粒细观属性对道砟飞溅的影响规律，分析了风载条件下有砟轨道结构风速、风压的流场分布特征。

2.1　道砟飞溅风洞试验设计

2.1.1　道砟颗粒风洞试验方法及装置

碎石道砟形状万千、大小各异，在列车风荷载达到一定程度时会发生不同的道砟飞溅现象，为了揭示道砟自身细观属性对道砟飞溅的影响规律，国内外学者通常在道砟颗粒表面钻孔安装风压传感器，进而测试道砟颗粒在不同风荷载作用下表面风压强度的变化规律及道砟飞溅现象。然而，风压传感器对测试表面光滑度有极高的要求，道砟颗粒表面粗糙及凹凸不平，致使测试精度往往难以达到要求。此外，道砟廓形不规则，道砟表面测点位置的不同常常也会导致测试结果产生较大的差异。基于上述问题的考虑，自主研发了一整套道砟颗粒风洞试验的装置，以研究道砟颗粒特征对道砟飞溅的影响规律，如图 2-1 所示。

道砟飞溅风洞试验的设计及测试原理如下：

(1)试验装置结构设计。实验室内安装长 2.5 m、宽 2 m 的木板，作为承载道砟样本的试验台，其表面光滑，以避免接触面对道砟飞溅产生影响。试验台距地面 0.35 m，与有砟道床厚度相同。台面正上方平行固定一块透明的有机玻璃板，以模拟列车车底。

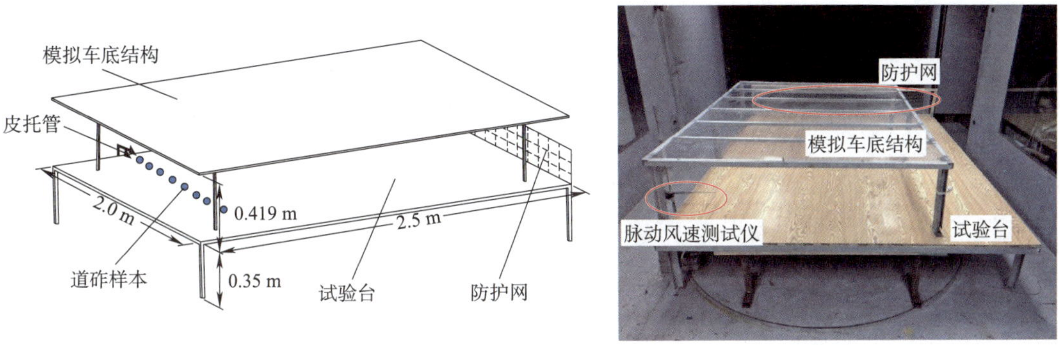

(a) 试验示意图　　(b) 试验装置实物图

图 2-1　道砟颗粒风洞试验

(2)道砟飞溅监测。试验台一侧采用脉动风速测试仪对其表面风速实时监测,测试仪的高度与试验台上道砟样本高度一致。试验台上方及侧方均安装高速摄像机,以实时观察、记录和分析试验台表面道砟颗粒在不同方向的运动行为,如图 2-2 所示。

(a) 风洞试验实时监控　　(b) 试验观察区图像/视频采集

图 2-2　道砟颗粒风洞试验监控系统

(3)风压测试装置研发。为了准确测试道砟承载位置的风压强度,自主研发了道砟风压测试装置,如图 2-3 所示。该装置为三棱柱型的五面体结构,尺寸参照真实道砟的平均粒径,高度为 2 cm,顶面、底面分别是边长为 3 cm 和 4 cm 的等边三角形。在测试装置各表面的正中心位置设置风压测点,通过内部导管将测点与风压采集仪连接,并将测点表面打磨平整。测试装置各表面为光滑平面,而并非真实道砟的粗糙表面,以消除由于表面粗糙导致的测量误差影响,解决了既有测试方法精度不足的难题。

(4)试验样本准备。在开展道砟颗粒流场测试时,将 8 枚道砟风压测试装置等距固定在试验台上,如图 2-4 所示。分级增大风载强度,获取道砟风压测试装置及脉动风速测试仪在不同风载条件下的测试数据。

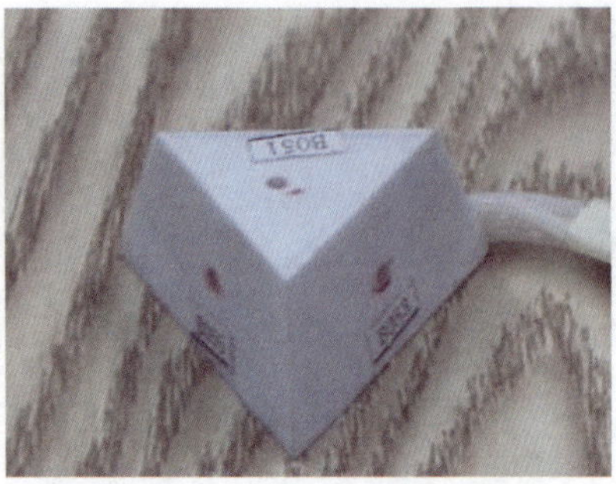

图 2-3　道砟飞溅风压测试装置

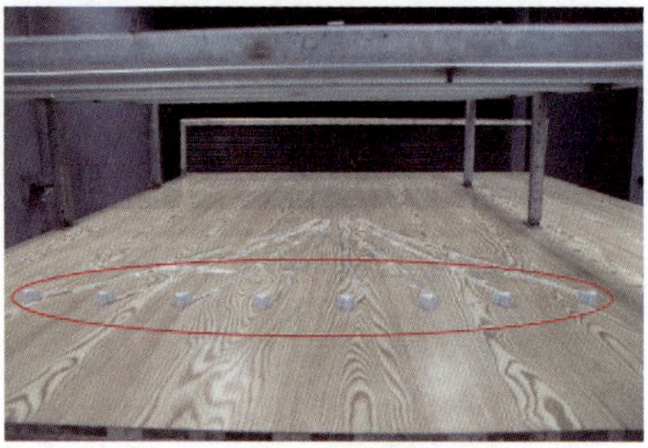

图 2-4　道砟颗粒风压测试风洞试验

(5)试验过程记录。将不同形状、质量等特征属性的道砟样本替换道砟风压测试装置，记录道砟样本在不同风载强度下的飞溅现象。通过与道砟风压测试装置及脉动风速测试仪的风压、风速测试结果结合，即可得知道砟颗粒在不同流场条件下的飞溅特征。

2.1.2　有砟轨道结构风洞试验设计

列车高速运行条件下有砟轨道表面气动流场是引发道砟飞溅的主要诱因，对此，国内外学者通常采用现场试验及室内足尺试验的手段监测轨道表面流场。然而，既有研究通常采用安装支架的方式固定流场传感装置，不能准确反映轨面道砟颗粒及轨枕真实的流场特征。此外，轨道流场现场试验的测速工况受到铁路线路运营需求的制约，难以揭示轨道流场在不同影响因素下的变化规律，同时，现场试验成本较大，危险程度高。轨道流场受轨道几何、列车底部形状影响较大，既有室内试验研究针对列车及轨道精细化外形的考虑较为欠缺。基于上述问题，研发了一套有砟轨道流场测试装置，在充分考虑轨道及列车底部精细化外形的条件下，实现了对道砟及轨枕表面流场特征的准确测试，如图 2-5 所示。

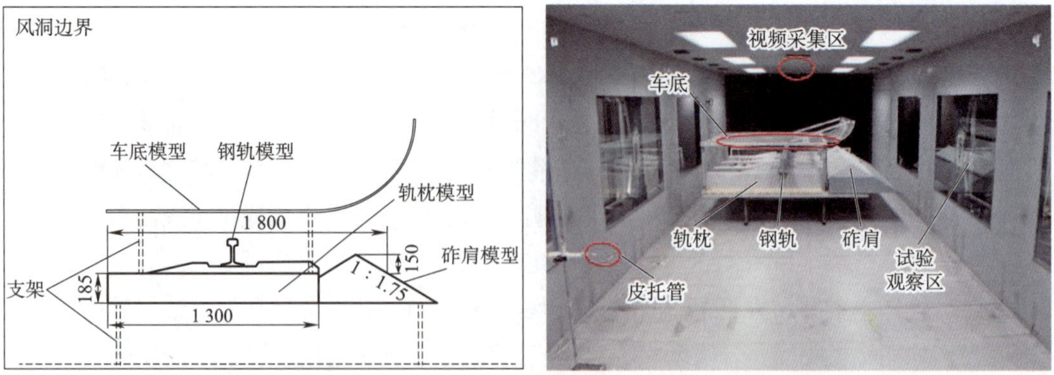

(a) 试验装置示意（单位：mm）　　(b) 试验装置实物

图 2-5　有砟轨道风洞试验装置

有砟轨道结构风洞试验的设计及测试原理如下：

(1)试验结构设计。有砟轨道是以线路中心为轴线的对称结构，故在风洞试验中针对一侧轨道结构进行测试分析。同时，由于道砟飞溅主要发生在道床表层，故试验忽略轨枕底面以下的道床结构。有砟轨道风洞试验装置由轨枕模型(4 跨)、砟肩模型、钢轨模型以及车厢底部模型组成，各模型尺寸均按照高速铁路有砟轨道标准设计尺寸加工生产，以真实还原风载下的轨道流场。

(2)风速测试设计。轨道上方不同横向和纵向位置设置一系列风速测试探针，能够同时测试水平方向上间距 8 cm 的 8 个测点风速，以及竖直方向间距 5 cm 的 6 个测点风速，如图 2-6 所示。测试系统支架安置于道床内部，其横向、纵向位置和探针高度均可调节。将测试探针通过导管与电子扫描阀连接，实现对轨道上方流场风速的实时获取。

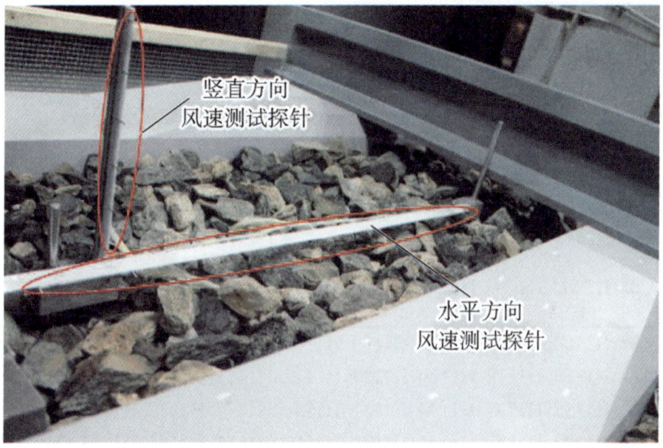

图 2-6　轨道上方流场风速测试装置

(3)风压测试装置研发。为准确获取轨枕及砟肩表面流场风压分布特征，本书自主研发了风压测试轨枕及砟肩，如图 2-7～图 2-9 所示。轨枕和砟肩模型表面需打磨光滑，防止由测点凸起引起的流场扰动。每跨轨枕表面共设置 102 个风压测点，其中，顶面 28 个，侧面各 37 个；砟肩共设置 84 个风压测点，其中内侧 56 个，外侧 28 个。风压测点通过导管与电子扫描系统连接，实现对轨枕及砟肩表面风压的实时监测。

(4)风压测试设计。道砟飞溅主要发生于道床表层，故道床表面流场特征测试至关重要。但有砟道床由散粒体道砟堆积而成，若直接在道砟表面设置风压测点难度较大，且准确性难以保障。针对这一问题，将自主研发的 18 枚道砟风压测试装置固定在道床表面，测试其流场分布及其变化规律，如图 2-10 所示。

(5)试验过程记录。轨道流场测试时，由风洞风载发生装置提供不同的外风荷载，监测轨道流场在不同风荷载条件下的变化规律。采用置于模型前方的皮托管测量实验室参考静压，各测点实测风压与室内参考静压之差即为该点实际风压值，风洞试验中风压测试原理如图 2-11 所示。

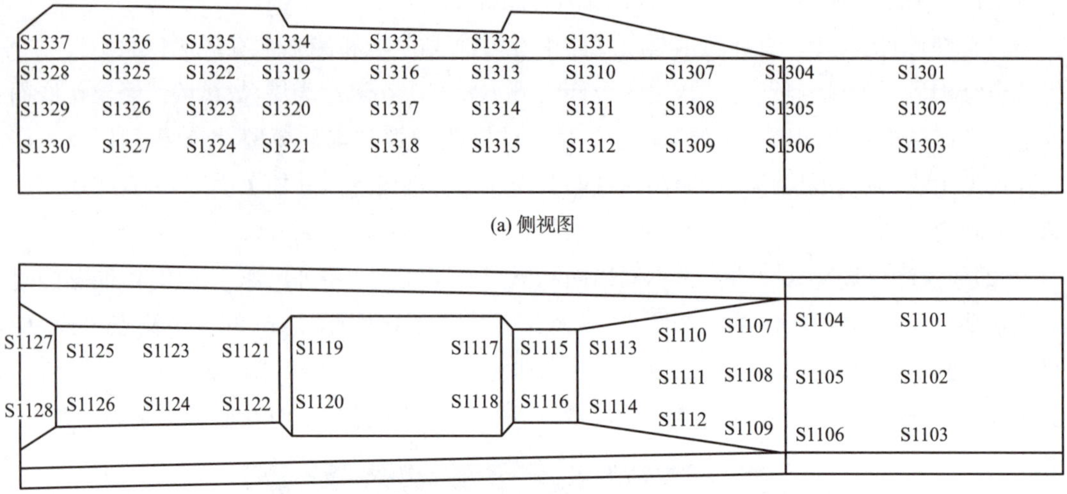

图 2-7　轨枕模型风压测点布置

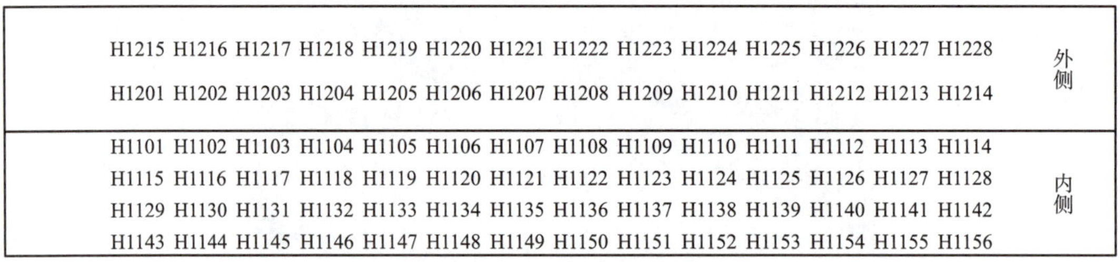

图 2-8　砟肩模型风压测点布置(俯视图)

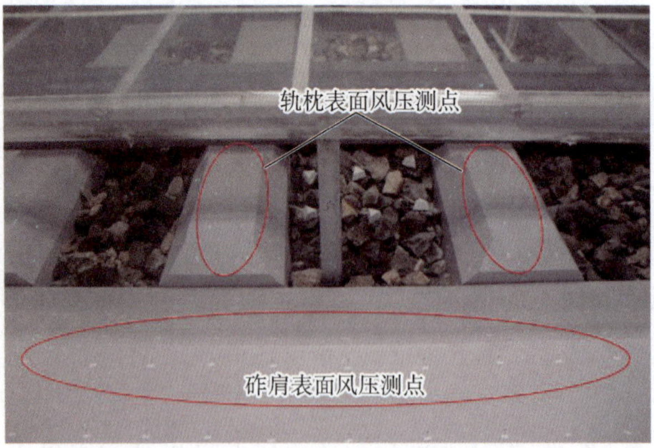

图 2-9　轨枕和砟肩表面风压测点

(a) 钢轨内侧道床表面

(b) 钢轨外侧道床表面

图 2-10　道床表面风压测试装置

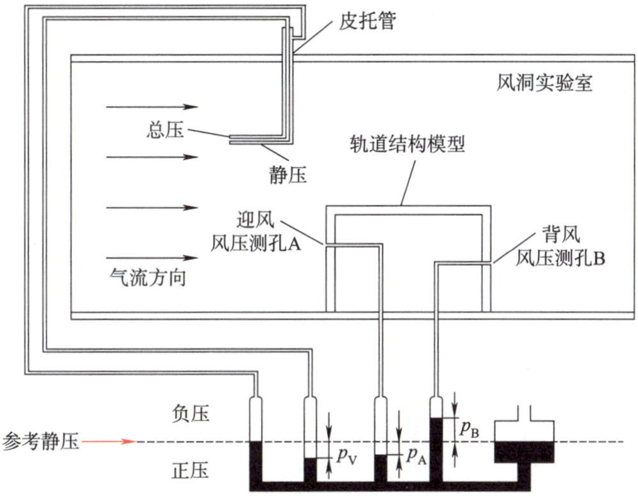

图 2-11　风洞试验风压测试原理

2.2　颗粒特征对道砟飞溅影响试验研究

本节通过开展道砟颗粒风洞试验，从颗粒角度分析道砟颗粒形状、顺风面、接触面粗糙度等因素对道砟飞溅的影响。

2.2.1　道砟形状影响分析

道砟形状影响颗粒表面流场分布，进而对道砟飞溅产生影响。本书随机选取形状各异的 500 枚道砟，对其进行水洗、烘干处理，并称量记录。根据道砟形状特征，将颗粒样本按照圆球体、椭球体、扁状体和长扁状体 4 种形状进行分组试验，分别编号为 A 组、B 组、C 组、D

组。针对不同形状道砟，数字编号根据道砟颗粒质量逐级增大。由于每组编号为1和2的道砟质量较小，若与质量较大的道砟同时试验易被吹飞，不利于试验结果的统计分析，故将其分为一组进行试验。其他各组试验中均设置8枚道砟样本，按照A3～A10、A11～A18、B3～B10、B11～B18、C3～C10、C11～C18、D3～D10、D11～D18的分组方式开展试验，并在每组试验中按照编号顺序，将道砟样本在试验台表面依次排列，如图2-12所示，道砟形状分组方案见表2-1。

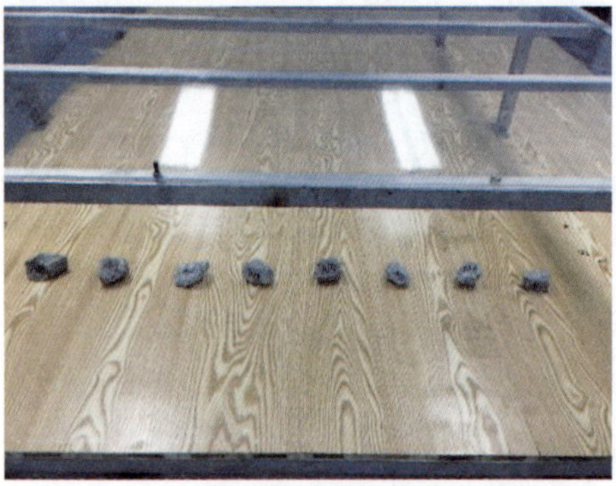

(a) A3~A10（圆球体）

(b) B3~B10（椭球体）

(c) C3~C10（扁状体）

(d) D3~D10（长扁状体）

(e) A1、A2、B1、B2、C1、C2、D1、D2

图2-12　不同形状、质量特征道砟颗粒风洞试验

表 2-1　道砟形状分组方案

组　号	形　状	形状特征
A 组	圆球体	$\frac{l_b}{l_a}>\frac{2}{3},\frac{l_c}{l_b}>\frac{2}{3}$
B 组	椭球体	$\frac{l_b}{l_a}<\frac{2}{3},\frac{l_c}{l_b}>\frac{2}{3}$
C 组	扁状体	$\frac{l_b}{l_a}>\frac{2}{3},\frac{l_c}{l_b}<\frac{2}{3}$
D 组	长扁状体	$\frac{l_b}{l_a}<\frac{2}{3},\frac{l_c}{l_b}<\frac{2}{3}$

注：l_a、l_b、l_c 对应道砟长轴、中轴、短轴长度。

按照上述分组方式，对不同形状和质量特征的道砟试样开展试验。试验中逐级提高风速，通过高速摄像机记录风载作用下各道砟的运动情况，以及每枚道砟发生状态变化时的试验台表面风速。由于道砟在风载下一旦发生位移，很难阻止其继续发展，故为防治道砟飞溅需控制道砟初始位移。因此，将道砟产生初始位移时的试验台风速作为道砟飞溅临界风速，据此判断道砟飞溅难易程度。同时，为减小随机误差的影响，每组试验均重复开展三次，将多次测量的均值作为临界风速值，并确保重复试验中道砟的排列顺序和迎风方向均保持一致。

试验过程中，道砟颗粒表现出一定的飞溅演变特征，如图 2-13 所示。当道床表面风速为 26 m/s 时，该道砟由初始位置缓慢滑动至图 2-13(a)中位置。产生该段初始位移后，只在该位置发生微小颤动，并不继续产生位移。继续增大风机电压，使道床表面风速增大至27 m/s，该道砟产生剧烈振动后沿着风场方向迅速滑动如图 2-13(b)、(c)所示，最后依附在试验台后端的防护网上，如图 2-13(d)所示。通过对每组道砟试验观察分析可知，大多数道砟在风场作用下，一般先相继发生颗粒的微小颤动和剧烈颤动。随着风速的增大，颗粒发生滚动或慢速移动，而后沿风场方向快速滑动飞走，最后附着在试验台尾端的防护网上。

不同形状道砟的临界风速测试结果如图 2-14 所示。可以看出绝大部分道砟样本产生初始位移时的临界风速，均随着颗粒质量的增大而增大。风速为 14.22 m/s 时，质量为 6 g 的椭球体道砟 B1 最先产生位移，其在风荷载下最易发生飞溅；风速为 29.89 m/s 时，所有道砟均被吹动，质量为 201 g 的扁状体道砟 C18 最后飞离试验台，最不易飞溅。不同形状特征的道砟临界风速差异显著。在质量相近的条件下，椭球体道砟临界风速最低，最易飞溅，圆球体和长扁状体道砟依次次之，扁状体道砟临界风速最高，在风载下最不易飞溅。当四种形状的道砟质量均由 5 g 增至 200 g 时，扁状体道砟临界风速增幅最大，达 84.2%。说明扁状体道砟的质量改变对其临界风速的影响最为敏感，故在增大相同质量时扁状体道砟更不易飞溅。

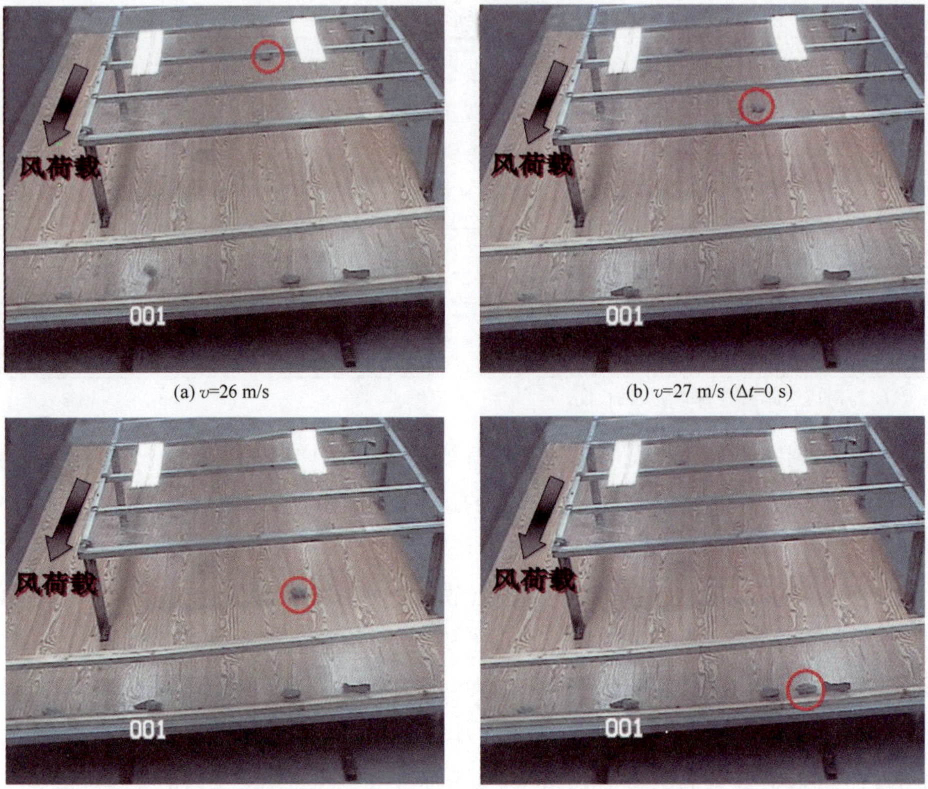

(a) v=26 m/s (b) v=27 m/s (Δt=0 s)

(c) v=27 m/s (Δt=2 s) (d) v=27 m/s (Δt=3 s)

图 2-13 风洞试验道砟运动状态监测

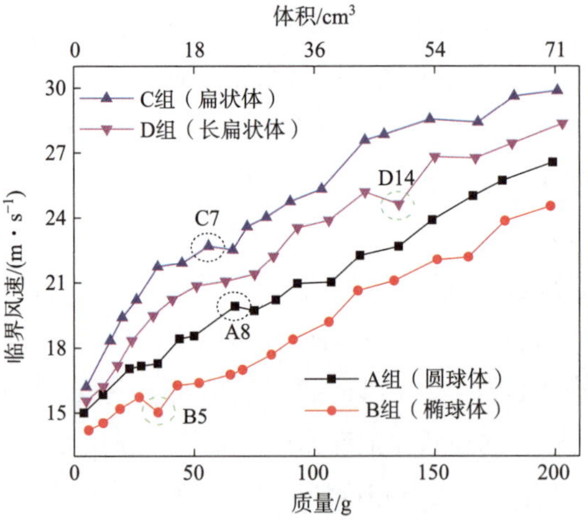

图 2-14 道砟飞溅临界风速曲线

图 2-14 曲线中存在局部区域的异常波动，如道砟 B5 和 D14。B5 道砟质量为 35 g，临界风速为 15.06 m/s，低于质量为 27 g 的 B4 道砟。对 B5 道砟进行分析可知，该道砟样本形状为椭球体，当其以长轴（长）与中轴（宽）所在平面作为底面放置时最为稳定，即图 2-15(b)红色

区域，定义该面为“最稳定放置面”，在风洞试验时以该稳定放置面作为底面进行临界风速测试。然而，由图 2-15(c)可知，B5 道砟的稳定放置面上存在两处凸出区域(红色椭圆圈出部分)，该道砟与试验台的接触是以稳定放置面上突出区域的两点为主的点面接触。故 B5 道砟在风荷载作用下极易发生颤动，且随着风速的逐渐增大，其更容易产生位移，发生道砟飞溅现象。因此，虽然 B5 道砟的质量大于 B4 道砟，但其临界风速仍低于 B4，产生图 2-14 中曲线的不规则波动现象。D14 道砟的异常波动原因同 B5，此处不再赘述。

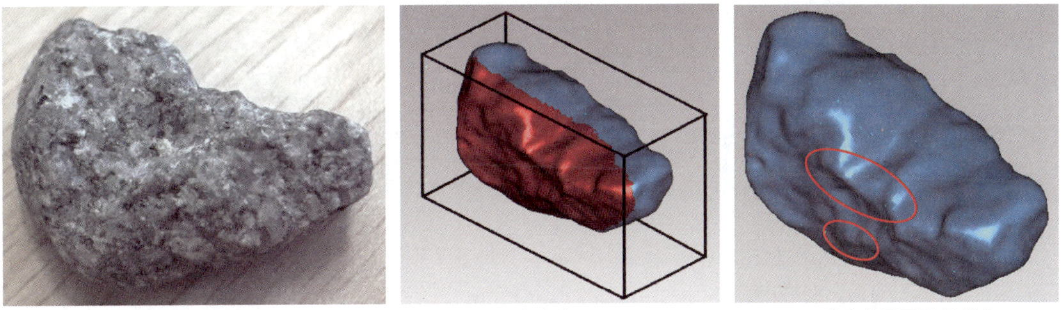

(a) 道砟实物图　(b) 稳定放置面　(c) 稳定放置面凸起部分

图 2-15　B5 道砟稳定性分析

由以上分析可知，道砟在风载作用下的稳定性随着颗粒质量的增加逐渐变大。颗粒形状对道砟飞溅产生较大的影响，质量相同的条件下，椭球体道砟颗粒最易发生飞溅，扁状体道砟颗粒最不易发生飞溅。

2.2.2　道砟顺风面影响分析

道砟颗粒承受风荷载面积随着顺风面的不同而发生较大的差异，进而对道砟飞溅现象产生影响。圆球体及扁状体道砟在各放置方向时的顺风面形状、大小均相差不大，而椭球体和长扁状体道砟的顺风面受安置方向的影响显著，如图 2-16 所示。因此，本小节以椭球体及长扁状体道砟为研究对象，分析道砟飞溅现象随顺风面的变化规律。

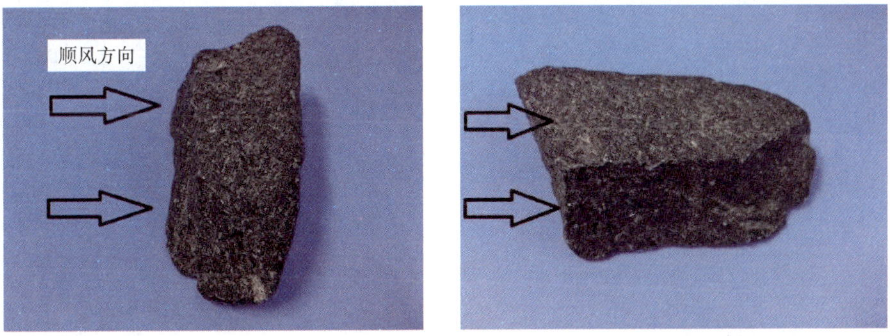

(a) 长边顺风　(b) 短边顺风

图 2-16　道砟顺风面

测试过程中，将针状系数较大的椭球体(B组)和长扁状体道砟(D组)，分别设置为长边顺风和短边顺风，探究顺风方向对道砟运动状态及其临界风速的影响。在B组和D组的短边顺风试验中，随着输入风速逐级提高，道砟样本在发生微小颤动和剧烈颤动之后，均会出现沿垂直于试验台为转动轴的轴向转动，使其顺风面由短边转为长边，导致顺风面积增大，如图2-17所示。同时，转动后的道砟多与试验台形成较为稳定的接触状态，不易发生位移。随着风速的进一步增大，其继续发生与其他组道砟颗粒相似的运动状态，即滚动、慢速移动、快速滑动等。

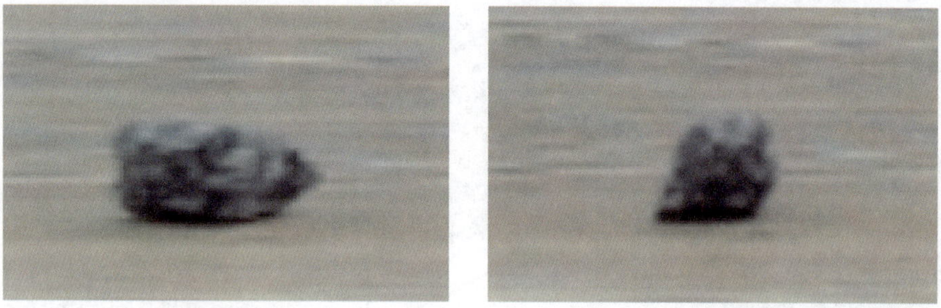

(a) 初始状态　　(b) 轴向转动

图2-17　风荷载下短边顺风道砟轴向转动(风场方向由左向右)

椭球体和长扁状体道砟在长边顺风和短边顺风条件下的临界风速曲线如图2-18所示。可以看出，当道砟顺风面由长边调整为短边时，椭球体和长扁状体道砟的临界风速均增大，其中椭球体道砟增大0.45～0.59 m/s，长扁状体道砟增大0.32～0.44 m/s。即在风荷载作用下，针状系数较大的道砟在长边顺风时较短边顺风更容易发生飞溅现象。此外，图2-18(a)中的B5道砟与图2-18(b)中的D14道砟，无论是在长边顺风还是短边顺风条件下，均表现出临界风速的异常变动。由前文分析可知，正是由于道砟颗粒的稳定放置面存在不平整区域，导致道砟在风载作用下易发生颤动和位移，故临界风速降低。

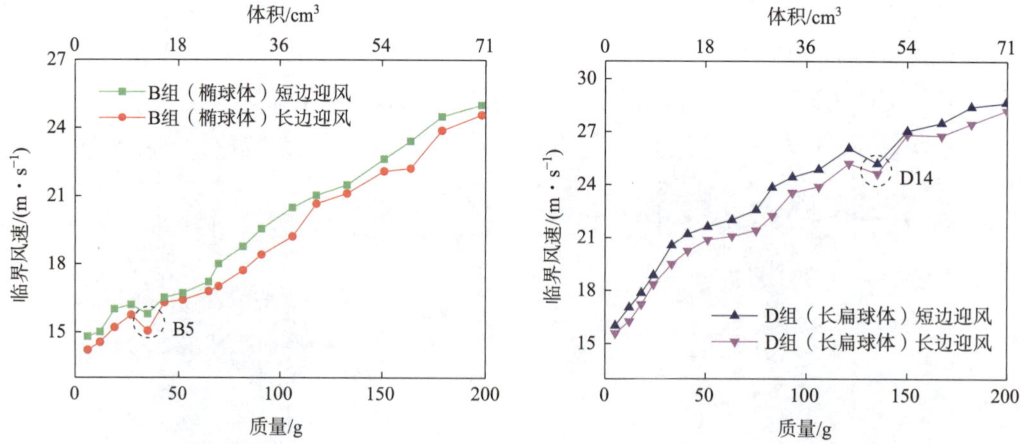

(a) 椭球体道砟（B组）　　(b) 长扁状体道砟（D组）

图2-18　不同顺风方向道砟飞溅临界风速曲线

由以上分析可知，风载作用下椭球体和长扁状体道砟的顺风面对道砟飞溅产生一定的影响，道砟长边承受风荷载时的受力面积较大，易发生道砟飞溅现象。

2.2.3　道砟接触面粗糙度影响分析

道砟接触状态决定了颗粒抵抗飞溅的作用力大小，接触面粗糙度是道砟接触状态的关键要素。本小节分别以粗糙度不断增大的塑胶垫层、粗砂纸垫层、细砂纸垫层作为承载道砟颗粒的基础材料，研究道砟底面粗糙程度对道砟飞溅的影响规律，如图 2-19 所示。

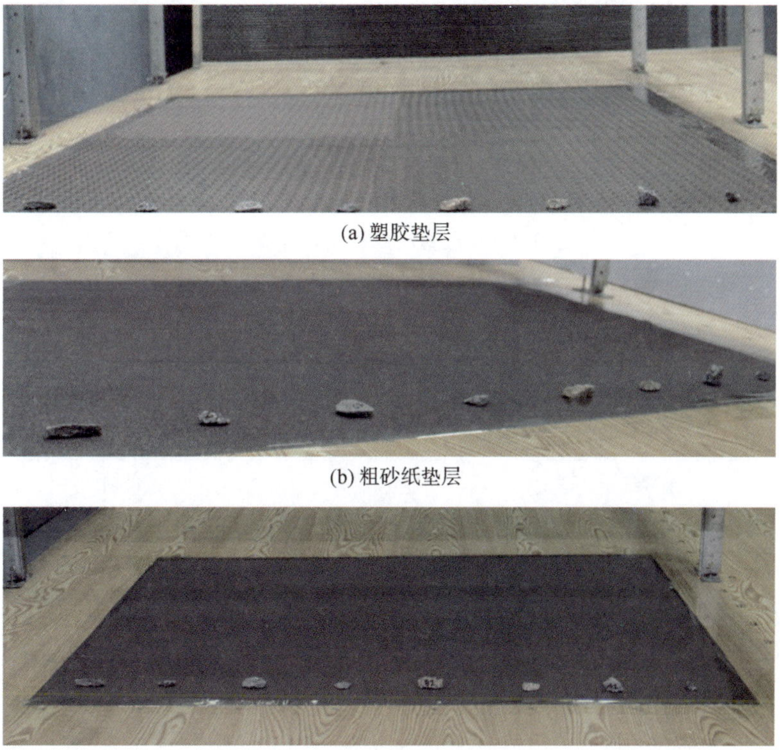

(a) 塑胶垫层

(b) 粗砂纸垫层

(c) 细砂纸垫层

图 2-19　不同粗糙程度的垫层材料

为准确获取不同垫层材料的摩擦系数，针对不同材料分别开展拉力测试试验，如图 2-20 所示。通过拉力计分别在木板、塑胶垫层、粗砂纸垫层和细砂纸垫层上匀速拉动道砟样本，读取稳定后的拉力计示数，即为该道砟样本所受到试验台的摩擦力。据式(2-1)计算得出不同垫层材料的摩擦系数，以反映垫层材料的粗糙程度，摩擦系数越大表示垫层材料越粗糙。垫层材料摩擦系数计算结果见表 2-2，可知，木板、塑胶、粗砂纸和细砂纸材料的粗糙程度依次递增。

$$f = mg \cdot \mu \tag{2-1}$$

式中，f 为摩擦力；m 为道砟颗粒质量；μ 为摩擦系数。

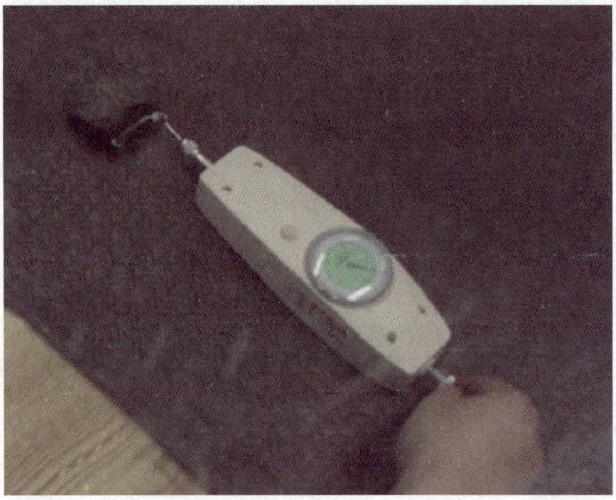

图 2-20　垫层摩擦系数拉力测试试验

表 2-2　垫层材料摩擦系数计算结果

垫层材料	摩擦系数
木板	0.21
塑胶	0.38
粗砂纸	0.55
细砂纸	0.67

本节利用前文筛选出的四种形状道砟颗粒，以不同垫层材料为基础，开展道砟颗粒风洞试验。试验现象表明，较直接将道砟样本放置在木板试验台表面而言，采用各粗糙程度的垫层材料后，风载下道砟样本的转动现象均显著减少。随着输入风速的增大，绝大多数道砟颗粒在产生微小颤动和剧烈颤动后，直接发生翻滚或滑动。分析可知，试验采用的三种垫层材料较木板而言更为粗糙，限制了道砟颗粒的轴向转动，在一定程度上提高了颗粒稳定性，进而提高了道砟飞溅临界风速，降低道砟飞溅发生概率。

不同底面粗糙程度的道砟飞溅临界风速曲线如图 2-21 所示。可以看出，不同垫层材料的道砟飞溅临界风速随质量的变化规律均保持一致，相比于未铺设垫层材料，四种形状颗粒在铺设粗糙垫层材料后的道砟飞溅临界风速均发生一定程度的增长，其中，采用细砂纸垫层时道砟飞溅临界风速最高，采用粗砂纸垫层、塑胶垫层依次次之。在采用细砂纸垫层作为基础材料后，圆球形、椭球形、扁球形和长扁球形道砟的临界风速最大分别提高了 1.51 m/s、1.34 m/s、1.19 m/s 和 1.21 m/s，增长量值相对较小。因此，道砟底面接触材料越粗糙，颗粒临界风速越大，在风荷载作用下越稳定，但对道砟飞溅防治的改善效果有限。

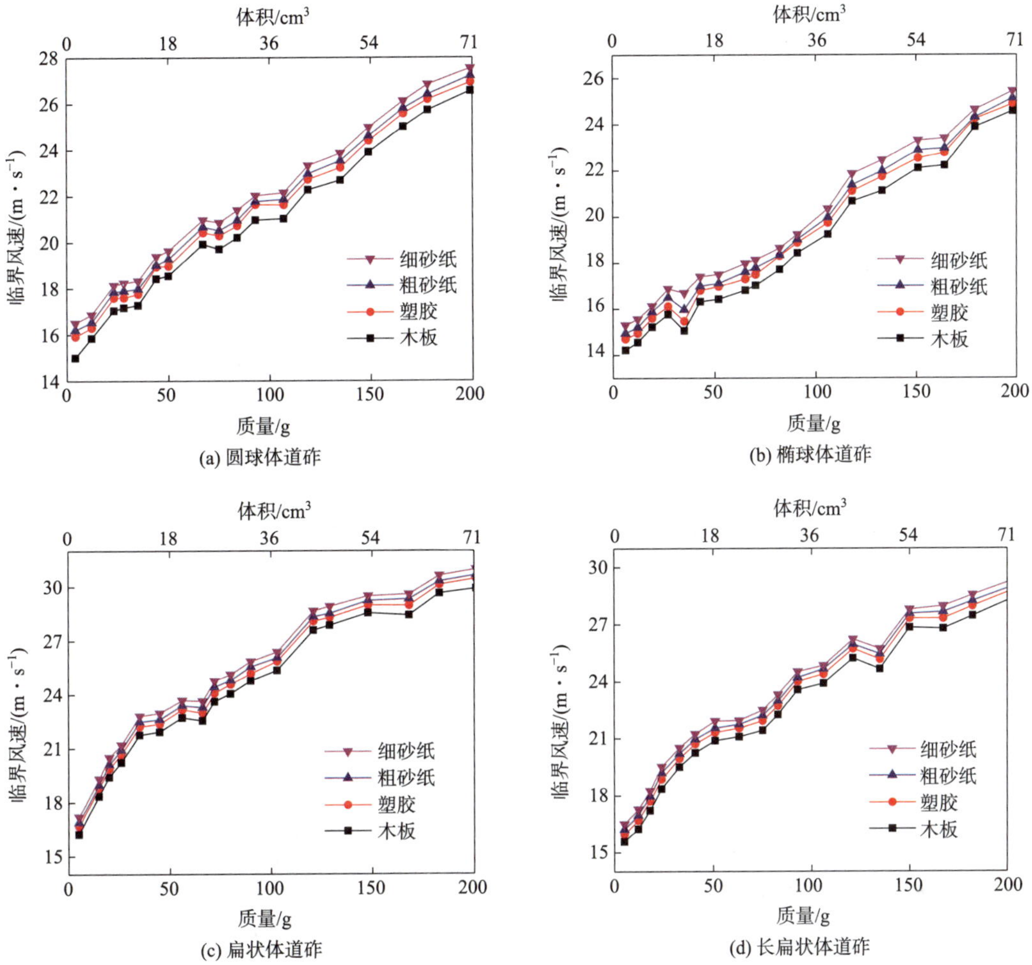

图 2-21　垫层材料对不同形状道砟临界风速影响

由以上分析可知，道砟接触面的粗糙程度越大，道砟颗粒在风荷载作用下的稳定性就越强，但对于道砟飞溅的防治，仅通过增加接触面粗糙程度的防治效果非常有限。

2.3　有砟轨道结构流场特征试验研究

本节通过开展有砟轨道结构等比例风洞试验，分析道床、轨枕和砟肩等轨道结构在风载下的流场风速和风压特征。有砟轨道结构满足高速铁路设计规范，道床顶面宽度 3.6 m，道床厚度 0.35 m，砟肩堆高 0.15 m，边坡坡度 1∶1.75；轨枕为Ⅲc 型混凝土枕，长度 2.6 m，轨枕中心线间距 0.6 m。

2.3.1 流场风速分布特征

Lazaro通过开展轨道流场现场试验提出，道床表面平均风速为行车速度的1/3。将道床模型正前方皮托管测得的风速值作为试验来流风速，通过调整风机电压设置来流风速为32.4 m/s，模拟350 km/h行车速度下的风载条件。基于前文所述风速测试装置，对道床上方垂向和横向风速进行测试。图2-22所示为某测点实测数据，由图可知，测点瞬时风速是平均风速与脉动风速的叠加，其中脉动风速在平均风速范围内向下波动。故瞬时风速对结构的作用也包括平均风速对结构的静力作用影响，以及脉动风速对结构的动力作用影响。

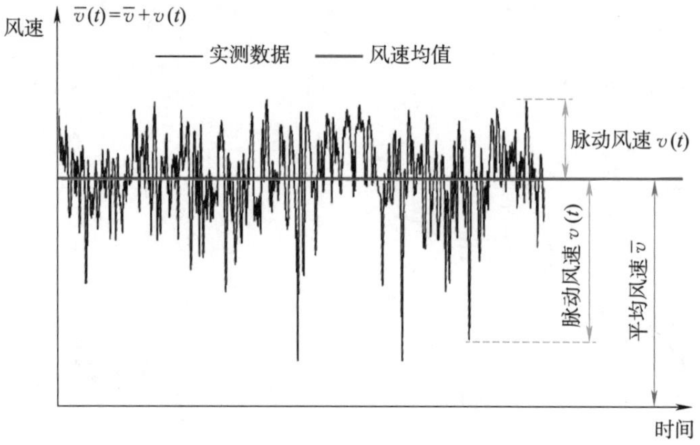

图2-22 实测风速分解图示

风洞实验室参考静压实测数据如图2-23所示，可知，参考静压同样存在脉动现象，但其脉动峰值变化不大，该风速条件下的参考静压均值为367.23 Pa。

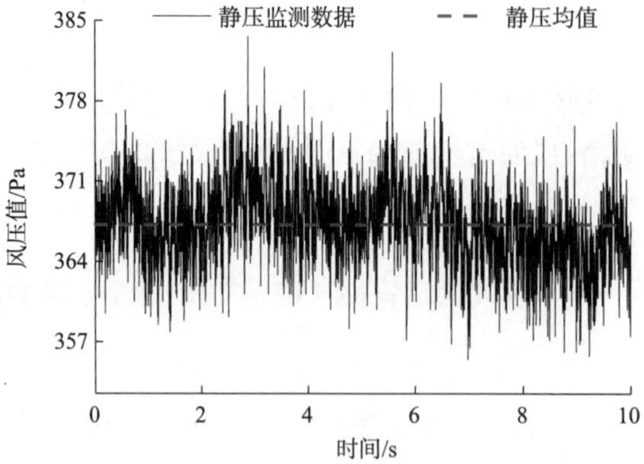

图2-23 风洞实验室静压实测数据

风速测试探针获取的流场数据是风压信号，将该风压数据与参考静压作差，即为该位置处实测风压，再由式(2-2)计算得到其风速。

$$v(h)=\sqrt{\frac{2p(h)}{\rho}} \tag{2-2}$$

式中，$v(h)$ 为风速；$p(h)$ 为实测风压；ρ 为空气密度。

基于风速测试探针对道床上方不同垂向和横向位置处风速值进行测试统计，得到图 2-24 所示道床风速随测点位置变化规律曲线。由图 2-24(a)可知，道床上方风速在垂向上差异显著。距离道床表面高度越高风速越大，当测点高度降为最低时风速最小。在测点由钢轨顶面高度降低至道床表面时，测点风速降低了 63.93%。测点位置每降低 5 cm，风速分别降低 1.75 m/s、4.07 m/s、4.63 m/s、6.17m/s 和 6.39 m/s，即距道床面越近，风速降低幅度越大。由图 2-24(b)可知，道床表面风速在横向也存在差异。距离道心区域越近风速越大，道床边缘测点风速最小，由道心至钢轨附近风速降幅达 62.12%。测点位置每远离线路中心 8 cm，风速分别降低 1.08 m/s、1.80 m/s、1.00 m/s、1.50 m/s、2.00 m/s、2.67 m/s 和 3.38 m/s，即距线路中心越远，风速降低幅度越大。

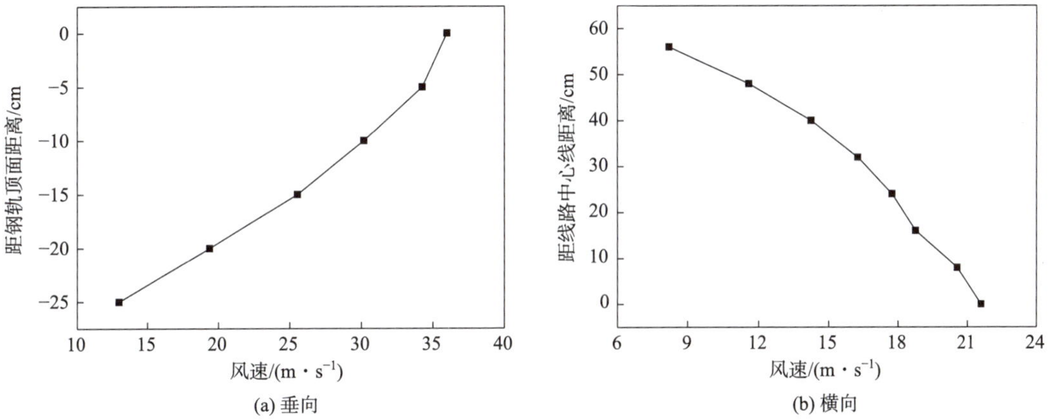

图 2-24　道床风速分布特征曲线

由以上分析可知，风载条件下有砟轨道表面风速在空间上具有较好的分布。轨道表面风速垂向上随着高度的降低不断变小，横向上随着与中心线距离的增加不断变小。

2.3.2　流场风压分布特征

基于上述有砟轨道结构风洞试验装置，在对有砟轨道结构精确还原的基础上，分析道床、轨枕及砟肩的风压分布特征。

2.3.2.1　道床表面风压分析

采用 18 枚自主研发的道砟风压测试装置，对道床表面风压数据进行获取。按照与轨枕的相对位置，将其分别在靠近轨枕迎风侧、枕间中心和靠近轨枕背风侧的三排设置，均匀分布在道床表面，每排设置 6 枚道砟风压测试装置，其横向间距均为 15 cm。

道床表面风压分布测试结果如图 2-25 所示。可知，道床表面风压分布并不均匀，正压与负压同时存在。在沿线路纵向上，靠近轨枕迎风侧道床表面为正压，枕间中心和靠近轨枕背风侧为负压，且靠近轨枕背风侧的负压值相对较大。分析其原因，流体流经轨道结构时，受到轨枕的阻挡会发生侧向偏转，使轨枕迎风侧附近的道床表面直接承受正压作用；而偏转后的流体会在靠近轨枕背风侧区域形成较大的流动分离区，处于分离区的道床结构均处于负压状态，该区域道砟易飞离道床。

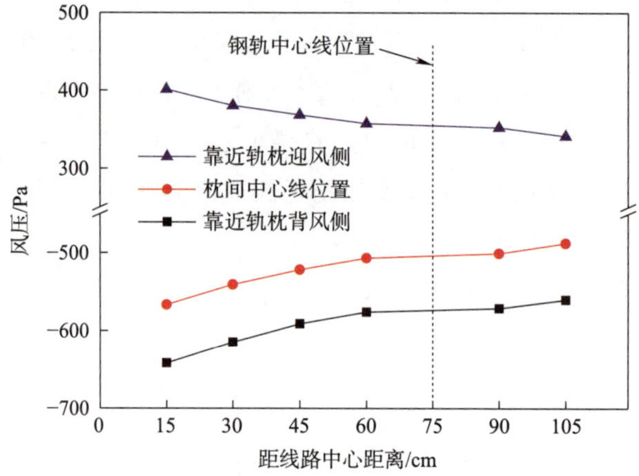

图 2-25　道床表面风压分布特征

在沿线路横向上，线路中心线附近风压值最大，随着风压测点靠近道床边缘，道床表面风压值逐渐降低。在测点由线路中心变化至线路边缘的过程中，靠近轨枕迎风侧道床表面风压降低了 15.0%，枕间中心降低了 13.9%，靠近轨枕背风侧区域降低了 12.8%。同时，钢轨内侧道床表面风压降幅更为显著，占总风压降低幅度的 73.3%～80.5%。上述分析表明，钢轨内侧道床表面承受风压影响更为显著，尤其是线路中心区域，最易发生道砟飞溅现象。

2.3.2.2　轨枕表面风压分析

轨枕表面不同区域流场特征存在差异，基于前文所述轨枕表面测点对其风压特征进行测试分析。在沿轨枕横向上将其划分为钢轨外侧、轨下和钢轨内侧三个区域，再分别对每个区域进行截面处理，如图 2-26 所示，将钢轨内侧轨枕划分为 A～D 截面，钢轨附近轨枕划分为 E～G 截面，钢轨外侧轨枕划分为 H～J 截面。

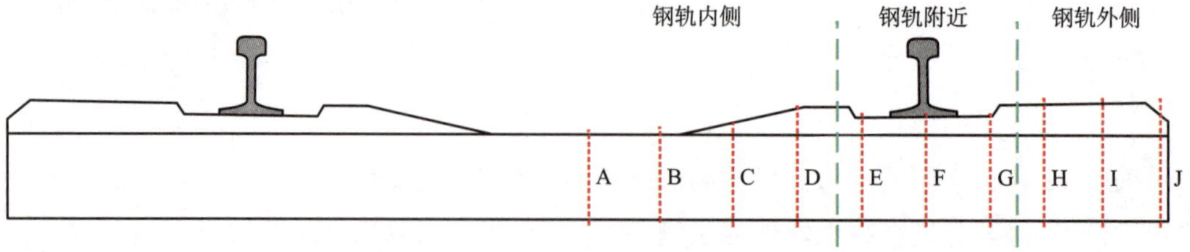

图 2-26　轨枕表面区域划分示意

为便于统计分析，将各截面上的风压测点分为迎风面、顶面和背风面测点。对风压实测数据进行提取、处理，得到图 2-27～图 2-29 所示轨枕表面风压分布曲线。

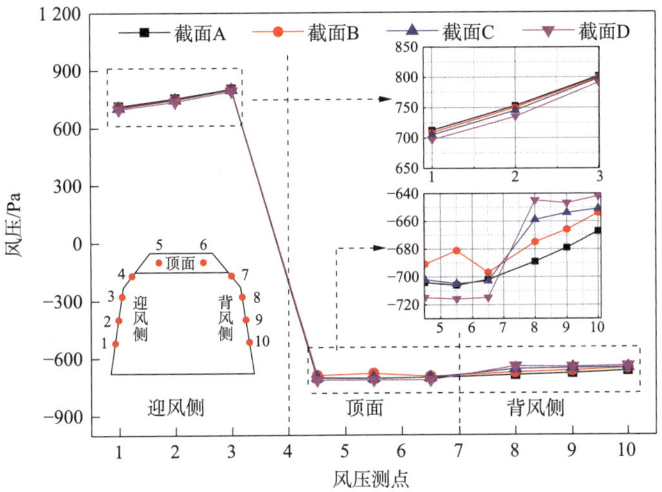

图 2-27　钢轨内侧轨枕表面风压特征曲线

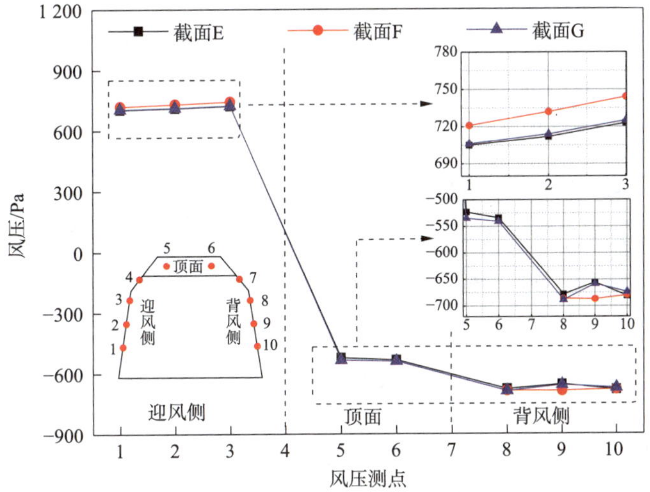

图 2-28　钢轨附近轨枕表面风压特征曲线

图 2-27 所示为钢轨内侧轨枕表面不同截面的风压分布情况，由图可知，轨枕迎风面为正压；顶面和背风面为负压，且顶面风压值高于背风面，前者平均风压高于后者 6.4%。为便于观察，对图 2-27 风压数据进行局部显示，由图可知，由 A～D 截面，轨枕迎风侧正压值和背风侧负压值均逐渐减小，即轨枕中部迎风面正压值和背风面负压值均为最大，距离中部越远风压值越小。轨枕顶面在 D 截面处的负压值最大，这是因为该截面的轨枕顶面位置相对较高。

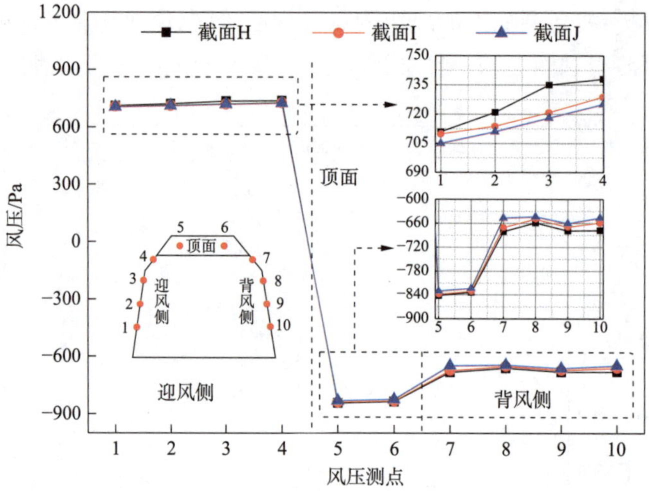

图 2-29 钢轨外侧轨枕表面风压特征曲线

图 2-28 所示为钢轨附近轨枕表面不同截面的风压分布情况。由图可知，该区域轨枕表面风压分布与钢轨内侧一致，即轨枕迎风面为正压，顶面和背风侧为负压。但迎风侧表面风压高于钢轨内侧对应区域，且 E 截面与 G 截面轨枕风压非常接近，F 截面风压较大。分析原因为，E 截面与 G 截面为钢轨两侧承轨槽区域，二者关于钢轨对称；同时，F 截面位于钢轨下方，有限的空间导致其附近流场强度较大，故其风压值高于 E、G 截面。与钢轨内侧不同的是，钢轨附近轨枕顶面风压值低于背风侧 26.9%。此外，与迎风面风压分布特征类似，轨枕顶面与背风侧均表现为 E 截面与 G 截面风压值较为接近。

图 2-29 所示为钢轨外侧轨枕表面不同截面的风压分布情况。由图可知，该区域轨枕迎风面风压为正，顶面和背风侧风压为负。由 H 截面至 J 截面轨枕迎风侧、顶面和背风侧风压值均逐渐降低，表明越靠近边缘，轨枕表面流场强度越低。该区域轨枕顶面平均负压高于轨枕背风侧 20.5%，轨枕顶面道砟更易飞溅。

2.3.2.3 砟肩表面风压分析

根据与轨枕相对位置，将砟肩风压测点按图 2-30 编号，其中，1～3 号测点与 8～10 号测点位于枕间区域，4～6 号测点位于枕端区域。基于砟肩表面不同高度和纵向位置的风压测点，测试分析砟肩表面风压分布特征。

图 2-31 和图 2-32 所示分别为道床内侧和外侧砟肩表面风压分布曲线，其中，道床内侧分别测试了砟肩高度 0 cm、5 cm、10 cm 和 15 cm 的风压特征，道床外侧分别测试了砟肩高度 5 cm 和 10 cm 的风压特征。

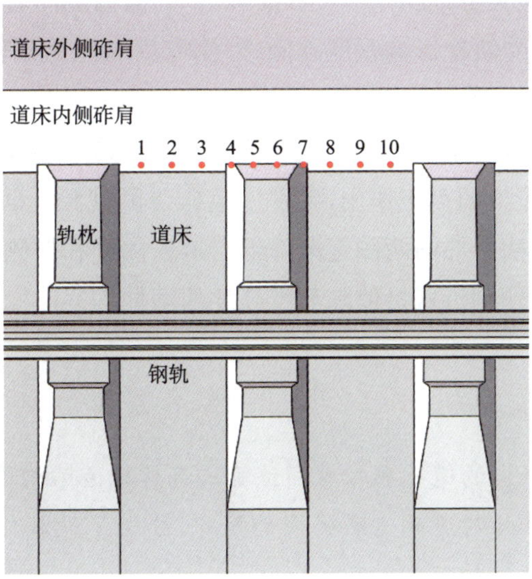

图 2-30　砟肩表面风压测点编号

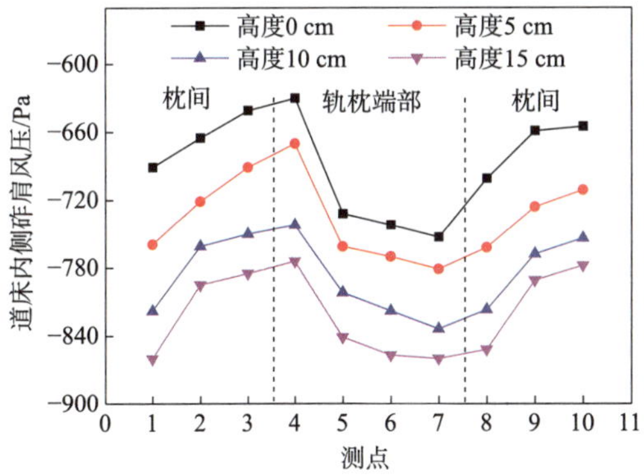

图 2-31　道床内侧砟肩表面风压分布

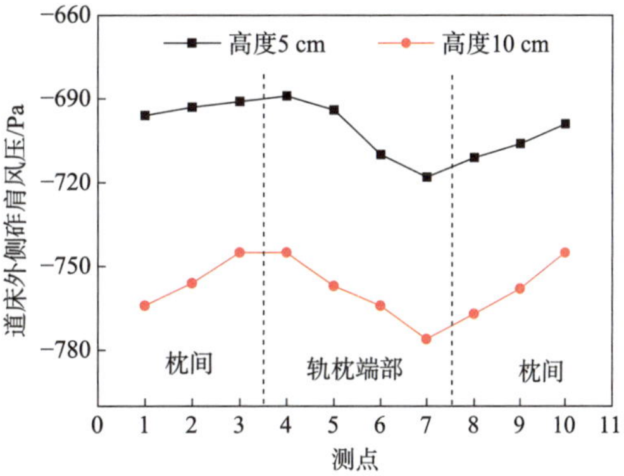

图 2-32　道床外侧砟肩表面风压分布

由砟肩表面风压分布曲线可知，道床内侧和外侧砟肩表面均为负压。编号相同高度不同的测点，其负压值随测点高度的增大而增大。砟肩顶端（15 cm 高）最大风压分别是内侧和外侧 5 cm 高度处最大风压的 1.1 倍和 1.2 倍。位于内侧与外侧相同高度的砟肩风压也存在差异，内侧砟肩负压值显著高于外侧，5 cm 高度处内侧砟肩最大风压高于外侧 8.8%，10 cm 高度处内侧砟肩高于外侧 7.5%。

此外，位于同一侧砟肩相同高度的测点风压同样波动显著，最大负压均产生于轨枕端部靠近背风侧的砟肩区域，最小负压均产生于靠近迎风侧的轨枕端部。由此可知，相同高度测点风压值的差异，是由各测点与轨枕相对位置的不同所致，故可通过比较图中每条风压曲线的最大值与最小值，分析轨枕对砟肩测点风压的影响程度。道床内侧 5 cm 和 10 cm 高处砟肩风压最大分别相差 16.6%和 12.4%，砟肩顶端测点风压最大相差 11.1%，道床外侧 5 cm

和 10 cm 高处砟肩风压最大分别相差 4.2%和 4.9%。故内侧砟肩风压受到轨枕影响较大，且随着测点高度的增加，受轨枕影响程度越低；外侧砟肩风压受到轨枕影响相对较小，且随着测点高度的降低，受轨枕影响程度越小。

由以上分析可知，风载作用下道砟颗粒承受风压由线路中心线向两侧逐渐降低，靠近轨枕背风侧道砟颗粒承受较大的负压作用，易发生道砟飞溅现象。轨枕表面风压随测点高度的增加不断变大，且由轨枕中部向两侧逐渐降低。道床内侧和外侧砟肩表面均为负压，内侧负压值显著大于外侧，内外侧负压量值随测点高度的增加均逐渐变大。

小　结

本章介绍了自主研发的道砟颗粒风洞试验及有砟轨道结构风洞试验装置，基于此，研究了道砟颗粒细观属性对道砟飞溅的影响规律，分析了风载作用下有砟轨道风速及风压分布特征。主要结论如下：

(1)自主研发的道砟颗粒风压测试装置，解决了既有方法因道砟颗粒表面不平滑引发测试精度不足的难题，在此基础上设计了道砟颗粒风洞试验，为道砟颗粒细观属性对道砟飞溅影响的研究提供技术条件。自主研发了可测试风压的轨枕及砟肩装置，在此基础上设计了有砟轨道结构风洞试验，解决了既有研究缺少考虑轨道、列车精细化外形及风压测试准确度不足的难题，为有砟轨道流场特征的研究提供技术条件。

(2)道砟颗粒风洞试验研究方面。道砟颗粒相继发生微小颤动、剧烈颤动、滚动、慢速移动和快速滑动。道砟质量越大越不易飞溅，在质量相近的条件下，椭球体道砟最易飞溅，圆球体、长扁状体和扁状体道砟依次次之。顺风面对椭球体及长扁状体道砟的飞溅现象产生一定的影响，当长边受风时易发生飞溅现象。道砟接触面越粗糙，颗粒临界风速越大，越不易飞溅。

(3)有砟轨道结构风洞试验研究方面。距道床表面越高，离线路中心越近，轨道流场风速越大。轨枕和道床表面同时分布着正压和负压，砟肩表面均为负压。钢轨内侧道床和轨枕承受风压作用最为显著，尤其是线路中心区域，最易发生道砟飞溅，由道心至线路边缘轨道风压强度逐渐减弱。砟肩负压值随测点高度的增加逐渐变大，内侧负压值显著大于外侧。

第3章 道砟颗粒细观流场特征精细化分析

道砟颗粒细观属性对高速铁路有砟轨道道砟飞溅影响显著。本书前文风洞试验研究了颗粒细观属性对道砟飞溅宏观现象的影响规律，本章从细观角度考虑道砟表面流场分布特征，针对颗粒细观属性的影响做进一步研究；提出适用于道砟流场分析的颗粒外形获取和分析方法；结合计算流体动力学方法，建立能够精确考虑道砟形态特征的道砟颗粒流场分析模型，并通过风洞试验进行验证。在此基础上，分析风载作用下道砟表面风压分布、流线规律等流场特征，研究不同细观属性道砟的表面压差变化规律及风载强度的影响规律，从颗粒细观属性角度揭示道砟飞溅发生机理，以期为道砟飞溅防治提供一定的参考。

3.1 复杂外形道砟颗粒形态特征分析

组成有砟道床的散粒体道砟粒径大小不一，形状各不相同，且表面纹理和棱角特征也不完全一致。本节对道砟颗粒复杂外形进行精确获取及分析，为风场环境下道砟流场特征分析收集基础样本。

3.1.1 道砟颗粒复杂外形获取及分析方法

国内外学者在道砟外形对有砟道床力学特征的影响方面开展了大量研究，在相关研究中主要采用直接模拟法、视觉成像法和激光扫描法获取道砟颗粒外形。

直接模拟法是通过人工观察道砟形状，手动测量道砟粒径的方式，采用仿真方法对道砟外形进行还原与重建，如建立球簇(clump)单元道砟模型、凸多面体块体颗粒单元。直接模拟法能够在一定程度上反映出道砟颗粒的形状和粒径信息，但存在一定局限性。首先，该方法存在较大的人为误差，会影响道砟外形获取精度；其次，基于随机算法生成的道砟模型，无法与所模拟道砟准确对应；对道砟棱角特征和表面粗糙特征还原度低。故直接模拟法可用于有砟道床的力学性能计算，但在分析受颗粒外形影响敏感的道砟颗粒流场特征时局限性较大。

视觉成像法是采用数码相机对道砟样本进行图像获取，通过二值化处理提取得到道砟轮廓信息。通过拓展采集源的数量,或采用镜面成像方法,也可实现道砟外形的三维重建。该方法提高了道砟外形的获取精度,但对图形采集时的环境光源要求较高,且时间成本较大。

采用激光扫描法获取道砟外形信息,是利用激光测距原理,通过发射能量至道砟样本表面,由反射回的能量测量计算道砟三维外形信息。该方法能够精确反映道砟颗粒的粒径尺寸、形状特征、棱角特征和粗糙程度,且测量精度高、误差小,操作便捷,所需时间成本较低。激光扫描法在道砟劣化方面的研究中已有一定的应用,主要用于获取道砟颗粒空间轮廓,在此基础上填充球形颗粒,实现道砟颗粒的精细化模拟。

考虑到激光扫描法的诸多优点,本书同样采用该方法获取道砟颗粒外形特征。与既有研究不同的是,本书获取的道砟外形需用于构建道砟颗粒细观流场分析模型,故对道砟外形获取精度要求较高,既需精确获取道砟形状和粒径等廓形信息,也需要提取道砟表面纹理及粗糙程度等细观颗粒特征。为此,本书在利用激光扫描法获取道砟颗粒精细化外形的基础上,提出道砟外形密集点云数据三角化处理以及道砟体积等形状特征计算方法,为道砟颗粒细观流场特征分析提供基础条件。

道砟颗粒外形信息三维扫描平台如图 3-1 所示。测试过程中,将道砟样本置于扫描台转盘上,通过两侧线激光发射源对道砟样本进行精细化扫描,设置转盘转动速度为步距角 0.9°,1/16 微步,控制点云数据尺寸精度为 2 mm,细节精度为 0.5 mm,扫描设备中部为用于接受采集信号的高像素 CMOS 图像传感器。通过对道砟两个摆放角度进行扫描,得到了道砟样本的三维密集点云数据,如图 3-2 所示。

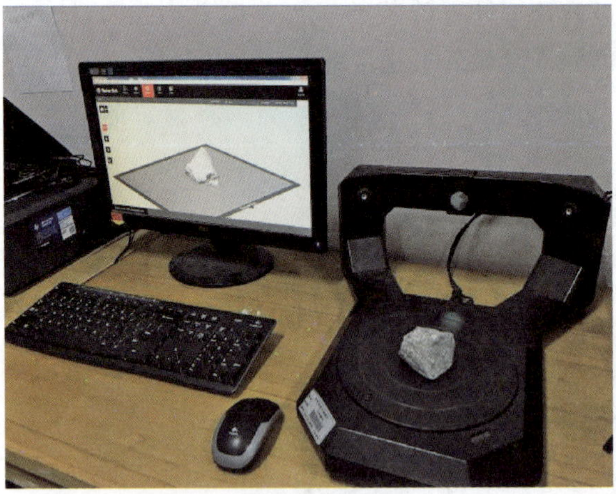

图 3-1 道砟外形扫描平台

在获取道砟颗粒外形后,为了在道砟颗粒细观流场分析模型真实还原颗粒纹理及粗糙度等细观特征,对采集得到的密集点云数据进行三角化处理。将各相邻数据点以三角形随机连接,形成三角形网格集合,并建立相邻密集云点之间的拓扑连接关系。在建立三角形网格集合过程中，如果三角形网格面与面之间角度低于30°，表示存在网格重叠，需将其删除。进一步对在删除重叠面和建立三角形网格集合时产生的孔洞进行填补，得到优化后的道砟外形三角化网格模型，如图3-3所示。

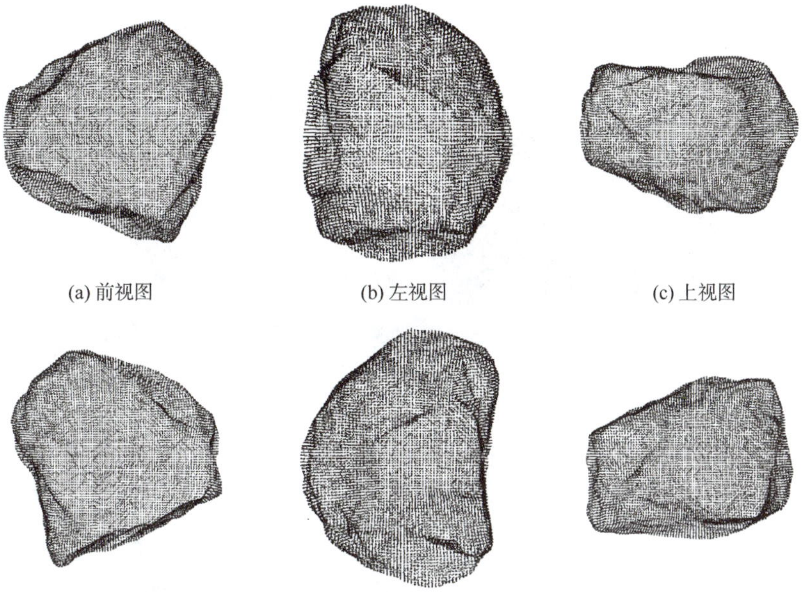

(a) 前视图　(b) 左视图　(c) 上视图

(d) 后视图　(e) 右视图　(f) 下视图

图3-2　扫描采集道砟样本外形密集点云数据

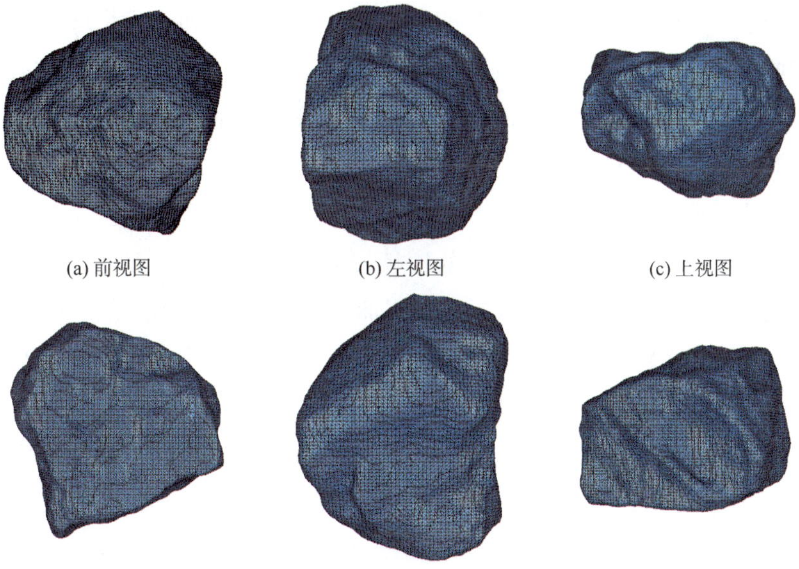

(a) 前视图　(b) 左视图　(c) 上视图

(d) 后视图　(e) 右视图　(f) 下视图

图3-3　道砟样本三角化网格集合

将各个角度的三角化网格数据进行组合，并建立相互关联，得到图 3-4 所示的道砟外形信息获取结果。由图可知，采用该方法不仅能够对道砟样本的形状、粒径进行精细化获取，还能够充分反映道砟表面纹理特征和粗糙特征。

(a) 道砟样本

(b) 外形还原结果

图 3-4　道砟外形获取结果对比

在实现道砟颗粒外形精确还原的基础上，还需进一步获取道砟粒径、体积等形状特征，以便为道砟颗粒细观流场的分析提供基础数据。本书获取的道砟外形信息以三角网格集合的数据形式存储，每个三角网格节点数据均只包含该节点的位置信息，以三维空间坐标(x,y,z)的形式存在。对道砟颗粒所有三角形网格节点坐标按照式(3-1)进行遍历计算。

$$l=\sqrt{(x_i-x_j)^2+(y_i-y_j)^2+(z_i-z_j)^2} \tag{3-1}$$

l 的最大值 $\max(l)$ 即为该道砟颗粒的最大轴径，设为 l_a，即为该道砟长度。以最长轴径 l_a 通过的两个道砟轮廓点所在直线为轴线，在垂直于该轴线的平面上，继续按式(3-1)进行遍历计算，该方向上 l 的最大值 $\max(l)$ 即为该道砟的中轴轴径，设为 l_b 。接着，在同时与 l_a 和 l_b 所成平面垂直的方向上继续遍历计算，l 的最大值 $\max(l)$ 即为该道砟颗粒的最小轴径，设为 l_c，即为道砟厚度。

采用上述方法计算得到了道砟颗粒的轴径长度：道砟长度 l_a（长轴）、道砟宽度 l_b（中轴）和道砟厚度 l_c（短轴），其中，l_b 和 l_c 所在平面即为道砟颗粒的最小投影面，在此基础上可方便计算道砟针状系数及片状系数等形状特征指数。该方法解决了在采用传统测试手段获取道砟轴径时，无法准确确定长轴、中轴和短轴所在方向，以及存在量取误差的问题。

颗粒质量是影响道砟飞溅的一个重要因素，因此本书利用道砟外形三角单元信息计算颗粒体积，进而获取道砟质量。三角网格单元是二维结构，本身没有体积的概念，故通过将网格单元平面之外的空间某点 (x_0,y_0,z_0) 与三角网格的三个顶点 (x_1,y_1,z_1)、(x_2,y_2,z_2) 和 (x_3,y_3,z_3) 连接，构建空间四面体，如图 3-5 所示。计算每个网格单元体积后将其相加，便可得到道砟颗粒体积。

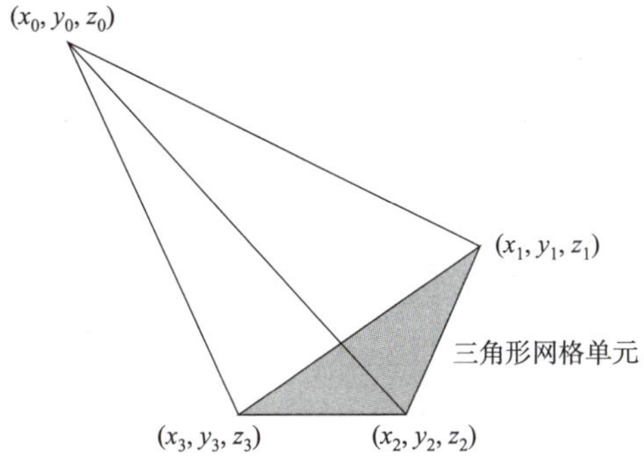

图 3-5　构建空间四面体单元结构

所构建的空间四面体的体积为

$$V((x_0,y_0,z_0),(x_1,y_1,z_1),(x_2,y_2,z_2),(x_3,y_3,z_3)) = \frac{1}{6}\times\begin{vmatrix}1 & 1 & 1 & 1\\ x_0 & x_1 & x_2 & x_3\\ y_0 & y_1 & y_2 & y_3\\ z_0 & z_1 & z_2 & z_3\end{vmatrix} = \frac{1}{6}\times\begin{vmatrix}x_1-x_0 & x_2-x_0 & x_3-x_0\\ y_1-y_0 & y_2-y_0 & y_3-y_0\\ z_1-z_0 & z_2-z_0 & z_3-z_0\end{vmatrix} \tag{3-2}$$

每个三角网格单元与该点连接形成的四面体体积均可由式(3-2)计算，在此基础上累加便可得道砟颗粒体积：

$$V = \sum_{i=1}^{n} V_i \tag{3-3}$$

3.1.2　道砟样本形态特征分析

前文道砟颗粒风洞试验中选取了形状各异的 500 枚道砟样本，在此基础上筛选出了圆球体、椭球体、扁状体、长扁状体道砟各 18 枚，分别编号 A、B、C、D，如图 3-6 所示。针对不同形状道砟样本，数字编号随道砟质量逐级增大，利用道砟颗粒外形精确获取和分析方法对道砟样本形态特征进行分析。

采用激光扫描法获取道砟样本空间轮廓信息后，对其进行三角化处理后，实现道砟颗粒外形的精确还原。限于篇幅，图 3-7 仅列出了部分道砟样本外形的扫描结果。在此基础上，识别道砟样本最大和最小轮廓投影面，计算其长轴、中轴和短轴轴径，针状、片状系数，以及体积等颗粒属性参数，形成道砟样本信息数据库。表 3-1 列举了 4 枚道砟样本信息。可以看出，不同形状道砟颗粒在形态特征上表现出较大的差异性，圆球体道砟颗粒的三轴轴径最为接近，针状系数最小；椭球体道砟颗粒相较于圆球体道砟在长轴轴径上发生较大的增长，引发针状系数也发生一定程度的增长；扁状体道砟的短轴轴径较小，片状系数最小；长扁状体相较于扁状体在长轴轴径及针状系数上发生一定的增长，在中轴轴径上发生较大的衰减。

图 3-6　不同形状道砟颗粒样本

图 3-7　道砟样本外形获取结果

表 3-1　道砟信息数据库

项　目	A15	B15	C15	D15
长轴/cm	5.53	7.34	9.18	10.39
中轴/cm	5.45	4.46	8.69	5.16
短轴/cm	3.86	3.97	1.86	2.61
质量/g	149	151	148	150
体积/cm^3	54.18	55.66	52.86	53.96
针状系数	1.02	1.65	1.06	2.01
片状系数	0.71	0.89	0.21	0.51
实物图				
扫描图				

3.2　道砟颗粒细观流场分析模型

已有仿真研究多对道砟外形进行轮廓近似模拟，仅能粗略表示道砟粒径特征，无法与实际道砟对应，计算误差大、精度低。本节基于道砟颗粒复杂外形的精确获取和分析方法，建立外形精细化还原的道砟颗粒流场分析模型，并通过风洞试验进行验证，为不同形态特征道砟颗粒的流场特征分析提供基础。

3.2.1　道砟颗粒细观流场分析模型建立

通过三维扫描系统得到的道砟外形信息，是以三角网格集合形式存在的几何模型，每个三角网格单元数据只包含其各顶点的三维坐标及其所在平面的法向矢量，即扫描得到的道砟轮廓仅涉及道砟表面的几何位置信息，没有表达几何体之间关系的拓扑信息。故需先从道砟轮廓信息中分解并重建规则几何体素，凭借位置信息重建拓扑关系，再建立整个道砟的实体模型。此外，还需对重建的道砟模型几何体进行有效性和封闭性检查，修复模型裂隙、孤立边等几何缺陷。在此基础上，采用计算流体动力学(CFD)方法，建立道砟颗粒的流场分析模型。

在计算空间内重建道砟实体模型后，考虑到道砟模型几何外形的复杂性，采用四面体非结构网格对计算空间进行划分。为精确分析道砟表面流场特性，在道砟模型表面生成 3 层边界层网格，网格初始高度为 0.2 mm，增长率为 1.2。图 3-8 为生成的道砟表面网格及空间网格模型。

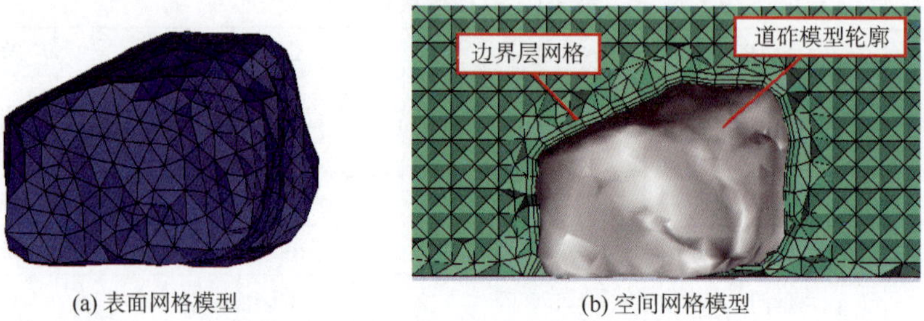

图 3-8　外形精细化模拟的道砟网格模型

为重点分析颗粒本身属性对道砟流场特征的影响，需首先排除轨枕的阻挡作用，以及道砟颗粒之间的相互作用对道砟流场的干扰，故将所建立的道砟颗粒流场分析模型置于光滑试验台表面，而非有砟道床表面。仿真模型计算域为长方体结构，计算域尺寸为 4 m×2 m×0.419 m。试验台距计算域顶面高度取动车组设备舱底距道床表面的高度 0.419 m，道砟模型摆放于试验台中间位置，如图 3-9 所示。

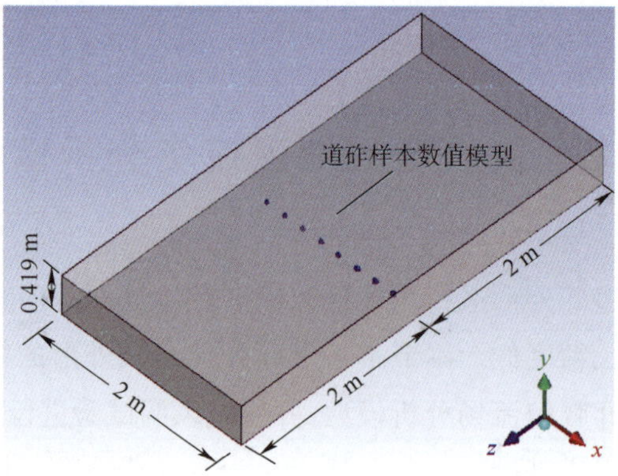

图 3-9　数值仿真计算域尺寸示意

基于有限体积法，采用有限个离散点的变量值集合，代替空间域内的连续物理场，并建立描述这些离散点流场变量关系的代数方程组，通过求解代数方程组获得流场参数量值。在本书涉及的流场分析中，马赫数均小于 0.3，故采用流体不可压缩的 k-ε 湍流模型。根据守恒定律建立求解流场的控制方程，连续方程为

$$\frac{\partial u}{\partial x}+\frac{\partial v}{\partial y}+\frac{\partial w}{\partial z}=0 \tag{3-4}$$

湍流动能 K 方程为

$$\begin{aligned}&\frac{\partial K}{\partial t}+\frac{\partial(uK)}{\partial x}+\frac{\partial(vK)}{\partial y}+\frac{\partial(wK)}{\partial z}\\&=(G-\rho\varepsilon)+\frac{\partial}{\partial x}\left(\frac{v_T}{\sigma_K}\frac{\partial K}{\partial x}\right)+\frac{\partial}{\partial y}\left(\frac{v_T}{\sigma_K}\frac{\partial K}{\partial y}\right)+\frac{\partial}{\partial z}\left(\frac{v_T}{\sigma_K}\frac{\partial K}{\partial z}\right)\end{aligned} \tag{3-5}$$

湍流动能耗散率 ε 方程为

$$\frac{\partial \varepsilon}{\partial t}+\frac{\partial(u\varepsilon)}{\partial x}+\frac{\partial(v\varepsilon)}{\partial y}+\frac{\partial(w\varepsilon)}{\partial z}$$
$$=\frac{\varepsilon}{k}(C_1G-C_2\rho\varepsilon)+\frac{\partial}{\partial x}\left(\frac{\upsilon_T}{\sigma_\varepsilon}\frac{\partial\varepsilon}{\partial x}\right)+\frac{\partial}{\partial y}\left(\frac{\upsilon_T}{\sigma_\varepsilon}\frac{\partial\varepsilon}{\partial y}\right)+\frac{\partial}{\partial z}\left(\frac{\upsilon_T}{\sigma_\varepsilon}\frac{\partial\varepsilon}{\partial z}\right) \tag{3-6}$$

式中，u,v 和 w 是道砟外部流场任意点流速在各坐标方向的局部流速分量；ρ,υ 分别为流体的密度和黏性系数；υ_T 为有效黏性系数；G 为湍流动能 K 的产生项；σ_k、σ_ε、C_1、C_2 均为经验常数。采用有限体积法的二阶迎风格式对控制方程进行离散，在此基础上对施加离散化初始条件和边界条件的代数方程组求解，得到整个流场的数值解。

3.2.2　基于道砟颗粒风洞试验的模型验证

既有研究表明，列车高速运行条件下道床表面风速为列车实际运行速度的 1/3。在本书的道砟颗粒风洞试验中，为了避免道砟颗粒接触咬合状态对道砟飞溅产生影响，将道砟样本放置于平整的试验台上，以研究颗粒不同细观属性条件下道砟飞溅的变化规律，致使道砟颗粒风洞试验中的飞溅临界风速远小于现场实际。因此，选取试验风速分别为 5 m/s、10 m/s、15 m/s、20 m/s、25 m/s 和 30 m/s，包括了现场最不利条件，对比分析不同风载条件下道砟颗粒风压装置测试结果与数值仿真结果，以验证道砟颗粒细观流场分析模型的准确性。

道砟颗粒风压装置监测到的不同表面测试结果如图 3-10～图 3-13 所示。可以看出，不同风速条件下，测试道砟模型顶面和背面均为负压，左侧和右侧均为正压，各表面风压均值随着试验风速的提高而增大，且增大幅度也在逐渐扩大，即道砟各表面风压幅值与试验风速成非线性增大关系。风速由 5 m/s 提高至 30 m/s 过程中，道砟顶面风压由 −6.1 Pa 增大至 −162.7 Pa，增大 25.7 倍。

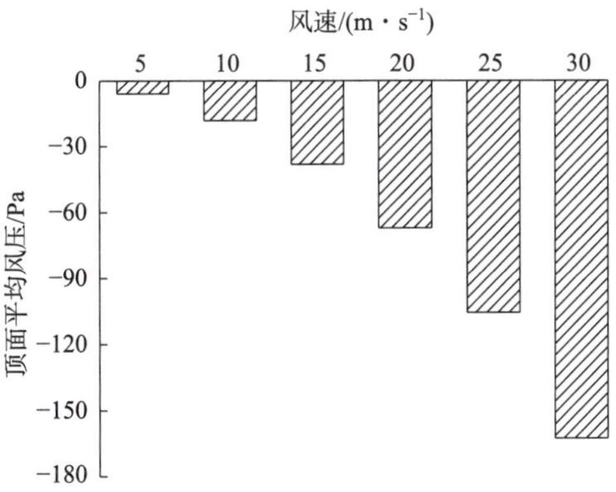

图 3-10　风速对测试模型顶面风压影响

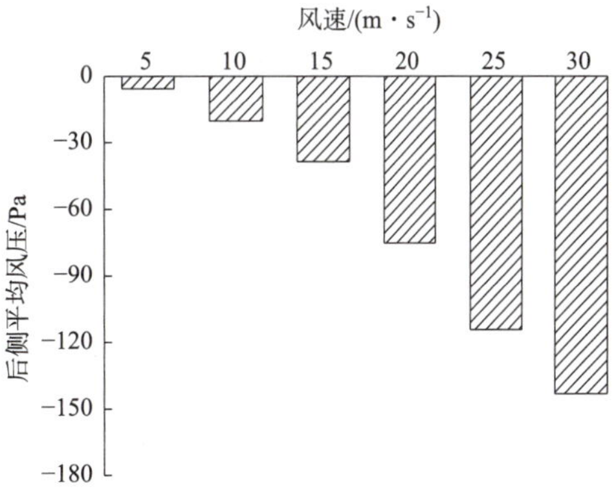

图 3-11　风速对测试模型后侧风压影响

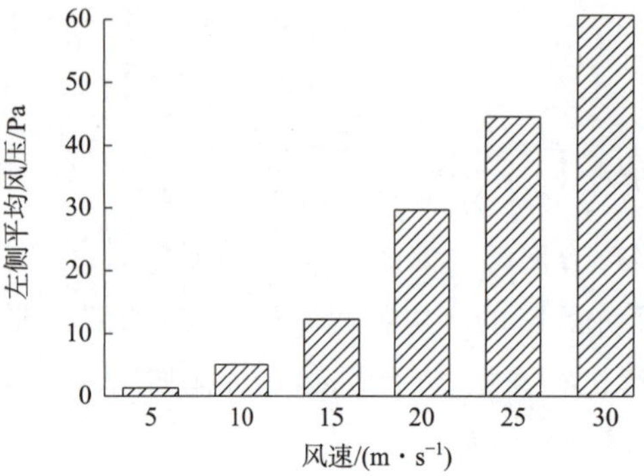

图 3-12　风速对测试模型左侧风压影响

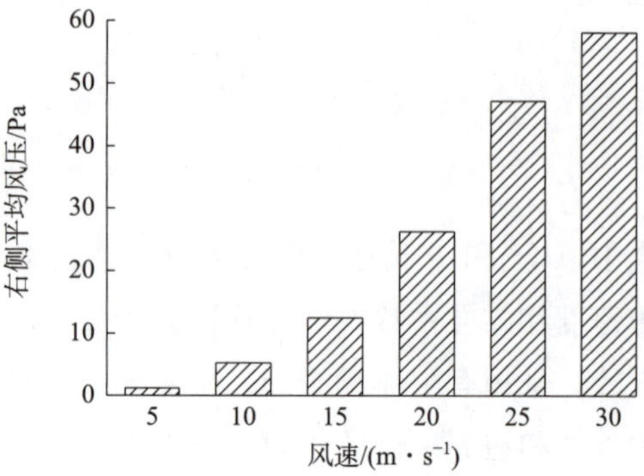

图 3-13　风速对测试模型右侧风压影响

参考自主研发的道砟颗粒风压测试装置，建立道砟颗粒流场分析模型，如图 3-14 所示，确保二者形状和尺寸完全相同。按照前文风洞试验中的排列间距和角度，生成 8 枚该风压测试装置的仿真模型，并在模型表面生成边界层网格，计算域划分为非结构四面体网格。在仿真试验中分别设置与风洞试验相同的入口风速条件，进行流场计算。

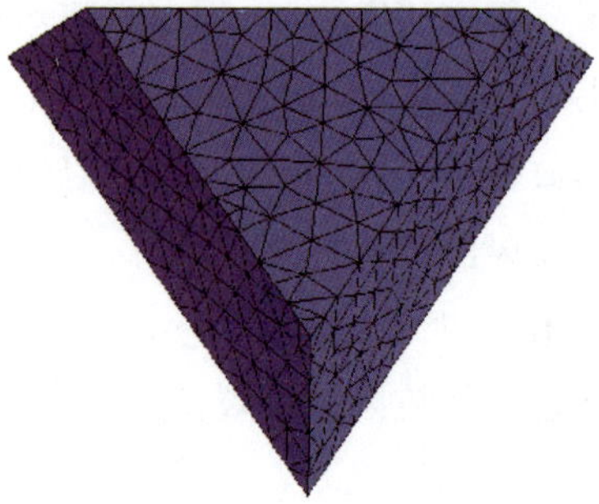

图 3-14　道砟风压测试装置数值仿真模型

将模型风压计算结果与风洞实测结果对比，得到表 3-2。由表 3-2 可知，计算结果与实测数据误差绝对值在 1.5%～5.8%，误差较小，表明模型准确可靠。

表 3-2　模型计算与试验测试风压数据对比(Pa)

风　速	计算方式	顶面	左侧	右侧	背面
10 m/s	风洞	−18.3	5.1	5.2	−20.4
	仿真	−17.8	5.3	4.9	−19.7
	误差	−2.7%	3.9%	−5.8%	−3.4%
20 m/s	风洞	−67.1	29.7	26.3	−75.1
	仿真	−69.8	28.6	25.1	−76.2
	误差	4.0%	−3.7%	−4.6%	1.5%
30 m/s	风洞	−162.7	60.7	58.1	−143.2
	仿真	−153.6	57.6	60.8	−135.2
	误差	−5.6%	−5.1%	4.6%	−5.6%

3.3　道砟颗粒细观流场特征分析

采用验证后的道砟颗粒流场分析模型，按前文道砟颗粒分组方案，对道砟样本分组建模。基于道砟颗粒复杂外形精细化获取、分析和还原方法，确保仿真试验中每枚道砟模型的形状、粒径、棱角等颗粒属性，均与风洞试验中的道砟样本完全一致。同时，仿真试验中的道砟模型与风洞试验中的道砟样本的排列顺序，以及在试验台上的位置也需保持相同。

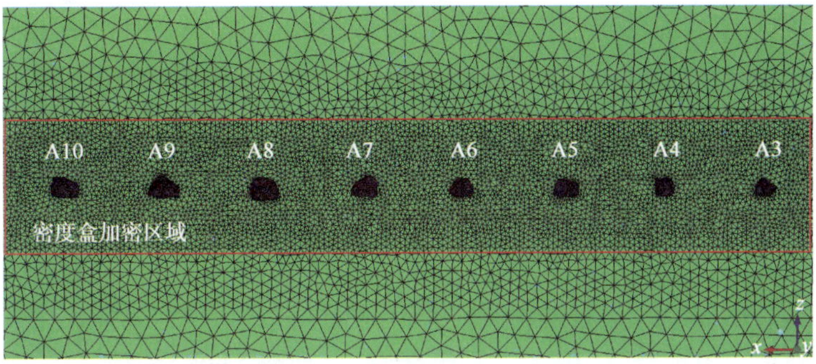

图 3-15　道砟颗粒流场分析模型

图 3-15 所示为圆球体道砟样本 A3～A10 的流场分析模型，由 A3～A10 道砟颗粒的质量和粒径均逐渐增大。该组道砟模型的排列顺序和间隔均与风洞试验保持一致，并能精确反映各道砟细观颗粒特征。此外，为提高计算精度，在道砟附近区域建立密度盒进行网格加密处理。同时，为保证计算效率与收敛性，网格密度以 1.2 的增长率由密度较大的密度盒区域，向密度相对较小的边界区域平稳过渡，该组道砟颗粒流场分析模型中最终共生成约 574 万个计算网格。设置模型计算域边界条件，对道砟颗粒流场特征进行仿真计算。

3.3.1　道砟表面流场分布特征分析

由于所选道砟样本较多，限于篇幅，以编号为 15 的四种形状道砟（A15、B15、C15、D15）为例进行重点分析，并考虑椭球体和长扁状体道砟长边迎风和短边迎风（B15_1、B15_2、D15_1、D15_2）的影响。图 3-16 所示为该 4 枚道砟构成的 6 组测试样本的数值仿真网格模型在三个方向的基准视图。需要指出的是，图 3-16 中的道砟样本取自不同的仿真计算组，在仿真计算时，道砟颗粒模型间隔与风洞试验中一致。

道砟表面风压决定了颗粒在外风作用下的风载强度。当计算域入口输入风速为 30 m/s 时，6 组道砟模型的表面风压云图分别如图 3-17 所示。可知，道砟迎风面一侧风压均为正压，道砟顶面、侧面和背面风压均为负压。最大正压均发生在道砟迎风面上凸起区域顶点位置，其大小主要受道砟的局部棱角特征影响，道砟棱角越尖锐，其最大正压越大；最大负压产

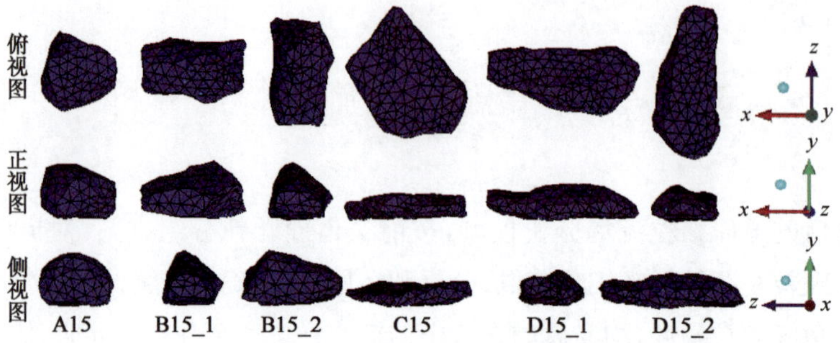

图 3-16　道砟数值网格模型三视图

生于道砟顶面、侧面或背面的两个相邻表面公共棱边处，其大小主要受棱边两个侧面所成角度的影响，该角度越小道砟最大负压越大。由于所选道砟样本的棱角特征较为一致，故图 3-17 中各道砟表面的最大正压相差不大，均约为 530 Pa。而各道砟表面的最大负压差别较大，其中 B15_1 道砟的最大负压值最高，为－781 Pa，存在于其侧面区域。故分析可知，椭球体道砟在长边迎风时压差最大(1 312 Pa)，在质量相同的条件下最易飞溅。

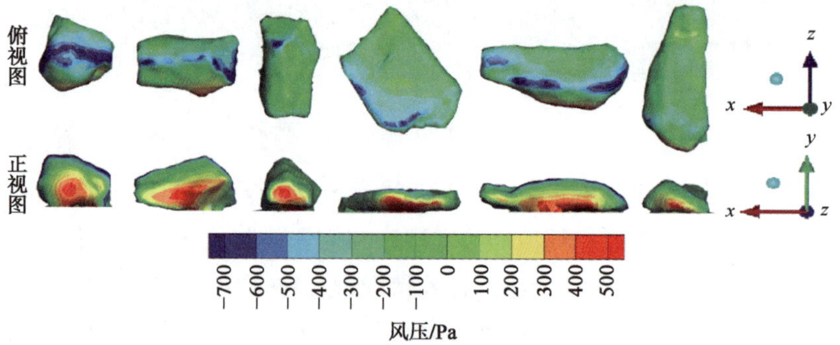

图 3-17　道砟表面风压云图

风载条件下道砟表面风场流线如图 3-18 所示，可以看出，当流体由平行于试验台的方向吹向道砟时，会受到道砟的阻挡产生绕流现象。气流向上方和侧向偏转，发生流线的弯曲，在道砟边界形成流动分离。道砟侧部和顶部都在流动分离区内，处于负压状态，最大负压亦存在于流动分离点位置。

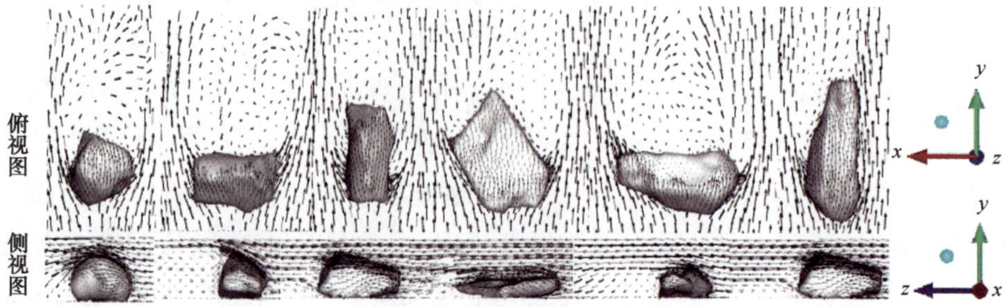

图 3-18　道砟表面风场流线图

道砟形状对其流线分布同样存在显著影响，图 3-18 中椭球体和圆球体道砟产生流动分离后，在道砟后部产生宽阔(俯视)、较高(侧视)的尾流，分离层形成的涡旋脱落到道砟顶部、侧部和后部的气流中，进一步增大了对应位置处的道砟表面负压，降低了道砟稳定性；扁状体和长扁状体道砟表面流体沿着其轮廓流动，产生的流动分离和尾流较少，受到风荷载作用力较小，不易发生道砟飞溅。

同一道砟在不同迎风方向时，其表面流线分布差异显著。图 3-18 中，相对长边迎风而言，短边迎风的道砟在顺风方向深度较大。来流在道砟迎风面拐角处产生流动分离，又会在道砟长轴方向的表面某处附着，接着在道砟末端再次分离，形成较窄的湍流尾流，使道砟表面的负压降低。故长边迎风道砟更容易飞溅，与风洞试验结论一致。

由以上分析可知，受道砟纹理、棱角、粗糙度等细观形状特征的影响，风载条件下道砟颗粒表面风压分布不均匀，且同时存在着正压及负压。道砟形状对风场流线产生较大的影响，圆球体及椭球体道砟颗粒易发生飞溅现象。道砟长边迎风时，稳定性较低，易发生飞溅现象。

3.3.2　道砟表面流场压差分析

风载作用下道砟各表面间存在压差，当该压差产生的荷载大于道砟保持稳定所需的最大荷载时，可能发生道砟飞溅现象。故本书采用风压差值 p 作为分析道砟表面流场特征的指标，其表达式为

$$p = p_{\mathrm{p}} - p_{\mathrm{n}} \tag{3-7}$$

式中，p_{p} 和 p_{n} 分别为作用于道砟表面的最大正压和最大负压。

各组道砟颗粒流场分析模型计算达收敛后，提取每枚道砟颗粒风压数据，根据式(3-7)计算道砟表面压差。按照道砟形状特征和摆放方向将仿真试验结果统计为 6 组。图 3-19 为输入风速 30 m/s 时各组道砟表面压差数据，图中 A、B、C 和 D 组分别表示圆球体、椭球体、扁状体和长扁状体道砟，B_1 和 D_1 表示道砟长边迎风，B_2 和 D_2 表示道砟短边迎风。

道砟体积影响外风作用下颗粒承载面积。由图 3-19 可以看出，各组道砟模型的压差均随其编号的增加而变大，表明颗粒体积越大，承受的压差越大。分析其原因，道砟迎风面积随体积的增大而增大，在来流风速和道砟形状不变的条件下，道砟受到的最大正压值和最大负压值均会增大，导致道砟表面压差相应增大。前文道砟颗粒风洞试验结果表明，形状类型相同条件下，道砟体积越大，颗粒越不易发生飞溅现象，可见，道砟体积的增长虽然在一定程度上会加大作用于颗粒表面风载压差，但道砟稳定性也会随着质量的增长而改善，故在道床表面铺设大粒径道砟具有一定的道砟飞溅防治效果。

形状对道砟压差的影响规律与风洞试验结论一致。如图 3-19 所示，在体积相同的条件下，椭球体道砟表面压差最大，更易飞溅，圆球体、长扁状体依次次之，扁状体道砟表面压差最小，最不易飞溅。此外，颗粒迎风方向对道砟压差同样存在影响，椭球体和长扁状体道砟

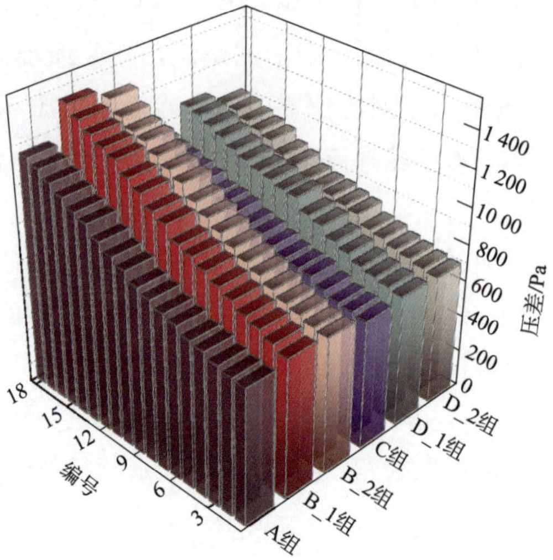

图 3-19　风速 30 m/s 时道砟表面压差

在长边迎风时，迎风面积显著大于短边迎风，故其压差值也表现为长边迎风高于短边迎风，更容易发生道砟飞溅。道砟体积均为最小值时，6 组道砟压差相差不大，为 701 Pa(C1)～757 Pa(B1_1)。随着体积的增大，各组道砟压差增大幅度存在显著区别。当体积均增至最大值时，B 组道砟长边迎风时压差增幅最大(90.6%)，短边迎风次之(86.8%)，C 组道砟压差增幅最小(49.6%)。表明椭球体道砟体积增大对道砟飞溅影响最为显著，其中，长边迎风较短边迎风时影响更大，扁状体道砟体积增大对道砟飞溅影响相对较小。

由以上分析可知，道砟表面承受风载压差随着颗粒体积的增长逐渐变大，但颗粒的稳定性得到改善，不易发生道砟飞溅现象。道砟形状对颗粒表面压差产生一定的影响，椭球体道砟表面压差最大，稳定性最差，扁状体道砟表面压差最小，稳定性最好。道砟长边迎风时相较于短边迎风的压差更大，易发生飞溅现象。

3.3.3　外风荷载强度影响分析

不同风速下的道砟表面流场分布规律相近，但流场强度差异显著。设置道砟颗粒流场分析模型的入口风速分别为 10 m/s、20 m/s、30 m/s 和 40 m/s，计算得到不同风载条件下，编号为 15 的道砟样本模型表面的压差数据，如图 3-20 所示。

图 3-20 中虚线圈内散点为道砟压差的仿真计算结果，虚线圈对应纵坐标为 6 组道砟的平均压差。由图可知，随着风速的增大，各道砟表面压差逐渐增大。风速由 10 m/s 提升至 40 m/s 的过程中，道砟平均压差增大 14.9 倍，风速每提高 10 m/s 平均压差分别增大 373 Pa、643 Pa 和 860 Pa，说明道砟表面压差与风速之间存在非线性关系，且随着风速的提高，道砟压差增大幅度也逐渐增大。对该非线性关系进行二次乘幂拟合，得到图 3-21 中每枚道砟样本的拟合曲线。

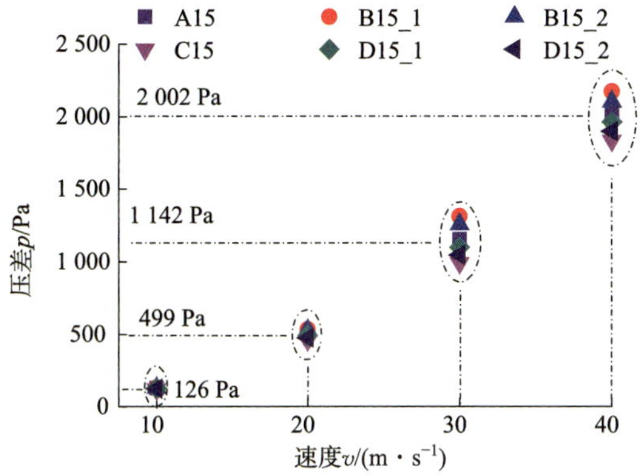

图 3-20　不同风速下道砟表面压差统计

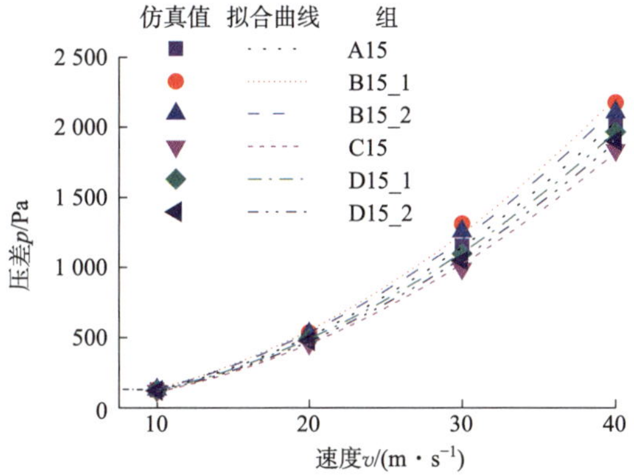

图 3-21　道砟表面压差拟合分析

各组道砟样本拟合曲线的回归关系式为

$$A15: p = 1.275\,1v^2, \quad R^2 = 0.999\,8 \tag{3-8}$$

$$B15\_1: p = 1.379\,9v^2, \quad R^2 = 0.999\,9 \tag{3-9}$$

$$B15\_2: p = 1.332\,7v^2, \quad R^2 = 0.999\,7 \tag{3-10}$$

$$C15: p = 1.136\,0v^2, \quad R^2 = 0.999\,8 \tag{3-11}$$

$$D15\_1: p = 1.225\,9v^2, \quad R^2 = 0.999\,7 \tag{3-12}$$

$$D15\_2: p = 1.181\,8v^2, \quad R^2 = 0.999\,8 \tag{3-13}$$

分析可知，道砟表面压差与风速的平方成正比关系，其关系式为

$$p = k \cdot v^2 \tag{3-14}$$

式中，p 为道砟表面压差；v 为风速；k 为道砟飞溅风险系数，k 值越大，表明道砟越容易发生飞溅现象。

在道砟颗粒质量一定的条件下，道砟飞溅风险系数 k 值大小与颗粒形状及迎风方向密切相关。由以上拟合关系式可知，椭球体道砟长边迎风(B15_1)的 k 值最大，为 1.379 9；圆球体(A15)和长扁状体(D15_1)次之,分别为1.275 1、1.225 9;扁状体道砟(C15)的k值最小,为1.136 0。基于前文不同形状道砟颗粒的特征分析结果,椭球体道砟的片状系数最大,圆球体和长扁状体次之,扁状体道砟最小。可知,道砟飞溅风险系数与道砟片状系数呈现出较好的相关性,表明道砟飞溅现象对颗粒片状系数最为敏感,应重点关注。

由以上分析可知,风载强度对道砟飞溅的影响非常显著。在道砟质量一定的条件下,颗粒形状特征对道砟飞溅产生一定的影响,其中片状系数最为敏感,对道砟飞溅影响最为显著。

小　结

本章建立了道砟颗粒流场分析模型,并通过风洞试验对其进行验证,分析不同形状、迎风条件、风载强度下的道砟颗粒流场强度和分布特征。主要结论如下:

(1)建立道砟颗粒细观流场分析模型。采用激光扫描法获取道砟颗粒廓形信息,在此基础上提出道砟外形密集点云数据三角化处理方法,实现道砟复杂外形的精准还原,提出针对道砟外形三角单元的颗粒粒径、体积等形状特征的计算方法,形成了高速铁路特级道砟形态信息数据库,结合计算流体动力学方法构建了道砟颗粒流场分析模型。基于风洞试验测试结果,验证了道砟颗粒流场分析模型的准确性。

(2)风载作用下道砟表面风压表现出不均匀分布的特征,道砟迎风面主要分布正压,顶面、侧面和背面主要分布负压。最大正压发生在迎风面上凸起区域顶点位置,最大负压发生于顶面、侧面或背面的相邻棱边。在体积相近条件下,椭球体道砟表面压差最大,扁状体道砟产生流动分离和尾流较少,表面压差最小,最不易飞溅。道砟表面压差与风速的平方呈现出显著的正相关。

(3)道砟颗粒体积的变大在一定程度上会增大颗粒表面压差,但由于颗粒质量增大,其稳定性得到改善,不易发生飞溅现象,在有砟道床表面铺设大粒径道砟颗粒具有较好的道砟飞溅防治效果。颗粒形状特征对道砟飞溅具有一定的影响,其中片状系数最为敏感,可为道砟飞溅防治指标提供一定的参考。

第4章 基于滑移网格法的有砟轨道宏观流场特性分析

列车高速运行时轨道空间气动环境是引发道砟飞溅的关键因素。目前有砟轨道宏观流场研究较少考虑列车与轨道之间相对运动，为此，基于多孔介质方法模拟有砟道床散粒体结构，采用滑移网格方法模拟列车与轨道之间的相对运动，进而构建高速铁路-有砟轨道流场分析模型。在此基础上，分析列车高速运行时有砟轨道结构风压、风速等流场特征，研究行车速度、外风条件对轨道流场特征的影响规律。

4.1 高速铁路有砟轨道宏观流场分析模型

车厢底部和轨道结构形状对轨道流场影响显著，而轨道流场是影响道砟飞溅的首要因素。本节采用计算流体动力学方法，考虑车厢底部和轨道结构复杂外形，将有砟道床考虑为能够反映散体道床对流场阻力影响的多孔介质模型，采用滑移网格方法模拟高速列车与轨道结构之间的相对运动，进而构建高速列车-有砟轨道流场分析模型，并基于有砟轨道风洞试验结果验证模型的准确性。

4.1.1 有砟道床多孔介质分析方法

多孔介质是一种能够反映结构内部孔隙特征的物质。有砟道床是由大量道砟颗粒堆积而成，为满足列车高速平稳运行条件，道床需保证具有较大的密实度，故道砟颗粒之间接触紧密。根据 BEAR 等从流体传输角度对多孔介质结构的定义，在分析道床流场特征时，可将有砟道床考虑为多孔介质结构，有砟道床是由道砟颗粒，以及颗粒间隙中的空气组成的多相物质；道砟颗粒间的孔隙较小，且颗粒占道床整体的绝大部分区域；颗粒间孔隙相互连通，使空气能够在其内部流动。

多孔介质模型能够考虑有砟道床对流体的阻力影响，该阻力影响反映在数学模型上，表现为多孔介质模型动量方程中的附加动量源项 S_i 为

$$S_i = -\left(\sum_{j=1}^{3} D_{ij}\mu v_j + \sum_{j=1}^{3} c_{ij}\ \frac{1}{2}\rho|v|v_j\right) \tag{4-1}$$

式中，S_i 为对应 i（x、y 和 z）方向上的动量源项，由两部分组成：$\sum_{j=1}^{3} D_{ij}\mu v_j$ 为多孔介质模型

的黏性损失项；$\sum_{j=1}^{3} c_{ij} \frac{1}{2}\rho|v|v_j$ 为惯性损失项。

各向同性多孔介质的动量源项可简化为

$$S_i = -\left(\frac{\mu}{\alpha}v_i + c' \frac{1}{2}\rho|v|v_i\right) \tag{4-2}$$

式中，α 为多孔介质模型渗透率；$\frac{1}{\alpha}$ 为黏性阻力系数；c' 为惯性阻力系数。

4.1.1.1 多孔介质模型达西定律

在多孔介质的层流流动中，上下游压降与流体的相对流速成正比，可将惯性阻力系数 c' 考虑为 0，忽略流体中的对流加速和扩散项，此时多孔介质模型可简化为达西定律：

$$\nabla p = -\frac{\mu}{\alpha}v \tag{4-3}$$

多孔介质模拟区域 x 、y 和 z 方向上的压降表示为

$$\Delta p_x = \sum_{j=1}^{3} \frac{\mu}{\alpha_{xj}}v_j \cdot \Delta n_x \tag{4-4}$$

$$\Delta p_y = \sum_{j=1}^{3} \frac{\mu}{\alpha_{yj}}v_j \cdot \Delta n_y \tag{4-5}$$

$$\Delta p_z = \sum_{j=1}^{3} \frac{\mu}{\alpha_{zj}}v_j \cdot \Delta n_z \tag{4-6}$$

式中，Δn_x、Δn_y 和 Δn_z 分别为多孔介质模型在 x、y 和 z 方向上的尺寸；v_j 为 x、y 和 z 方向上的速度分量，$j=1,2,3$。

4.1.1.2 多孔介质模型惯性损失

在分析流场的高速流动问题时，惯性阻力系数 c' 为多孔介质模型提供了惯性损耗修正。因此，流场上下游压降可以表示为动压表头函数的形式，仅考虑惯性损失项的多孔介质动量源项方程为

$$\nabla p = -\sum_{j=1}^{3} c'_{ij}\left(\frac{1}{2}\rho|v|v_j\right) \tag{4-7}$$

多孔介质模拟区域在 x、y 和 z 方向上的压降可表示为

$$\Delta p_x = \sum_{j=1}^{3} c'_{xj} \cdot \Delta n_x \cdot \frac{1}{2}\rho v_j |v| \tag{4-8}$$

$$\Delta p_y = \sum_{j=1}^{3} c'_{yj} \cdot \Delta n_y \cdot \frac{1}{2}\rho v_j |v| \tag{4-9}$$

$$\Delta p_z = \sum_{j=1}^{3} c'_{zj} \cdot \Delta n_z \cdot \frac{1}{2}\rho v_j |v| \tag{4-10}$$

4.1.2 高速列车-有砟轨道滑移网格分析方法

列车高速运行时，其与轨道结构间存在相对速度和位移，致使轨道空间产生复杂气动环

境。然而，既有研究通常假定列车静止，通过设置与车速等值反向的流体速度模拟列车运行，不能真实模拟列车运行过程中轨道表面气动流场变化过程。为此，本书采用滑移网格分析方法真实模拟列车与轨道相对运动引发的轨道流场，解决了既有方法针对轨道流场还原精度不足的问题。

滑移网格在本质上是设置多个计算区域，通过计算区域网格的相对滑动模拟结构运动。因此，将列车模型划分为列车移动子域，将轨道结构模型划分为轨道结构固定子域，两个子域以交界面单元相接，在该界面上实现网格的滑移运动，以及滑移运动中移动子域与固定子域之间的数据传递，如图 4-1 所示。

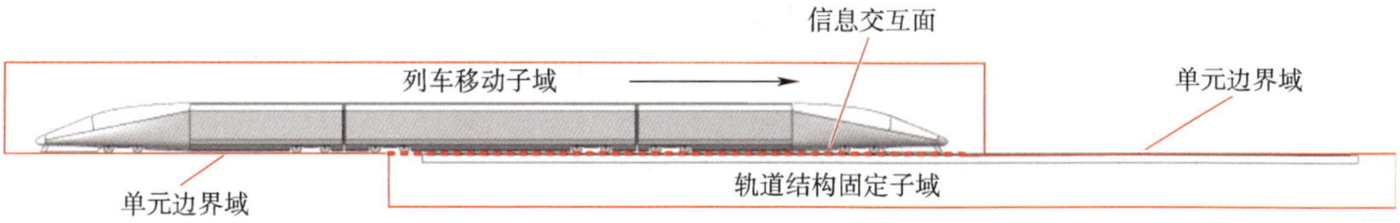

图 4-1　滑移网格计算域划分示意

图 4-2 所示为滑移网格数据传递示意图，图中为滑移网格边界区域，绿色部分为可动区域，蓝色区域为固定区域。Ⅰ～Ⅵ分别代表六个网格，A、B、C 为可动子域网格节点，D、E、F 为固定子域网格节点，黑色线段 a-f 为两个子域交界面，b、c、d、e 分别为交界面上的网格节点位置。

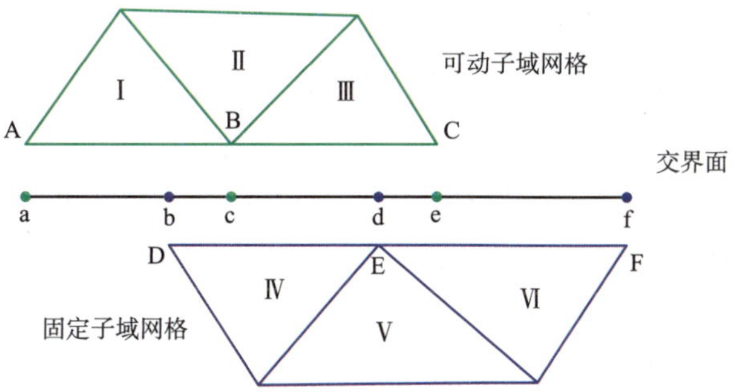

图 4-2　滑移网格数据传递

如图 4-2 所示，在可动子域由左向右滑动过程中，其与固定子域重叠部分(b-e)为内部区域，非重叠部分(a-b、e-f)为外部区域，计算子域之间的数据传递即在内部区域进行。当流体由网格Ⅲ流入时，交界面上的 c-d 面与 d-e 面就会代替 B-C 面，流体经 c-e 面流至Ⅳ单元与Ⅵ单元，继续传输至Ⅴ网格单元。同理，当数据由固定子域传递至可动子域时，流体由网格Ⅳ单元流入，交界面上的 b-c 面与 c-d 面代替 D-E 面，流体经 b-d 面流至Ⅰ单元与Ⅲ单元，继续传输至Ⅱ网格单元，进而完成在单元时步内计算子域之间的数据传递。

在数据经滑移网格交界面的相互传递过程中，控制体单元滑移网格的广义标量 ϕ 积分守恒方程表示为

$$\frac{\mathrm{d}}{\mathrm{d}t}\int_V \rho\phi \mathrm{d}V + \int_{\partial V} \rho\phi(u - u_{\mathrm{g}}) \cdot \mathrm{d}A = \int_{\partial V} \Gamma \nabla\phi \cdot \mathrm{d}A + \int_V S_{\phi} \mathrm{d}V \tag{4-11}$$

式中，V 表示控制体单元；∂V 表示其边界；u 和 u_{g} 分别为空气流场流动速度矢量和滑移网格相对滑移速度矢量；Γ 为扩散系数；S_{ϕ} 为源项。

需要注意的是，若可动子域滑移速度过快，其与固定子域之间的数据传输会忽略许多网格单元，导致存在较大计算误差。故在模拟速度确定的前提下，需通过设置合理的时间步长，确保计算子域在每个时步内滑动的位移小于交界面处最小网格尺寸，即

$$\Delta t \leqslant \frac{\min\{l_1, l_2\}}{v} \tag{4-12}$$

式中，Δt 为计算时间步长；l_1 和 l_2 分别为可动子域与固定子域网格尺寸；v 为模拟结构运动速度，即网格滑移速度。

4.1.3 基于动态计算域的边界条件与求解方法

由于采用滑移网格方法模拟高速列车与轨道结构的相对运动，同时采用多孔介质模型模拟有砟道床的散体结构特性，故将仿真模型划分为 3 个主要计算子域：高速列车计算子域（Ⅰ单元）、有砟道床计算子域（Ⅱ单元）、其他轨道结构计算子域（Ⅲ单元）。其中高速列车计算子域（Ⅰ单元）为动态计算域，有砟道床计算子域（Ⅱ单元）为采用多孔介质模型的静态计算域，其他轨道结构计算子域（Ⅲ单元）同样为静态计算域。

此外，为减少参与滑移运动的网格数量，提高计算精度和效率，并非将计算域宽度范围均设置为可动区域，仅对列车附近区域进行滑移网格划分。故除上述三个主要计算子域外，在高速列车可动子域和有砟轨道静态子域两侧，还设置了 4 个边界流场静态计算子域（Ⅳ单元）。

不同子域的边界及关联条件是保证计算精度的关键。本书仿真模型设置如图 4-3 所示，可知，外围边界对列车周围的流场影响较小，故高速列车计算子域（Ⅰ单元）的顶面，以及边界流场计算子域（Ⅳ单元）除底面之外的所有外侧边界面均设置为对称边界条件。壁面处理方式设置为适用于大多数雷诺流动问题的标准壁面函数法，因此，有砟道床计算子域（Ⅱ单元）与边界流场计算子域（Ⅳ单元）的底面设置为无滑移壁面边界条件，高速列车模型表面，以及轨枕和钢轨等轨道结构表面也均设置为无滑移壁面条件。三个主要计算子域（Ⅰ、Ⅱ和Ⅲ单元）之间，以及其与边界流场计算子域（Ⅳ单元）之间存在流场数据的相互传递，故以交界面单元相接。

仿真模型计算域尺寸需考虑车体运动对计算范围的影响。在沿列车运动方向上，需保证车头与计算域出口之间，以及车尾与计算域入口之间的距离充足，一方面能够准确获取由列车运动产生的周边流场变化，另一方面也能够防止入口、出口边界对计算域流场的影响。在沿列车宽度和高度方向上，由于不涉及计算域的滑动，仅需考虑计算域边界对流场的影响。基于以上因素，计算域尺寸设置为 $10l \times 20b \times 10h$，如图 4-4 所示，其中，$l$、$b$ 和 h 分别是高速列车的长度、宽度和高度。

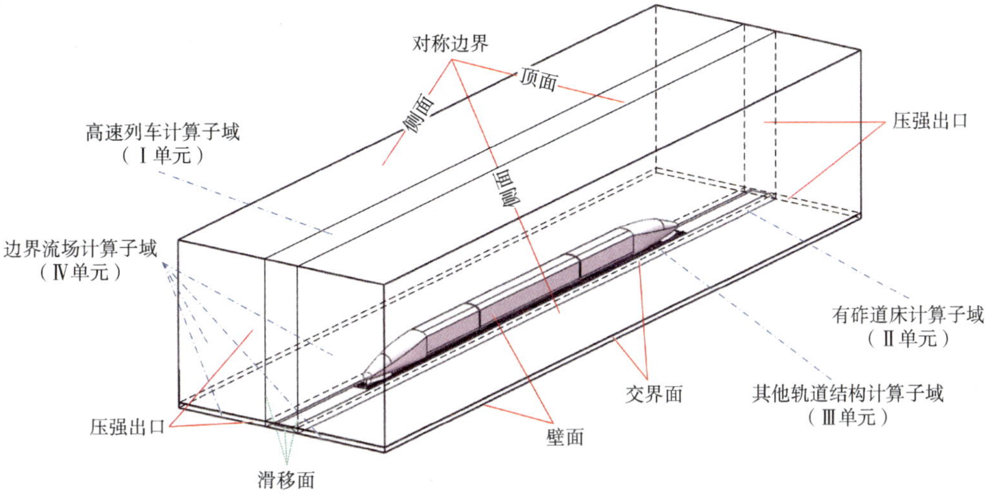

图 4-3　仿真模型边界条件示意

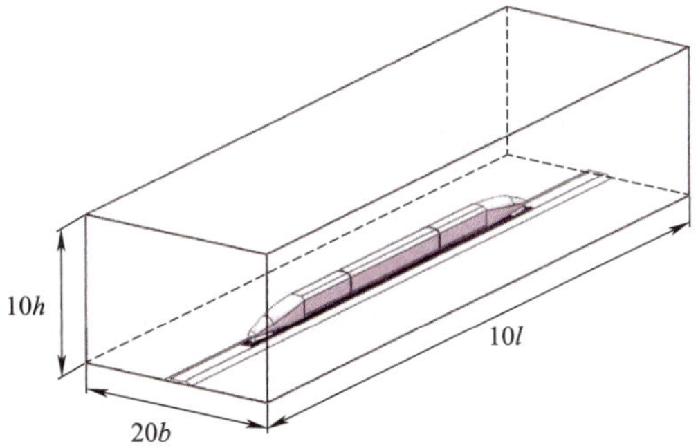

图 4-4　仿真模型计算域示意

考虑到计算域内流场物理量始终随时间而发生变化，本书采用瞬态时间类型开展求解。仿真模型中车底和轨道结构形状复杂，列车高速通过时轨道流场变化较快，流速急剧变化时会出现湍流现象，流体之间动量快速交换，故采用 RNG k-ε 湍流模型计算流场变化情况。该模型在耗散率 ε 方程中增加了附加项，考虑流体的旋转效应，使计算结果精度大幅提高。通过求解湍流动能 k 方程和湍流耗散率 ε 方程得到 k 和 ε 的解，进而计算湍流黏度，最后通过 Boussinesq 假设计算雷诺应力解。采用有限体积法（FVM）的二阶迎风差格式对控制方程进行离散，应用压力耦合方程组半隐式算法（SIMPLE）的压力-速度分离求解器，对施加离散化初始条件和边界条件的代数方程组进行求解，从而获取网格定义的每个控制体上的流场变量。

4.1.4　高速列车-有砟轨道流场分析模型构建

根据《高速铁路设计规范》确定有砟轨道模型尺寸，道床顶面宽度 3.6 m，道床厚度

0.35 m，砟肩堆高 0.15 m，边坡坡度 1∶1.75；采用 2.6 m 长的Ⅲc 型混凝土轨枕，轨枕间距按照每千米铺设 1 667 根标准设置，即轨枕中心线间距 0.6 m；道床表面距轨枕承轨面 40 mm，轨枕中部顶面高于道床表面；采用 60 kg/m 型号钢轨，轨距 1 435 mm，不考虑扣件结构。图 4-5 和图 4-6 分别为有砟轨道断面尺寸参数及其几何模型。

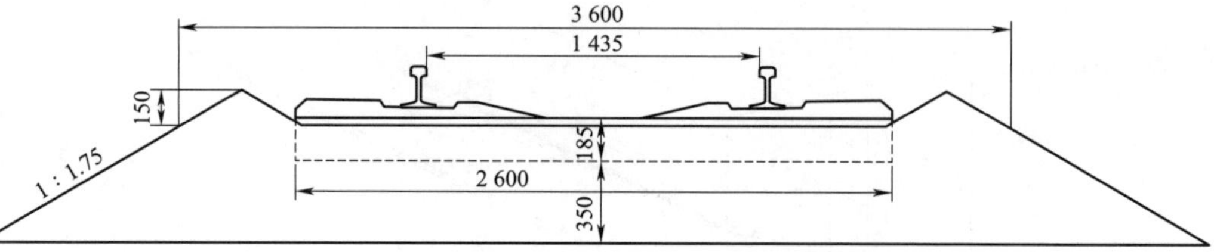

图 4-5　高速铁路有砟道床断面参数(单位：mm)

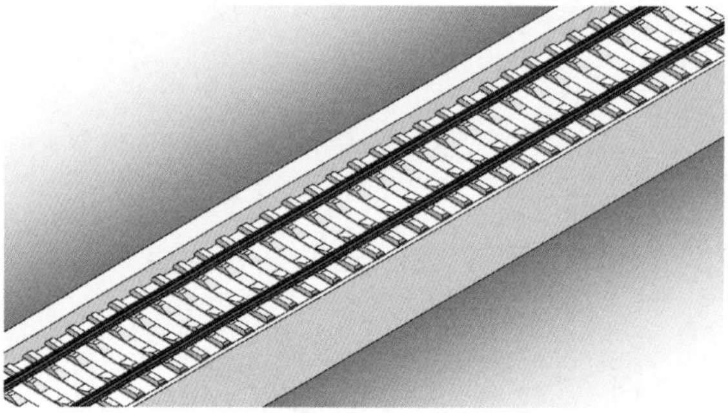

图 4-6　高速铁路有砟轨道流场分析几何模型

高速列车除头车和尾车外，中间车轮廓形状大致相同，流体流经中间车时，车体附近流场边界层已达到稳定状态。因此，本书采用头车—中间车—尾车的 3 节车厢形式模拟高速列车。同时，为重点关注轨道与车底之间的流场特征，在建立车体几何模型时，精确考虑转向架、车厢连接间隙等结构外形特征，忽略车门、车窗、受电弓等设备。在不影响轨道流场还原精度的前提下，降低网格划分及仿真计算成本。图 4-7 所示为建立的高速列车几何模型图，头车和尾车长度均为 25.675 m，中间车长为 24.775 m，车辆宽为 3.265 m，高为 3.890 m，转向架轴距 2.5 m，转向架中心距 17.375 m。

采用 STAR-CCM＋对有砟轨道与车体结构进行网格划分等流场分析前处理工作。将轨道与车体结构的几何模型分别导入 CCM＋中，导入后的几何模型以网格的形式存在的，且几何表面网格多存在穿刺、干涉、重叠、缝隙等几何缺陷，会导致在生成空间体网格过程中出现错误。故需先对导入的几何模型进行质量检查及修复，通过修改重叠面处的网格尺寸，并填充泄露孔，得到具有封闭区域且无重叠边界的几何模型。若导入的几何模型错误较多，也可采用包面方法对其进行修复，该方法可自动对计算模型轮廓进行拓扑捕捉，通过修复使计算区域构成单流通封闭区域。在此基础上，对导入的几何模型进行表面重构，提升几何模型表面网格质量，以更好地生成较高质量的空间体网格。

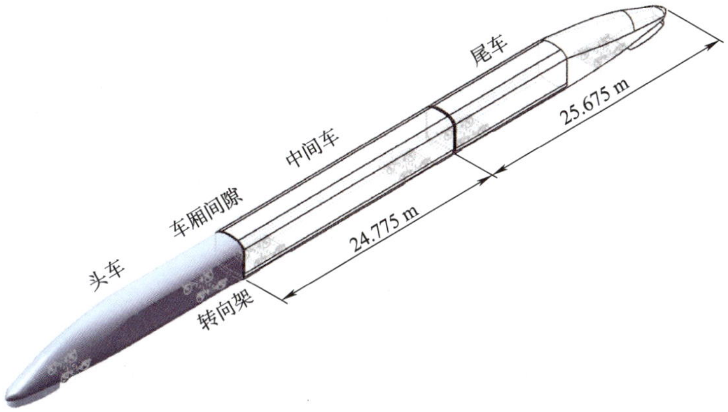

图 4-7　高速列车几何模型

在流场分析中通过建立网格节点数据的控制方程，并采用适当的离散方法，求解流场问题。轨道与车体结构几何外形均较为复杂，故本书采用多面体非结构网格对计算空间进行网格划分，多面体网格单元能够同时与相邻的 12 个或 14 个网格单元开展计算，在显著降低网格数量的同时，大幅度提高计算效率。由于将有砟道床考虑为多孔介质结构，故将其考虑为单独的计算区域，对其内部进行网格划分。除对轨枕、钢轨等轨道结构设置边界层网格外，还需对其附近网格进行加密处理，以准确反映轨道表面流场的变化特征。同时，为防止计算时发生倒流现象，对流场入口、出口处的网格进行适当加密。图 4-8 为道床、轨枕、钢轨等轨道结构的表面网格划分情况。

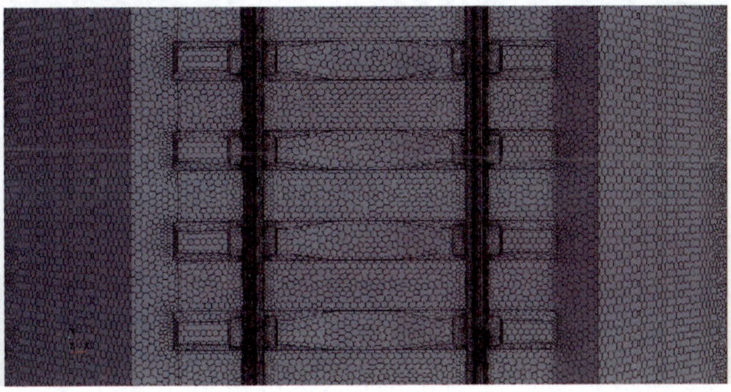

图 4-8　轨道结构表面网格模型

车体表面网格尺寸相对轨道结构网格较大，在网格划分时，对车底转向架区域与车厢连接区域的网格进行加密，以精确考虑其对轨道流场的影响。图 4-9 所示为列车整体结构、车厢连接部分以及转向架区域的表面网格模型。

列车车轮与钢轨之间接触范围较小，网格生成空间有限，导致该区域易发生网格面的扭曲和畸变等问题，需在前处理阶段设置车轮与钢轨之间的“防接触”参数，生成的车轮—钢轨区域网格模型如图 4-10 所示。

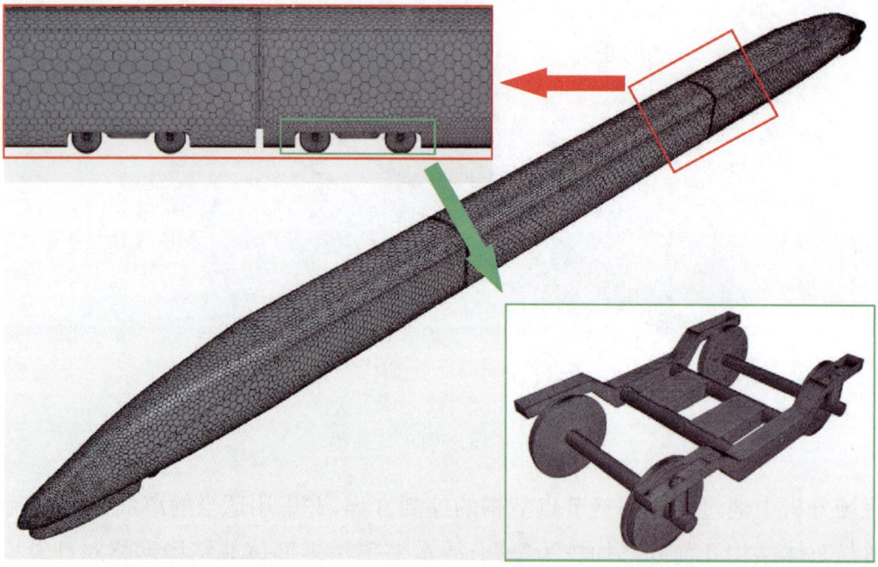

图 4-9　高速列车网格模型

图 4-10　轮轨接触区域网格模型

图 4-11 所示为最终生成的基于外形精细化模拟的高速列车—有砟轨道流场分析模型，其中，道床结构为考虑了流体黏性阻力和惯性阻力影响的多孔介质模型，黏性阻力系数取 7.68×10^{5}，惯性阻力系数为 62.98，共约 900 万个体网格单元，采用滑移网格方法实现高速列车与有砟轨道的相对运动。

图 4-11　高速列车—有砟轨道流场分析网格模型

4.1.5　基于有砟轨道风洞试验的模型验证

本章基于多孔介质方法及滑移网格方法建立了高速铁路—有砟轨道流场分析模型，流场风速特征是控制不同计算子域交界面数据传递真实有效的关键。因此，本小节针对风载作用下有砟轨道流场风速分布特征，通过对比有砟轨道风洞试验测试结果与数值仿真计算结果，验证高速铁路—有砟轨道流场分析模型的准确性。

基于高速铁路—有砟轨道流场分析模型开展行车速度为 350 km/h 时的轨道流场计算，分别将采用仿真分析模型计算获取的道床上方不同垂向和横向位置处的风速值，与采用风洞试验测试得到数据进行对比，得到图 4-12 和图 4-13 所示道床上方风速随测点位置的变化曲线。

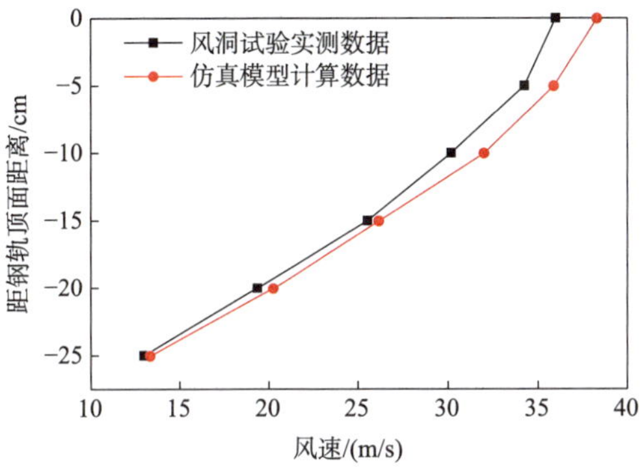

图 4-12　道床上方垂向风速分布曲线

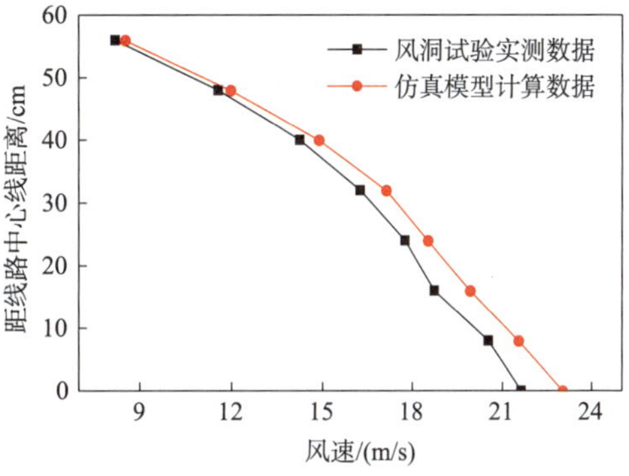

图 4-13　道床上方横向风速分布曲线

由图 4-12 和图 4-13 中数据可知，采用仿真模型得到的风速分布特征与风洞试验规律一致。在垂向上均表现为，距离道床表面越高流场风速越大，随着高度的降低风速均逐渐降低；在横向上均表现为，距离道中心越近流场风速越大，随着距离的增大风速逐渐降低。同时，距道床面的高度越低，距道床中心越远，风速降幅越大。

除风速分布规律一致外，风速值的仿真计算结果与实测数据也较为相近。在风速的垂向分布数据中，钢轨顶面高度处的风速计算结果与实测结果误差最大，达 6.4%；在风速的横分布数据中，线路中心处的风速计算结果与实测结果误差最大，达 6.6%。分析误差存在的原因，风洞试验中安放于轨道结构的风速测试仪器会对轨道流场产生扰动影响；同时，有砟轨道风洞试验受空间限制，仅能模拟 4 跨轨枕范围的局部轨道结构，建立的有砟轨道流场分析模型能够模拟列车与轨道的相对运动，对轨道流场的还原更为真实。

综上所述，仿真计算数据与风洞试验结果基本一致，流场在横向和纵向上的变化规律也完全相同，且由试验局限性引起的误差在可接受范围内，故表明本书所建立的高速铁路道砟飞溅分析模型系统准确可靠。

4.2 有砟轨道宏观流场风压特征分析

基于验证后的有砟轨道流场分析模型，通过调整高速列车可动子域与有砟轨道轨道固定子域之间的滑移参数，实现列车与轨道的相对运动模拟，如图 4-14 所示。本节研究列车以 350 km/h 速度通过时有砟轨道结构道床、轨枕、砟肩等多个部位的风压分布、时程变化及频域特征。

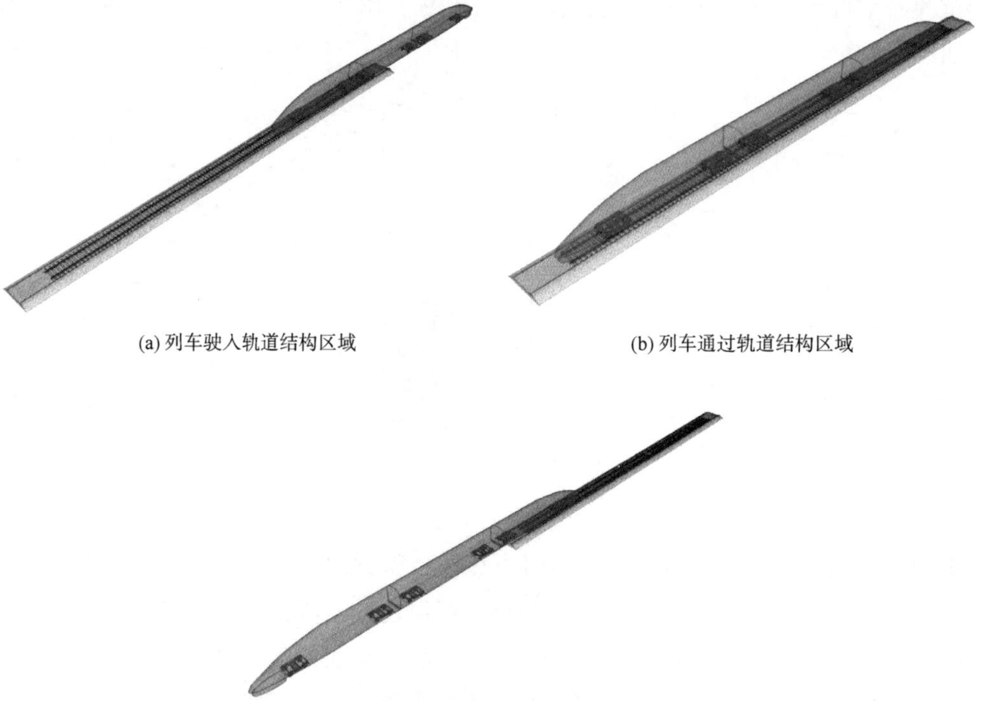

(a) 列车驶入轨道结构区域　(b) 列车通过轨道结构区域　(c) 列车驶离轨道结构区域

图 4-14　基于滑移网格分析方法的高速列车运行过程模拟

4.2.1　流场风压分布特征

当高速列车通过有砟轨道模型正上方时，轨道流场风压如图 4-15 所示，图中列车模型为透明视图。由图可知，轨道表面风压分布并不均匀，正压与负压同时存在，且风压幅值各不相同。车头前方和车尾后方区域的轨道表面为正压，车头后方与车尾前方区域为负压，除转向架附近存在正压分布外，轨道结构表面多处于负压状态。此外，车头、车尾区域的轨道结构正压与负压幅值均显著高于其他区域。考虑到轨道表面风压分布具有较强的区域性，故将车头、车尾、连接部位、车厢底部的轨道表面局部风压云图特征做进一步分析。

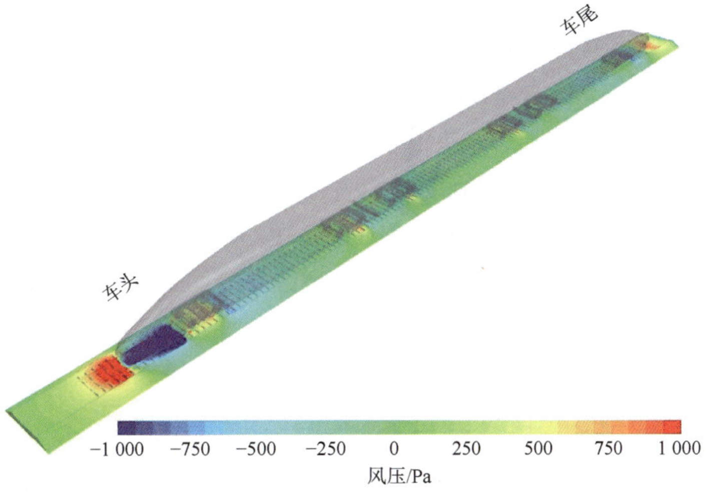

图 4-15　轨道结构表面风压云图

4.2.1.1　车头底部区域

车头下方轨道风压具有显著的突变特征，据此将道床表面划分为 E1 和 E2 区域，分别代表车头前端及车头中心区域，如图 4-16 所示。可以看出，列车通过时会对车头前方轨道表面产生较大正压影响，表现为以车头前端为圆心的圆形区域（E1），风压值由圆心向外逐渐降低。在车头与前转向架之间的轨道（E2）风压为负，且负压值相对较大，负压影响范围与车厢底部形状相似。在转向架下方同时存在正压与负压，且以正压分布为主，但该区域风压幅值显著低于 E1 和 E2 区域。

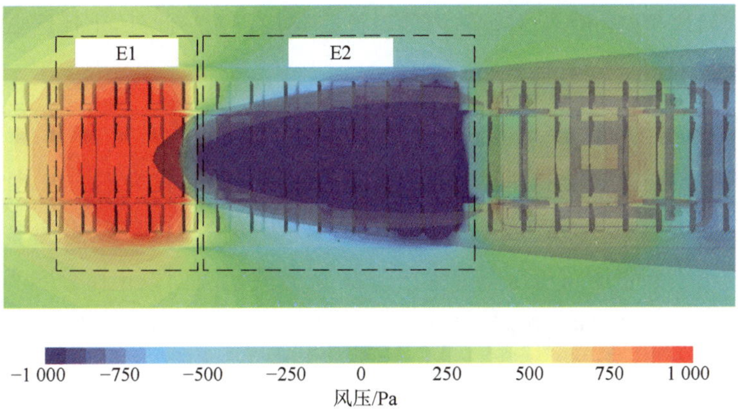

图 4-16　车头下方轨道表面风压云图

枕间道床表面风压是引发道砟飞溅的关键因素，故对车头前端及车头中心区域枕间道床表面风压分布做进一步分析，如图 4-17 所示。可以看出，车头前端 E1 区域道床表面均为正压，分布在 973.5～1 791.3 Pa。其中线路中心区域风压最大，显著高于线路两侧，风压随着与远离线路中心而逐渐降低。从线路中心至距中心约 0.75 m 处，道床表面风压降幅显著，占总压降的 57.3%；从该位置至道床边缘，风压降幅相对较小，占总压降的 42.7%。分析可知，在距离线路中心线约 0.75 m 处为钢轨所在位置，故车头前端对钢轨内侧道床正压影响显著，尤其是线路中心区域。车头中心 E2 区域道床表面均为负压，分布在－1 115.4～－782.5 Pa。且线路中心区域负压值最大，距中心越远负压值越小。车头与前转向架之间对钢轨内侧道床负压影响显著，且不只表现在线路中心区域，对钢轨内侧道床均影响较大。从线路中心至钢轨附近，道床表面负压降低幅度占总压降的 14.1%；从钢轨至道床边缘，负压降低幅度占总压降的 85.9%。

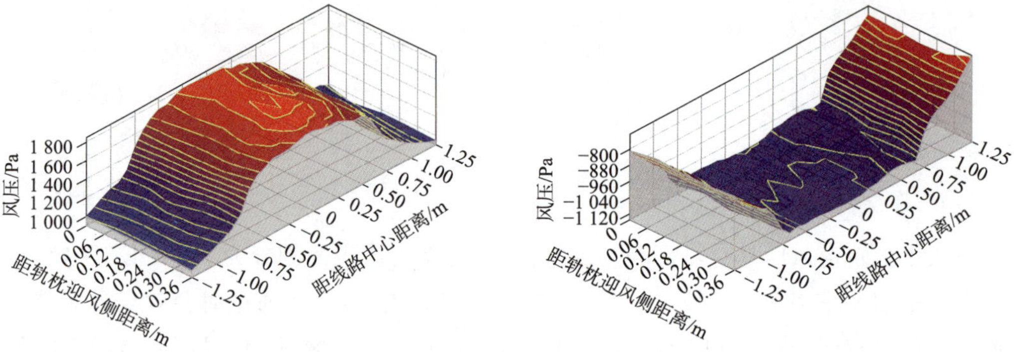

(a) 车头前端E1区域 (b) 车头中心E2区域

图 4-17 车头区域枕间道床表面风压统计

总体而言，头车对钢轨内侧道床风压影响较为显著，其中车头前端对线路中心影响更大，而车头与前转向架之间区域对钢轨内侧道床影响均较大。此外，上述区域对枕间道床风压在纵向上的影响较小，可忽略不计。

4.2.1.2 车厢连接区域

车厢连接部分存在一定结构间隙，致使轨道表面风压分布较为不均匀，如图 4-18 所示。图中，将有砟道床表面划分为 Z1 及 Z2 区域，分别代表转向架区域及连接中心区域。可以看出，该区域轨道表面正压与负压交替存在。Z1 区域轨道表面以正压分布为主，Z2 区域以均匀分布的负压为主。车厢连接部分虽然存在间隙，但该间隙尺寸远小于列车长度，故其对轨道风压的影响不大。

车厢连接区域枕间道床表面风压统计如图 4-19 所示。可知，Z1 区域道床表面风压分布在－7.4～166.6 Pa，在横向上，线路中心的风压均值和最大值均高于线路两侧，由线路中心至边缘，道床表面最大风压降低 57.9%，风压均值降低 77.2%；在纵向上，靠近轨枕迎风侧的道床表面风压显著高于背风侧，由迎风侧至背风侧，道床风压最大值降低 62.4%，风压均值降低 60.0%。Z2 区域道床表面风压分布在－155.7～53.5 Pa，在横向上，线路中心风压明显高于线路两侧；在纵向上，距轨枕迎风侧越近风压更高，由靠近轨枕迎风侧至背风侧，道床表面最大风压降低 215.0%，平均风压降低 94.9%。

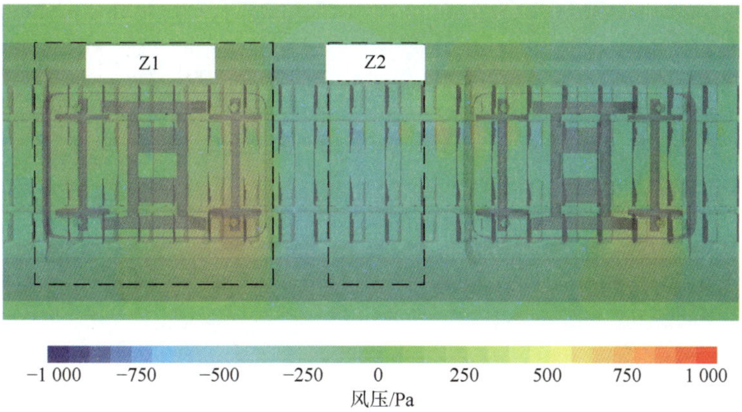

图 4-18 车厢连接区域轨道表面风压云图

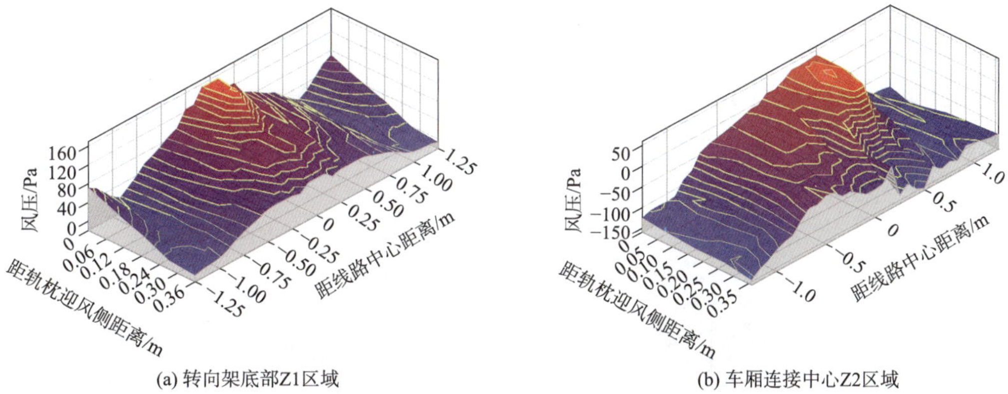

图 4-19 车厢连接区域枕间道床表面风压统计

总体而言，列车上述区域通过时，在横向上，道床表面风压随着距线路中心越远而逐渐降低；在纵向上，枕间道床表面风压值差异显著，靠近轨枕迎风侧风压值显著高于背风侧。

4.2.1.3 车尾底部区域

车尾区域轨道表面气动流场强度仅次于车头区域，易引发道砟飞溅现象。依据车尾底部区域轨面流场分布特征，将其划分为 T1 及 T2 区域，分别代表车尾中心区域及车尾端部区域，如图 4-20 所示。可以看出，车尾对轨道表面风压的影响与车头类似。即车尾端部(T2)对轨道产生圆形范围的正压影响，风压值由圆心向外逐渐降低；车尾中心区域(T1)的轨道表面主要为负压，影响范围与车底形状相近。转向架下方正压与负压同时存在，但以正压分布为主。与车头通过产生影响不同的是，车尾下方轨道表面风压幅值显著低于车头下方，即车头对道床表面风压的影响明显高于车尾。

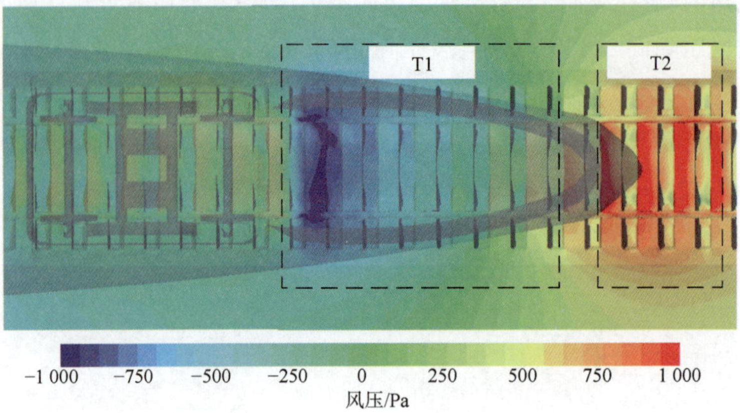

图 4-20　车尾下方轨道表面风压云图

车尾区域枕间道床表面风压统计如图 4-21 所示。可知，T1 区域道床表面均为负压，分布在－695.4～－549.1 Pa。在横向上，风压以线路中心为轴线对称分布，并存在一定程度的波动，其中钢轨附近道床表面负压值最大；在纵向上，道床表面风压差异较小。T2 区域道床表面均为正压，分布在 570.1～1 273.7 Pa。在横向上，线路中心区域风压最大，至钢轨附近风压降幅占总压降的 86.7%，由钢轨至道床边缘，风压降幅较小，仅占总压降的 13.3%；在纵向上，对钢轨内侧道床风压影响较大，道床表面由靠近轨枕迎风侧至背风侧，风压最值降低 36.4%，均值降低 28.8%。

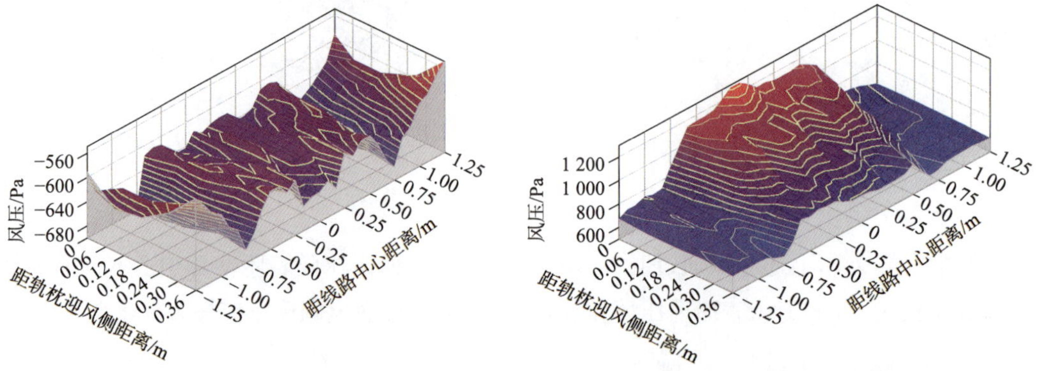

(a) 车尾中心T1区域　　(b) 车尾端部T2区域

图 4-21　车尾区域枕间道床表面风压统计

总体而言，在横向上，T1 区域下方道床表面风压随着远离线路中心逐渐降低，在纵向上，靠近轨枕迎风侧的道床表面风压值显著高于背风侧。T2 区域对道床表面横向和纵向风压影响差异均较小。

4.2.1.4　车厢底部区域

相较而言，车厢底部区域风压强度较小，此处选取车厢中部区域轨面风压分布做进一步分析，该区域风压分布云图及枕间风压均值统计结果分别如图 4-22 和图 4-23 所示。可知，道床表面正压与负压同时存在，分布在－354.2～107.2 Pa。在横向上，风压呈类似马鞍形分布，正压和负压幅值均产生于钢轨内侧，线路中心处负压值最大。由线路中心至钢轨附近风压逐渐增大，在钢轨附近出现风压不连续的现象，这是由于钢轨底部与道床表面空间有限，空气流动发生急剧变化所致。在纵向上，道床表面风压呈前高后低状分布，表示靠近轨枕迎风侧道床表面风压为正，背风侧风压为负，且负压值显著高于正压值，其中钢轨下方风压变化幅度较大。

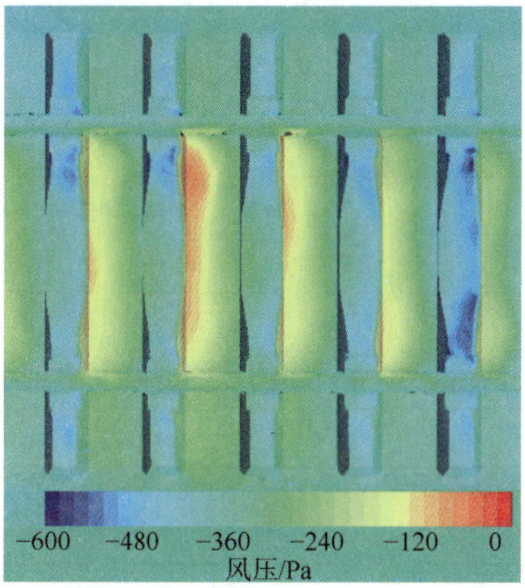

图 4-22　车厢区域轨道表面风压云图

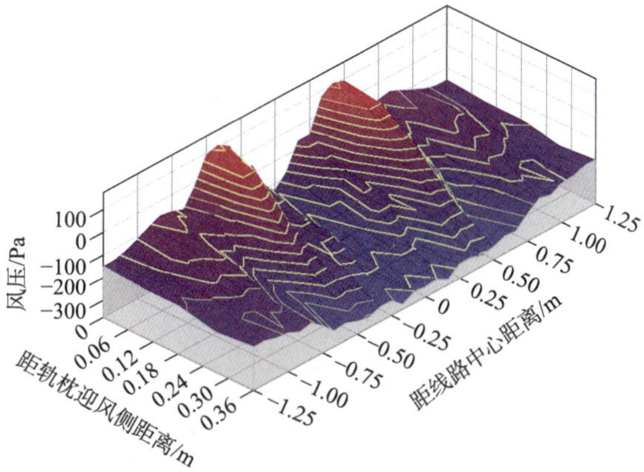

图 4-23　车厢区域道床表面风压统计

总体而言，车厢区域轨道表面风压相对较小，风压强度由线路中心线向两侧呈现出先增后减的变化趋势，枕间靠近钢轨的位置道砟飞溅的风险程度相对较高。

4.2.2　流场风压时程特征

列车底部形状复杂，高速运行时会在轨道表面引发瞬变气动流场，为此，在道床、轨枕和砟肩表面分别设置了一系列虚拟流场测点，以探究轨道流场特征随列车通过的时程变化规律。在有砟轨道模型中部道床表面，沿线路纵向设置了 3 排间距 10 cm 的流场测点，由于道床是线路中心线为轴的对称结构，故可仅针对单侧轨道流场进行重点分析，在道床横向每排设置 5 个流场测点，通过该系列测点能够精确获取道床表面流场变化特征。同样，在轨枕和砟肩表面也设置了一系列流场测点。图 4-24 所示为分析中所涉及的各测点位置及其编号情况。

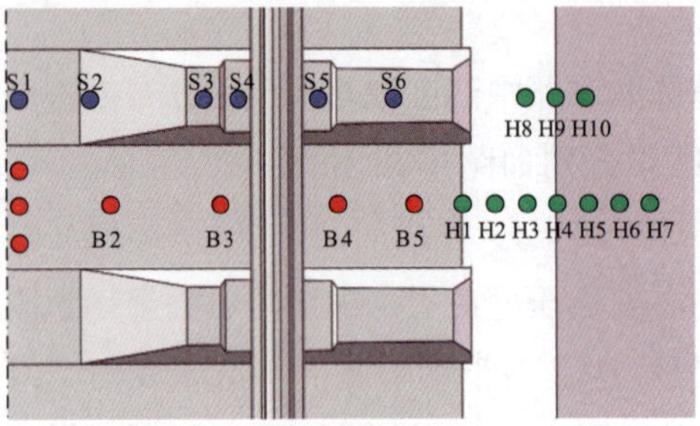

(a) 俯视图

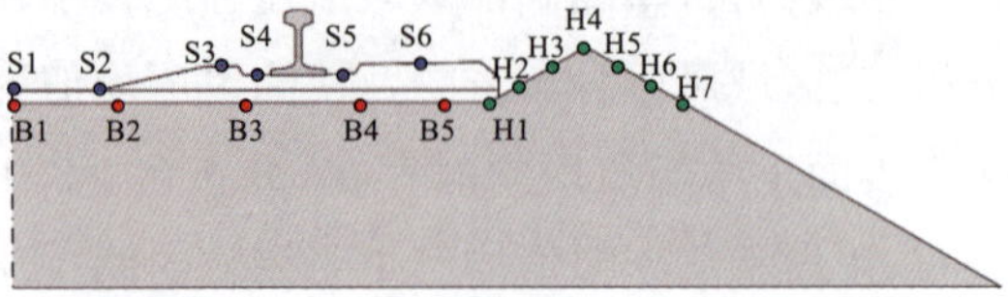

(b) 正视图

图 4-24 轨道表面流场测点分布及编号

以道床中心 B1 点为原点，沿线路横向为 x 轴，纵向为 y 轴，垂向为 z 轴，建立局部空间直角坐标系，图 4-24 中道床、轨枕和砟肩表面的测点坐标分别见表 4-1～表 4-3。

表 4-1 道床表面流场测点坐标

坐 标	横向/cm					纵向/cm	
	B1	B2	B3	B4	B5	B6	B7
x	0	29	58	92	122	0	0
y	0	0	0	0	0	10	−10
z	0	0	0	0	0	0	0

表 4-2 轨枕表面流场测点坐标

坐 标	横向/cm					
	S1	S2	S3	S4	S5	S6
x	0	21	52	64	86	108
y	30	30	30	30	30	30
z	3	3	7.3	5	5	8

表 4-3 砟肩表面流场测点坐标

坐 标	枕间/cm							枕端/cm		
	H1	H2	H3	H4	H5	H6	H7	H8	H9	H10
x	126.75	133.5	144.25	153	161.75	170.5	179.25	144.25	153	161.75
y	0	0	0	0	0	0	0	30	30	30
z	0	5	10	15	10	5	0	10	15	10

4.2.2.1 道床表面风压时程特征

通过提取高速列车运行阶段上述测点风压数据，得到各测点风压变化时程曲线，采用时间系数 t 表示列车运行时间：

$$t = t_{current}/t_{total} \tag{4-13}$$

式中，$t_{current}$为当前时间；t_{total}为列车完整通过所需时间。

列车运行过程中，B1测点表现出两个较为显著的压力波动，呈现出“正压—负压—负压—正压”的波动特征，如图4-25所示。第一个主要压力波动产生在车头前端区域。车头a点通过时，道床表面表现出显著正压波动，将该正压幅值定义为$\Delta p_{1\max}^{+}$；前转向架b点通过时，道床表面表现出显著负压波动，将该负压幅值定义为$\Delta p_{1\max}^{-}$；将该正压波峰与负压波谷的差值定义为Δp_1，表示车头对道床表面的最大压差影响，该影响会降低表层道砟稳定性，诱发道砟飞溅现象，单位时间内Δp_1越大，越易发生道砟飞溅。第二个主要压力波动产生于车尾后端区域。车尾后转向架m点通过时，道床表面表现出显著负压波动，将该负压幅值定义为$\Delta p_{2\max}^{-}$；车尾n点通过时，道床表面表现出显著正压波动，将该正压幅值定义为$\Delta p_{2\max}^{+}$；将该正压波峰与负压波谷的差值定义为Δp_2，表示尾车对道床表面最大压差的影响。

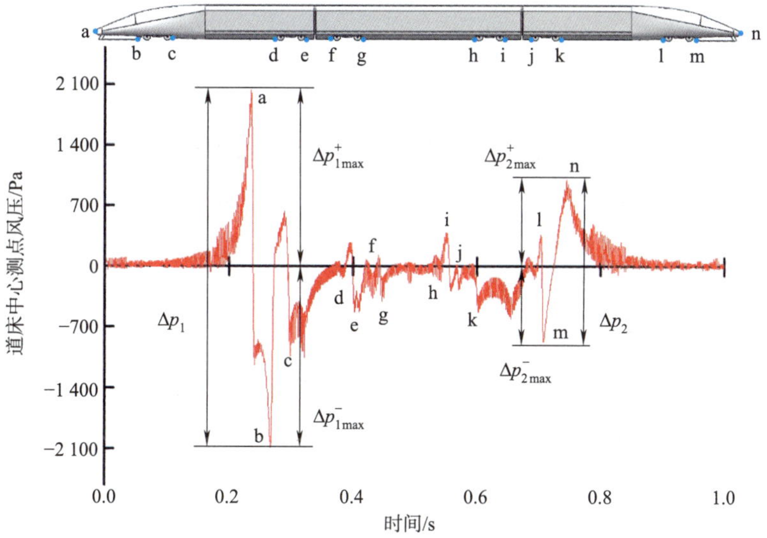

图4-25　道床表面中心测点风压时程曲线分析

列车不同区域运行通过时，在轨道表面引发的波谷及波峰风压发生较大的变化。图4-25中，头车引起波谷风压值$\Delta p_{1\max}^{-}$高于波峰风压值$\Delta p_{1\max}^{+}$ 3.2%，尾车引起波峰风压值$\Delta p_{1\max}^{+}$高于波谷风压值$\Delta p_{1\max}^{-}$ 13.3%。同时，头车风压波峰$\Delta p_{1\max}^{+}$高于尾车风压波峰$\Delta p_{2\max}^{+}$ 50.6%，头车风压波谷$\Delta p_{1\max}^{-}$高于尾车风压波谷$\Delta p_{2\max}^{-}$ 58.5%，头车引起总压差Δp_1高于尾车总压差Δp_2的54.6%。此外，车身其他区域如转向架、车厢连接部分，均对道床表面风压产生一定波动影响，波动范围相对较小，显著低于头车和尾车引起的压力波动幅度。

列车及轨道形状在空间横向上存在一定差异，且与外部空间气动环境的相互作用关系不同，致使流场特征发生一定的变化。道床横向风压测点时程曲线如图4-26所示，测试数据结果表明，各测点风压波动特征较为相近，但风压幅值随着测点位置的不同存在差别。分别对头车和尾车引起的道床表面风压时程曲线的波峰、波谷及其压差数据进行提取，进而针对道床表面风压特征值随横向测点位置变化规律做进一步分析。

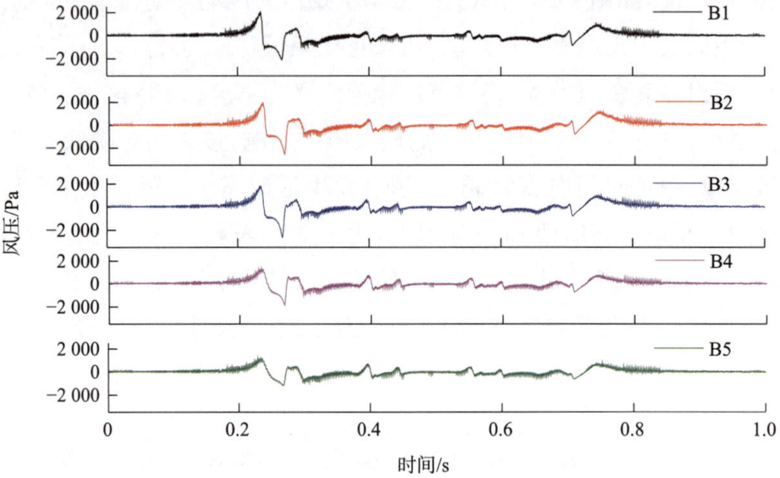

图 4-26　道床横向测点风压时程曲线

道床横向不同测点风压幅值及最大风压差值如图 4-27 所示。可以看出，各测点数据均表明头车引起的风压特征值均高于尾车。同时，不同横向测点的风压特征值也存在差异。道床中心测点 B1 的风压幅值和压差均最大，随着测点位置靠近道床边缘，风压特征值逐渐降低。测点位置由 B1 移动至 B3 时，风压特征值降低幅度相对较低：头车引起的波峰值降低 12.1%，波谷值降低 6.4%，最大压差值降低 9.2%。测点位置由 B3 移动至 B5 时，风压特征值降低幅度相对较大：头车引起的波峰值降低 34.4%，波谷值降低 39.0%，最大压差值降低 36.8%。

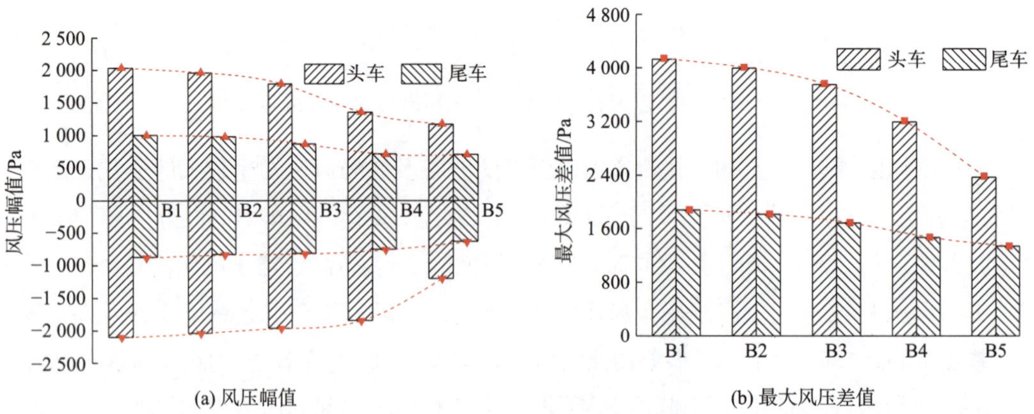

图 4-27　道床横向测点风压幅值特征

分析原因，B1、B2 和 B3 测点排列在钢轨内侧，B4 和 B5 测点在钢轨外侧，列车对钢轨内侧与外侧道床风压影响存在差异。由图可知，列车对钢轨内侧道床风压的影响较大，虽然风压随着与线路中心距离的增大而逐渐减小，但减小幅度有限；列车对钢轨外侧风压也随着距中心线距离的增大而减小，但减小幅度较大。此外，道床中心测点最大压差 Δp_1 和 Δp_2 分别是道床边缘测点的 1.7 倍和 1.4 倍，Δp_1 与道砟飞溅存在正相关关系，故道床中心区域发生道砟飞溅的概率是边缘区域道砟的 1.7 倍。

有砟轨道在空间纵向上表现为连续性周期变化结构，在一个周期范围内，轨道纵向不同位置的结构形式差异较大，致使风场作用环境存在较大的变化。纵向不同测点的风压时程变化曲线如图 4-28 所示，其中，B1 位于两跨轨枕正中间，B6 靠近轨枕背风侧，B7 靠近轨枕迎风侧。可以看出，道床表面不同纵向位置测点风压时程变化规律较为相似，均在头车及尾车经过时出现波峰及波谷。分别对头车和尾车引起的道床表面纵向不同虚拟测点风压时程曲线的波峰、波谷及其压差数据进行提取，进而针对道床表面风压特征值随纵向位置变化规律做进一步分析。

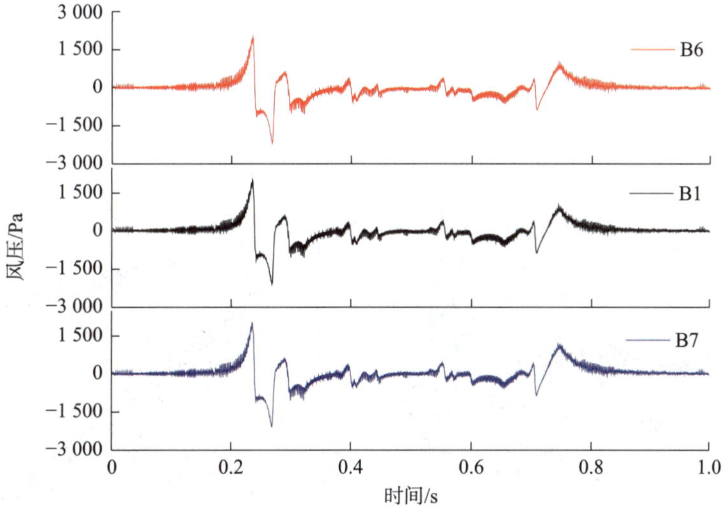

图 4-28　道床纵向测点风压时程曲线

道床表面纵向不同测点风压幅值和最大压差变化情况如图 4-29 所示。可以看出，道床表面不同纵向位置的风压特征值存在差异。头车引起风压波动特征在轨枕迎风侧（B7）较小，波峰和波谷分别是轨枕背风侧（B6）的 88.0%和 95.2%。尾车引起的风压波峰在轨枕背风侧（B6）较小，占迎风侧（B7）的 83.5%；风压波谷在纵向上差异较小，迎风面（B7）与背风面（B6）仅相差 3.0%。此外，头车引起的最大压差在轨枕迎风侧附近道床表面（B7）相对较小，是背风侧（B6）的 1.1 倍，尾车引起的最大压差在轨枕背风侧（B6）相对较小，是迎风侧（B7）的 1.1 倍。

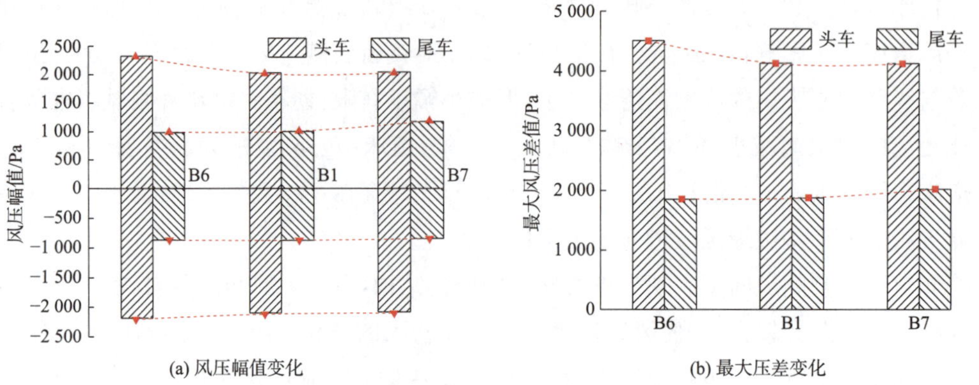

图 4-29 道床纵向测点风压幅值特征

总体而言,列车对道床表面不同纵向位置的风压影响存在差异,但差异相对较小。头车对背风侧道床表面风压波动影响更大,尾车对迎风侧道床表面风压波动影响更大。即车头经过时,靠近轨枕背风侧的道砟更易飞溅,车尾经过时,靠近轨枕迎风侧的道砟更易飞溅。

4.2.2.2 轨枕表面风压时程特征

在有砟轨道的线路铺设、列车运营和养护维修阶段,常会出现道砟颗粒散落在轨枕表面的现象,如图 4-30 所示。故需进一步分析轨枕表面流场特征,以掌握轨枕表面道砟飞溅易发生区域,从而具有针对性的开展线路养护维修工作。

图 4-30 道砟颗粒散落在轨枕表面

在轨枕表面设置图 4-24 所示的流场测点,由于轨枕断面形状并不相同,故轨枕流场测点的高度也存在差异,对不同测点的流场特征产生一定的影响。图 4-31 和图 4-32 为轨枕表面不同测点风压时程曲线,其中 S1 位于轨枕顶面中心,图中轨枕表面同样表现为“正压—负压—负压—正压”的风压波动特征。头车引起的正压幅值 $\Delta p_{1\,max}^{+}$ 是尾车 $\Delta p_{2\,max}^{+}$ 的 1.6 倍,头车负压幅值 $\Delta p_{1\,max}^{-}$ 是尾车 $\Delta p_{2\,max}^{-}$ 的 2.9 倍。同时,头车正压幅值 $\Delta p_{1\,max}^{+}$ 略低于负压幅值 $\Delta p_{1\,max}^{-}$,占 $\Delta p_{1\,max}^{-}$ 的 88.5%;尾车负压幅值 $\Delta p_{2\,max}^{-}$ 显著低于正压幅值 $\Delta p_{2\,max}^{+}$,占 $\Delta p_{2\,max}^{+}$ 的 62.3%。此外,头车引起的最大压差 Δp_1 显著高于尾车最大压差 Δp_2,为 Δp_2 的 2.1 倍。

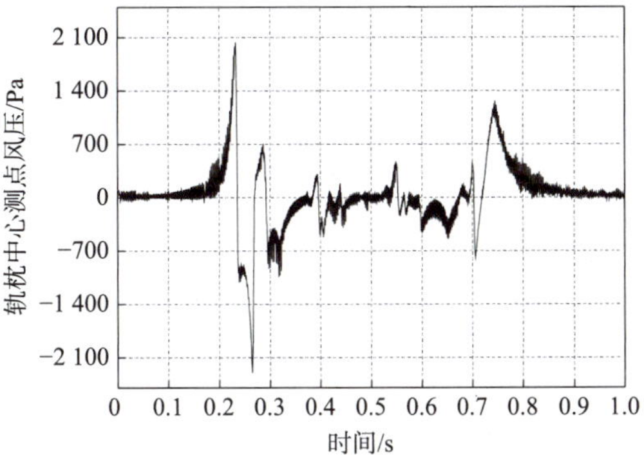

图 4-31　S1 测点风压时程曲线

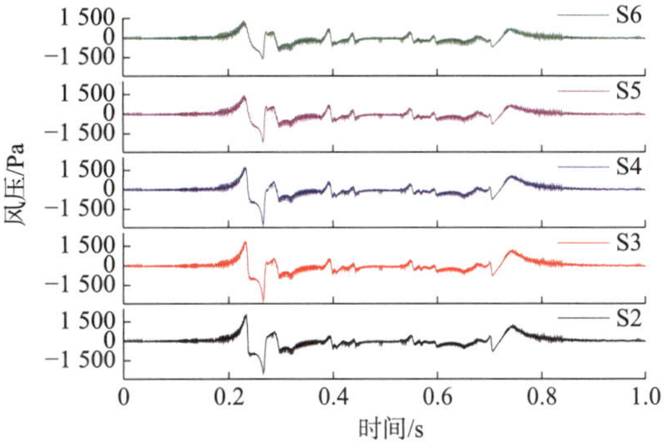

图 4-32　S2～S6 测点风压时程曲线

提取头车、尾车经过时轨枕横向不同测点风压幅值特征，如图 4-33 所示。可以看出，轨枕中部风压特征值均高于轨枕端部。测点由 S1 移至 S4，风压特征值降幅较小。头车引起的波峰值 $\Delta p_{1\max}^{+}$ 降低 12.9%，波谷值 $\Delta p_{1\max}^{-}$ 降低 6.2%，最大压差值 Δp_1 降低 9.3%。测点由 S4 移至 S6，风压特征值降幅相对较大：头车引起的波峰值 $\Delta p_{1\max}^{-}$ 降低 24.0%，波谷值 $\Delta p_{1\max}^{-}$ 降低 27.3%，最大压差值 Δp_1 降低 25.8%。这是因为列车运行对钢轨内侧轨枕表面风压特征影响更为显著。

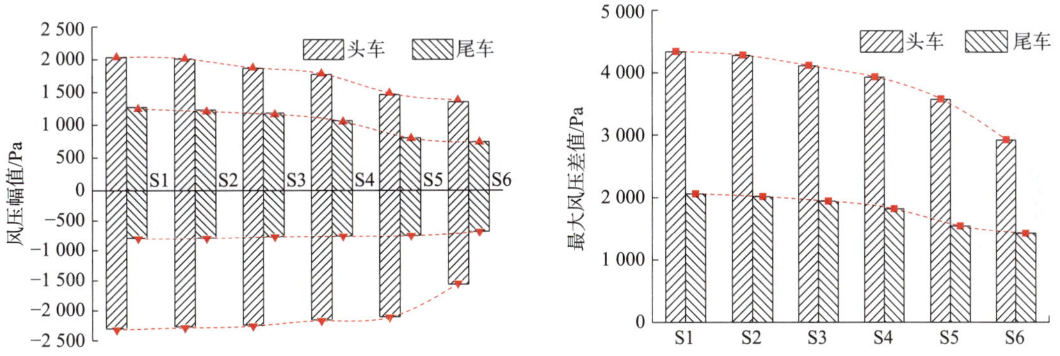

(a) 风压幅值变化　　(b) 最大压差特征

图 4-33　轨枕横向测点风压幅值特征

综上所述，钢轨内侧轨枕表面更易发生道砟飞溅，其中，轨枕中部发生飞砟概率相对较大，需在线路铺设和养护维修中，着重清除轨枕中部顶面的道砟颗粒。

4.2.2.3　砟肩表面风压时程特征

砟肩结构能够为道床提供一定的横向阻力，保持道床横向稳定性，《高速铁路设计规范》、《铁路线路设计规范》等规范中均有“砟肩堆高 150 mm”的规定。但是相对凸起的道床断面会对轨道流场产生影响，进而会加剧或减弱道砟飞溅。为探究道床砟肩对道砟飞溅的影响，对砟肩表面流场特征进行分析。此处考虑了砟肩与轨枕端部的相对位置，分别在道床内侧和外侧的砟肩表面 0 cm、5 cm、10 cm 和 15 cm 高度处设置一系列风压测点，如前文图 4-24 所示，研究砟肩不同测点风压时程变化规律。

位于枕间的砟肩表面流场如图 4-34 所示。可以看出，砟肩表面同样表现出“正压—负压—负压—正压”的风压波动特征。头车引起的正压幅值 $\Delta p_{1\max}^{+}$ 是尾车 $\Delta p_{2\max}^{+}$ 的 1.4 倍，头车负压幅值 $\Delta p_{1\max}^{-}$ 是尾车 $\Delta p_{2\max}^{-}$ 的 1.9 倍。同时，头车正压幅值 $\Delta p_{1\max}^{+}$ 略低于负压幅值 $\Delta p_{1\max}^{-}$，占 $\Delta p_{1\max}^{-}$ 的 90.6%；尾车负压幅值 $\Delta p_{2\max}^{-}$ 低于正压幅值 $\Delta p_{2\max}^{+}$，占 $\Delta p_{2\max}^{+}$ 的 82.5%。此外，头车引起的最大压差 Δp_1 显著高于尾车 Δp_2，为 Δp_2 的 1.6 倍。

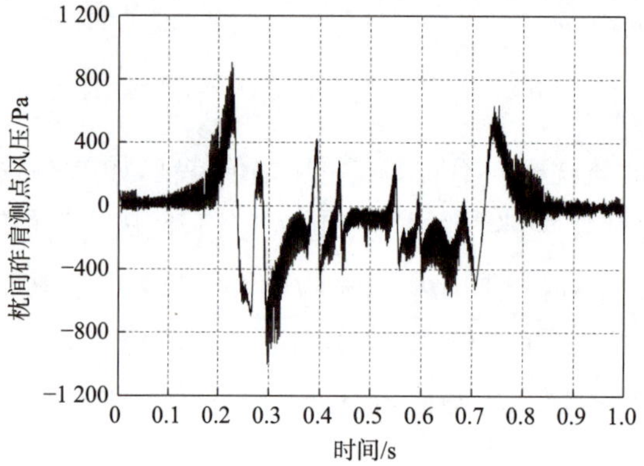

(a) 枕间砟肩顶端H4测点

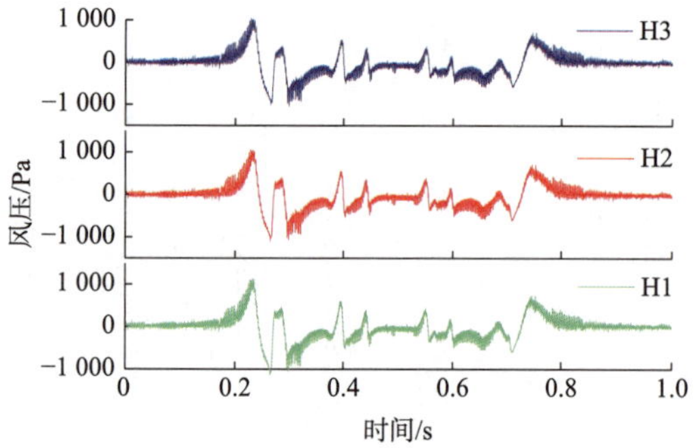

(b) 道床内侧砟肩

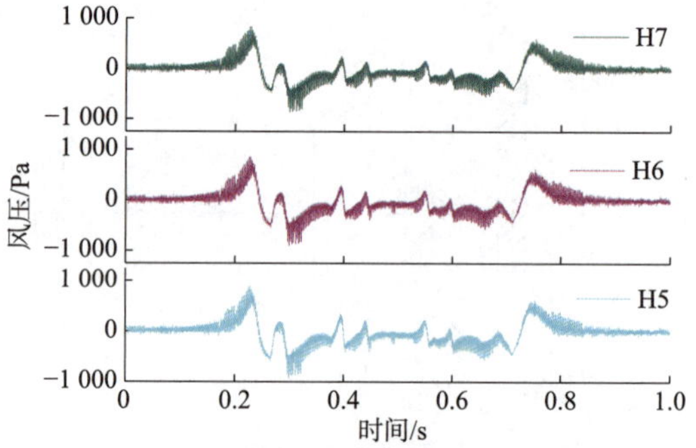

(c) 道床外侧砟肩

图 4-34　道床砟肩不同测点风压时程曲线

不同砟肩测点的风压特征值存在差异，进一步提取砟肩表面测点风压幅值和最大压差变化情况，如图 4-35 所示。可以看出，不同位置的砟肩测点风压均表现为，距线路中心越远特征值越小。道床内侧砟肩高度由 0 cm 增大至 15 cm 过程中(即 H1 移至 H4)，测点高度每升高 5 cm，头车引起最大压差 Δp_1 分别降低 5.7%、1.1%和 8.2%，尾车引起最大压差 Δp_2 分别降低 2.2%、5.2%和 3.9%。道床外侧砟肩高度由 15 cm 降低至 0 cm 过程中(即 H4 移至 H7)，测点高度每降低 5 cm，头车引起最大压差 Δp_1 分别降低 4.0%、2.9%和 4.6%；尾车引起的最大压差 Δp_2 分别降低 9.9%、5.0%和 7.9%。砟肩顶端较道床内侧

0 cm 高度处最大压差 Δp_1 和 Δp_2 分别降低 14.3%和 10.9%，较道床外侧 0 高度处最大压差 Δp_1 和 Δp_2 分别降低 11.1%和 21.2%。由此可知砟肩顶端风压特征值低于道床内侧砟肩底部，故道床内侧砟肩底端道砟更易发生飞溅现象。砟肩顶端道砟的密实度和稳定性显著低于底端，故在判断道砟飞溅产生条件时，还需综合考虑道砟颗粒稳定性的影响。

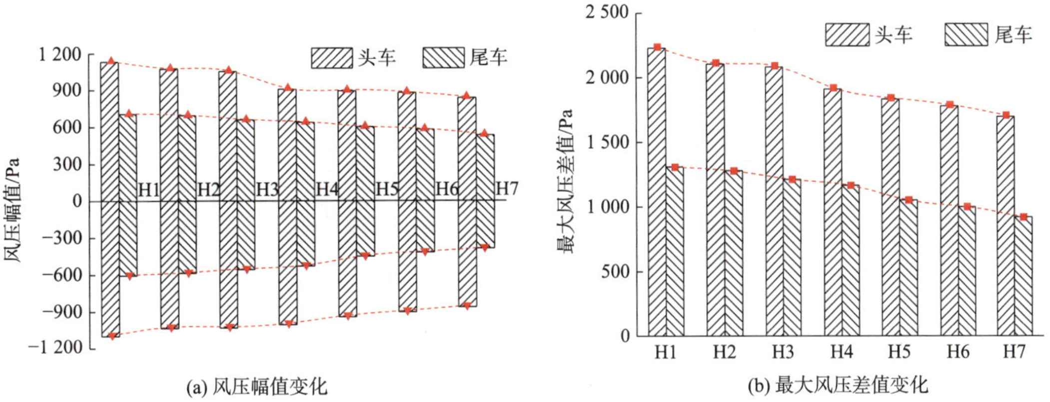

图 4-35　砟肩测点风压幅值特征

位于枕端的砟肩测点风压时程曲线如图 4-36 所示。图中 H9 位于枕端砟肩顶端，H8 和 H10 分别位于道床内侧和外侧砟肩堆高 10 cm 位置。由图可知，枕端不同高度处的砟肩表面风压时程曲线形状相近，但其风压特征值并不相同。为分析轨枕的相对位置对砟肩表面风压的影响程度，对位于枕间及枕端的砟肩风压做进一步对比分析。

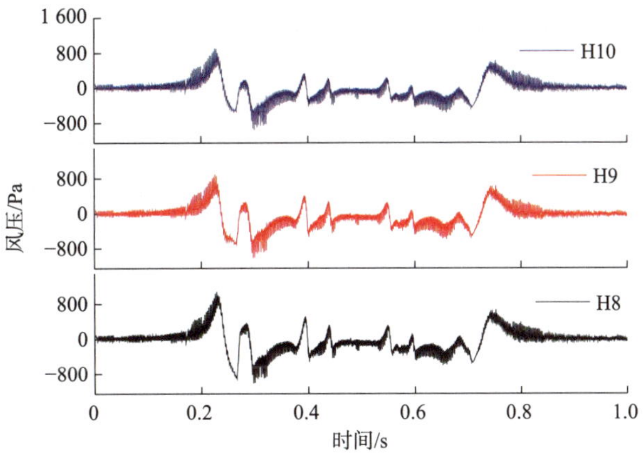

图 4-36　枕端砟肩测点风压时程曲线

位于枕间的砟肩测点(H3、H4 和 H5)与位于枕端的砟肩测点(H8、H9 和 H10)的风压幅值统计结果如图 4-37 所示。可以看出，枕间和枕端的砟肩表面测点风压特征值的变化存在一定的规律性，均表现为枕间风压低于枕端。测点位于砟肩堆高顶端时，头车引起风压波

峰值 $\Delta p_{1\max}^{+}$ 和波谷值 $\Delta p_{1\max}^{-}$ 分别相差 1.1%和 1.0%，头车和尾车引起的最大压差 Δp_1 和 Δp_2 分别相差 1.0%和 1.3%。枕端与枕间砟肩测点风压特征值对比见表 4-4。

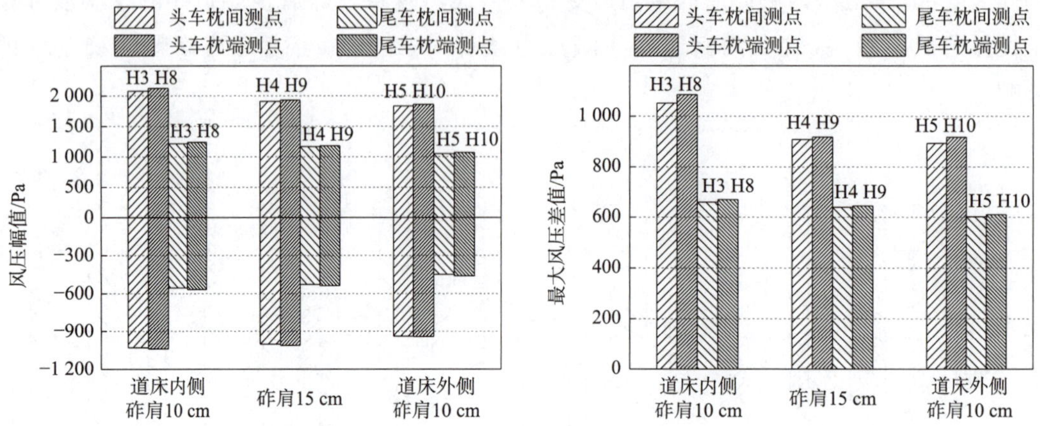

(a) 风压幅值变化　　(b) 最大压差变化

图 4-37　枕端、枕间砟肩测点风压幅值特征

表 4-4　枕端与枕间砟肩测点风压特征值差异对比

测　点	$\Delta p_{1\max}^{+}$	$\Delta p_{1\max}^{-}$	$\Delta p_{2\max}^{+}$	$\Delta p_{2\max}^{-}$	Δp_1	Δp_2
道床内侧砟肩 10 cm	3.2%	1.0%	1.5%	2.4%	2.1%	1.9%
砟肩 15 cm	1.1%	1.0%	0.8%	1.9%	1.0%	1.3%
道床外侧砟肩 10 cm	2.6%	0.3%	1.3%	2.4%	1.5%	1.8%

总体而言，位于枕端的砟肩风压特征值略高于枕间砟肩，二者差异在 0.8%～3.2%，且距轨枕端部距离越近，轨枕对砟肩风压的影响越显著。

4.2.2.4　道床、轨枕和砟肩风压时程特征对比

有砟轨道结构不同部位的形状特征及空间位置存在较大的差异，致使流场特征发生较大的变化。为探明有砟轨道不同部位发生道砟飞溅的风险程度，此处针对道床、轨枕及砟肩的流场特征对进一步对比分析。

道床、轨枕和砟肩测点风压时程曲线对比如图 4-38 所示。可以看出，道床、轨枕和砟肩表面流场均表现为“正压—负压—负压—正压”的风压变化特征，但各轨道结构表面的风压波动特征存在差异。在图 4-38 中的 A、B 和 C 三个区域，道床和轨枕表面风压波动特征相似，而砟肩表面风压波动相对简单，在正压与负压的急剧变化过程中，不存在风压振荡现象。这是因为，砟肩表面风压波动特殊区域，均产生于列车转向架附近。前文分析可知，转向架对道床和轨枕流场特征影响显著，对处于线路边缘的砟肩流场影响相对有限，且该特征在头车和尾车的转向架附近更为显著。

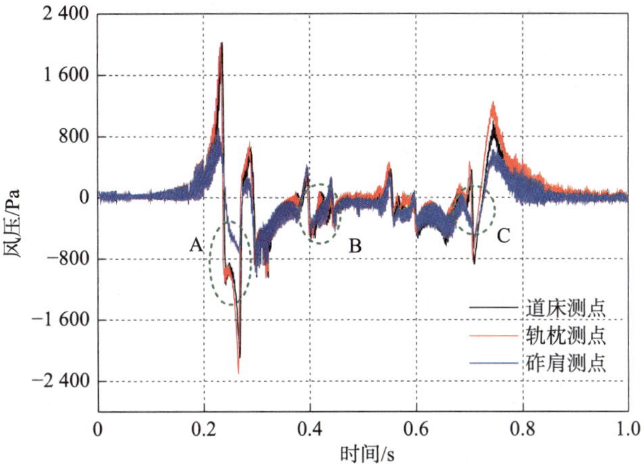

图 4-38　道床、轨枕和砟肩测点风压时程曲线

道床、轨枕和砟肩表面风压幅值特征也存在差异，图 4-39 为轨道结构表面风压幅值和最大压差对比情况。可知，轨枕表面的正压和负压幅值相差较大，而道床和砟肩表面的正压和负压幅值差别相对较小。同时，轨枕表面风压特征值均高于道床和砟肩结构，这是因为列车运行阶段对道床和轨枕的影响超过砟肩，轨枕顶面距列车底部的距离较道床表面而言更小，受列车影响较大，且轨枕表面相对光滑，空气流动较粗糙道床表面更为显著。轨枕、道床和砟肩表面最大压差依次降低，三者表面最大压差 Δp_1 分别相差 4.9%和 9.8%，Δp_2 分别相差 116.3%和 60.7%。若以 Δp_1 表示道砟飞溅难易程度，则道床中部道砟发生飞溅的概率是轨枕中部顶面相同道砟的 95.3%，是砟肩顶端的 2.2 倍。

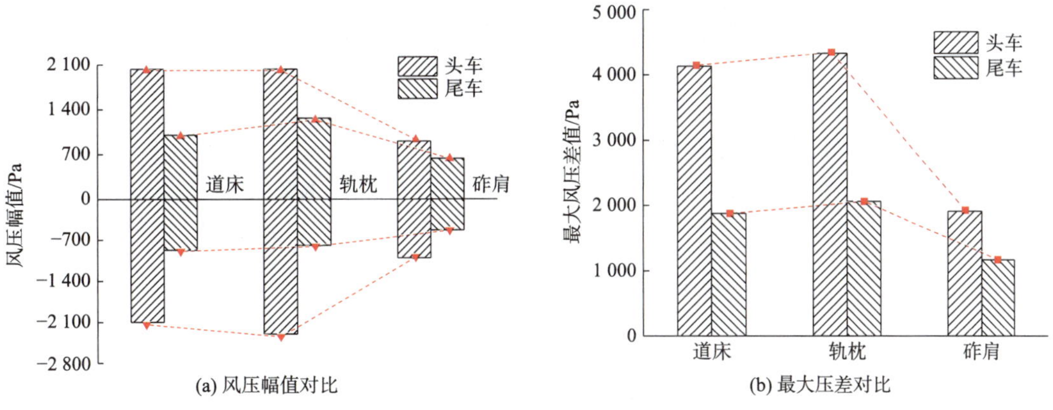

(a) 风压幅值对比　　(b) 最大压差对比

图 4-39　轨道结构风压特征对比

由以上分析可知，轨枕表面最易发生飞砟现象，应在道砟铺设、列车运营、线路巡检和捣固维修作业中，着重扫除轨枕表面道砟颗粒，降低道砟飞溅发生概率。此外，枕间道床流场强度也相对较大，较易发生道砟飞溅现象，应重点关注。

4.2.3 流场风压频域特征

有砟轨道表面上流场是列车与轨道相对高速运动条件下产生的空间气动环境，与列车底部形状、轨道结构形状、列车运行速度等关系密切，具有显著的不确定性、随机性、复杂性。为探明轨道流场与列车、轨道结构特征的定性关系，此处对列车通过前后轨道表面风压频谱特征做进一步分析。

轨道结构表面风压是一种非周期信号 $P(t)$，可将该非周期信号表示为虚指数信号 $e^{j\omega t}$ 的加权叠加，再通过 Fourier 变换建立轨道风压时域与频域之间的关系，分析风压频谱特征。采用 Fourier 变换实现轨道表面的风压信号 $P(t)$ 与其频谱函数 $P(j\omega)$ 之间的转换可表达为

$$P(t)=\frac{1}{2\pi}\int_{-\infty}^{\infty}P(j\omega)e^{j\omega t}d\omega \tag{4-14}$$

$$P(j\omega)=\int_{-\infty}^{\infty}P(t)e^{-j\omega t}dt \tag{4-15}$$

式(4-14)和式(4-15)分别为 Fourier 正变换和反变换。

分别对道床中心 B1 测点、轨枕 S1 测点和砟肩顶端 H4 测点风压时程函数进行 Fourier 变换，得到各测点风压频谱曲线，如图 4-40 所示。可以看出，轨道结构表面风压振荡频率主要集中在 35 Hz 以内，随着频率的增大，频谱密度迅速衰减。轨枕、道床和砟肩风压频谱密度最大值依次降低，反映出各轨道结构受列车运行的影响程度依次减弱。

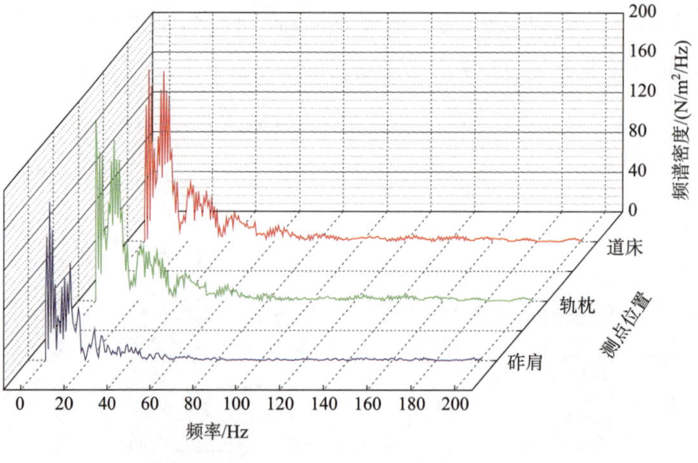

图 4-40 轨道结构表面风压频谱分析

此外，道床、轨枕和砟肩主频分布在 8.75～11.25 Hz，对应波长为 8.65～11.11 m，该长度与车头距前转向架末端距离相近，表示轨道结构表面风压是以该长度为波长的周期变化；道床和轨枕的次频分布在 22.50～28.75 Hz 之间，对应波长为 3.38 ～4.32 m，该长度与转向架长度相近，表示道床和轨枕表面风压是以转向架长度为波长的周期变化。此外，砟肩表面次频并不明显，表明砟肩流场受转向架影响相对较小，该特征也与前文分析结论一致。

由以上分析可知，列车高速运行时轨道结构流场频谱特征与列车底部结构设计具有一定的相关性，但同时也受到列车运行速度等诸多因素的影响，具有较大的不确定性。

4.3　有砟轨道宏观流场风速特征分析

流场风压及风速是流体运动空间分布的两个关键指标，有砟轨道流场风压可有效反映结构不同部位承受风载强度，但难以反映列车与轨道不规则形状引发的涡旋等特殊流场特征，其对道砟飞溅产生重要影响。为此，基于前文建立的高速列车—有砟轨道流场分析模型，研究列车高速运行时轨道流场风速分布、时程变化、以及矢量特征。有砟轨道宏观流场频域特征具有较大的不确定性，因此本节不做过多分析。

4.3.1　流场风速分布特征

高速列车不同部位形状特征差异很大，与有砟轨道结构发生相对运动时产生的流场风速随之发生很大的变化，故针对列车车头、转向架、车厢、车尾等不同部位的风速分布特征展开全面研究。

高速列车在以 350 km/h 的速度运行时，有砟轨道上方剖面的速度云图如图 4-41 所示。根据列车各断面的外形特征，将列车不同区域通过该剖面时的风速云图分别显示，云图中速度分布范围也随列车的运行存在差异。可以看出，车头前方 0.5 m 处空气流速已达 30 m/s，最大速度产生于车头端部正前方，且速度值以该点为圆心向周围逐渐减弱。随着列车的行进，轨道剖面风速逐渐增大至 90 m/s，且车体附近风速最大，距车体越远风速值和变化幅度均越小。列车车尾通过时，轨道上方速度幅值逐渐降低，但车体附近风速仍为最大。

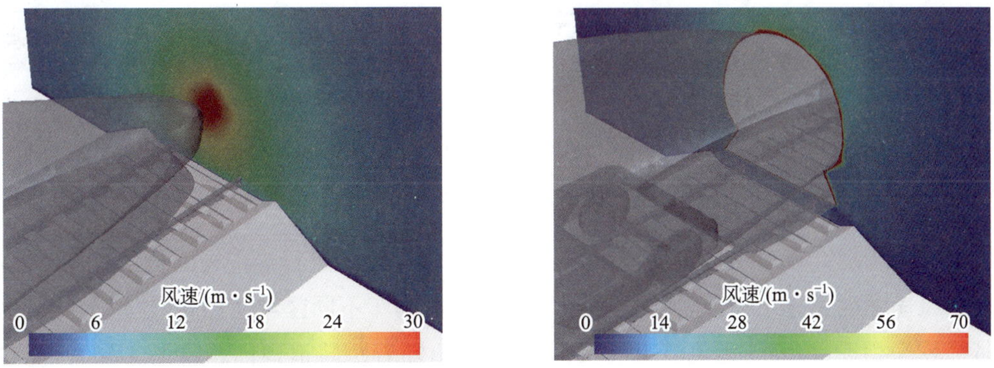

(a) 车头前端　(b) 车头与前转向架之间

图 4-41

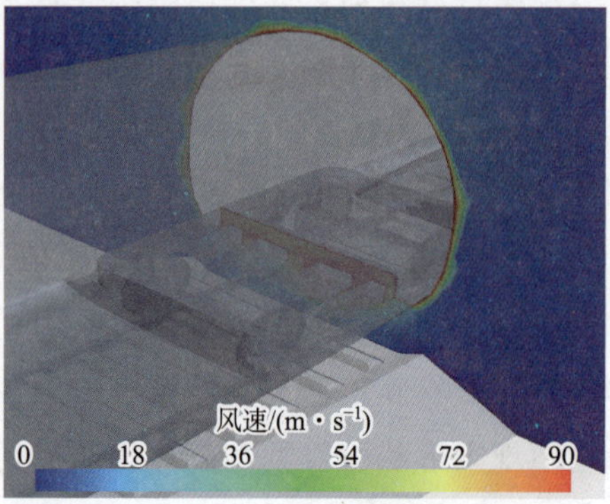

(c) 前转向架中部

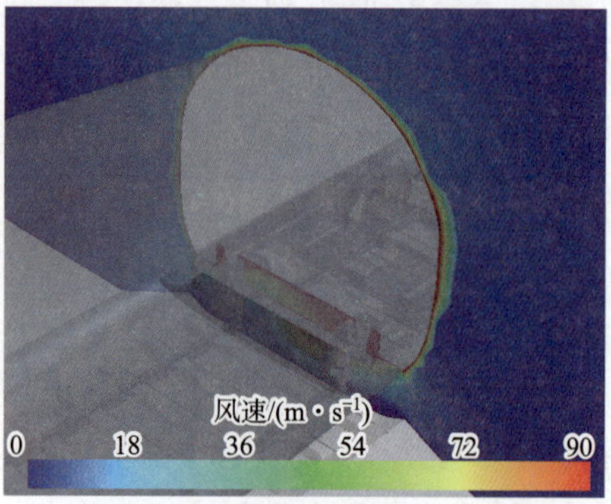

(d) 前转向架车轮

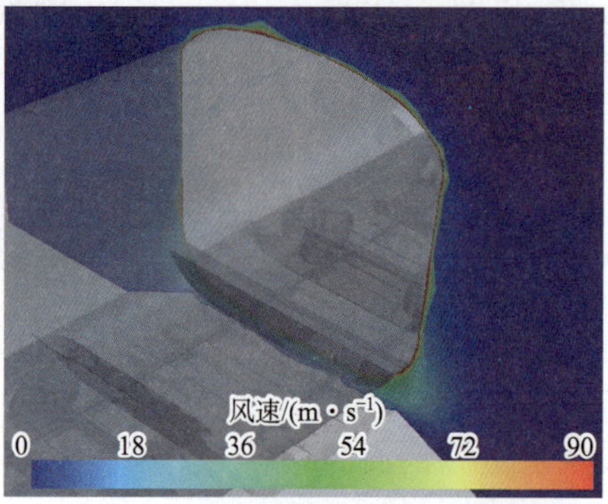

(e) 车厢连接

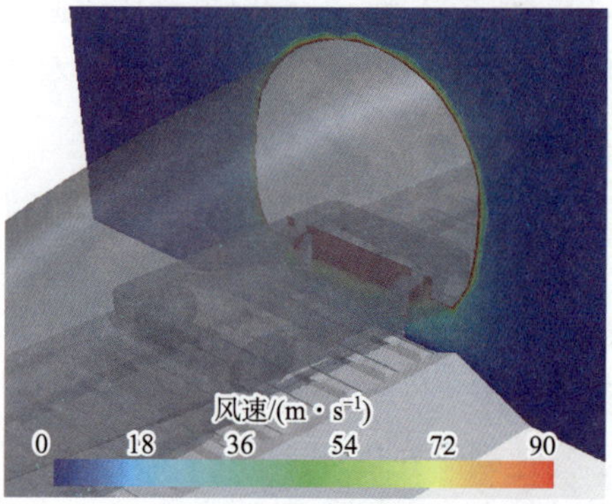

(f) 后转向架车轮

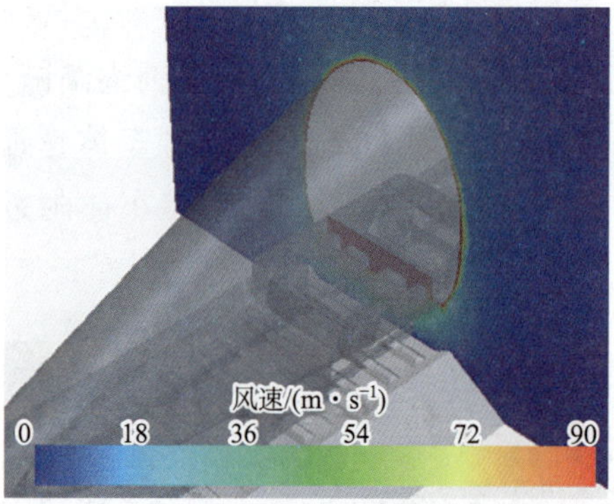

(g) 后转向架中部

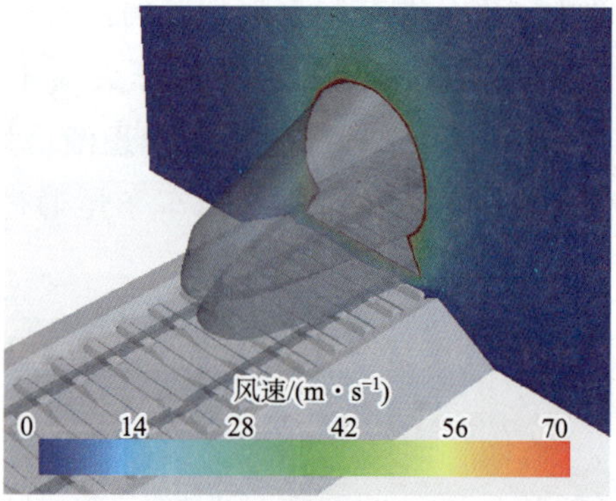

(h) 车尾

图 4-41　列车运行过程中轨道剖面风速云图

为进一步探究轨道结构流场特征，对轨道上方风速云图进行局部视图显示，重点关注轨道表面风速强度和分布特征，如图 4-42 所示。可知，列车不同区域通过时，轨道上方风速分布特征较为相近，均表现为轨道表层风速相对较低，随着距轨道顶面越高风速越大，但轨道表层的风速增幅相对较大。线路中心区域风速相对较大，至线路边缘风速逐渐降低。轨枕、道床和砟肩表面风速依次减小，钢轨外侧轨道结构表面风速低于钢轨内侧，至道床边坡外侧，空气流速降为最低。同时，钢轨下部较其附近其他区域风速相对较大，这是由于该区域空间有限，空气流动速度增大所致。

列车不同区域通过时，轨道表面风速强度存在较大差异。如图 4-42 可知，当列车头部将要通过时，轨道上方风速相对较小，钢轨顶面以下范围的最大风速仅为 18 m/s；随着列车的行进，该范围最大风速逐渐降低，但轨道结构表面平均风速逐渐增大；当头车转向架通过时，轨道上方风速显著增大至 30 m/s；当头车与中间车间隙区域通过时，轨道风速较转向架通过时稍低；至尾车转向架与尾车端部通过时，轨道上方风速增幅最大，最大风速达 55 m/s。

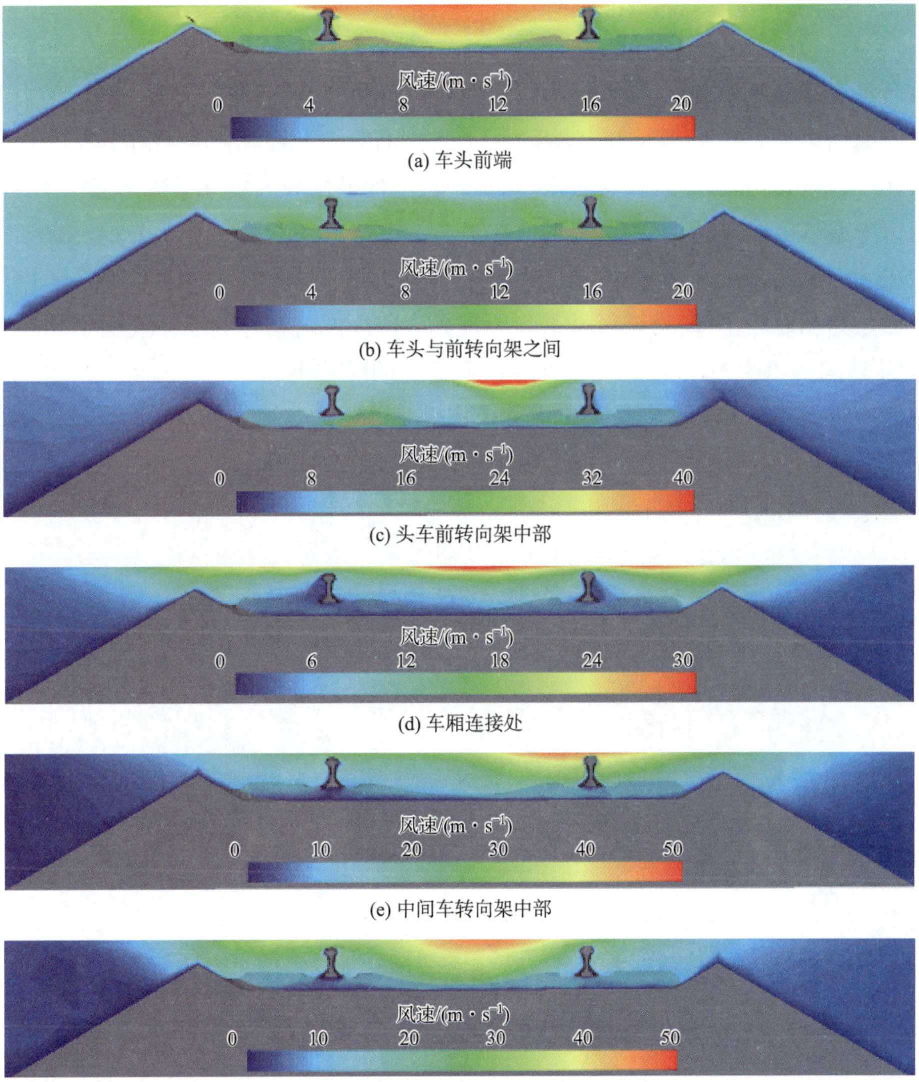

(a) 车头前端

(b) 车头与前转向架之间

(c) 头车前转向架中部

(d) 车厢连接处

(e) 中间车转向架中部

(f) 尾车转向架中部

图 4-42

(g) 车尾与后转向架之间

(h) 车尾后端

图 4-42 道床上方风速云图

对车头底部道床表面风速数据均值做进一步分析，如图 4-43 所示。可知，车头前端区域道床表面风速分布在 1.97～18.43 m/s，并以线路中心为轴线两侧对称分布。钢轨底部道床表面风速最大，其次是线路中心区域，是钢轨下部最大风速的 48.8%。除钢轨底部外，距离道床中心越远风速越小。此外，风速在纵向上差异并不显著。车头与前转向架之间区域对道床表面风速分布在 1.55～17.26 m/s。最大风速同样产生于钢轨下方，但钢轨内侧道床表面风速相对较小，仅为该区域最大风速的 34.8%，钢轨外侧道床表面平均风速高于钢轨内侧 16.6%。此外，该区域风速在纵向上差异同样较小。

总体而言，头车前端通过时，钢轨下方道床表面风速均为最大。车头附近道床中心风速仅低于钢轨下方，车头与转向架之间的道床中心风速相对较小。此外，该区域的道床表面风速在纵向上差异较小。

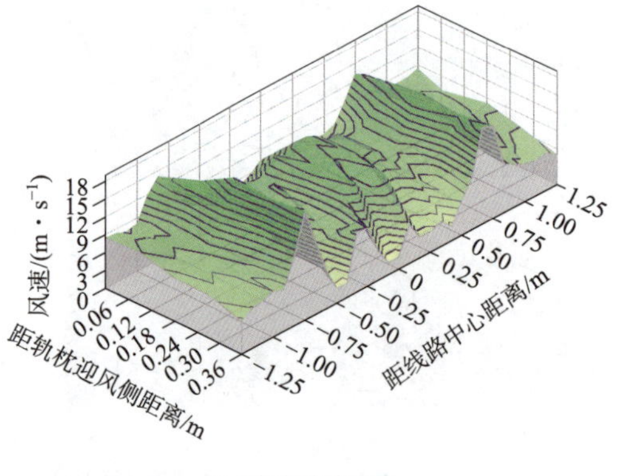

(a) 车头前端区域

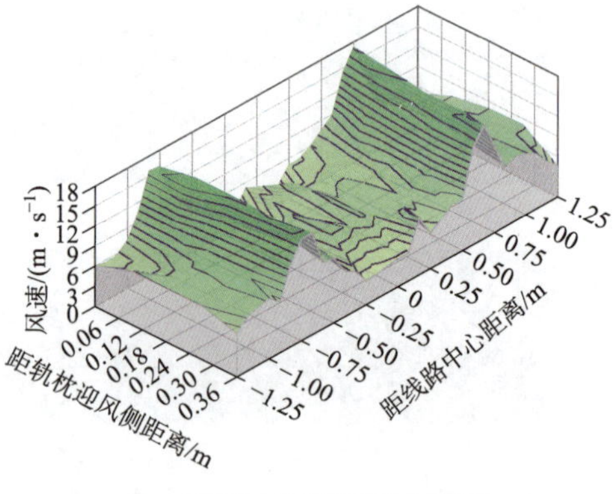

(b) 车头与前转向架之间区域

图 4-43 车头底部区域道床表面风速统计

对车厢连接区域附近底部道床表面风速数据均值做进一步分析，如图 4-44 所示。可以看出，转向架区域道床表面风速分布在 1.02～15.79 m/s，在沿线路横向上，风速分布存在较大差异，最大风速出现在钢轨下方靠近轨枕迎风侧道床表面，其次为背风侧附近，但枕间中部风速相对较低，低于最大风速 55.7%。钢轨内侧道床表面风速分布较为均匀，平均风速低于最大风速的 43.1%。此外，钢轨外侧道床表面风速在线路纵向上差异显著，靠近轨枕迎风侧道床表面风速高于背风侧，二者最大相差 9.86 m/s。车厢连接区域道床表面风速分布在 1.22～13.08 m/s。钢轨内侧道床表面风速分布较为均匀，平均风速低于最大风速 40.9%。钢轨外侧道床表面风速相对较小，平均风速低于钢轨内侧道床表面的 55.6%。钢轨下方风速最大，在靠近轨枕迎风侧道床表面风速高于背风侧 61.5%。

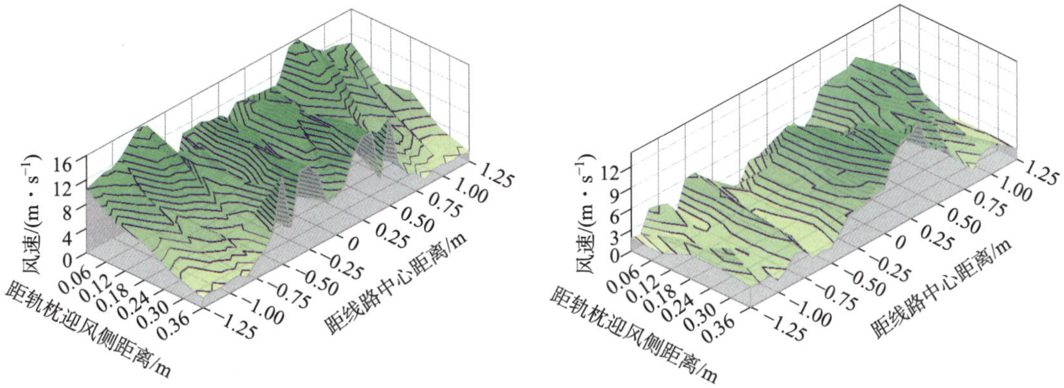

(a) 转向架区域　　(b) 车厢连接区域

图 4-44 车厢连接区域附近道床表面风速统计

总体而言，在沿线路横向上，钢轨下方道床表面风速相对较大，钢轨内侧平均风速显著高于钢轨外侧；在线路纵向上，靠近轨枕迎风侧的道床表面风速高于背风侧。

对车尾底部道床表面风速数据均值做进一步分析，如图 4-45 所示。可知，车尾与后转向架之间区域道床表面风速分布在 1.47～18.05 m/s。在沿线路横向上，钢轨附近道床表面风速最大，钢轨内侧风速分布较为均匀，平均风速低于最大风速的 61.1%，钢轨外侧道床表面平均风速高于钢轨内侧 32.5%。在沿线路纵向上，靠近轨枕迎风侧道床表面风速高于背风侧，且该差异在钢轨外侧道床表面更为显著，二者最大相差 73.1%。车尾端部区域风速分布在 0.69～28.41 m/s。在沿线路横向上，线路中心处风速最大，距线路中心越远风速越低，至钢轨下部风速急剧增大，钢轨下方最大风速低于线路中心 17.9%，钢轨外侧平均风速低于钢轨内侧 46.7%。在线路纵向上，靠近轨枕迎风侧道床表面风速高于背风侧，且该差异在线路中心、钢轨下方和线路边缘附近表现最为显著，分别相差 71.4%、56.5% 和 75%。

总体而言，在沿线路横向上，车尾端部区域钢轨内侧风速高于钢轨内侧，车尾与后转向架之间区域钢轨外侧风速高于钢轨内侧；在线路纵向上，靠近轨枕迎风侧的道床表面风速高于背风侧。

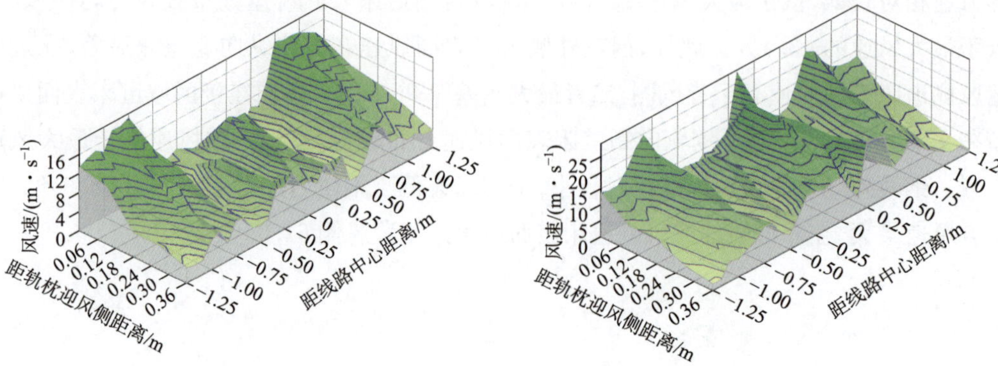

(a) 车尾与后转向架之间　　(b) 车尾端部区域

图 4-45　车尾底部区域道床表面风速统计

对中间车非转向架区域附近道床表面风速数据均值做进一步分析，如图 4-46 所示。由图可知，该区域道床表面风速分布在 4.89～12.49 m/s。在沿线路横向上，风速波动特征显著，道床中心区域平均风速最大，除钢轨附近出现风速急剧增大外，距中心线越远道床表面风速越小，钢轨下方平均风速低于道床中心 23.4%。在线路纵向上，靠近轨枕迎风侧道床表面平均风速高于靠近轨枕背风侧 15.4%。

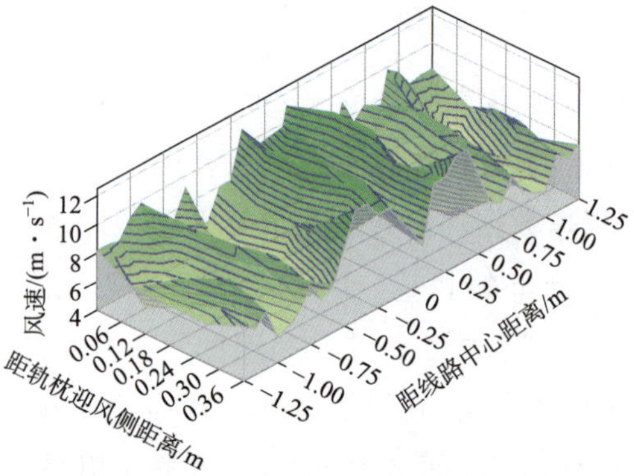

图 4-46　中间车非转向架区域道床表面风速统计

总体而言，中间车非转向架区域道床表面风速相对较小，线路中心位置的流场风速最大，向两侧整体上呈现出衰减趋势。

4.3.2　流场风速时程特征

基于轨道结构流场数据测点，对高速列车通过前后道床表面风速进行实时监测，得到图 4-47 所示道床中心 B1 测点风速时程变化曲线。

列车运行过程中道床表面风速波动显著。由图 4-47 可知，随着列车的行进，道床表面风速逐渐增大；至车头前端 a 点通过时，道床表面风速急剧增大至 11.29 m/s；随后头车转向架 b 点通过，道床风速急剧减小至 2.24 m/s；当前转向架 c 点接近接近时，风速再次迅速增大，最大达 13.97 m/s，并在增大过程中表现出一定的波动特征；前转向架通过后，道床表面风速逐渐降低，直到第二个转向架 d～e 点通过，风速再次迅速增大至 8.95 m/s。当头车和中间车的连接部分通过时，风速较转向架通过时出现降低，波动特征加剧，但由于车厢连接处靠近前后两节车厢的转向架，故虽然该区域风速出现一定幅度的降低，但仍高于车厢其他区域。

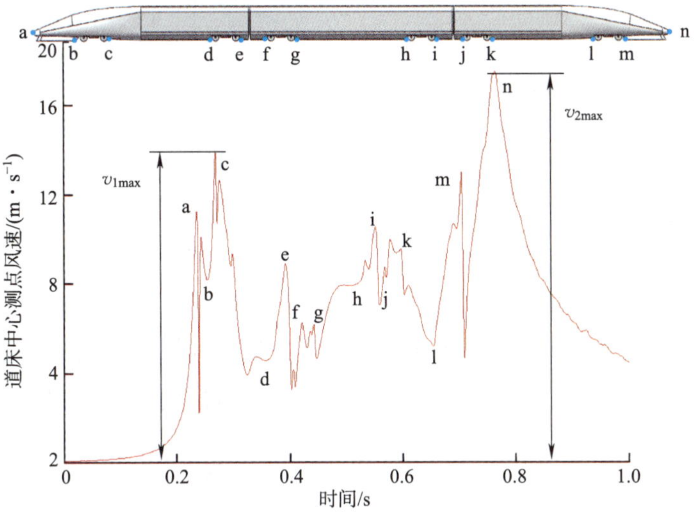

图 4-47　道床中心 B1 测点风速时程曲线

此后，中间车两个转向架、中间车与尾车连接处、尾车转向架通过时，均表现为与头车对应区域相同的风速变化特征。当尾车后转向架与尾车后端通过时，道床表面出现了第二个风速极值，高于头车引起最大风速的 25.2%。当列车全部通过时，道床表面风速逐渐降低。总体而言，头车和尾车通过时道床表面风速最大，且尾车引起的道床风速幅值高于头车。

列车及有砟轨道结构形状在横向上具有较大差异，致使流场风速发生变化。横向上不同测点的风速特征如图 4-48 所示，$v_{1\max}$ 和 $v_{2\max}$ 分别代表头车和尾车其引起的道床表面风速幅值。可知，不同横向位置测点的道床表面风速时程特征较为相近，但存在一定差异。头车风速幅值由线路中心向边缘逐渐递减，但 B3 和 B4 测点表现出风速的异常增大现象，钢轨附近测点的风速均值高于道床中心测点 71.8%，高于道床边缘测点 52.1%。这是因为 B3 和 B4 位于钢轨附近，该处流场受到轨枕和钢轨的影响被加速。此外，位于钢轨内侧的 B3 风速稍高于钢轨外侧的 B4。尾车风速幅值同样由线路中心向边缘逐渐递减，线路中心测点风速幅值高于线路边缘的 52.9%；而较头车经过引起的道床风速波动不同的是，尾车对钢轨附近道床表面风速的影响相对较小。

总体而言，列车高速通过时，头车和尾车引起的道床表面风速幅值均由线路中心向线路边缘逐渐递减，其中头车对钢轨下方道床表面风速增幅影响显著。

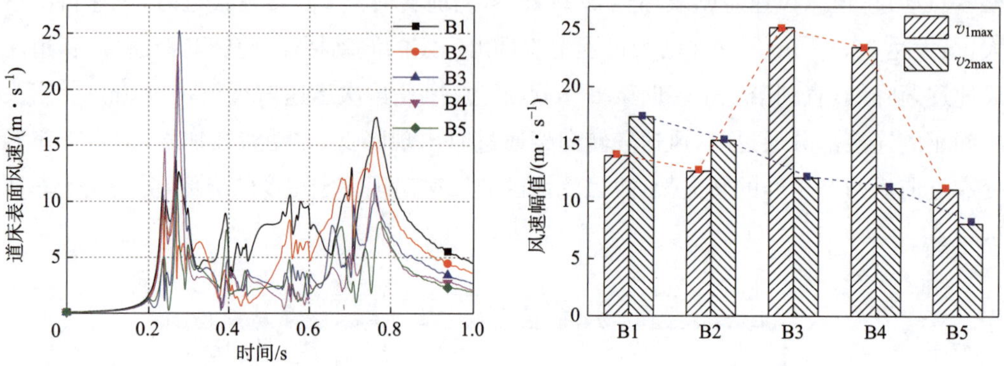

(a) 风速时程曲线 (b) 风速幅值变化

图 4-48 道床横向不同测点风速特征

有砟轨道流场风速在纵向空间上也表现出较大的差异，如图 4-49 所示。图中，B1 位于两跨轨枕正中间，B6 位于靠近轨枕背风侧道床表面，B7 位于靠近轨枕迎风侧道床表面。如图 4-52 所示，头车和尾车引起的道床表面风速幅值，在靠近轨枕背风侧 B6 测点和枕间中心 B1 测点的差异不大。但尾车引起的风速幅值在靠近轨枕迎风侧 B7 测点与背风侧 B6 测点存在较大差异，靠近轨枕迎风侧道床表面风速幅值高于背风侧的 35.3%。

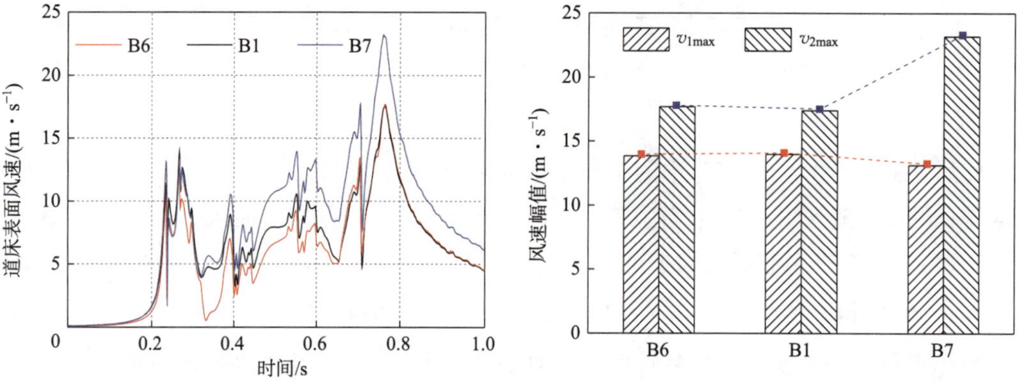

(a) 风速时程曲线 (b) 风速幅值变化

图 4-49 道床纵向不同测点风速特征

总体而言，头车对道床表面风速在纵向上的差异影响较小，而尾车对其影响较大，且最大风速出现在轨枕迎风侧附近道床表面。

4.3.3 流场风速矢量特征

由前文分析可知，高速列车转向架附近的轨道流场变化特征较为显著，故进一步针对列车运行过程中，转向架附近的轨道表面流场速度矢量特征进行分析。

道床表面风场速度矢量分布如图 4-50 所示，其中图 4-50(b) 为轨道整体结构红框区域的放大视图。可以看出，线路中心区域道床和轨枕表面流线均沿列车运行方向均匀分布，在线路中心线处流线密度较大，表示该处风速较大。钢轨下方流线分布紊乱且密度较大，这是由于流体流经轨枕迎风面时发生绕流，破坏了原有的均匀流场，同时轨底与道床之间空间较小，使风速急剧变化所致。同时，在轨枕附近发生绕流的流体，也会导致枕端砟肩表面和承轨槽内的流线紊乱，并在该区域存在局部涡旋，降低附近道砟稳定性。

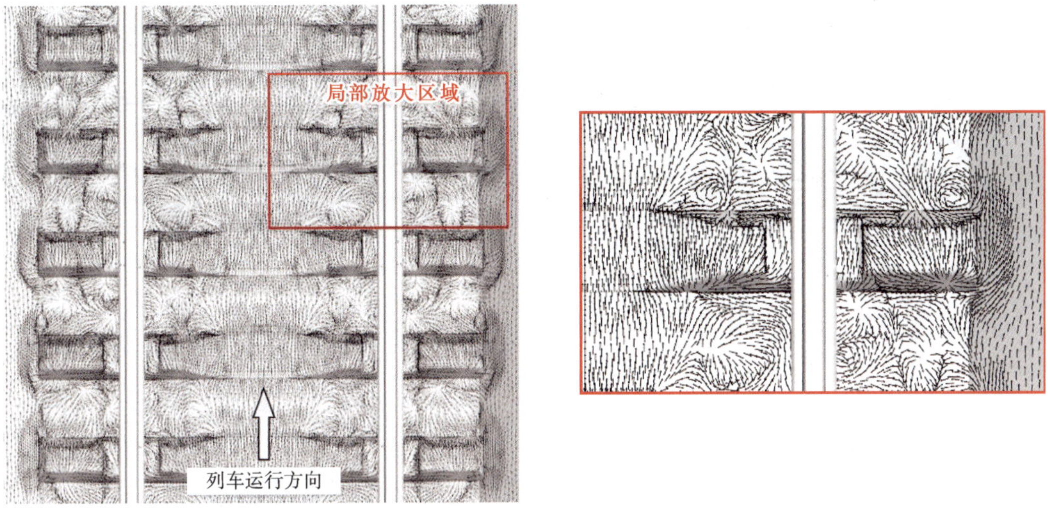

(a) 整体效果图　　(b) 局部放大效果图

图 4-50　道床表面风场速度矢量图

为进一步分析道床表面风速矢量变化情况，根据与线路中心线的距离，截取轨道结构 A、B、C、D 四个截面，对不同截面的流体运动轨迹进行分析。各截面位置如图 4-51 所示，截面 A、B、C、D 分别表示钢轨外侧、下部、内侧和线路中心线区域。

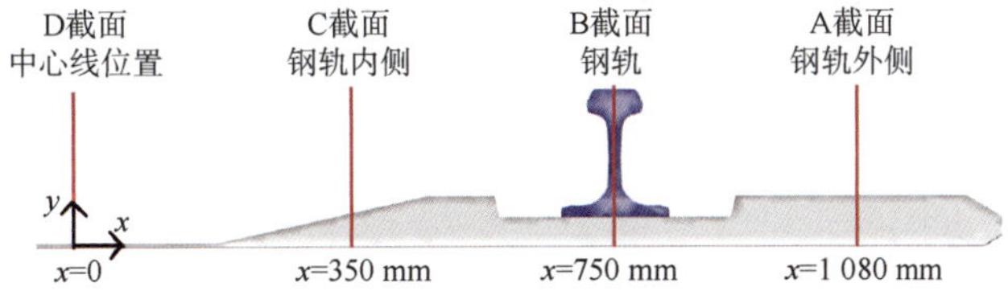

图 4-51　轨道结构截面划分示意

各截面上的道床表面流体运动轨迹如图 4-52 所示。可以看出，当列车风以近似平行于道床的方向吹向轨枕时，流体在轨枕的阻挡下发生沿轨枕表面的斜上方弯转，并在轨枕迎风侧前端点位置处产生流动分离。轨枕顶面受到具有强烈脉动特征的负压作用影响，一旦轨枕表面存在散落的道砟颗粒，极易在该负压作用下飞离轨枕发生道砟飞溅。位于线路中心的 D 截面处，轨枕顶面高度较低，其对流体的阻挡作用相对较小，故该区域流线密集流速较大，易发生道砟飞溅。A 截面和 C 截面的轨枕相对较高，其对流体阻挡作用相对显著，如图 4-52 所示，枕间存在两个影响范围不同的涡旋，该涡旋会对表层道砟的稳定性产生影响。B 截面位于钢轨中心，轨底与道床表面之间空间较小，流体流经该区域时会被加速，故轨下流线分布较密。

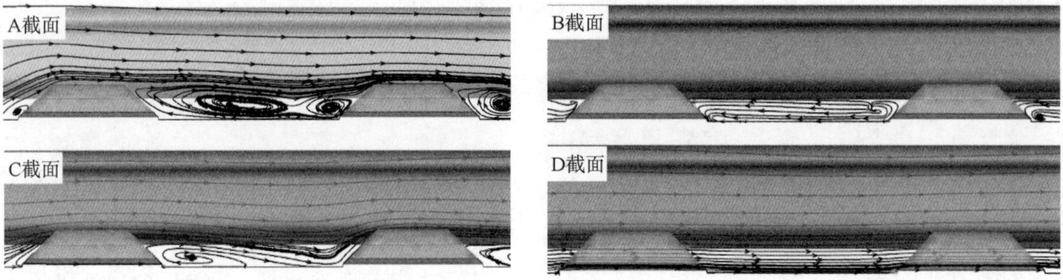

图 4-52　道床表面风场流线图

由以上分析可知，线路中心风速流线均匀，但强度较大，钢轨及枕端附近存在显著的流场涡旋，易发生道砟飞溅现象。

4.4　行车速度对轨道流场影响研究

列车运行速度的提高会对轨道流场产生显著影响，是道砟飞溅发生的直接原因。本节分别针对 250 km/h、300 km/h、350 km/h 和 400 km/h 的列车运行速度，计算分析行车速度对轨道流场风压和风速分布特征、时程特征的影响。通过调整有砟轨道流场分析模型中列车可动子域与轨道固定子域间的相对滑移速度，模拟不同行车速度。由于相对运动速度的改变对网格模型中滑移面的数据交换存在影响，故模拟不同车速时，需根据式(4-12)计算每组车速对应的时间步长，以避免由于单元时步内相对运动位移过大，导致计算中网格节点被忽略的现象。

4.4.1　对轨道流场风压影响

4.4.1.1　风压分布特征

列车高速运行时有砟轨道结构风压分布存在典型的区域集中特征，此处针对不同行车速度条件下轨面风压分布变化规律做进一步分析。

行车速度分别为 250 km/h、300 km/h、350 km/h 和 400 km/h 时的轨道表面风压分布如图 4-53 所示。可以看出，不同车速下轨道表面风压分布均表现出相同特征。车头前端、车尾后端为正压分布，车头与前转向架之间、车尾至后转向架之间为负压分布，其中车头附近的轨道表面正压与负压幅值均显著高于尾车。转向架区域正压与负压同时存在，其他区域风压分布较为均匀，主要以负压为主。

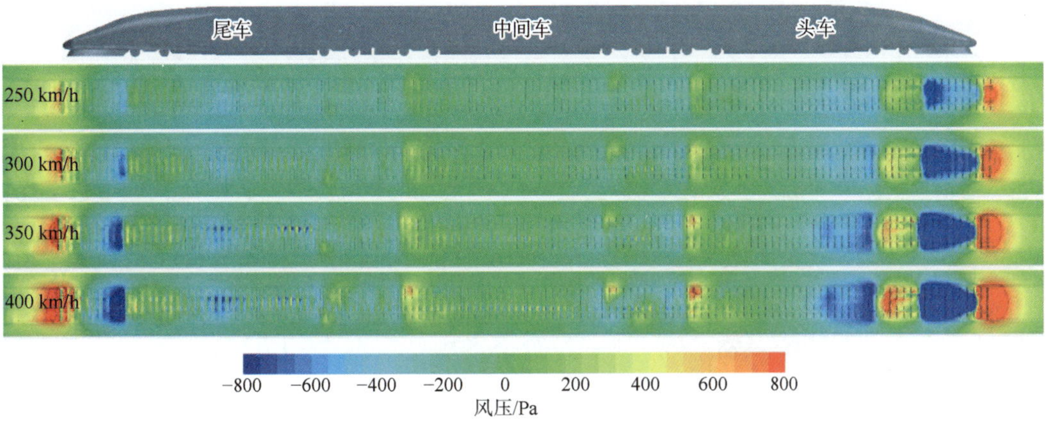

图 4-53　轨道表面风压云图

然而，不同行车速度下，轨道表面风压强度和分布范围差异显著。随着行车速度的增大，头车和尾车对轨道表面正压的影响强度和范围均显著增大，行车速度由 250 km/h 增大至 400 km/h 时，车头引起的 800 Pa 以上的正压影响范围由 2 跨轨枕增大至 5 跨轨枕，车尾引起的正压影响范围由 1 跨增至 3 跨。由于车头与前转向架之间以及车尾与后转向架之间的负压分布范围，会受到对应位置车体底部形状的限制，故头车和尾车对轨道表面负压的影响，只表现在风压幅值变化上，随着行车速度的提高，负压幅值显著增大，而其影响范围差异较小。

由以上分析可知，列车运行速度较小时轨道表面风压整体相对较小，随着列车运行速度的增加，轨道结构风压区域差异特征逐渐显著，车头和车尾附近轨道风压明显大于其他区域。

4.4.1.2　风压时程特征

通过对列车通过前后道床、轨枕和砟肩顶端表面开展风压实时监测，得到不同行车速度下各轨道结构表面风压时程曲线，在此基础上针对轨道不同部位风压特征值与列车运行速度相关性做进一步分析。

不同车速条件下轨道结构不同部位时程变化规律如图 4-54 所示。可以看出，不同车速下道床、轨枕和砟肩表面风压均表现出“正压—负压—负压—正压”的变化特征，且均在转向架、车厢连接处等车底不连续区域产生风压波动。随着行车速度的提高，车头和车尾引起的正压和负压幅值，以及其他轨道结构风压波动特征值均逐渐增大，且增大幅度也在逐渐扩大。

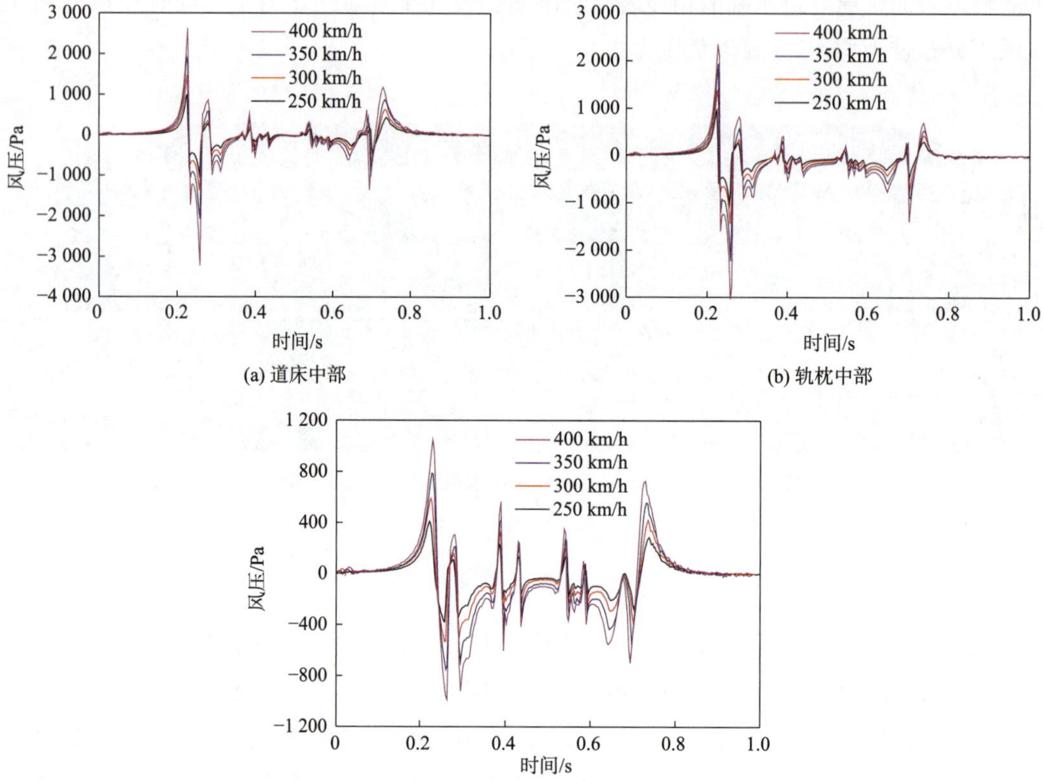

(a) 道床中部

(b) 轨枕中部

(c) 砟肩堆高顶端

图 4-54 轨道结构表面风压时程曲线

为定量分析行车速度对轨道结构表面风压特征的影响，对图 4-54 中各轨道结构在不同车速条件下的风压波动特征值进行提取、分析，得到表 4-5～表 4-7 所示道床、轨枕和砟肩顶端表面风压特征值统计数据。由表可知，道床、轨枕和砟肩顶端风压特征值均随着行车速度的增大而增大。其中，头车、尾车产生的最大压差 Δp_1、Δp_2 增大幅度也在逐渐扩大，行车速度由 250 km/h 增至 300 km/h 时，头车引起的道床表面最大压差 Δp_1 增大 44.4%，行车速度由 350 km/h 增至 400 km/h 时，Δp_1 增大 47.1%，说明轨道结构表面最大压差与行车速度存在非线性关系。

表 4-5 不同车速下道床测点风压特征值(Pa)

车　速	$\Delta p_{1\max}^{+}$	$\Delta p_{1\max}^{-}$	$\Delta p_{2\max}^{+}$	$\Delta p_{2\max}^{-}$	Δp_1	Δp_2
250 km/h	988.1	−978.4	439.2	−537.3	1 966.5	976.5
300 km/h	1 462.7	−1 377.0	625.4	−772.5	2 839.7	1 397.9
350 km/h	1 896.3	−2 081.3	872.4	−1 048.4	3 977.6	1 920.8
400 km/h	2 623.5	−3 226.8	1 169.9	−1 360.9	5 850.3	2 530.8

表 4-6　不同车速下轨枕测点风压特征值(Pa)

车　速	$\Delta p_{1\max}^{+}$	$\Delta p_{1\max}^{-}$	$\Delta p_{2\max}^{+}$	$\Delta p_{2\max}^{-}$	Δp_1	Δp_2
250 km/h	961.1	−1 026.0	291.1	−537.6	1 987.1	828.7
300 km/h	1 382.5	−1 448.5	418.7	−766.5	2 831.0	1 185.2
350 km/h	1 943.4	−2 222.0	536.3	−902.1	4 165.4	1 438.4
400 km/h	2 344.9	−3 045.8	690.6	−1 406.7	5 390.7	2 097.3

表 4-7　不同车速下砟肩测点风压特征值(Pa)

车　速	$\Delta p_{1\max}^{+}$	$\Delta p_{1\max}^{-}$	$\Delta p_{2\max}^{+}$	$\Delta p_{2\max}^{-}$	Δp_1	Δp_2
250 km/h	410.5	−377.8	287.6	−273.9	788.3	561.5
300 km/h	589.3	−535.5	420.4	−376.7	1 124.8	797.1
350 km/h	793.9	−742.1	565.9	−527.3	1 536.0	1 093.2
400 km/h	1 051.4	−980.8	731.7	−692.0	2 032.2	1 423.7

对该非线性关系进行乘幂拟合，车速幂次为 2，其拟合曲线、回归关系式和相关系数如图 4-55 所示。拟合相关系数接近 1，表示二者完全相关。构造轨道表面最大压差与行车速度之间的通用关系式为

$$\Delta p = av^2 \tag{4-16}$$

式中，Δp 为轨道结构表面由头车或尾车影响产生的最大压差；a 为与轨道结构参数有关的拟合系数；v 为行车速度。

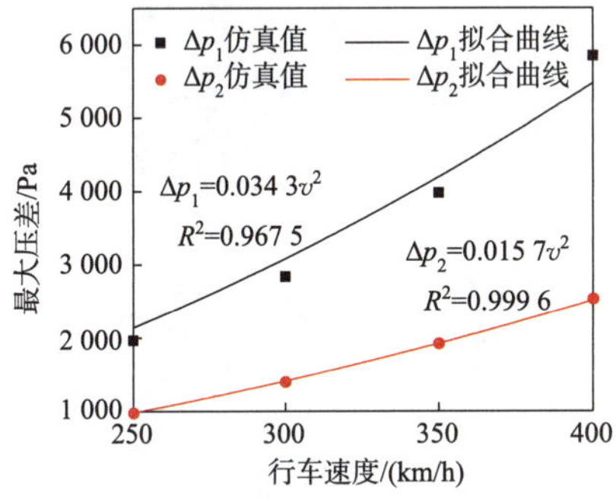

(a) 道床

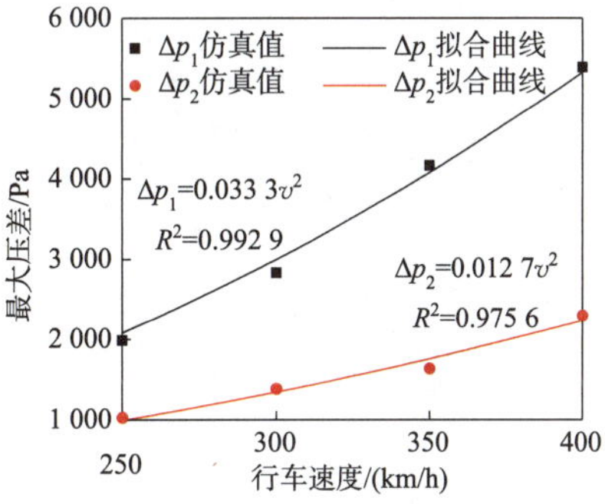

(b) 轨枕

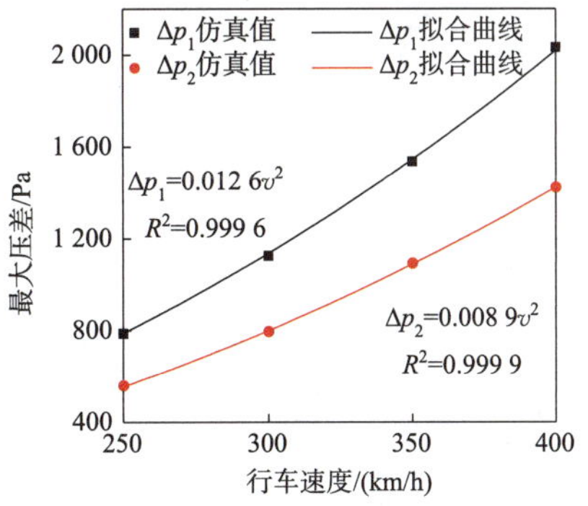

(c) 砟肩堆高

图 4-55　行车速度与轨道最大压差拟合分析

由以上分析可知，随着列车运行速度的提高，有砟轨道结构风压强度及分布均显著增大，且车头和车尾区域道床表面风压的变化最为明显，轨道表面最大压差与车速的平方成正比关系，因此车速对道砟飞溅影响非常显著。

4.4.2 对轨道流场风速影响

4.4.2.1 风速分布特征

列车高速运行条件下轨道表面空间风速分布存在典型的集中特征，此处针对不同行车速度条件下道床剖面风速分布的变化规律做进一步分析。

不同行车速度下，转向架附近道床上方的风速分布如图 4-56 所示。可以看出，不同行车速度下道床上面风速分布较为相似，风速均随着距道床面高度的增大而增大，至车厢底部风速最高，并与行车速度相近，道心风速高于道床边缘。然而，不同车速条件下，道床上方风速幅值差异显著。行车速度由 250 km/h 增大至 400 km/h 过程中，转向架下部的道床剖面最大风速由 90 m/s 增大至 140 m/s，随着车速的增大，最大风速增大幅度也在逐渐扩大。同时，无论是道床、轨枕和砟肩，还是车体附近区域，各结构表面风速均随着行车速度的提高而增大。

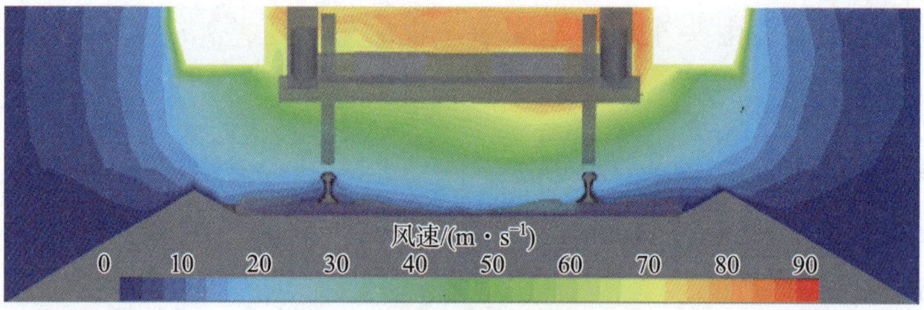

(a) 车速250 km/h

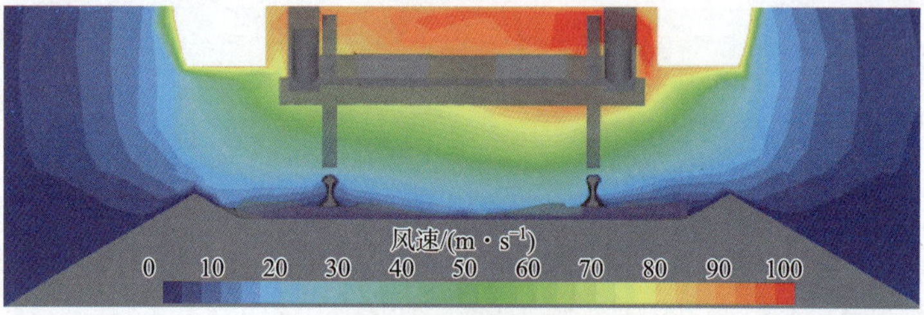

(b) 车速300 km/h

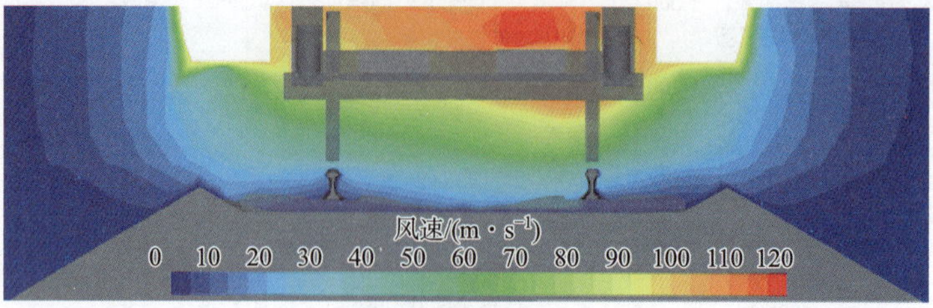

(c) 车速350 km/h

图 4-56

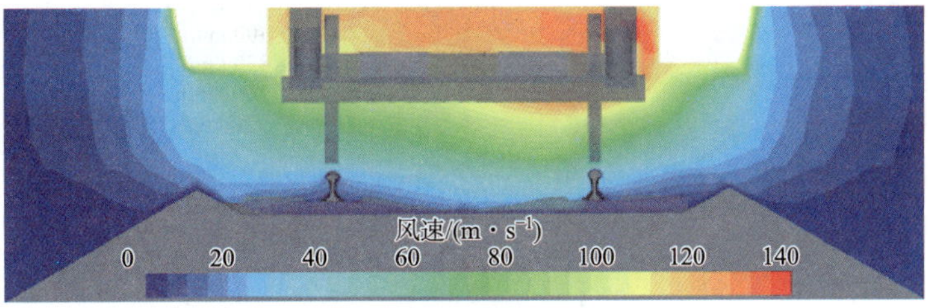

(d) 车速400 km/h

图 4-56　转向架区域道床剖面风速云图

由以上分析可知，随着列车运行速度的提高，轨道表面风速集中特征较为相似，但强度显著增大。

4.4.2.2　风速时程特征

基于高速铁路有砟轨道流场特征分析模型，对列车通过前后的道床中部、轨枕中部和砟肩顶端表面开展风速实时监测，研究不同车速条件下轨道不同部位风速时程变化规律，分析行车速度对引发轨面最大风速的影响。

不同行车速度下轨道风速时程曲线如图 4-57 所示。可知，不同行车速度下道床、轨枕和砟肩表面风速均表现为，尾车通过引起的风速高于头车，且相对道床和砟肩结构而言，尾车对轨枕表面风速的影响更为显著。同时，随着行车速度的提高，头车、尾车及转向架等结构通过时轨道结构表面风速均相应增大

道床、轨枕和砟肩表面最大风速随行车速度的变化曲线见图 4-58 及表 4-8。可知，随着车速的增大，轨道结构表面最大风速均逐渐增大。当模拟行车速度由 250 km/h 增至 400 km/h 时，道床、轨枕和砟肩表面最大风速分别增大 82.4%、82.7%和 59.2%。

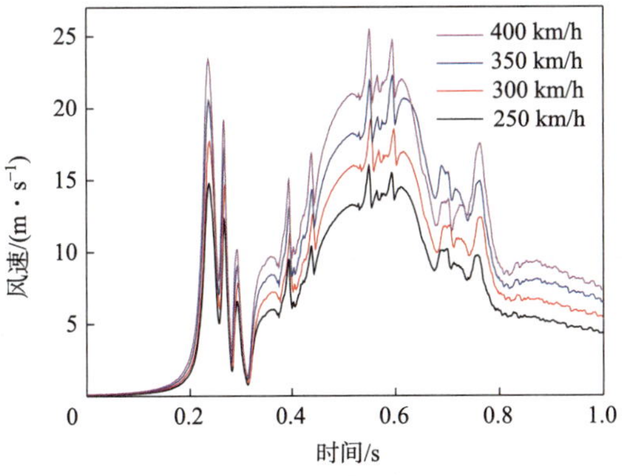

(a) 道床中部

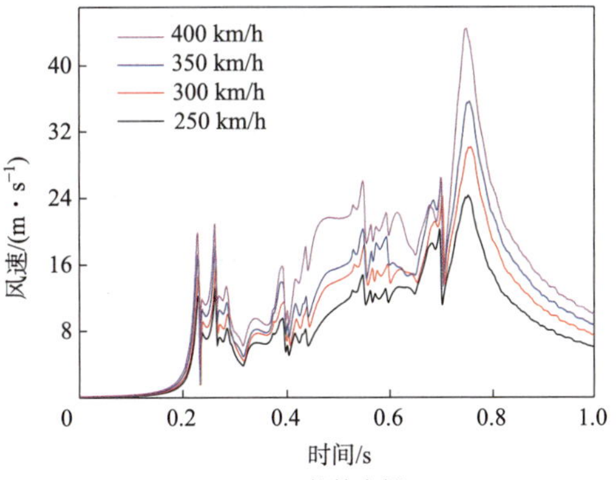

(b) 轨枕中部

图　4-57

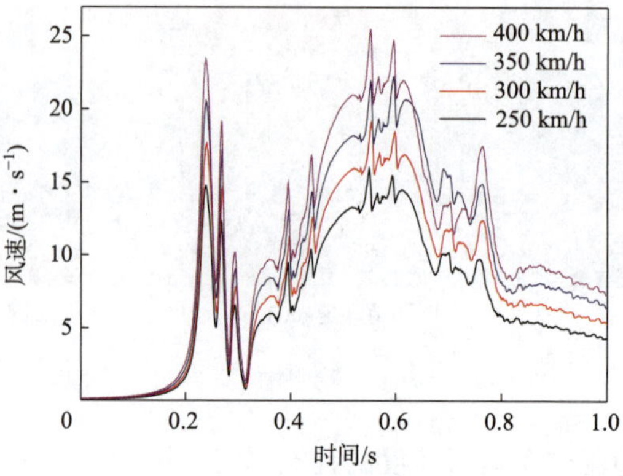

(c) 砟肩堆高顶端

图 4-57 轨道表面风速时程曲线

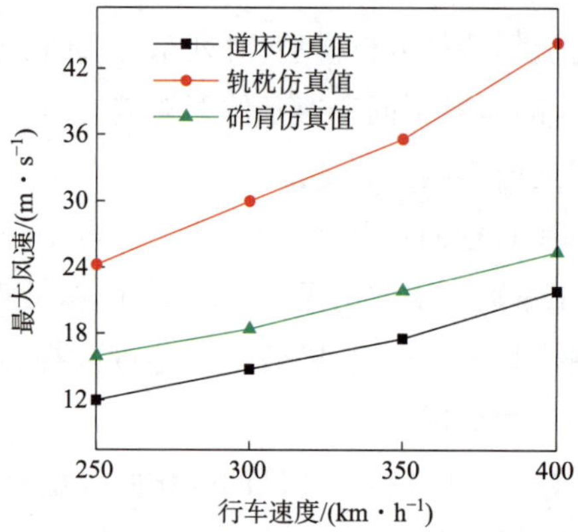

图 4-58 行车速度与轨道表面风速关系曲线

表 4-8 不同车速下轨道风速最大值($m \cdot s^{-1}$)

车　速	道　床	轨　枕	砟　肩
250 km/h	11.96	24.27	15.97
300 km/h	14.78	29.99	18.43
350 km/h	17.53	35.61	21.89
400 km/h	21.82	44.35	25.43

由以上分析可知,列车运行速度对有砟轨道结构风速时程演变规律不产生较大影响,但轨道结构不同部位的最大风速随着列车运行速度发生较大增长,易引发道砟飞溅现象。

4.5 外风条件对轨道流场影响研究

我国高速铁路多采用桥梁作为线下基础结构,高架桥、长大桥上线路受强风影响较为显著。

同时，我国疆域幅员辽阔，高速铁路线路穿越气候带较多，途径地区环境条件差异较大，在山区、丘陵、沿海等地区的高速铁路线路也常年受到强风作用。高速运行的列车在外风作用下，车体附近的流场特征发生急剧变化，轨道表面的流场变化会影响道砟颗粒稳定性。本节采用高速铁路有砟轨道流场分析模型，分析横风条件对基于轨道流场特征的道砟飞溅发生机理的影响。

竖向及纵向流动的自然风对道砟飞溅的影响较小，故本书重点关注横风对轨道流场的影响。横风风速在沿垂向分布上服从指数定律，即随着距地表距离的增大，自然风风速逐渐增大，而本书分析区域的垂向空间相对较小。同时，有砟轨道流场分析模型并未考虑桥梁高度，若采用基于指数定律的大气底层边界速度作为横风条件输入，会低估横风对轨道流场的影响。故本节采用均匀风形式的横风输入条件，如图 4-59 所示，通过调整均匀风风速实现不同横风强度的模拟。

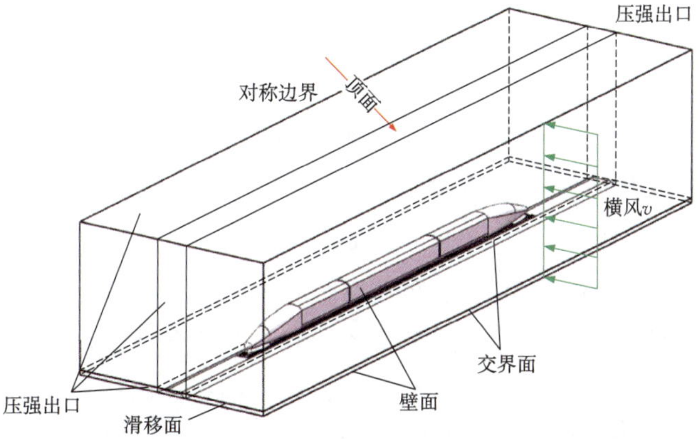

图 4-59　考虑外风影响的有砟轨道流场分析模型边界条件

在模拟列车在横风下的运行时，需首先对模型施加横风边界条件，此时列车保持静止，开展横风边界条件下的流场稳态计算，以对横风线路自然条件进行真实模拟。当模型流场稳定后，再设置列车可动子域与轨道固定子域之间的相对滑动，模拟横风作用下列车的运行过程。根据中央气象局定义的风力等级—风速对照关系，横风速度分别设置为 5 m/s（微风）、10 m/s（强风）、15 m/s（劲风）、20 m/s（大风）、25 m/s（狂风）和 30 m/s（暴风），各等级风速均为平地上离地表 10 m 高度的风速值。本节针对 350 km/h 速度运行的列车在上述强度的横风作用下，对轨道流场风压和风速分布特征、时程特征的影响。

4.5.1　对轨道流场风压影响

4.5.1.1　风压分布特征

列车高速运行条件下轨道纵向空间上出现强烈气动流场，横风条件下轨道横向空间上出现较大流场环境，两者叠加致使流场风压分布发生变化，易引发道砟飞溅，进而威胁列车运行安全。

高速列车在考虑横风作用影响(20 m/s)与无横风作用影响时,轨道表面风压分布如图 4-60 所示,横风作用方向为图中由下至上。由图可知,横风对轨道表面风压分布和强度特征影响显著。横风作用下,在头车前端、尾车尾端和车体各个转向架区域,轨道表面正压和负压幅值均显著增大,且在横风上游一侧的轨道表面受到正压影响显著,在横风下游一侧受到负压影响更为显著。

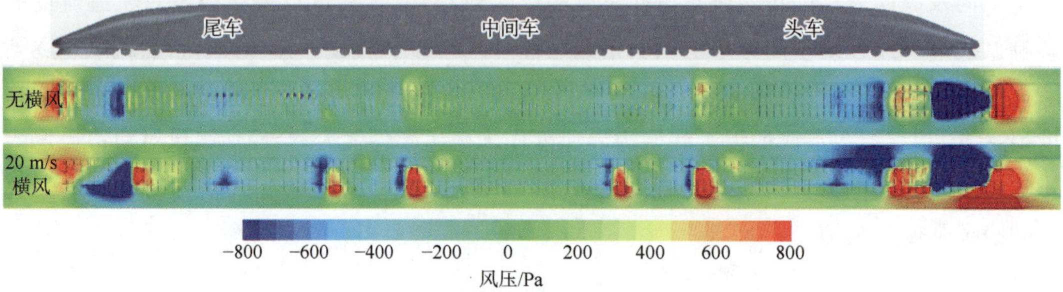

图 4-60 横风对轨道表面风压影响

中间车转向架区域空间剖面在不考虑横风影响与 20 m/s 横风影响下风压分布如图 4-61 所示。可知,无横风时,车体周围风压分布较为均匀,风压以车体中心线为轴线对称分布,在车体附近均为负压,且轨道表面负压值最大。图 4-61(b)中,列车运行过程中受到由右向左的横风影响,在该横风作用下,车体周围风压分布不再均匀。车体和道床迎风侧附近多为正压,车底与道床之间、车厢与道床背风侧附近均为负压。同时,轨道结构负压幅值显著高于无横风影响时,即横风影响下,会导致轨道结构表面风压幅值显著增大,更易发生道砟飞溅。此外,车厢迎风侧顶端出现流动分离现象,存在较大的负压分布区,由于车厢顶部压强低于底部,导致列车迎风侧受到的升力显著增大。

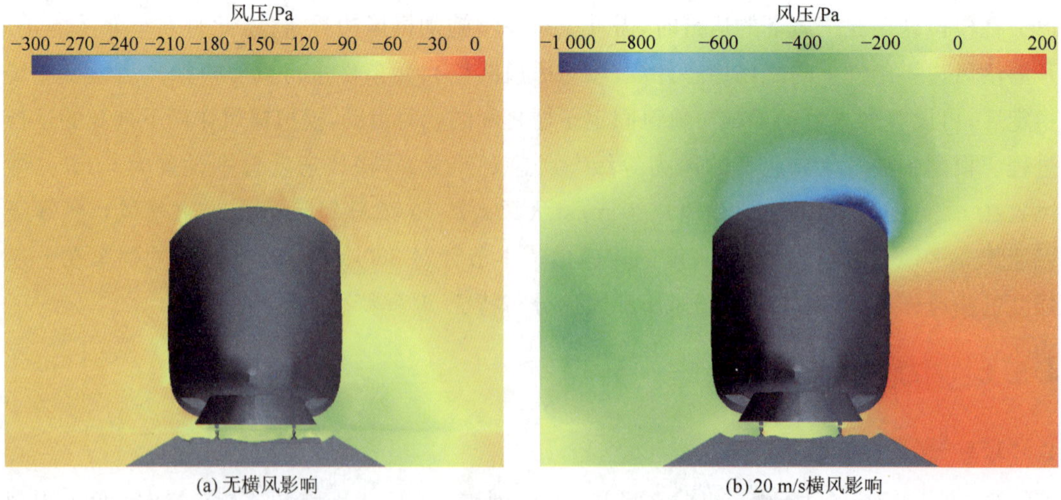

图 4-61 轨道上方剖面风压云图

由以上分析可知，列车运行过程中若承受外部横风作用会导致轨道空间风压分布发生较大的变化，轨道横向迎风侧的风压剧增，易引发道砟飞溅现象，且飞溅道砟可能会击打车辆，威胁行车安全。此外，若外部横向过大，列车易出现侧翻现象，需特别关注。

4.5.1.2　风压时程特征

既有流场测点仅分布在道床中心线一侧的轨道结构表面，但横风影响下的轨道流场分布不再均匀，故在原有测点关于线路中心对称的道床和砟肩表面，增加了一系列流场测点，以分析轨道结构迎风侧与背风侧表面风压变化差异。

列车以 350 km/h 速度运行，受到 20 m/s 横风影响时，轨道表面风压时程曲线如图 4-62 和图 4-63 所示。其中，图 4-62 为道床中部、迎风侧、背风侧测点风压时程，图 4-63(a)为道床和砟肩迎风侧测点风压时程，图 4-63(b)为道床和砟肩背风侧测点风压时程。由图可知，横风作用下，道床与砟肩表面的迎风侧与背风侧风压波动特征差异显著。头车经过前后，道床和砟肩表面迎风侧的正压幅值分别是负压幅值的 3.1 倍和 10.1 倍；尾车经过前后，迎风侧的负压幅值分别是正压幅值的 3.1 倍和 3.3 倍。与之相反，头车经过前后，道床和砟肩表面背风侧负压幅值分别是正压幅值的 3.8 倍和 5.3 倍；尾车经过前后，背风侧正压幅值均是负压幅值的 1.2 倍。同时，无论是迎风侧还是背风侧，道床表面风压幅值均高于砟肩表面。

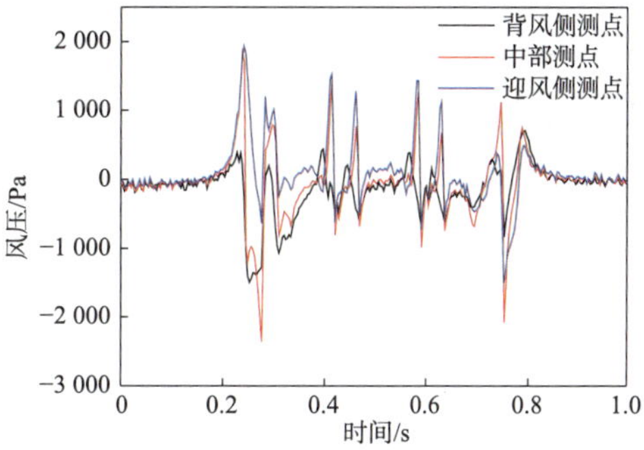

图 4-62　道床表面风压时程曲线

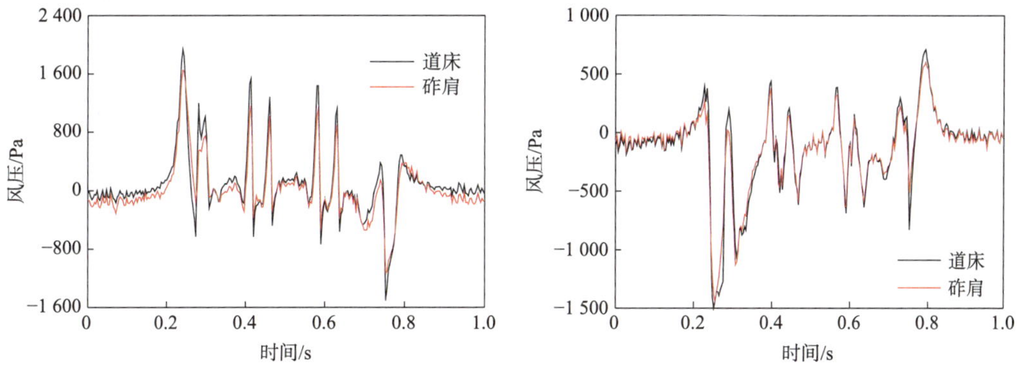

(a) 迎风侧测点　　(b) 背风侧测点

图 4-63　道床与砟肩表面风压时程曲线对比

综上所述，头车和尾车对轨道迎风侧和背风侧的风压幅值影响存在差异，头车对轨道迎风侧正压、背风侧负压影响较大，尾车对轨道迎风侧负压、背风侧正压影响较大。为进一步分析横风及其强度对轨道表面风压特征影响，分别对风速为 5 m/s、10 m/s、15 m/s、20 m/s、

25 m/s 和 30 m/s 的横风作用下，高速列车通过前后轨道表面的风压进行监测。

不同强度横风作用下道床中部测点风压时程曲线图 4-64 所示。可知，不同强度的横风影响下，道床表面均为“正压—负压—负压—正压”的风压波动特征，但主要存在两方面的差异。首先，道床表面风压幅值受横风强度影响显著。其次，不同强度横风作用下，风压幅值出现的时间并不相同。无横风影响时，道床表面正压和负压幅值均产生于头车经过前后，中间车引起的风压波动幅度相对较低。而随着横风作用，当横风风速达 10 m/s 时，尾车后转向架通过道床表面的正压幅值已超过车尾通过时正压幅值，前者高于后者 20.9%。随着横风风速的增大，二者差距也逐渐扩大，当横风强度为 30 m/s 时，该差异值已达 48.6%。此外，当横风强度达 25 m/s 时，中间车对道床正压幅值的影响已高于车头，前者是后者的 1.1 倍。

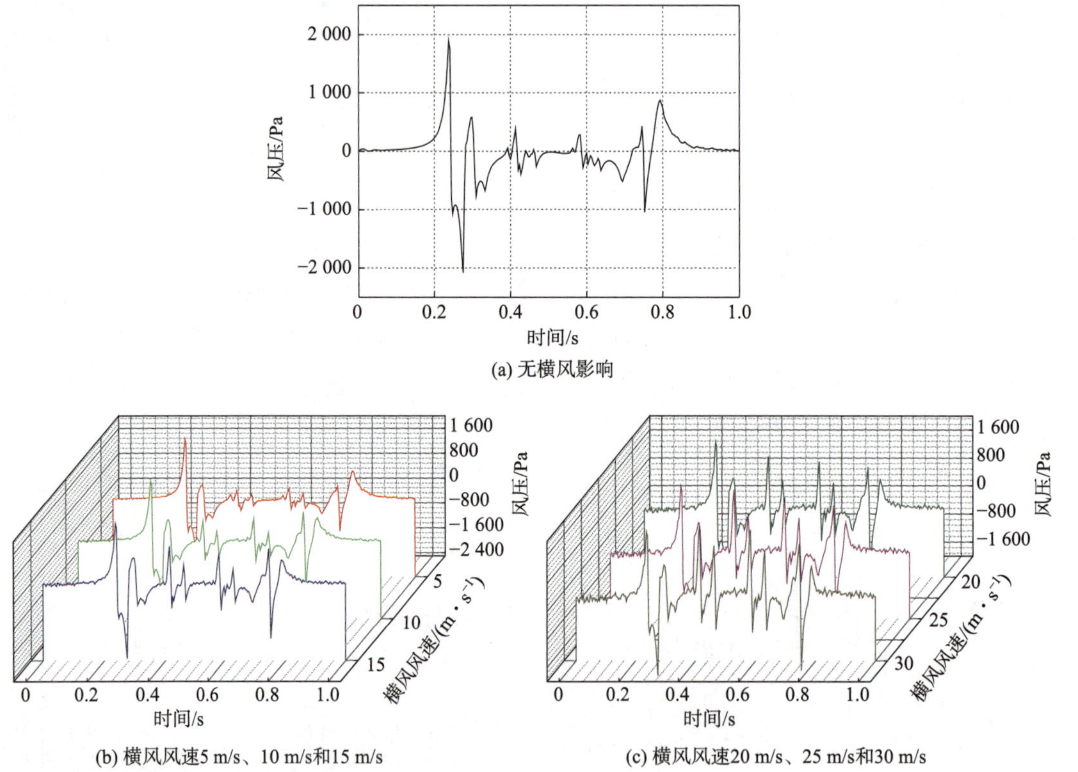

图 4-64　不同横风条件下道床中部风压时程曲线

综上，无横风影响时，车头和车尾对道床表面风压波动影响最大，而在横风作用下，中间车对道床的风压波动影响程度在逐渐扩大。但横风作用下，中间车仅对道床表面最大正压影响显著，道床表面最大压差仍受头车影响更为显著。针对不同横风条件下道床中部、迎风侧和背风侧表面风压特征值做进一步统计分析。

横风对道床中部风压幅值与最大压差影响曲线如图 4-65 所示。可以看出，横风作用下道床中部受到的正压影响减小，负压影响增大，且随着横风强度的增大，该影响程度越来越大。同时，横风风速对由尾车引起的负压幅值影响最为显著，横风风速 30 m/s 时的尾车附近负压幅值 $\Delta p_{2\max}^{-}$ 是无横风下的 2.2 倍，此时车尾产生的负压幅值 $\Delta p_{2\max}^{-}$ 与车头产生的负压幅值 $\Delta p_{1\max}^{-}$ 仅相差 0.61%。

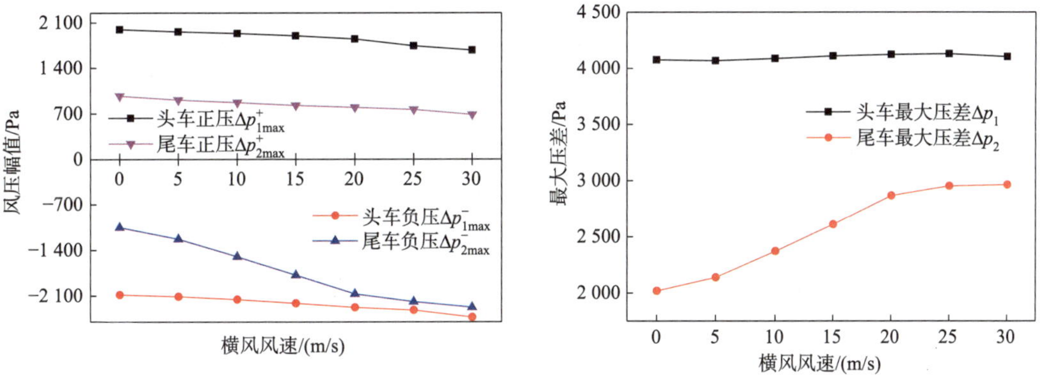

(a) 风压幅值　　(b) 最大压差

图 4-65　横风对道床中部风压幅值特征影响

横风对道床中部的最大压差同样影响显著，随着横风风速的增大，头车附近最大压差 Δp_1 变化较小，尾车附近最大压差 Δp_2 变化较大。横风风速 30 m/s 时尾车引起的最大压差 Δp_2 高于无横风时的 46.7%。无横风作用时，头车与尾车最大压差相差约 1 倍，随着横风风速的增大，该差距逐渐减小，至横风风速 30 m/s 时，二者仅相差 38.5%。

横风强度对道床迎风侧和背风侧表面风压幅值的影响曲线分别如图 4-66 和图 4-67 所示。可以看出，随着横风风速的增大，道床迎风侧产生的最大正压和负压均显著增大，当横风风速增至 30 m/s 时，二者分别增大 1.2 倍和 0.7 倍；随着横风风速的增大，道床背风侧头车附近最大负压减幅较小，尾车附近最大正压增幅显著，最大达无横风条件时的 3.2 倍。

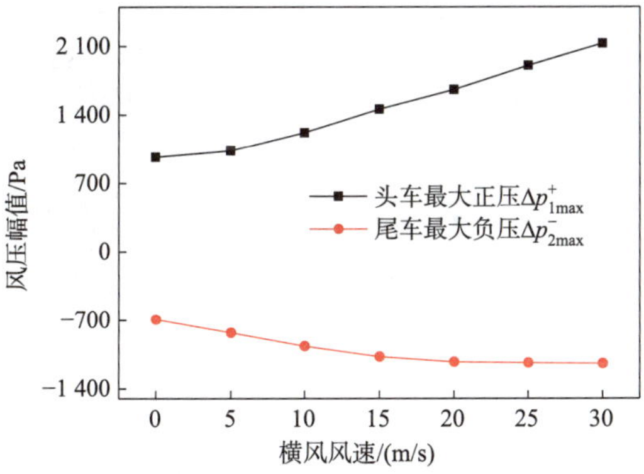

图 4-66　横风对道床迎风侧风压幅值影响

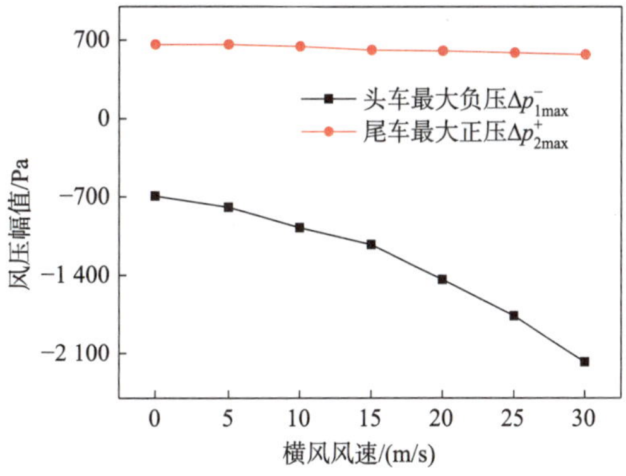

图 4-67　横风对道床背风侧风压幅值影响

综上所述，随着横风风速的增大，道床中部、迎风侧和背风侧表面风压幅值、最大压差均发生较大的变化，尾车附近风压特征值变化最为显著，对道砟飞溅产生较大影响，应重点关注。

4.5.2 对轨道流场风速影响

4.5.2.1 风速分布特征

横风条件下，轨道空间在纵向及横向上流场发生显著叠加作用，易引发涡流等不均匀流场现象，为此，针对不同横风条件下流速分布特征做进一步分析。

无横风及 20 m/s 横风影响下，轨道上方剖面的流线分布如图 4-68 所示。图中线条表示流体流线，流线颜色能够反映该区域的风速大小。图 4-68(a)所示为无横风影响时的车体周围流线分布图。可知，除车底外的车体周围流线分布均匀。轨道上方空气流动相对复杂，在转向架周围存在涡旋。最大风速产生于车底转向架附近，其次是道床表面，其他区域空气流动相对较弱。图 4-68(b)所示为 20 m/s 的横风作用下的车体周围流线分布图。可知，列车在运行中受到横风作用时，车体附近流线均沿着横风流动方向非均匀分布，并在列车和道床的背风侧形成局部涡旋，对道床表面流场扰动较大，会降低相应区域道砟稳定性，若横风强度较大，会导致道砟飞溅。最大风速仍产生于转向架顶端，但其幅值较不考虑横风作用时显著增大至 120 m/s。同时，道床表面与车体周围其他区域的风速也产生一定幅度增大。

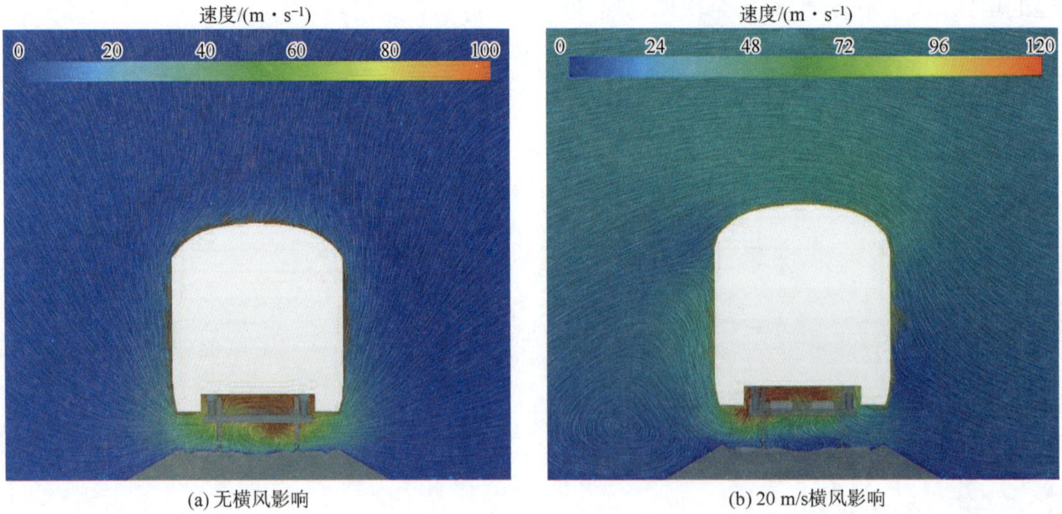

图 4-68 轨道上方剖面流线分布图

根据列车各区域的外形特征，沿长度方向将其划分为图 4-69 所示的 A～R 共 18 个截面，以分析横风作用下，列车不同区域通过时，轨道上方流线分布特征的差异。

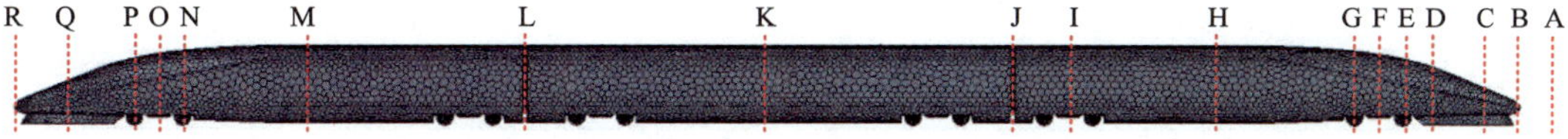

图 4-69　列车截面示意

不同列车截面的轨道流线分布如图 4-70 所示。可以看出，横风作用下不同列车截面的轨道流线分布存在较大差异，对道砟飞溅的影响也各不相同。当车头即将经过时（A 截面），会在车头高度出现空气流速加剧的现象，但不会对道床表面流场产生较大影响。车头经过时（B 截面），迎风侧砟肩附近的涡旋尺度增大。当车头经过后（C、D 截面），道床背风侧边坡底端生成局部涡旋，该涡旋初始阶段影响范围较小，其影响范围随着列车运行逐渐扩大，最大覆盖至整个道床边坡。头车前转向架经过时（E、F、G 截面），道床上方空气流速迅速增大，由于转向架的扰动作用，使道床表面流线分布较为混乱，并相继生成多个涡旋，影响范围从车底直至道床表面。

头车中间区域经过时（H 截面），道床表面流线分布相对均匀，空气主要沿横风方向由上游至下游流动，转向架通过时产生的局部涡旋已经脱落；同时，道床背风侧边坡区域涡旋影响范围逐渐扩大，涡旋中心逐渐由边坡底端上移至道床表面高度。车厢连接处与中间车通过前后（J、K、L 截面），除中间车转向架通过外，道床表面流线分布相对均匀，且风速较小，道床背风侧边坡附近涡旋影响范围进一步扩大，涡旋中心继续上移。

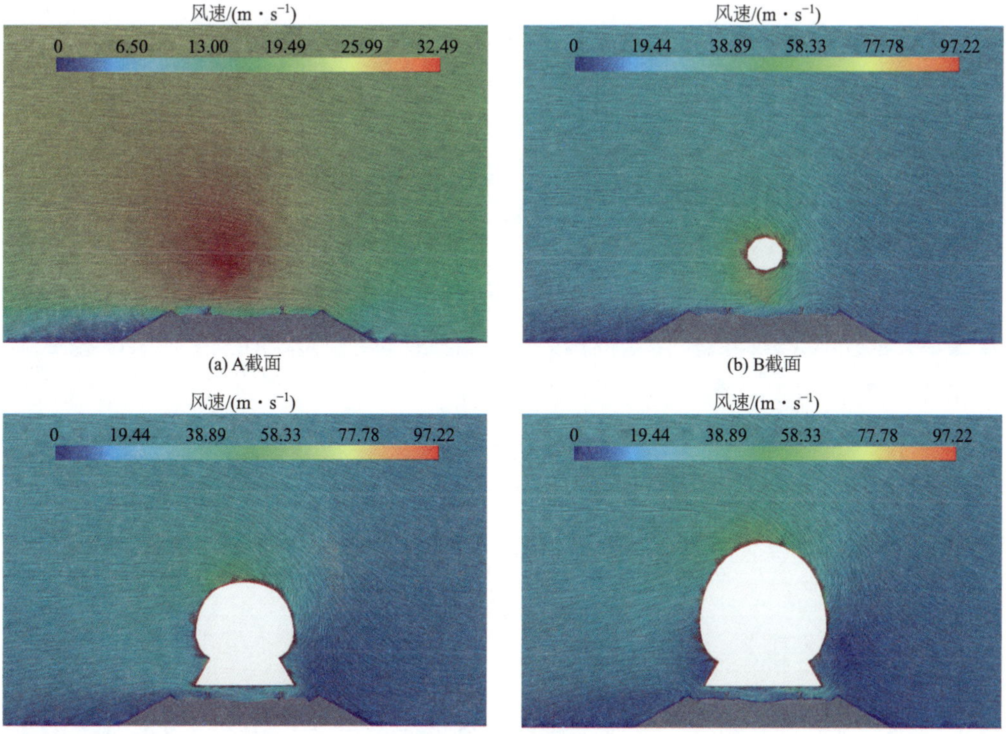

(a) A截面　(b) B截面

(c) C截面　(d) D截面

图　4-70

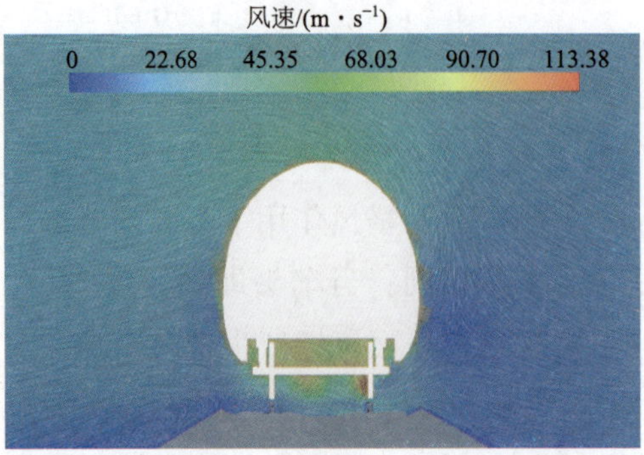

(e) E截面

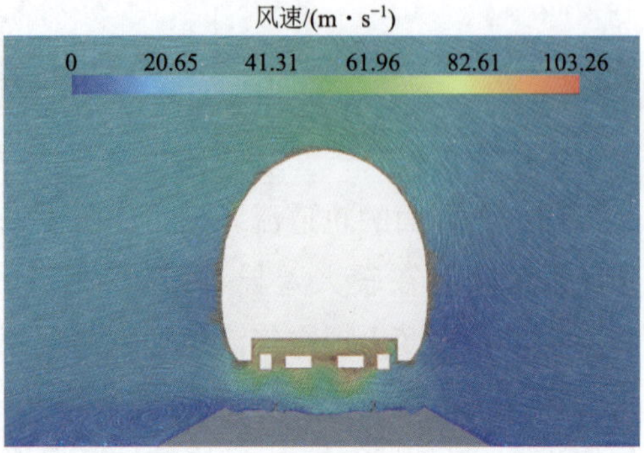

(f) F截面

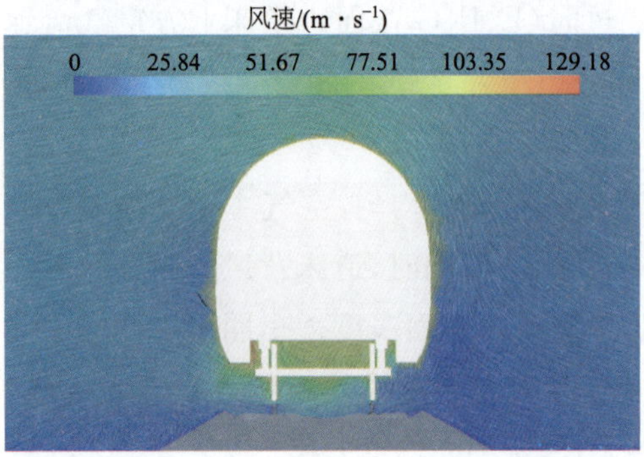

(g) G截面

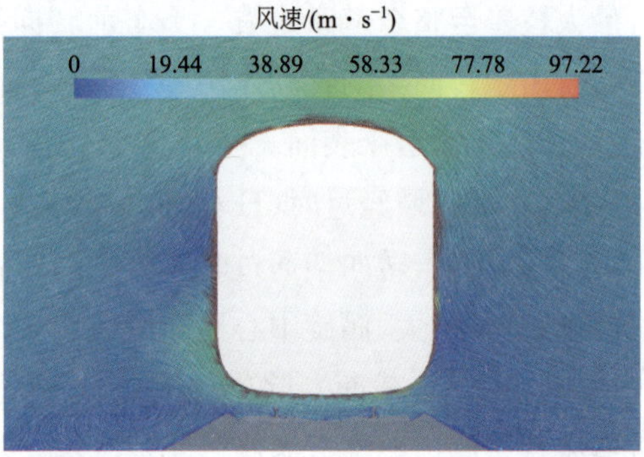

(h) H截面

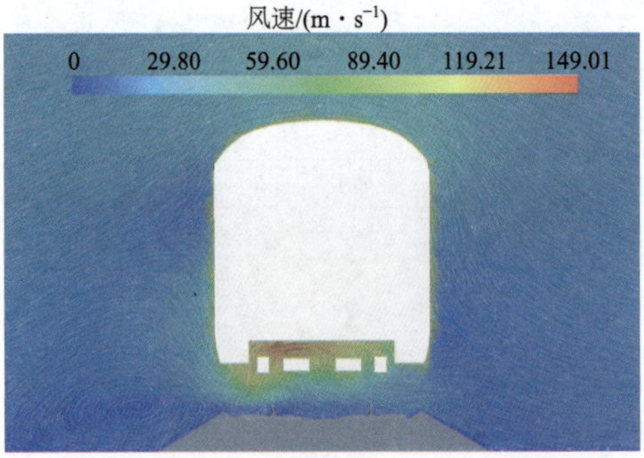

(i) I截面

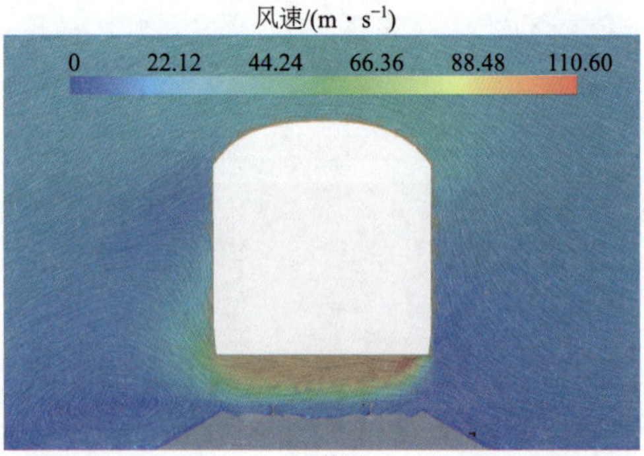

(j) J截面

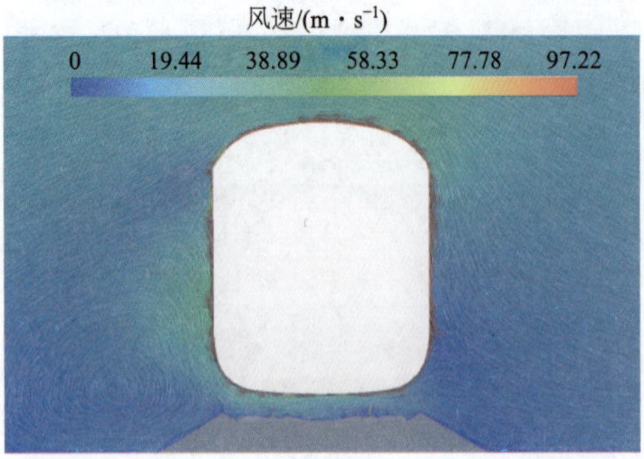

(k) K截面

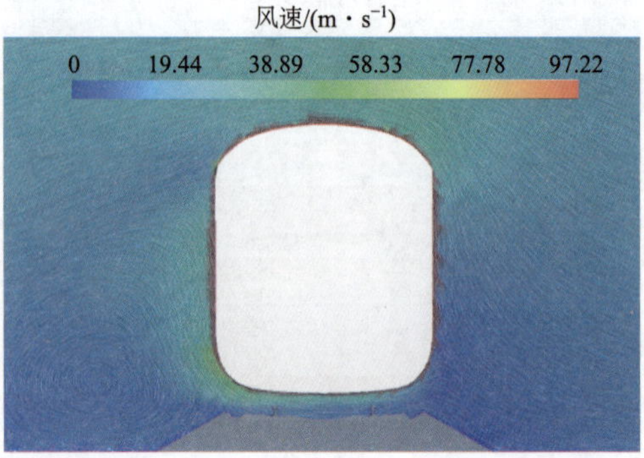

(l) L截面

图 4-70

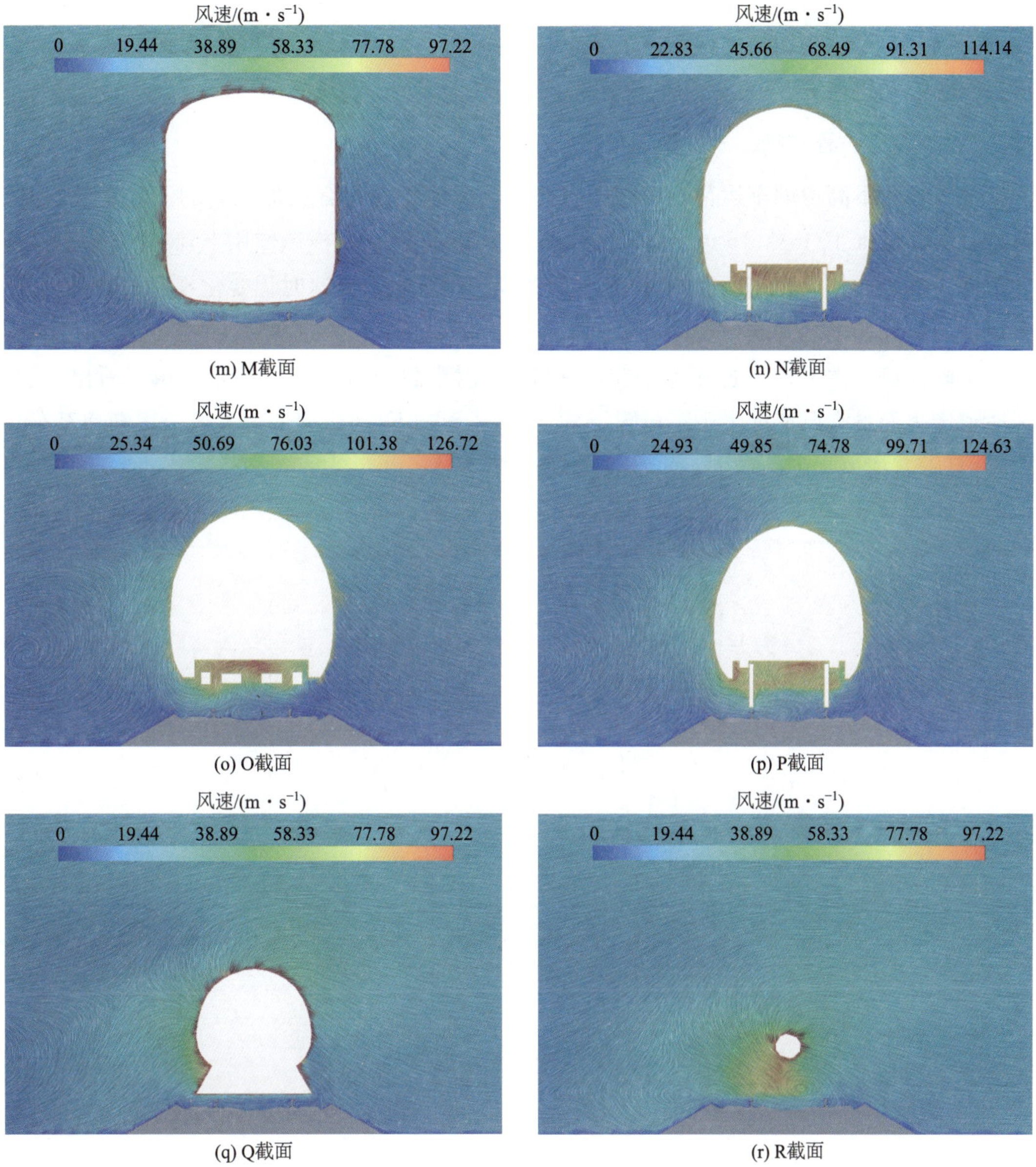

(m) M截面　(n) N截面

(o) O截面　(p) P截面

(q) Q截面　(r) R截面

图 4-70　不同列车截面的轨道流线分布图

尾车通过时（M～Q 截面），道床上方流线分布主要特征与头车较为类似，此处不再赘述。与头车不同的是，尾车通过时，背风侧涡旋逐渐向横风下游方向脱落，其对道床边坡的影响逐渐减弱。当车尾即将通过时（R 截面），道床表面流线分布非常紊乱，在砟肩和钢轨等结构附近生成多个涡旋，影响相应区域表层道砟稳定性。

综上所述，横风作用下轨道附近空气流动特征较为复杂，在轨道结构上方不断生成不同尺度的涡旋，随着列车的运行，涡旋始终发生产生、扩大、移动、合并、脱落等状态，且其尺度和影响范围也在不断变化。虽然涡旋的变化具有较大随机性,但从总体上看,其与列车表面(尤其是底面)结构密切相关,在头车、尾车与转向架通过前后,涡旋变化幅度最为显著,对表层道砟的扰动也最大。

4.5.2.2 风速时程特征

横风环境下高速列车运行过程中引发的流场风速特征具有更加显著的不确定性,为此分别针对 5 m/s、10 m/s、15 m/s、20 m/s、25 m/s 和 30 m/s 的横风作用下,高速列车通过前后道床中部表面的风速进行监测,研究不同横风条件下轨道风速时程变化规律,分析流场最大风速与横风速度之间的相关性。

不同横风条件下列车通过前后道床中部风速时程曲线如图 4-71 所示。可以看出,无横风时道床表面最大风速产生于车尾附近,而在横风影响下,道床表面最大风速逐渐移至车头附近,且随着横风强度的增大,最大风速幅值也在变大。

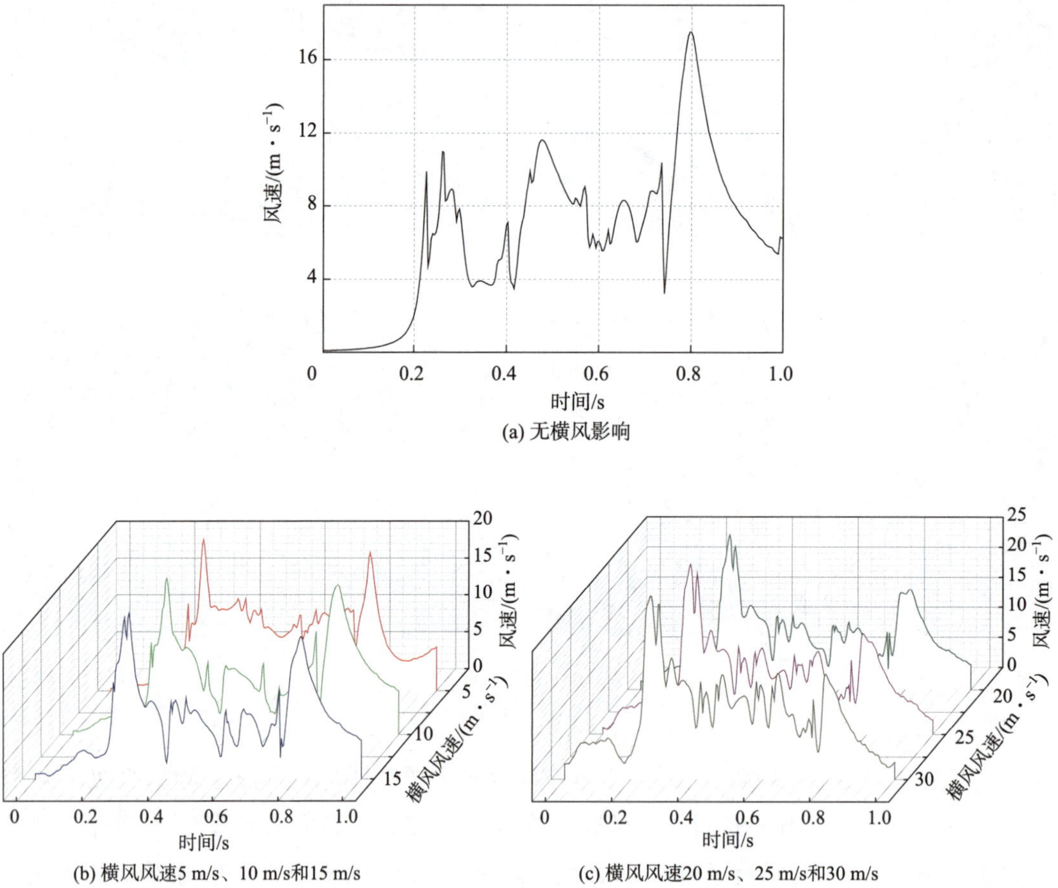

(a) 无横风影响

(b) 横风风速5 m/s、10 m/s和15 m/s

(c) 横风风速20 m/s、25 m/s和30 m/s

图 4-71 不同横风条件下道床中部风速时程曲线

针对列车通过前后道床表面最大风速进行统计分析，得到图 4-72 所示道床表面最大风速受横风风速影响曲线。可知，横风作用下道床表面最大风速显著高于无横风影响时。随着横风风速的增大，道床表面最大风速也越来越大。横风风速为 5 m/s 时，道床表面最大风速是无横风影响时的 1.2 倍，横风风速增大至 30 m/s 时，最大风速增至无风影响时的 1.7 倍。

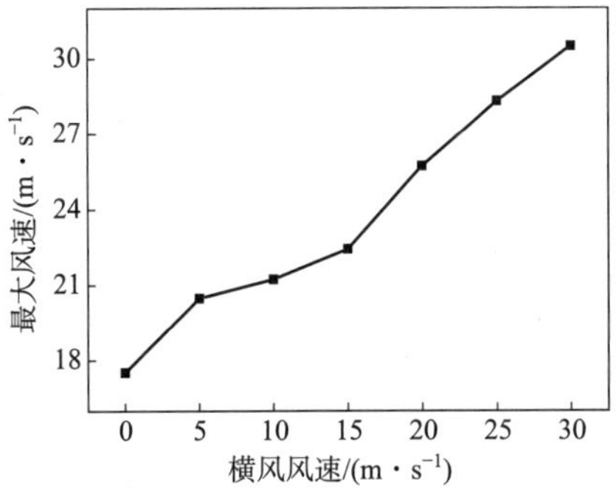

图 4-72　横风对道床表面最大风速影响

由以上分析可知，在横风环境下道床表面最大风速易发生于车头附近，横风强度越大，越易发生道砟飞溅现象，需采取保证道床质量状态、安装风屏障等措施开展飞砟防治工作。

小　　结

本章建立了高速铁路有砟轨道流场分析模型，并通过风洞试验进行了试验验证。利用该模型对高速列车通过前后轨道流场真实还原，分析道床、轨枕、砟肩结构风压、风速的分布、时程变化等流场特征，研究行车速度和横风条件对轨道流场的影响。主要结论如下：

(1)在高速铁路有砟轨道流场分析模型构建方面。将有砟道床考虑为能够对流体产生阻力影响的多孔介质模型，采用滑移网格分析方法模拟高速列车与有砟轨道之间的相对运动，并对车底和轨道结构外形进行精细化模拟，建立了有砟轨道流场分析模型，解决了既有方法难以真实还原有砟轨道流场的难题。基于有砟轨道结构风洞试验测试结果，将不同风速条件下轨道结构垂向和横向测点风速值及其变化规律，与仿真计算结果对比，验证了有砟轨道流场分析模型的正确性。

(2)在有砟轨道流场风压特征方面。有砟轨道结构风压分布不均匀，车头和车尾正压、负压幅值均显著高于其他区域，且距离线路中心越远，轨道表面风压越大。在列车通过过程中，道床、轨枕和砟肩结构表面风压均呈现“正压—负压—负压—正压”的波动特征，且头车引起的正压和负压幅值均显著高于尾车。道床、轨枕和砟肩表面风压发生以车头距前转向架末端距离为波长的周期性变化。

(3)在有砟轨道流场风速特征方面。高速列车的头车和尾车运行通过时,有砟轨道结构的风速相对较大,且由线路中心向两侧逐渐降低,尾车引起的最大风速高于头车引起最大风速。钢轨下方道床表面风速相对较大,且轨枕迎风侧风速显著大于背风侧风速。线路中心的风速流线较为均匀,钢轨及枕端附近存在着较为明显的涡旋现象,易引发道砟飞溅。

(4)在行车速度影响方面。行车速度对轨道流场影响显著,轨道结构最大压差与车速的平方成正比。随着行车速度的提高,车头和车尾引起的轨道表面正压和负压幅值,以及车厢其他区域引起的轨道风压波动特征均逐渐增大,且增大幅度也在逐渐变大。随着车速的增大,需采取必要措施防治道砟飞溅。

(5)在外风条件影响方面。横风作用下,轨道表面正压和负压幅值,以及最大风速均显著增大,在横风上游一侧的轨道表面受到正压影响显著,在横风下游一侧受到负压影响更为显著。轨道上方始终存在涡旋的产生、扩大、移动、合并、脱落等状态,对表层道砟稳定性影响较大。随着横风风速的增大,尾车附近负压幅值和最大压差均显著增大。

第 5 章　基于风振耦合的道砟飞溅动力特征研究

道砟飞溅是轨道空间气动环境以及轨道结构在列车动力荷载作用下振动响应的耦合作用结果。在前文准确获取轨道流场环境的基础上，采用离散单元法模拟散体有砟道床结构，利用流体动力学还原列车风荷载，利用多体动力学模拟列车动力循环荷载。在此基础上，基于流体动力学—离散元—多体动力学耦合算法构建了道砟飞溅动力分析模型，实现了列车风荷载及轨道动力荷载对道砟飞溅的耦合作用，解决了既有方法较少考虑列车动力循环荷载作用下轨道结构振动的问题。利用该模型研究了列车风载、轨道动载对道砟飞溅的影响程度，分析了风振耦合作用下道砟飞溅动力特征，研究了车速及轴重对道砟飞溅的影响规律。

5.1　高速铁路道砟飞溅动力分析模型

道砟飞溅是散粒体道砟颗粒在列车风荷载及轨道动荷载共同作用下的运动及动力响应行为，其中，有砟道床具有显著的离散介质特性，列车风荷载具有典型的流体特征，列车动力荷载则作用于连续介质轨枕。因此，为了精准还原不同介质特征，本节采用离散单元法（DEM）模拟散体道床结构，采用计算流体动力学方法（CFD）模拟高速列车通过时产生的轨道流场，利用多体动力学方法（MBD）模拟直接承受列车荷载，并与道床相互作用的轨枕结构。在此基础上，基于 CFD-DEM-MBD 耦合算法构建道砟飞溅动力分析模型。

5.1.1　有砟道床离散单元法分析模块

采用离散元法（DEM）建立有砟道床散粒体结构模型，将有砟道床中每枚道砟颗粒均考虑为相互独立的个体单元，单元体之间存在相互作用力。根据牛顿运动定律，在时间步内进行迭代计算，得到单元体受力与位移的关系，进而对道砟颗粒单元体的位置信息进行更新，进行下一步迭代运算。计算流程如图 5-1 所示。

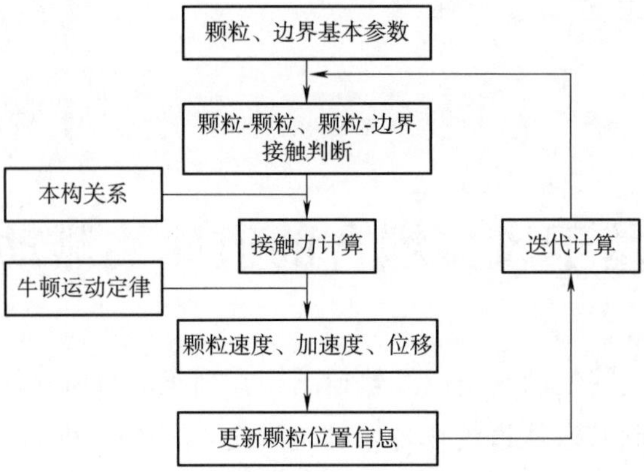

图 5-1 有砟道床离散元法计算流程

5.1.1.1 接触模型

接触模型是离散元法的计算基础，决定了颗粒之间相互作用力。图 5-2 所示为有砟道床颗粒接触模型，颗粒 A 与颗粒 B 粒径分别为 R_A 和 R_B，$(x_A, y_A, z_A)_{local}$ 和 $(x_B, y_B, z_B)_{local}$ 为二者局部坐标。颗粒 A 与 B 之间由弹簧和阻尼器连接，相互之间作用力 F 可解耦为法向力 F_n 和切向力 F_t；k_n 和 k_t 分别为法向和切向接触刚度；c_n 和 c_t 分别为法向和切向阻尼；μ 为摩擦系数。

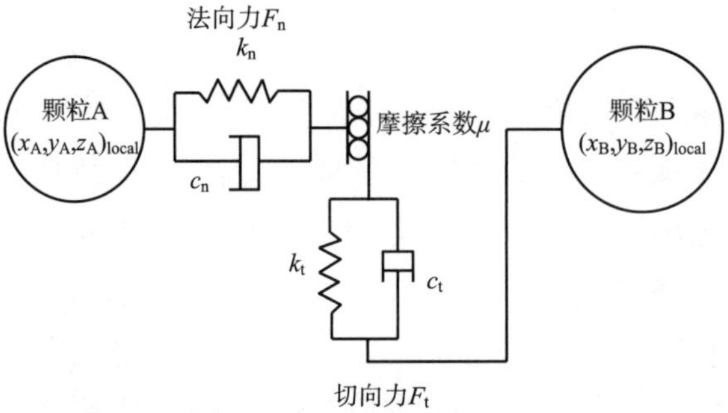

图 5-2 颗粒接触模型示意

采用 Hertz-Mindlin 接触模型计算道砟颗粒之间的接触力。颗粒间法向接触力由式(5-1)计算：

$$F_n = \frac{4}{3}E^*(R^*)^{1/2}\alpha^{3/2} \tag{5-1}$$

式中，α 为法向重叠量；R^* 为等效颗粒半径；E^* 为颗粒等效弹性模量。

颗粒间切向接触力由式(5-2)计算：

$$F_t = -8\delta G^* \sqrt{R^* \alpha} \tag{5-2}$$

式中，δ 为颗粒切向重叠量；G^* 为等效剪切模量。

5.1.1.2　运动方程

根据牛顿第二运动定律建立颗粒单元的运动方程，计算颗粒在迭代时步内的位移信息。将颗粒接触过程中的运动分解为法向运动和切向运动，法向运动方程为式(5-3)：

$$m\frac{\partial^2 u_{\mathrm{n}}}{\partial t^2}+c_{\mathrm{n}}\frac{\partial u_{\mathrm{n}}}{\partial t^2}+k_{\mathrm{n}}u_{\mathrm{n}}=F_{\mathrm{n}}+F_{\mathrm{n}}^{\mathrm{interaction}} \tag{5-3}$$

颗粒在切向上的运动表现为切向滑动和滚动，其切向运动方程和滚动方程分别为式(5-4)和式(5-5)：

$$m\frac{\partial^2 u_{\mathrm{t}}}{\partial t^2}+c_{\mathrm{t}}\frac{\partial u_{\mathrm{t}}}{\partial t}+k_{\mathrm{t}}u_{\mathrm{t}}=F_{\mathrm{t}}+F_{\mathrm{t}}^{\mathrm{interaction}} \tag{5-4}$$

$$I\frac{\partial^2 \theta}{\partial t^2}+\left(c_{\mathrm{t}}\frac{\partial u_{\mathrm{t}}}{\partial t}+k_{\mathrm{t}}u_{\mathrm{t}}\right)s=M+M^{\mathrm{interaction}} \tag{5-5}$$

式中，m 为颗粒质量；u_{n} 和 u_{t} 分别为颗粒法向和切向位移；I 为颗粒转动惯量；θ 为颗粒旋转角度；s 为旋转半径；M 为颗粒所受到合外力矩；$F_{\mathrm{n}}^{\mathrm{interaction}}$ 和 $F_{\mathrm{t}}^{\mathrm{interaction}}$ 分别为颗粒单元与其他模块之间的法向和切向相互作用力；$M^{\mathrm{interaction}}$ 为相互作用力矩。

5.1.1.3　散体道床仿真模型

前文采用道砟颗粒复杂外形精确获取和分析方法，建立了高速铁路特级道砟信息数据库，重点研究道砟在风载作用下颗粒表面流场分布特征，有效揭示了颗粒细观属性对道砟表面流场特征的影响规律，但不足以反映道砟颗粒在风载作用下的运动行为。本章重点分析散体道砟颗粒在气动环境以及列车动荷载耦合作用下的飞溅运动及动力特征，因此，在前文道砟外形精细化还原的基础上，利用离散单元法对空间廓形进行填充，进而构建了离散元道砟颗粒精细化模型，可有效模拟道砟颗粒风振耦合作用下的运动行为。本书构建的不同形状道砟的离散元数值仿真模型如图 5-3 所示，材料参数见表 5-1。

(a) 圆球体道砟DEM模型

图　5-3

(b) 椭球体道砟DEM模型

(c) 扁状体道砟DEM模型

(d) 长扁状体道砟DEM模型

图 5-3　道砟颗粒 DEM 模型示意图

表 5-1　道砟模型参数

参数名称	取　值
法向接触刚度/(N·m^{-1})	5.0×10^{8}
切向接触刚度/(N·m^{-1})	5.0×10^{8}
颗粒密度/(kg·m^{-3})	2.6×10^{3}
摩擦系数	7.0×10^{-1}

基于图 5-3 所示的外形精细化模拟的道砟颗粒单元模型，建立有砟道床离散元数值模型。根据《高速铁路设计规范》，设置道床顶面宽度 3.6 m，道床厚度 0.35 m，边坡坡度 1∶1.75。道床级配按照高速铁路特级道砟行业标准设置，图 5-4 所示为所建道床模型的级配曲线。

在道床生成过程中，采用分层生成道砟颗粒单元的方式，在计算空间范围内按照级配曲线，随机生成不同形状特征的道砟单元模型。并采用墙体单元对其进行逐层压实，压实过程中确保道砟颗粒模型稳定密实，使其达到《高速铁路设计规范》中高速列车运行所需要求，生成的有砟道床 DEM 模型如图 5-5 所示。

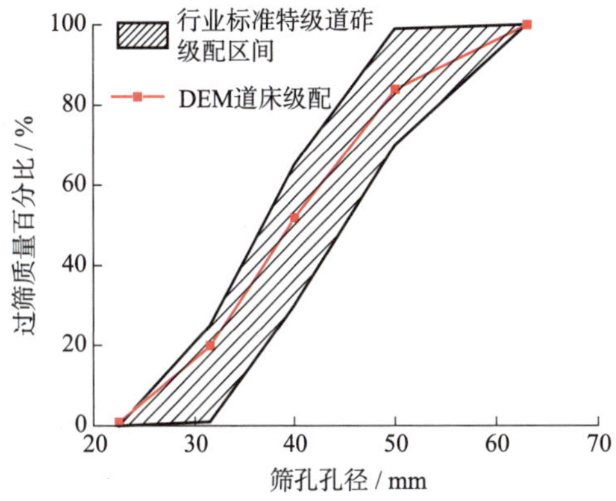

图 5-4　道床模型级配曲线

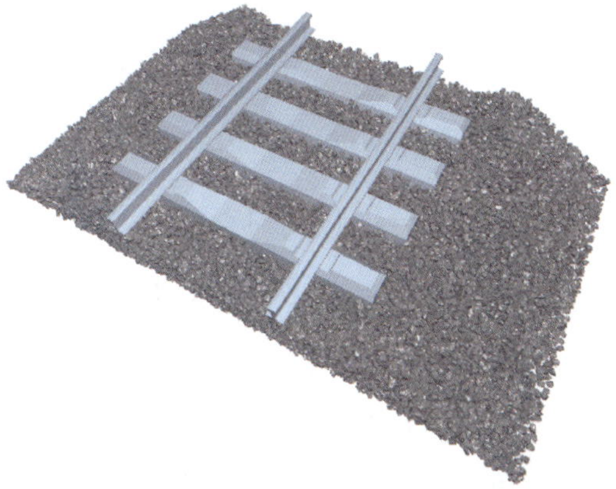

图 5-5　高速铁路有砟道床 DEM 数值模型

5.1.2　轨道流场计算流体动力学分析模块

列车高速运行时在轨道空间产生复杂气动环境，是引发道砟飞溅的关键因素，本书采用计算流体动力学模拟该气动流场，此处针对有砟轨道气动流场的计算方法开展分析。

5.1.2.1　控制方程

流体流动需满足质量守恒定律，即流体微元体中单位时间质量的增大，与该时间内流入流体微元体的净质量相等，并在此基础上考虑颗粒单元对其的影响。守恒方程中并未直接体现颗粒单元部分，而是在守恒方程加入额外的颗粒单元体积分数项，且列车运行通过时产生的气动环境为不可压缩流场，流体的质量守恒方程为式(5-6)：

$$\frac{\partial(\varepsilon\rho)}{\partial t}+\frac{\partial(\varepsilon\rho u)}{\partial x}+\frac{\partial(\varepsilon\rho v)}{\partial y}+\frac{\partial(\varepsilon\rho\omega)}{\partial z}=0 \tag{5-6}$$

式中，ε 是颗粒单元所占的体积分数，若在分析中涉及颗粒单元与流场之间的相互作用，则需考虑该颗粒单元体积分数；若仅涉及轨道结构的流场计算，则该体积分数为零。u、v 和 w 是速度矢量在 x、y 和 z 方向上的分量；ρ 是流体密度；t 是时间。

流体还需满足动量守恒定律，即微元体中流体动量对时间的变化率与微元体所受合外力相等。与质量守恒方程类似，流体动量守恒方程也能够考虑颗粒单元体积分数 ε 的影响，在 x 方向上的表达式为

$$\frac{\partial(\varepsilon\rho u)}{\partial t}+\frac{\partial(\varepsilon\rho uu)}{\partial x}+\frac{\partial(\varepsilon\rho uv)}{\partial y}+\frac{\partial(\varepsilon\rho uw)}{\partial z}$$
$$=\frac{\partial}{\partial x}\left(\mu\varepsilon\frac{\partial u}{\partial x}\right)+\frac{\partial}{\partial y}\left(\mu\varepsilon\frac{\partial u}{\partial y}\right)+\frac{\partial}{\partial z}\left(\mu\varepsilon\frac{\partial u}{\partial z}\right)-\frac{\partial\varepsilon P}{\partial x}+S_u \tag{5-7}$$

式中，μ 是流体动力黏度；P 是流体微元体压力；S_u 是动量守恒方程广义源项，包括颗粒单元的气固耦合作用项。

$$S_u=\frac{\sum_{i}^{n}F_x+s_x}{V}\tag{5-8}$$

式中，F_x 是作用在网格单元内流体在 x 方向上的力；V 是 CFD 网格单元体积；s_x 表达式为

$$s_x=\frac{\partial}{\partial x}\left(\mu\frac{\partial u}{\partial x}\right)+\frac{\partial}{\partial y}\left(\mu\frac{\partial v}{\partial x}\right)+\frac{\partial}{\partial z}\left(\mu\frac{\partial w}{\partial x}\right)+\lambda\frac{\partial}{\partial x}\left(\frac{\partial u}{\partial x}+\frac{\partial v}{\partial y}+\frac{\partial w}{\partial z}\right)\tag{5-9}$$

对于不可压缩流体，当动力黏度为常数时，$s_x=0$。

5.1.2.2 颗粒单元体积分数

流体流动控制方程中的体积分数 ε 是以网格为单元进行计算的。图 5-6 为流体网格单元与颗粒单元作用示意图，本书建立的网格模型与颗粒模型均为三维结构，该图为模型的二维示意图，六边形代表流场计算中的多面体网格单元，圆球（A、B、C、D）表示颗粒单元。在计算颗粒单元体积分数项时，首先对颗粒单元的质心坐标进行检索，若颗粒单元的质心位于目标网格单元区域内，则认为颗粒属于该目标网格单元，颗粒体积也被计入该目标网格单元的体积分数项计算中。如图 5-6(a)所示，颗粒 A、颗粒 B 和颗粒 C 的质心均位于中心网格单元（边界加粗多面体网格）范围内，则认为这三枚颗粒均属于该网格单元，该网格单元颗粒体积分数 ε 由式(5-10)得到：

$$\varepsilon=\frac{\sum_{i=1}^{n=3}V_i}{V_{\text{mesh}}}\tag{5-10}$$

式中，V_{mesh}为流体网格单元体积；V_i 为质心位于所计算流体网格单元内部的颗粒单元体积。

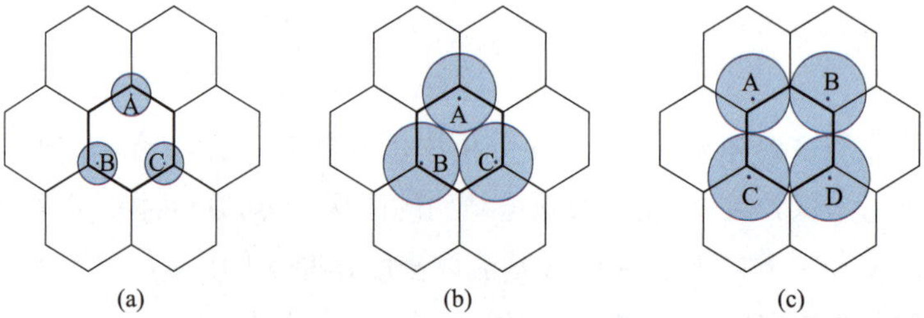

图 5-6　流体网格单元与颗粒单元作用示意

网格单元的颗粒体积分数是保证计算精度的关键。若颗粒单元粒径接近或大于网格尺寸，网格单元的颗粒体积分数便会出现一定的偏差。图 5-6(b)中颗粒 A、B 和 C 的粒径大小与网格尺寸相近，且三枚颗粒的质心仍然处于中间网格单元内部，即使颗粒 A、B 和 C 的大部分体积处于中间网格范围之外，但在采用式(5-10)计算其体积分数时，会将该三枚颗粒的总体积考虑为全部处于计算网格单元范围内，导致体积分数可能出现大于 1 的情况，导致计算错误。

此外，当颗粒粒径与流体网格尺寸相近，或粒径大于网格尺寸时，同样可能出现图 5-6(c)所示情况，即颗粒 A、B、C、D 同时处于中心网格单元范围内，但每枚颗粒的质心均位于中心网格范围之外。此时，即使颗粒单元占据了中心网格单元的大部分区域，但中心网格单元的体积分数仍为空，耦合计算时会认为该网格单元内不存在颗粒单元，整个网格单元均被作为流体模型处理，会造成计算误差较大的问题。因此，在对轨道流场 CFD 模块进行体网格划分时，需严格确保流体的体网格单元显著大于有砟道床 DEM 模块中道砟颗粒的单元粒径尺寸。

5.1.3　轨道动力多体动力学分析模块

有砟道床在服役过程中，始终受到轨排的作用，高速行车条件下道砟颗粒与轨枕之间的相互作用非常复杂。在高速铁路道砟飞溅动力特征分析中，通过多体动力学分析模块(MBD)，能够为道砟飞溅动力分析模型提供并传递真实的轨道动力荷载，并能够准确模拟轨枕在列车荷载作用下与道床之间的相互作用。

多体系统主要是通过运动副连接而成的多个结构的复杂机械系统，通过建立结构系统力学特征的数学模型，并采用相应的数值求解算法与数值积分方法进行求解计算。本书涉及的多体系统仅包括轨枕模型，核心问题是其数学模型的建立及代数方程的求解。

5.1.3.1　运动方程及其求解

轨枕结构运动学分析即通过建立并求解系统的位置方程、速度方程和加速度方程，计算其位置、速度与加速度信息。其中位置方程是非线性代数方程，速度和加速度方程是线性代数方程，位置、速度和加速度计算均在连接系统内各结构间的运动副基础上开展。计算中采用刚体质心笛卡尔坐标和描述刚体位置的欧拉角作为广义坐标，即 $\boldsymbol{q}_i=(x,y,z,\psi,\theta,\varphi)^{\mathrm{T}}$，$\boldsymbol{q}=(\boldsymbol{q}_1^{\mathrm{T}},\boldsymbol{q}_2^{\mathrm{T}},\cdots,\boldsymbol{q}_n^{\mathrm{T}})$。采用系统广义坐标描述轨枕运动的运动学位置方程为

$$\boldsymbol{\Phi}(\boldsymbol{q})=(\boldsymbol{\Phi}_1(\boldsymbol{q}),\boldsymbol{\Phi}_2(\boldsymbol{q}),\cdots,\boldsymbol{\Phi}_{nh}(\boldsymbol{q}))^{\mathrm{T}}=\boldsymbol{0} \tag{5-11}$$

式中，$\boldsymbol{q}$ 为多体系统广义坐标矢量；nh 为运动副位置(约束)方程数量。

速度方程为

$$\dot{\boldsymbol{\Phi}}(\boldsymbol{q},\dot{\boldsymbol{q}},t)=\boldsymbol{\Phi}_q(\boldsymbol{q},t)\dot{\boldsymbol{q}}+\boldsymbol{\Phi}_t(\boldsymbol{q},t)=\boldsymbol{0} \tag{5-12}$$

加速度方程为

$$\ddot{\boldsymbol{\Phi}}(\boldsymbol{q},\dot{\boldsymbol{q}},\ddot{\boldsymbol{q}},t)=\boldsymbol{\Phi}_q(\boldsymbol{q},t)\ddot{\boldsymbol{q}}+(\boldsymbol{\Phi}_q(\boldsymbol{q},t)\dot{\boldsymbol{q}})_q\dot{\boldsymbol{q}}+2\boldsymbol{\Phi}_{qt}(\boldsymbol{q},t)\dot{\boldsymbol{q}}+\boldsymbol{\Phi}_{tt}(\boldsymbol{q},t)=\boldsymbol{0} \tag{5-13}$$

矩阵 $\boldsymbol{\Phi}_q$ 为 $nc\times nc$ 的方阵，具有 nh 个运动学约束，$nc-nh$ 个驱动约束，nc 个广义坐标，是雅克比矩阵。

5.1.3.2　动力方程及其求解

动力学分析主要针对轨枕在外力和外力偶作用下的动力响应，所建立数学方程一般是二阶微分方程，或二阶微分方程与代数方程的混合方程。与运动学方程相同，采用刚体质心笛卡尔坐标和描述刚体位置的欧拉角作为广义坐标，轨枕结构动力学方程为

$$\dot{\boldsymbol{p}}-\frac{\partial \boldsymbol{T}}{\partial \boldsymbol{q}}+\boldsymbol{\Phi}_q^{\mathrm{T}}\boldsymbol{\lambda}+\boldsymbol{H}^{\mathrm{T}}F=\boldsymbol{0} \tag{5-14}$$

$$\boldsymbol{p}=\frac{\partial \boldsymbol{T}}{\partial \dot{\boldsymbol{q}}} \tag{5-15}$$

$$\boldsymbol{\Phi}(\boldsymbol{q},t)=\boldsymbol{0} \tag{5-16}$$

$$F=f(\boldsymbol{u},\boldsymbol{q},t) \tag{5-17}$$

$$\boldsymbol{u}=\dot{\boldsymbol{q}} \tag{5-18}$$

式中，$\boldsymbol{p}$ 表示多体系统广义动量；$\boldsymbol{T}$ 表示系统广义坐标下的动能；$\boldsymbol{H}$ 表示系统外力的坐标转换矩阵；$\boldsymbol{\lambda}$ 是拉格朗日乘子矢量。

Gear 算法针对拉格朗日动力学微分方程组的求解在计算效率上具有显著的优势，因此采用基于 Gear 算法的刚性积分法求解上式中的微分-代数混合方程，首先对多体系统在当前时刻的下个时步状态进行泰勒级数展开：

$$y_{n+1}=y_n+\frac{\partial y_n}{\partial t}(t_{n+1}-t_n)+\frac{1}{2!}\frac{\partial^2 y_n}{\partial t^2}(t_{n+1}-t_n)^2+\cdots \tag{5-19}$$

在此基础上，利用向后差分积分求解方法对上式展开，接着通过求解系统方程 $G(y,\dot{y},t)=0$，得到当前时步的变量 y。再通过求解 Newton-Raphson 线性方程 $\boldsymbol{J}\Delta y=G(y,\dot{y},t_{n+1})$，得到 y 在每一时步内的增量 Δy，其中，$\boldsymbol{J}$ 为系统雅克比矩阵。采用 Newton-Raphson 迭代方法对 y 数据进行更新，如式(5-20)，直至 Δy 趋近于 0 或已满足计算要求。

$$y_{\mathrm{k}+1}=y_{\mathrm{k}}+\Delta y_{\mathrm{k}} \tag{5-20}$$

5.1.3.3 高速列车轨道动力荷载模拟

在有砟道床动力特征的既有研究中，多通过对轨枕施加正弦或余弦函数荷载的方式，模拟列车通过时对道床的动力作用，见式(5-21)。

$$F(t)=F_0(\cos 2\pi ft-1) \tag{5-21}$$

式中，$F(t)$为枕上压力，t 为加载时间；荷载峰值 F_0 取决于列车轴重，并受行车速度影响；加载频率 f 取决于列车速度。

采用该荷载函数能在一定程度上反映车轮对轨道结构的动态特征，且通过标定 F_0 可模拟出车轮对轨道结构动力荷载幅值影响。然而，高速铁路列车每节车厢均包含两组转向架 4 对轮对，4 对轮对分布并不均匀，采用正弦或余弦荷载函数忽略了车轮分布的不均匀性，导致模拟过程中放大或缩小轨道动力作用。加载频率 $f=v/L$，v 为行车速度。若 L 取每组转向架的轮对距离，则列车荷载取为最不利加载条件，对道床的动力响应特征进行了放大；若 L 取列车全部编组中的平均轮距，则忽略了每组转向架的两个轮对的连续作用影响，简化了车轮对道床的动态荷载。故采用正弦或余弦函数模拟轨道动力荷载存在一定局限性，无法考虑列车轮对分布不均匀性对轨道动力荷载的影响，造成有砟道床动力响应分析结果存在误差。

针对以上问题，本书基于多体动力学方法构建了具有连续介质特性的轨枕结构模型，如图 5-7 所示，采用了能真实反映列车对轨道结构动力特征的荷载函数，施加于轨枕承轨槽区域：

$$F(v,t)=\sum_{i=1}^{m}\sum_{j=1}^{n}P_0A\exp\left[-\frac{(vt-x_{ij})^2}{2\omega^2}\right] \tag{5-22}$$

式中，v 为行车速度；t 为时间；m 和 n 分别为车厢数量和每节车厢的轮对数量；P_0 为轮轨作用力，主要受列车轴重等因素影响；x_{ij} 为车轮位置坐标，本书选取车厢前端顶点区域为 x_0，考虑车厢轴距为 2.5 m，定距为 18 m，故 $x_{i1}=2.25$ m、$x_{i2}=4.75$ m、$x_{i3}=20.25$ m、$x_{i4}=22.75$ m；常数 A 表示单组列车轮对作用下轨枕承受荷载比例，本书取 0.34；常数 ω 与单组轮对荷载的纵向影响范围相关，本书取 0.76。基于式(5-22)，得到图 5-8 所示轴重 16 t 的 8 编组列车以速度 350 km/h 通过时轨枕所受列车荷载时程曲线。

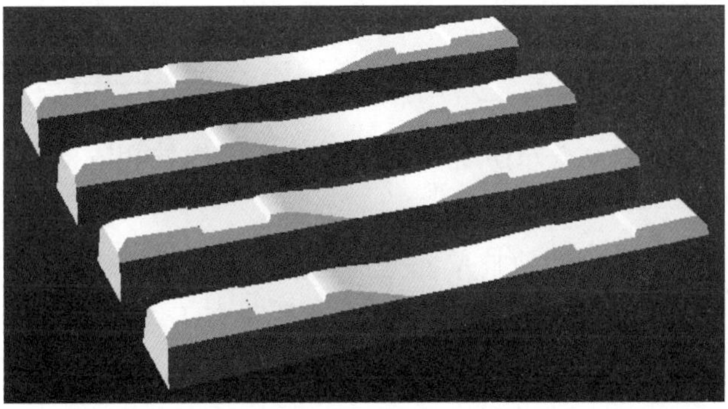

图 5-7　MBD 模块轨枕模型

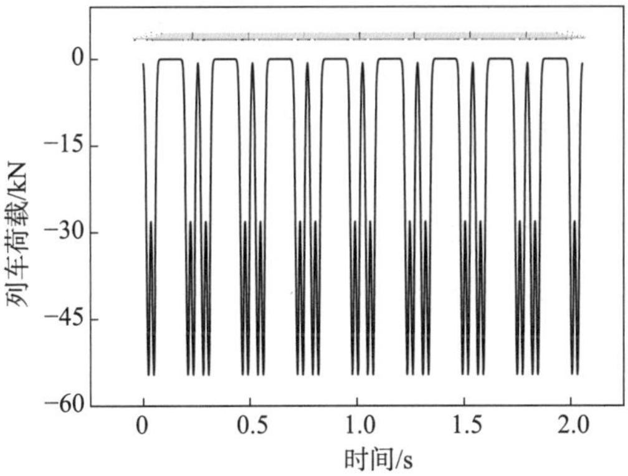

图 5-8　轨枕所受列车荷载时程曲线

模型沿线路方向长度为 3.0 m，各轨枕承受的列车荷载存在时间差，故不可将列车荷载同步施加至各轨枕，图 5-9 为列车以某速度运行时的模拟列车荷载曲线示意图。

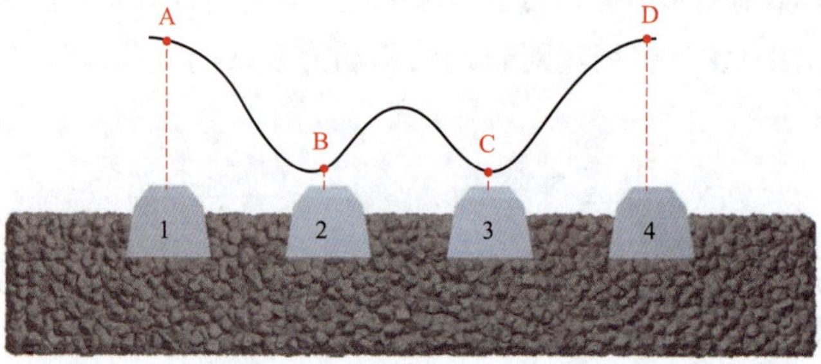

图 5-9 轨枕承受列车荷载示意

图中轨枕 2 和 3 正承受列车荷载作用，且已完成一次加载并处于待卸载阶段，轨枕 1 和 4 处于卸载阶段。此时轨枕 2 和 3 承受荷载曲线峰值大小的荷载作用（B 点、C 点），轨枕 1 和 4 只承受荷载曲线峰值约二分之一大小的荷载作用（A 点、D 点）。故应进一步考虑对多跨轨枕同时加载时存在的荷载作用时间差现象，本书采用改进后的荷载函数进行加载：

$$F(v,t)=\sum_{i=1}^{m}\sum_{j=1}^{n}P_0A\exp\left(-\frac{[vt-(x_{ij}-kd)]^2}{2\omega^2}\right) \tag{5-23}$$

式中，d 为两跨轨枕间距，取 0.6 m；k 为与模型中第一跨轨枕相隔的轨枕数，取 1～4；其他参数与式(5-22)相同。

对耦合模型 MBD 模块中的轨枕单元分别施加式(5-23)荷载函数，模拟高速铁路列车通过时轨枕受到的动力荷载，既能充分考虑列车车轮分布不均匀特征对道床动力响应的影响，还能反映出列车运行过程中对轨枕模型加载的相位差异，实现了高速铁路列车对轨道结构动力荷载的真实模拟。

5.1.4 CFD-DEM-MBD 耦合分析方法

本书利用 CFD-DEM-MBD 耦合算法模拟流体、轨枕、道床之间的相互作用，该方法可精准还原有砟道床的散粒体特性、轨道气动环境的流场特性、以及轨枕的连续介质特性，解决了既有道砟飞溅研究中较少考虑轨道振动影响的不足。

道砟颗粒单元与流体单元之间的相互作用力 $F^{\text{interaction}}$ 主要由曳力 $F_{\text{drag}}^{\text{interaction}}$、升力 $F_{\text{lift}}^{\text{interaction}}$ 和附加体力 $F_{\text{body}}^{\text{interaction}}$ 组成。曳力 $F_{\text{drag}}^{\text{interaction}}$ 基于 Di Felice 提出的阻力模型计算得到，通过对自由流阻力模型进行修正，增加孔隙率修正，考虑孔隙率对颗粒阻力的影响，见式(5-24)～式(5-26)。

$$F_{\text{drag}}^{\text{interaction}}=0.5C_{\text{drag}}\rho_{\text{f}}A_{\text{p}}(V_{\text{f}}-V_{\text{p}})|V_{\text{f}}-V_{\text{p}}|\varepsilon^{-(\kappa+1)} \tag{5-24}$$

$$C_{\text{drag}}=\left(0.63+\frac{4.8}{Re^{0.5}}\right)^2 \tag{5-25}$$

$$\kappa=3.7-0.65\exp\left[-\frac{(1.5-\lg Re)^2}{2}\right] \tag{5-26}$$

式中，C_{drag} 为阻力系数；ρ_{f} 为流体密度；A_{p} 为颗粒投影面积；V_{f} 和 V_{p} 分别为流体和颗粒体

积，Re 表示雷诺数。

流体边界层区域的速度梯度会对处于其内部的颗粒表面产生较大的压差影响，进而受到升力 $F_{\mathrm{lift}}^{\mathrm{interaction}}$ 的作用，基于 Saffman 升力模型进行计算：

$$F_{\mathrm{lift}}^{\mathrm{interaction}}=1.6d_{\mathrm{p}}^{2}\ (\mu_{\mathrm{f}}\rho_{\mathrm{f}})^{1/2}\,|\chi|^{-1/2}(u_{\mathrm{f}}-u_{\mathrm{p}})\chi \tag{5-27}$$

$$\chi=\nabla\cdot u_{\mathrm{f}}=\frac{\partial u}{\partial x}+\frac{\partial v}{\partial y}+\frac{\partial w}{\partial z} \tag{5-28}$$

式中，d_{p} 为颗粒直径；μ_{f} 为流体动力黏度；u_{f} 和 u_{p} 分别为流体和颗粒的速度向量；χ 表示流体的速度；∇为散度。

附加体力 $F_{\mathrm{body}}^{\mathrm{interaction}}$ 由式(5-29)计算，C_{body}为附加体力系数，取 0.5。

$$F_{\mathrm{body}}^{\mathrm{interaction}}=C_{\mathrm{body}}\rho_{\mathrm{f}}V_{\mathrm{p}}\left(\frac{\partial u_{\mathrm{p}}}{\partial t}-\frac{\partial u_{\mathrm{f}}}{\partial t}\right) \tag{5-29}$$

在每一个计算时步内，CFD 模块首先检索计算域内流场初始参数以及颗粒单元位置信息，在此基础上对流场数据进行求解计算，达到收敛后进一步计算流场对处于其内部的每颗颗粒受到的作用力 $F^{\mathrm{interaction}}$。接着，DEM 模块通过颗粒运动状态以及颗粒与其他颗粒单元或边界单元之间的接触状态，计算颗粒受到的接触力。考虑 DEM 模块中计算所得的接触力，以及 CFD 模块流场对颗粒产生的作用力，根据牛顿运动定律，计算颗粒的位置和速度等运动信息。在下一个时步内，将 DEM 模块中更新颗粒运动信息后的颗粒模型数据导入 CFD 计算模块中，再次重新检索计算域内流场参数和颗粒位置信息，对流场数据和颗粒受力进行求解，依次开展迭代计算，直到满足计算条件要求。在计算域边界位置，采用面网格单元对 DEM 中的计算边界进行描述，进而实现与 CFD 计算域网格边界面单元的耦合对应。

在此基础上，进一步考虑轨道动力作用影响。采用 MBD 模块模拟直接承受并传递轨道动力荷载的轨枕结构，在每个时间步内开展动力计算。在完成单个时步内的动力荷载计算后，将 MBD 动力计算得到的力和力矩，以及轨枕几何位置数据传递至 DEM 模块。此时，DEM 模块同步开展有砟道床内部道砟颗粒之间，以及道砟与轨枕之间的相互作用迭代计算。接着，再将道砟颗粒对轨枕的作用力和力矩，以及更新位置后的道砟颗粒单元信息传递至 MBD 模块，并在下个时间步内计算，轨枕在道砟作用力与列车荷载作用下的动力响应。基于上述过程不断进行循环往复迭代，直至满足计算要求。

基于上述方法，形成了本书的 CFD-DEM-MBD 耦合算法，耦合算法流程如图 5-10 所示。

此外，在 CFD-DEM-MBD 耦合算法中，存在单向耦合和双向耦合两种耦合模式。其中，CFD-DEM 的单向耦合是指，在颗粒单元所占体积分数相对较低，对流场特征影响较小时，在 CFD 模块的流场计算中可忽略颗粒单元的影响，但在 DEM 模块中需考虑流场对颗粒单元的影响。双向耦合是指，在 CFD 模块和 DEM 模块中，需同时考虑流场与颗粒单元之间的相互作用，适用于颗粒单元所占体积分数较高，对流场特征影响显著的情况。

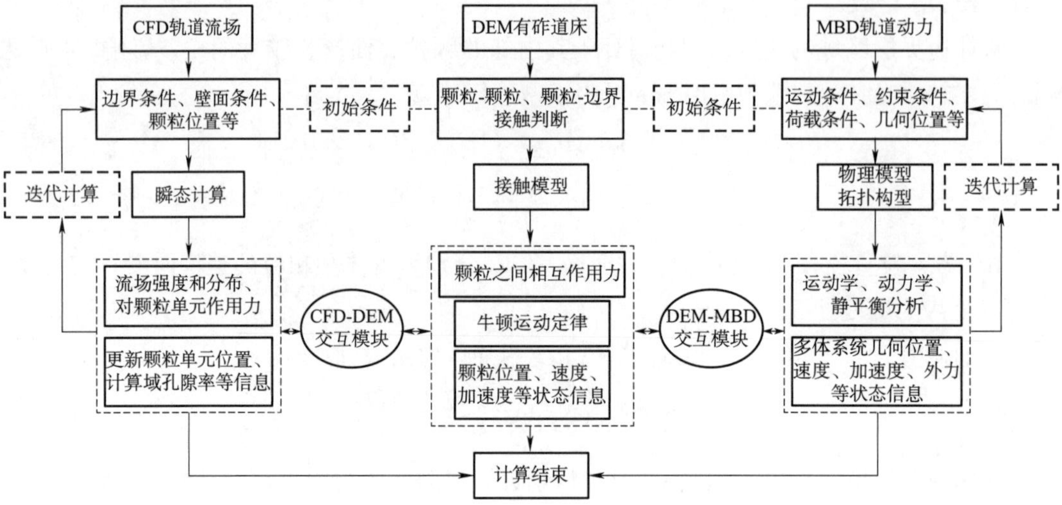

图 5-10　CFD-DEM-MBD 耦合算法流程

DEM-MBD 的单向耦合是指，通过 MBD 模块在每个时步内进行动力计算后，仅将结构的运动与动力特征的空间信息传递至 DEM 模块，DEM 模块中相应的几何体根据传递到的信息进行迭代计算。双向耦合是指在每个计算时步内，MBD 模块中计算得到的位置和速度等信息传递至 DEM 模块，导致与多体系统几何结构接触的颗粒受力和位置等信息发生变化，DEM 模块中数据信息的变化同样会对 MBD 结构的受力和运动产生影响，在 MBD 的下一时间步计算中根据更新后的多体系统位置信息，以及包括颗粒产生的荷载和其他外部荷载在内的荷载信息，开展动力计算，如此循环往复，实现 DEM 与 MBD 的双向耦合计算。当采用 MBD 模块计算的几何结构与 DEM 模块中颗粒单元不发生直接接触时，采用单向耦合方式能够提高计算效率；若几何结构与颗粒发生直接接触，需采用双向耦合方式考虑几何体与颗粒的相互作用影响。

5.1.5　道砟飞溅动力分析耦合模型构建及验证

5.1.5.1　模型构建

基于本书提出的 CFD-DEM-MBD 耦合算法，建立了高速铁路道砟飞溅动力分析模型。采用 DEM 模块模拟由散粒体道砟堆积密实而成的有砟道床，CFD 模块获取轨道流场，MBD 模块模拟直接承受并传递轨道动力荷载的轨枕结构，并能反映道床与轨枕之间的相互作用关系。耦合算法中各模块的数据交互传递均是以全局坐标为基础开展的，故需使其具有相同的全局坐标，进而确保数据传递过程中能够正确对应。基于道砟飞溅动力分析模型，能够模拟并分析有砟道床分别在列车风载作用，轨道动载作用，以及二者共同作用下的道砟飞溅运动行为及其动力响应特征。

在道砟飞溅动力分析模型中，轨道流场数据直接由基于滑移网格方法的有砟轨道流场分析模型获取。一方面，采用该方法能够精确还原列车运行阶段轨道流场的强度和分布特征，进而确保道砟飞溅动力分析结果的准确性；另一方面，该方法能够采用 CFD-DEM 的单向耦合模式，忽略了道砟颗粒单元对轨道流场的较小影响，仅考虑轨道流场对道砟颗粒单元的作用，从而大幅提升仿真计算效率。

基于 CFD-DEM-MBD 耦合算法的道砟飞溅动力分析模型如图 5-11 所示。图中黄色单元为采用 DEM 模块建立的有砟道床结构。蓝色区域为采用 CFD 模块生成的轨道流场数据，通过将其导入并编译后，作为“场力模型”对有砟道床的道砟颗粒单元施加“场力”作用，蓝色箭头表示流场速度矢量，由图可知，速度变化在钢轨附近较为集中，距道床表面越远速度越分散。采用 MBD 模块提供的轨道动力荷载直接作用于轨枕结构，其实体模型与 DEM 模块中轨枕结构的形状和位置完全相同。

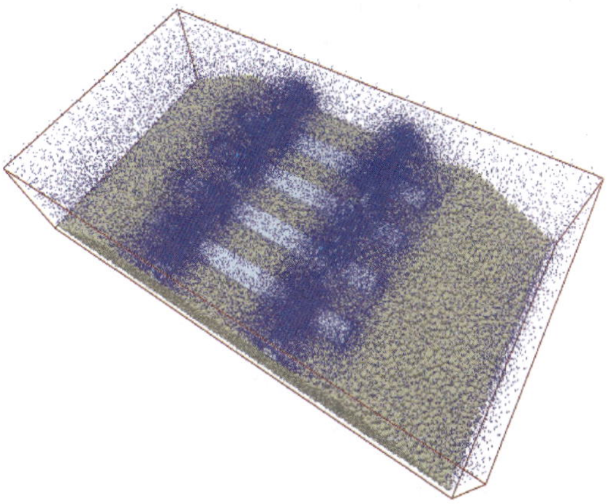

图 5-11　基于 CFD-DEM-MBD 耦合算法的道砟飞溅动力分析模型

本书构建的道砟飞溅动力分析模型需根据模型尺寸、模拟时间、分析对象等设置合理的时间步长，其中，DEM 模块涉及道砟颗粒单元数量较多，需要捕获的颗粒接触行为及运动状态更为繁琐，故其时间步长需比 CFD 模块和 MBD 模块小得多。经过多次试算比选，设置 DEM 模块与 CFD 和 MBD 模块的时间步长比例为 1∶10。

5.1.5.2　模型验证

本书基于 CFD-DEM-MBD 耦合算法建立了道砟飞溅动力分析模型，研究列车高速运行时轨道空间流场及结构振动共同作用下道砟飞溅特征。前文基于风洞试验验证了有砟轨道宏观流场的真实模拟，为了进一步验证仿真模型对轨道结构振动的真实模拟，此处基于现场试验对比道床力学性能及轨枕振动响应，从而验证道砟飞溅动力分析耦合模型的准确性。

道床横向阻力是高速铁路有砟轨道设计的关键指标，良好的横向阻力是防止胀轨跑道，保证道床稳定性的必要条件，通过与高速铁路有砟轨道现场实测横向阻力作对比，验证耦合模型道床力学性能的可靠性。现场横向阻力测试装置如图 5-12(a)所示，现场测试结果与仿真计算结果对比如图 5-12(b)所示。可以看出,道床横向阻力的现场实测数据及仿真计算数据随位移的演变趋势一致,实测横向阻力大小为 12.227 kN/枕,计算得出的横向阻力大小为 12.218 kN/枕,两者吻合较好,《高速铁路设计规范》规定道床横向阻力不小于 12 kN/枕,计算结果满足规范要求,验证了耦合模型道床力学性能的准确性。

(a) 现场测试

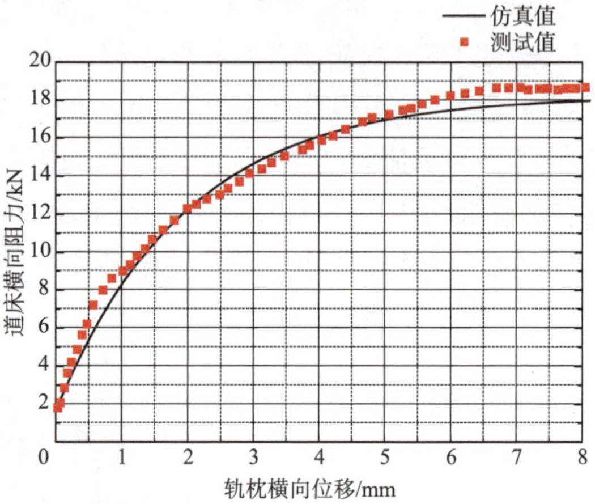

(b) 对比结果

图 5-12　道床横向阻力对比

有砟轨道结构在列车高频循环荷载作用下会发生显著的振动响应,加剧道砟飞溅现象,为此,通过与高速铁路有砟轨道现场实测轨枕垂向加速度作对比,验证耦合模型对轨枕结构振动的真实模拟。轨枕加速度现场实测如图 5-13(a)所示,现场测试结果与仿真计算结果对比如图 5-13(b)所示,可以看出,列车高速通过时,现场实测及仿真计算加速度均有相同的演变趋势,现场实测加速度幅值为 15.4g,仿真计算加速度幅值为 16.2g,两者仅相差0.8g,因此,实测数据和仿真计算数据具有较高的吻合度,验证了耦合模型的可靠性。

(a) 现场测试

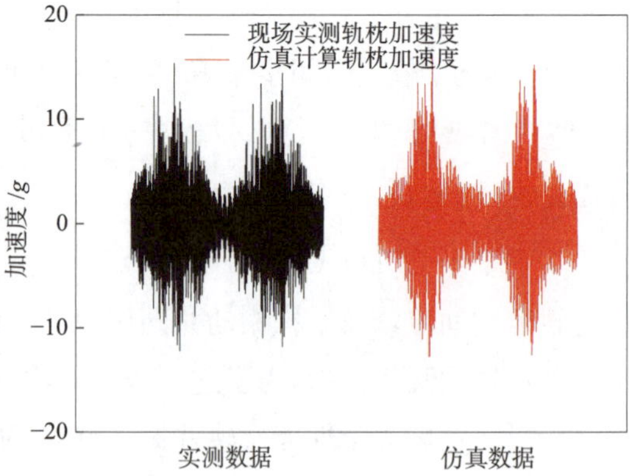

(b) 对比结果

图 5-13　轨枕振动加速度对比

综合上述分析可知，构建的道砟飞溅动力分析耦合模型中有砟道床力学性能及轨道结构振动响应均具有很好的准确性，结合前文有砟轨道宏观流场验证，表明耦合模型准确可靠。

5.2　列车风载下道砟飞溅动力特征分析

本章重点研究列车风荷载及轨道动荷载对道砟飞溅的影响规律，为了探明两者对道砟飞溅的影响程度，本节不考虑列车动力循环荷载作用，仅对有砟道床模型施加列车高速运行通过时引发的气动流场，研究列车风载作用下道砟颗粒的运动行为及动力响应。

5.2.1　道砟运动行为分析

本小节研究列车以 350 km/h 速度运行通过时道砟颗粒运动行为，设置仿真分析时间为 5.00 s，以保证能有效模拟整辆列车通行。列车风荷载作用下道砟颗粒运动行为如图 5-14 所示。图中流场方向为沿着线路由下向上，颗粒的颜色能够反映出在该时刻道砟的瞬时速度，红色表示道砟瞬时速度最大，粉色表示道砟颗粒速度介于最大与最小之间。

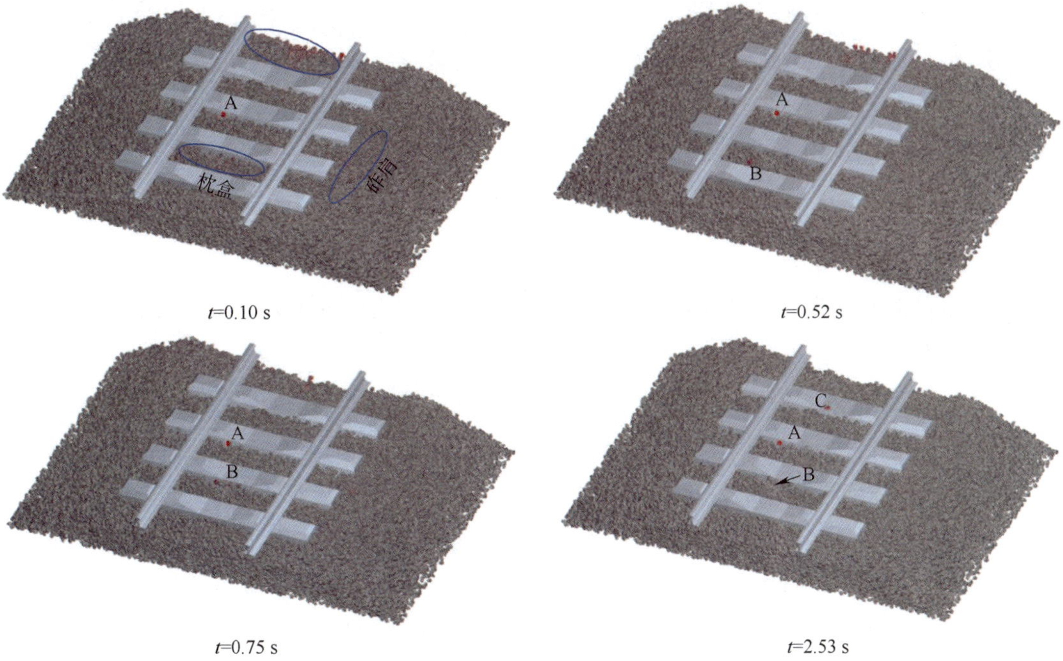

图　5-14

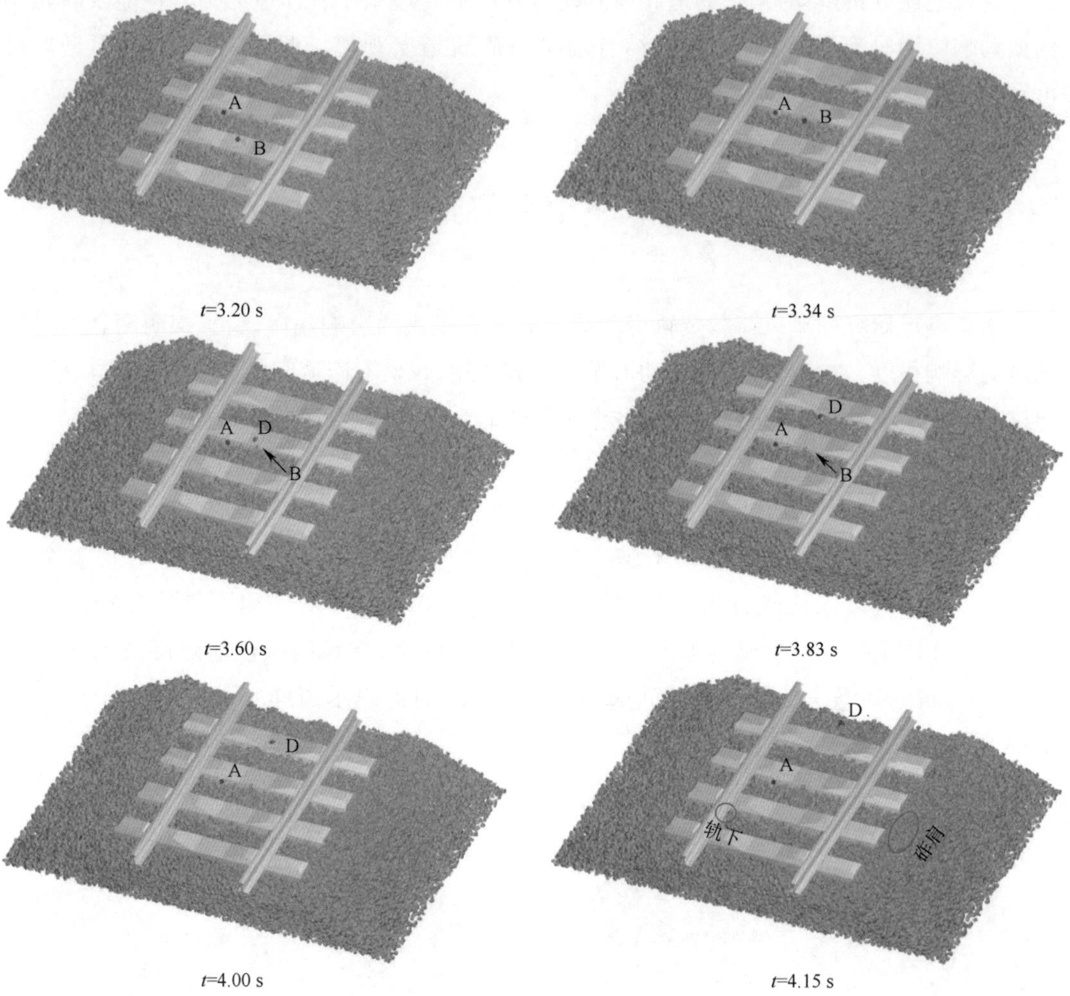

图 5-14　列车风载下道砟飞溅运动行为

由图可知，在该列车风载作用下有砟轨道发生了道砟飞溅现象，该过程中的道砟飞溅运动行为分别为：

t=0～0.10 s 时，道床表层道砟在列车风作用下出现微小颤动，逐渐产生速度，具有一定的道砟飞溅倾向。道床表层和砟肩顶端区域的道砟速度相对显著，最大速度集中在钢轨内侧靠近轨枕迎风侧的道床表面，但并未发生道砟颗粒的飞起。靠近边界出口的道砟速度也较大，这是因为该区域道砟缺少下游轨枕的阻挡，在列车风载作用下易产生速度和位移，故轨枕对减少道砟飞溅能够起到关键作用。此外，靠近中间跨轨枕迎风侧的道砟 A 速度较大，在风载作用下始终紧贴轨枕表面发生微小摆动，但由于轨枕的阻挡并未产生位移。

t=0.52～2.53 s 时，模型计算域出口附近道砟多被吹走。飞溅道砟初始位置如图 5-15 所示。在靠近第一跨轨枕背风侧的道砟 B 逐渐产生速度，并在列车风载作用下沿着枕盒表面翻转，直至第二跨轨枕迎风侧前，受到轨枕的阻挡速度逐渐降低为零。t=2.53 s 时，靠近第四跨轨枕迎风侧的道砟 C 翻过该轨枕，沿风场方向飞离道床。

t=3.20～3.60 s 时，被第二跨轨枕阻挡的道砟 B 在风载作用下飞过该轨枕，在二、三跨轨枕间的枕盒快速飞过。在飞至第三跨轨枕迎风侧时，与位于该轨枕迎风侧的道砟 D 发生撞击。道砟 D 受该碰撞影响跨过该轨枕，沿着风场方向飞出，此时道砟 B 速度逐渐降低。

t=3.83～5.00 s 时，道砟 D 继续沿着线路飞离道床。t=4.15 s 时，第一跨轨枕后钢轨下部道砟出现摆动，产生较大速度，但未出现位移。

忽略模型计算域边界道砟的流出，仅考虑轨枕范围内的道砟运动行为。在模拟时间内共出现三枚道砟飞离道床，均产生于钢轨内侧道床表面，且集中在线路中心区域，运动行为分别为枕盒内的翻转、跨过轨枕、飞离枕盒道床等。道砟 A 受到轨枕的阻挡，始终在第三跨轨枕迎风侧表面摆动，但未发生飞溅。同时，在整个模拟过程中，砟肩顶端的道砟始终存在微小摆动，但同样并未产生位移。

飞溅道砟颗粒在风荷载作用下的位移时程曲线如图 5-16 所示。由图可知，t=2.28 s 时道砟 C 产生位移，2.80 s 时道砟 C 飞出计算域；t=1.07 s 时道砟 D 在枕盒内翻滚，其后受到轨枕的阻挡位置保持不变，3.46 s 时跨过轨枕，4.24 s 飞离道床；t=0.00 s 时道砟 B 在枕盒内翻滚，3.00 s 时飞过该轨枕，3.46 s 时受到下一跨轨枕阻挡位置保持固定不变。

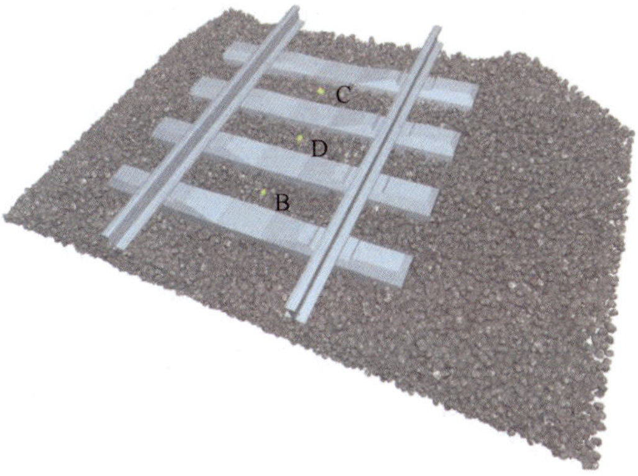

图 5-15　飞溅道砟初始位置

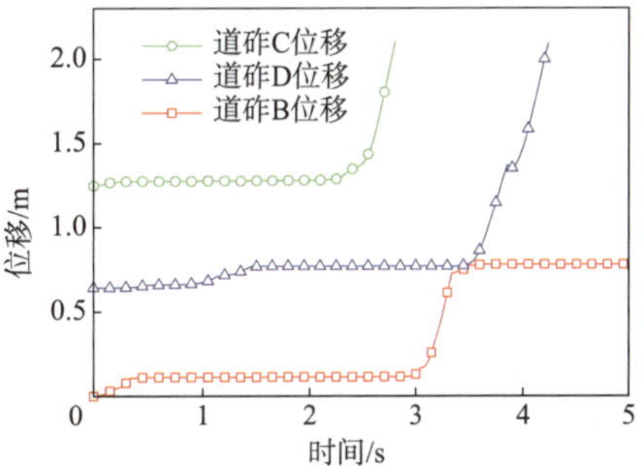

图 5-16　道砟沿线路方向位移变化

由以上分析可知，在列车风荷载作用下，线路中心的部分道砟颗粒会发生翻越轨枕，飞离枕盒的道砟飞溅现象，砟肩等区域道砟颗粒会出现一定的颤动，但尚未出现道砟飞溅现象。因此，线路中心为道砟飞溅的危险区域，应重点关注。

5.2.2　道砟动力响应分析

道砟飞溅主要发生在线路中心区域，分析了飞溅道砟颗粒速度及合力的时程变化规律，在此基础上出于安全考虑，研究列车风载作用过程中枕盒道砟颗粒的速度、合力等动力响应特征。

道砟发生飞溅后的动力响应会出现显著变化。道砟 B、C 和 D 在飞溅过程中的速度和受到合力变化曲线分别如图 5-17 和图 5-18 所示。可以看出,在道砟运动阶段,即速度不为零时,均发生在其受到的合外力显著增大时刻。如颗粒 B 在枕盒内翻滚过程中最大速度为 0.86 m/s,此阶段其受到的合外力由 0 N 急剧增大至 61.19 N;颗粒 B 飞过轨枕过程中最大速度为 2.89 m/s,其受到合外力增大至 193.26 N。

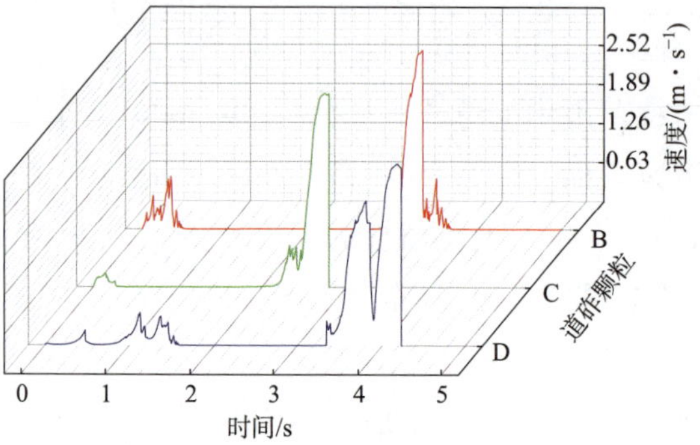

图 5-17　飞溅道砟速度

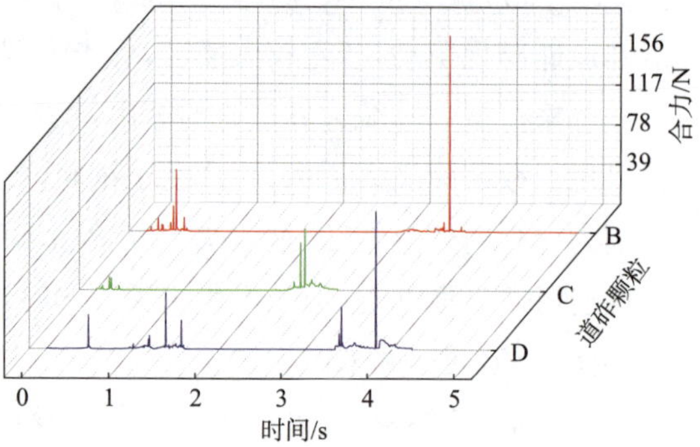

图 5-18　飞溅道砟合力

分析可知,道砟颗粒在道床内静止时,同时受到自身重力、风荷载和道砟颗粒之间咬合力的影响,若道砟与轨枕接触还会受到轨枕对其产生的阻碍作用力。道砟颗粒在上述荷载共同作用下保持静止,合外力为零。一旦颗粒受到的风载强度超过其他荷载合力,道砟即会发生位移,并不再受到其他道砟或轨枕对其的荷载影响,此时道砟所受合力迅速增大。在该合力作用下,道砟颗粒发生加速度逐渐增大的加速运动,即颗粒运动速度逐渐增大,且增大幅度也在逐渐扩大,直至道砟飞出道床,或受到轨枕等结构的阻挡作用停止运动,合力和速度再次降低至零。

由于道砟飞溅主要发生在钢轨内侧道床表面,为进一步分析列车风对道砟飞溅动力特征的影响,对图 5-19 中橙色区域的枕盒道砟动力响应特征进行分析。

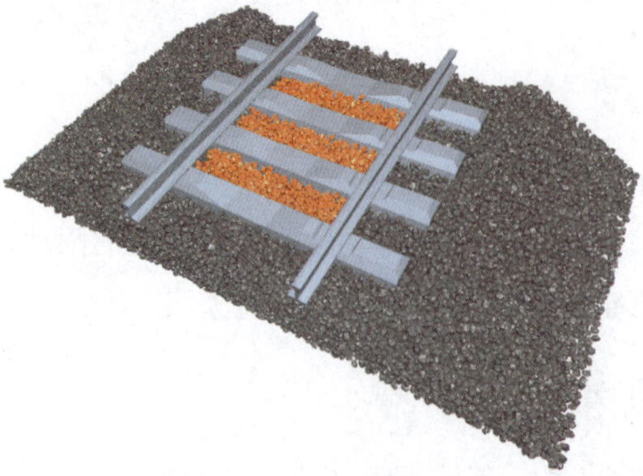

图 5-19　枕盒道砟监测区域

列车风荷载作用下道砟速度反映了颗粒颤动状态。枕盒道砟的平均速度变化情况如图 5-20 所示，由图可知，道砟平均速度在初始阶段由 0.014 m/s 降低至 0.003 m/s，降幅显著，此后在 0.003～0.006 m/s 波动，且呈现出逐渐递减的趋势。结合图 5-14 中道砟颗粒运动行为，分析可知，在列车风载作用初始阶段，道床表层道砟会在枕盒内滚动，在该滚动过程中其速度较大。一旦颗粒与颗粒之间的接触状态趋于稳定，或受到轨枕的阻挡作用颗粒停止运动，道砟速度迅速降低。

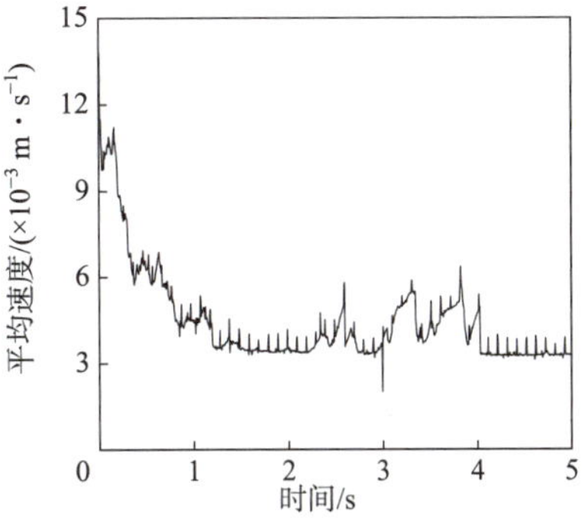

图 5-20　枕盒道砟平均速度

道砟配位数指某一时刻与该道砟接触的颗粒数量，平均配位数表示局部范围内与每枚道砟接触的平均颗粒数量，能够反映该区域道砟密实程度，平均配位数越大表示颗粒排列越紧凑。由图 5-21 可知，列车风载作用下枕盒道砟平均配位数由 4.6 逐渐增大至 5.3，且在风载作用初始阶段增大幅度显著，后期逐渐减缓。基于前文分析可知，该工况条件下枕盒道砟较少出现飞溅现象，多为枕盒内的滚动或小幅摆动，该滚动或摆动行为使其与其他道砟之间形成相对稳定的接触状态，当风载未达到颗粒飞起所需荷载时，道砟能够保持该稳定状态，上述过程导致了枕盒内道砟平均配位数的增大。

道砟承受合力是决定道砟发生飞溅现象的关键。枕盒道砟平均合力的时程变化曲线如图 5-22 所示，可知，在表层道砟的滚动过程中，受到相邻颗粒的咬合力影响较小，故每枚道砟受到的合外力相对较大，导致此阶段枕盒道砟的平均合外力较大，在 5.74～9.18 N 之间波动。在 t=1.2 s 后，道砟与道砟之间、道砟与轨枕之间的接触状态已相对稳定，故道砟受到平均合外力出现降低。

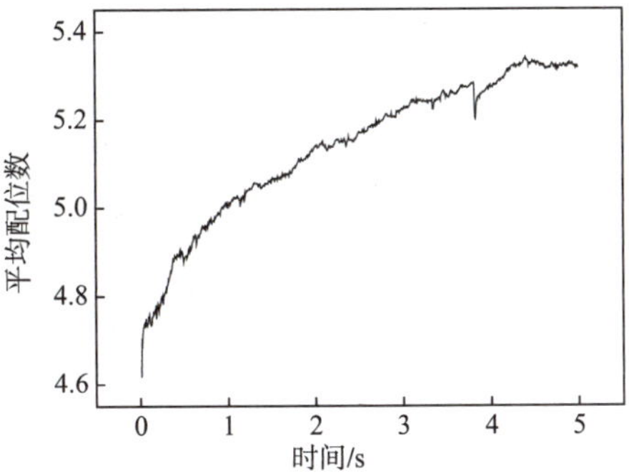

图 5-21　枕盒道砟平均配位数

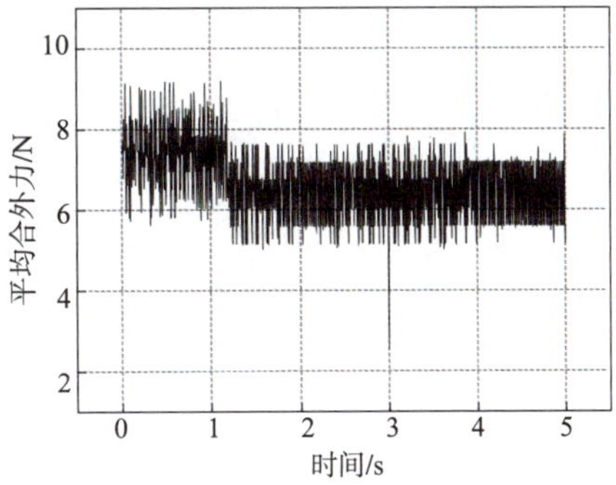

图 5-22　枕盒道砟平均合外力

由以上分析可知，道砟发生飞溅时的速度及合力等动力特征均发生显著突变。枕盒道砟颗粒是发生道砟飞溅的危险区域，但其整体在风载作用下会逐渐趋于稳定，动力响应逐渐降低。

5.3 轨道动载下道砟飞溅动力特征分析

列车动力循环荷载作用会导致轨道结构振动，致使道砟颗粒的稳定性降低，易引发道砟飞溅现象。为探明列车动力循环荷载对道砟飞溅的影响程度，故不考虑列车风荷载影响，研究列车荷载作用下道砟颗粒的运动行为及动力响应。

5.3.1 道砟运动行为分析

基于前文提出的高速铁路列车动荷载模拟函数，对构建的道砟飞溅动力分析模型施加轴重 16 t 行车速度为 350 km/h 时的列车荷载。轨道动载下道砟速度变化特征如图 5-23 所示，图中颗粒颜色与该时刻道砟振动速度对应，颜色越深表示颗粒振动速度越大。

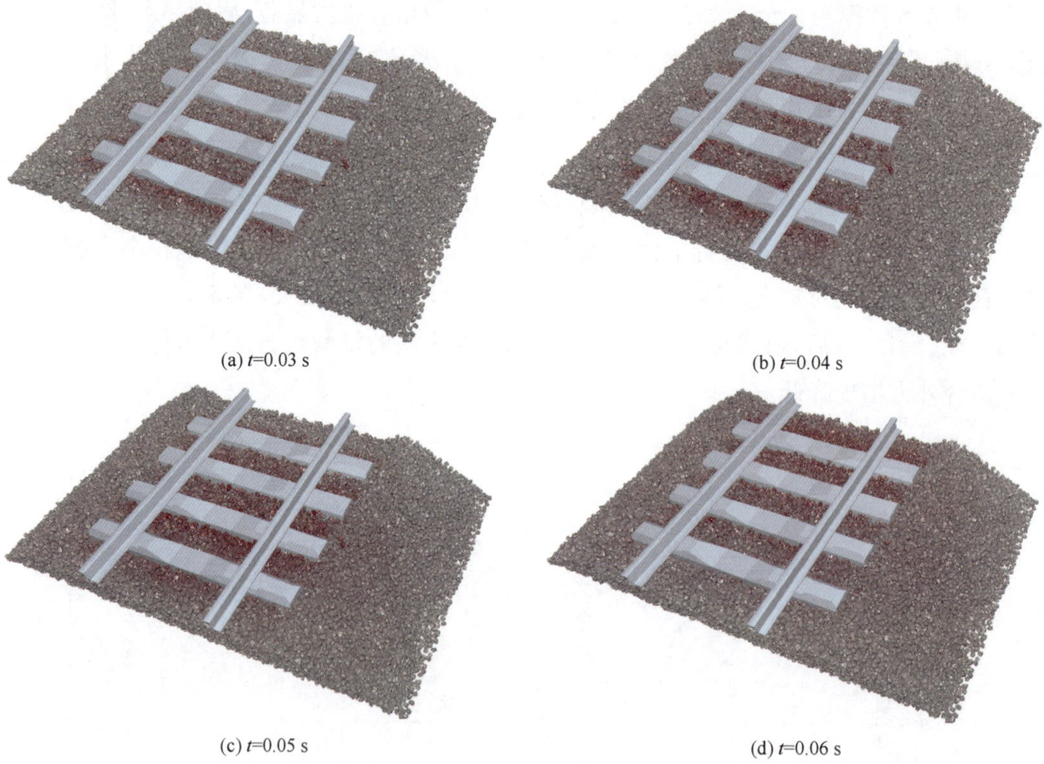

(a) t=0.03 s　(b) t=0.04 s　(c) t=0.05 s　(d) t=0.06 s

图 5-23　轨道动载下道砟速度变化特征

由图 5-23 可以看出，模拟时间内仅在列车动力荷载作用下，道床表层道砟的振动特性较为显著，但并未发生道砟飞溅现象。道砟颗粒振动速度分布在 0～3.89 m/s，不同时刻、不同区域的道砟振动速度特征差异较大。t=0.03 s 时，由于施加于不同轨枕的列车动力荷载考虑了相位差的影响，在该时刻车轮位于第一跨轨枕上方，故靠近该轨枕的道砟振动特征较为显著，且距轨枕越近道砟振动幅度越大，此时其他轨枕附近的道砟振动相对较弱。$t=$ 0.04～0.06 s 阶段，道砟振动特征也表现出相同规律，而随着时间变化，道砟振动显著的区域逐渐向前推移，与列车动力荷载的加载和卸载过程相对应。

由以上分析可知，仅在列车动力荷载作用下道砟不会发生飞溅现象，但会发生一定的振动响应，且振动强度随着轮对作用位置发生改变。

5.3.2　道砟动力响应分析

线路中心区域道床表面为道砟飞溅的最不利区域，本节针对前文风载作用下飞溅道砟的动力响应进行分析，以定量评估列车动荷载对道砟飞溅的影响程度。此外，研究了枕下典型道砟、枕盒道砟、以及轨枕的动力响应，以判断列车动荷载对散体道床整体稳定性的影响。

道砟 B、C 和 D 在列车动荷载作用下的速度与所受合力特征如图 5-24 和图 5-25 所示。可以看出，与仅考虑列车风荷载作用的情况相比，此时道砟 B、C、D 的振动速度和所受合力的波动特征更为显著，且各特征曲线波形与轨枕承受的列车荷载形式一致。表示在列车荷载作用下，道床表层道砟始终发生着与轨枕振动形式相同的现象。同时，三枚道砟振动幅度和所受合力均较为相近，最大振动速度为 0.25 m/s，最大合力为 33.68 N，即虽然表层道砟波动特征显著，但其振动幅度和所受合力显著低于风荷载作用条件，故该工况下并未发生道砟飞溅现象。

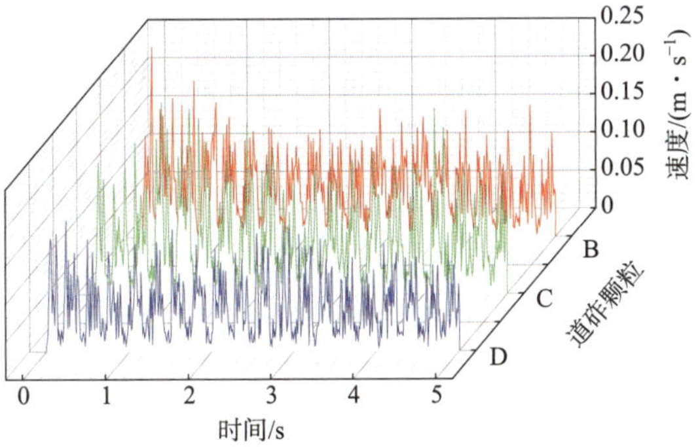

图 5-24　道砟 B、C、D 振动速度

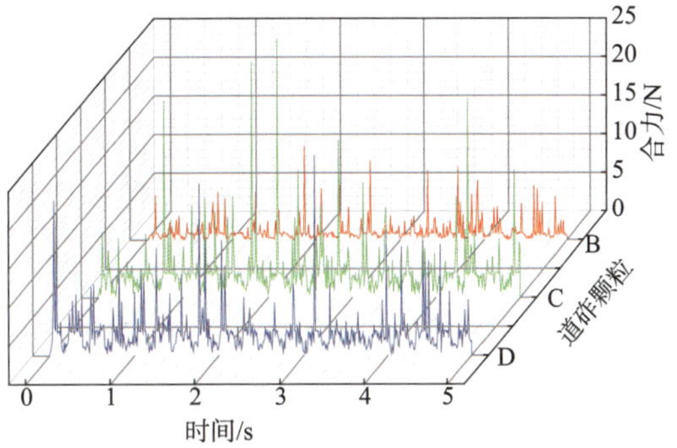

图 5-25　道砟 B、C、D 所受合力

为探究道床内部道砟颗粒振动响应，对第二跨轨枕中部底面下方 2 cm 处的道砟颗粒 E 的振动响应进行分析。颗粒 E 在列车荷载作用下的振动速度和加速度变化曲线分别如图 5-26 和图 5-27 所示，可以看出，道砟 E 的振动曲线波形同样与列车动力荷载形式一致，每个振动周期内的速度幅值表示车轮通过时，对枕下道砟 E 的振动速度加剧影响，此时其振动加速度也达最大。道砟 E 振动速度最大为 0.74 m/s，是表层道砟振动最大速度的 2.96 倍，表明在列车荷载作用下，枕下道砟的振动特征显著高于道床表层道砟。此外，道砟 E 振动加速度最大达 3.5g，虽然幅值较大，但其位于轨枕底部，不会发生飞溅。

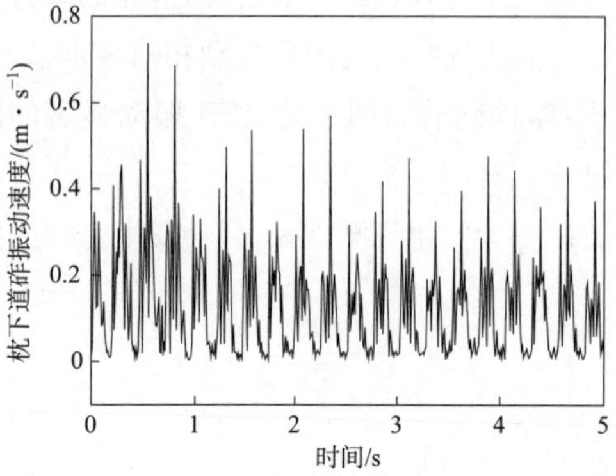

图 5-26　枕下道砟 E 振动速度

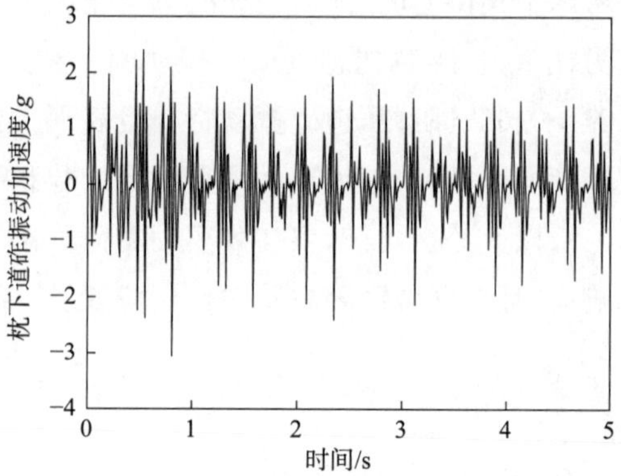

图 5-27　枕下道砟 E 振动加速度

枕盒道砟整体振动响应可反映最不利区域道砟颗粒的稳定性。枕盒道砟在列车荷载作用下的平均速度、角速度、及合外力分别如图 5-28、图 5-29 和图 5-30 所示，可以看出，在荷载作用初始阶段(0～1.0 s)，枕盒道砟平均速度和角速度相对较大，平均合力较小，最大分别为 0.15 m/s、2.10 rad/s、和 13.83 N，表明该阶段枕盒内道砟发生较为显著的振动。在此过程中，颗粒与颗粒之间的接触状态趋于稳定，故在荷载作用的下一阶段(1.0～5.0 s)，颗粒振动平均速度、角速度逐渐降低，最大为 0.12 m/s 和 1.73 rad/s，颗粒受到周围颗粒的作用力逐渐增大，导致枕盒道砟平均合力增大，最大为 28.80 N。综上分析可知，列车荷载作用对枕盒内道砟的振动特征影响显著。

枕盒道砟平均配位数反映道砟颗粒接触状态。列车动力荷载作用下枕盒道砟平均配位数变化情况如图 5-31 所示，可以看出，枕盒道砟平均配位数波动特征显著，在 1.9 与 4.4 之间波动。表明列车荷载的动力作用会使道砟之间接触点的数量降低，即道床密实度降低，导致表层道砟稳定性随之减弱。但在该变化过程中，道床主要产生的是可恢复的弹性变形，是由道砟颗粒之间的相互错动所致，故颗粒与颗粒之间的平均配位数在列车通过后能够恢复至约 4.4。

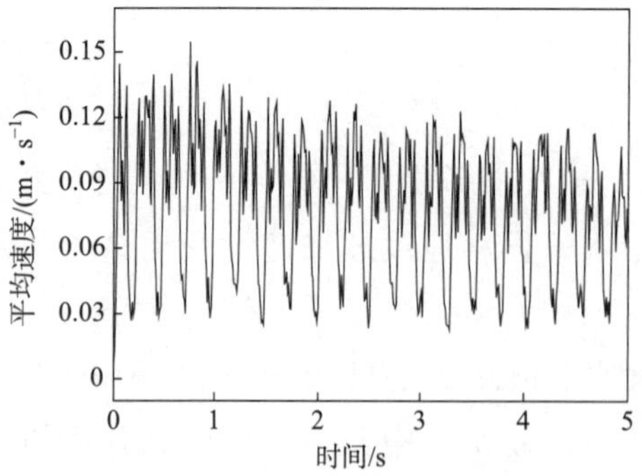

图 5-28　枕盒道砟平均速度

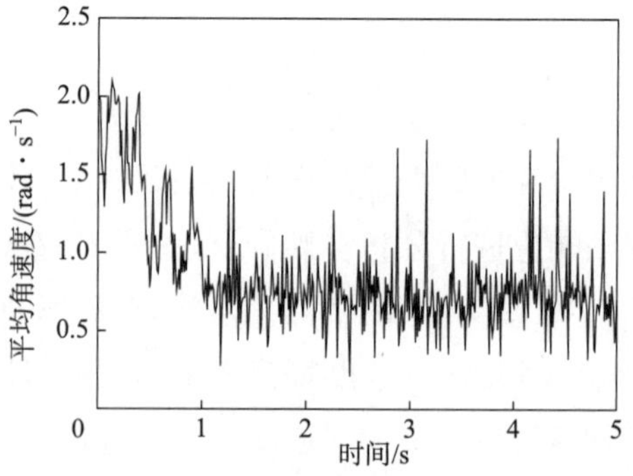

图 5-29　枕盒道砟平均角速度

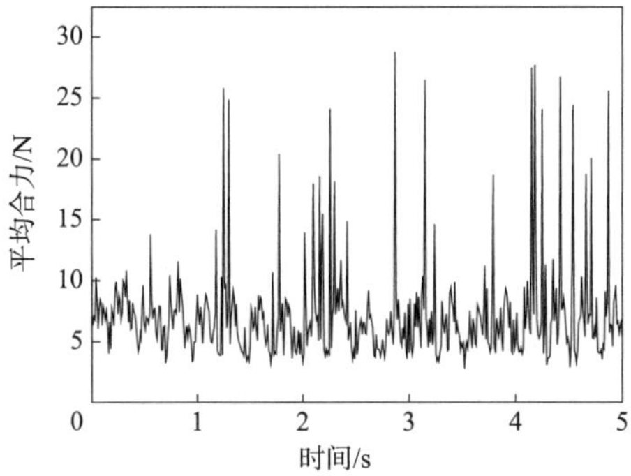

图 5-30　枕盒道砟平均合外力

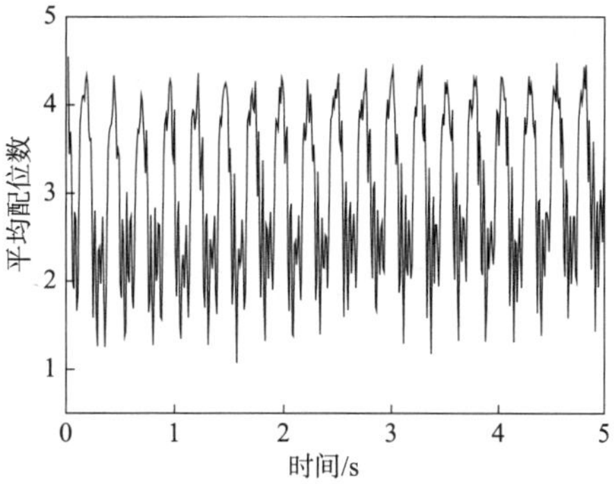

图 5-31　枕盒道砟平均配位数

此外，对列车荷载作用下第二跨轨枕的动力响应进行了分析。图 5-32 和图 5-33 所示分别为该轨枕的速度变化曲线和沉降曲线。可知，在列车荷载作用下，轨枕始终产生与列车荷载同步的振动，最大振动速度为 1.13 m/s。同时，轨枕的振动并非为以其初始位置为振动原点的往复振动，而是在振动过程中也发生着沉降变化，如图 5-33 所示。通过轨枕沉降曲线能够反映出列车荷载作用下道床的沉降变化规律，由图可知，在模拟时间内轨枕最大垂向位移达 3.80 mm，但需要注意的是，该位移量是由道床的弹性变形和塑性变形组成。其中弹性变形是由于荷载作用下道砟颗粒之间的相互错动所致，是可恢复性变形；塑性变形在实际线路中由道砟颗粒的重新排列或破碎所致，是不可恢复变形。列车循环荷载反复作用下，轨枕呈现出沉降速率逐渐降低的非线性特征。

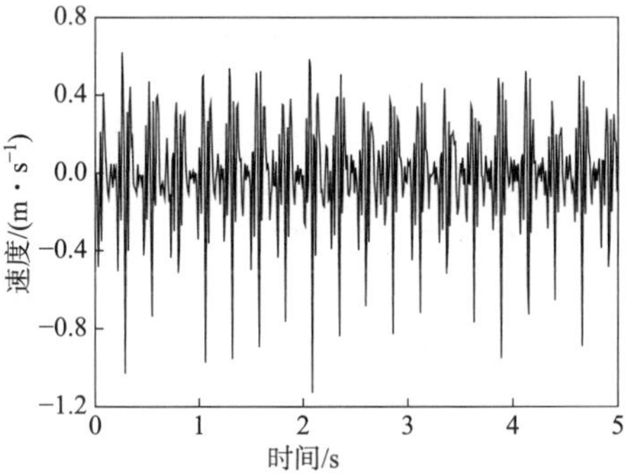

图 5-32　轨枕振动速度曲线

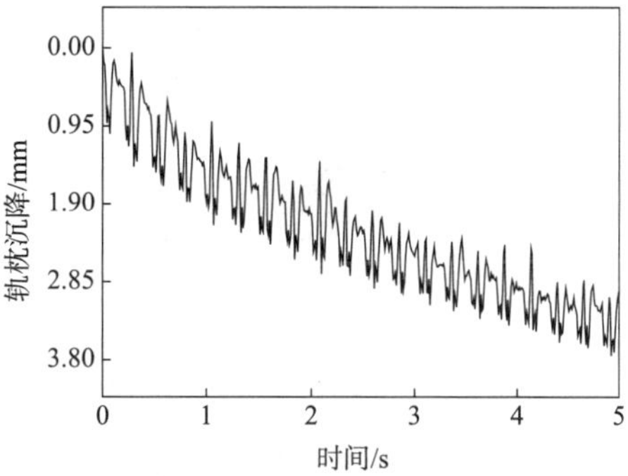

图 5-33　轨枕沉降曲线

由以上分析，列车动荷载作用下道砟颗粒会发生波动特征显著的振动响应，枕盒道砟颗粒振动较为激烈，其稳定性相对较低。

5.4　风振耦合下道砟飞溅动力特征分析

基于前文针对列车风荷载及动力循环荷载对道砟飞溅动力特征影响程度的分析结果，考虑列车空气动力荷载与轨道动力荷载的共同作用，利用基于 CFD-DEM-MBD 耦合算法的高速铁路道砟飞溅动力分析模型，分析风振耦合作用对道砟飞溅运动行为及动力响应特征的影响规律。

5.4.1 道砟运动行为分析

对道砟飞溅耦合分析模型施加行车速度 350 km/h、轴重 16 t 的高速列车荷载，获取道砟颗粒运动行为，重点关注飞溅道砟运动轨迹，分析飞溅道砟的位移时程变化规律。

有砟轨道结构在列车空气动力荷载与轨道动力荷载共同作用下的道砟飞溅运动行为如图 5-34 所示。可以看出，与仅考虑列车空气动力荷载，或轨道动力荷载作用相比，风振耦合下表层道砟的振动幅度和飞溅数量均显著增大。在模拟时间内，25 枚道砟发生飞溅。分析可知，风振耦合下，表层道砟振动加剧稳定性降低，一旦颗粒所受外力高于保持其自身稳定所需最大荷载即会飞离道床，此时在列车风载作用下，颗粒会沿列车行进方向加速飞起，击打轨道、车底等结构，造成一系列危害。此外，由图中表层道砟速度分布可知，位于钢轨内侧和外侧的道砟振动幅度相近，但飞离道床的道砟多分布于钢轨内侧道床表面，且在线路中心区域更为集中。

道床表层飞溅道砟 B、C 和 D(图 5-34 中黄色颗粒)沿线路方向的位移如图 5-35 所示。可以看出，道砟 B 在 0.56 s 内产生初始位移，沿着风场方向在枕盒内滚动，随后飞出枕盒，至 1.46 s 飞离有砟道床计算域；道砟 C 在 0.50 s 飞离枕盒，至 0.78 s 飞出计算域；道砟 D 在 0.45 s 内在枕盒内翻转，在轨枕的阻挡作用下直至 0.80 s 飞过轨枕，在 1.37 s 飞离计算域。分析可知，风振耦合作用下该三枚道砟产生初始位移、飞出枕盒、飞离道床所需时间，均明显少于仅在风荷载作用的情况，表明列车荷载显著加快了道砟飞溅的发生和发展进程。

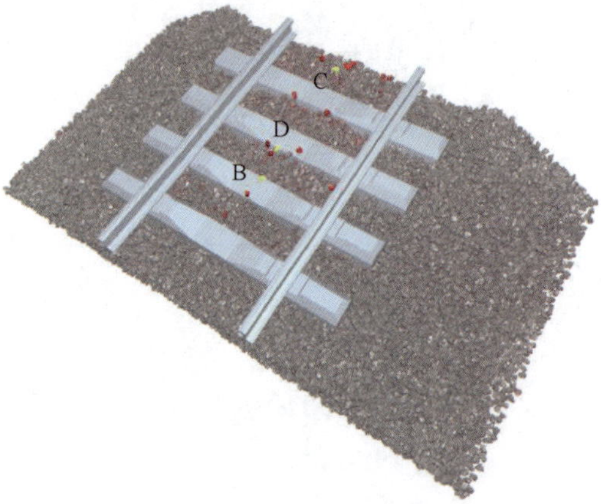

图 5-34 风振耦合作用下道砟飞溅(t=0.7 s)

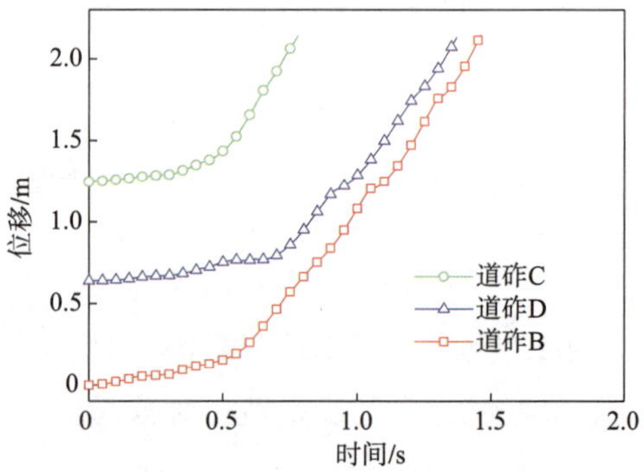

图 5-35 道砟沿线路方向位移变化

综合上述分析，相比于列车风荷载及轨道动力荷载的单独作用，风振耦合作用下，发生飞溅的道砟颗粒数量剧增。线路中心区域仍然为发生道砟飞溅的最不利区域，风振耦合作用下该区域道砟颗粒的稳定性大大降低，需重点关注。

5.4.2　道砟动力响应分析

风振耦合作用下易发生道砟飞溅的区域仍集中在线路中心，因此本小节分析发生飞溅的三枚典型道砟的动力响应，研究枕下道砟及线路中心区域枕盒道砟在风振耦合作用下平均速度、加速度、合力等动力响应特征。

飞溅道砟 B、C、D 在速度和所受合力变化情况分别如图 5-36 和图 5-37 所示。可以看出，该三枚道砟在荷载作用初始阶段(0～0.5 s)的速度和合力均较小，且颗粒速度在缓慢增大，该阶段道砟颗粒多在枕盒内滚动；在下一阶段(0.5 s 后)道砟飞离枕盒，其速度显著增大，但在其运动过程中或受到轨枕的阻挡作用，或受到其他颗粒的碰撞影响，导致颗粒速度出现显著降低，所受合力也急剧增大，在列车风载与轨道动力荷载共同作用下颗粒再次加速飞起，直至飞离计算区域。同样，风振耦合作用下道砟飞溅的各个阶段的最大速度和合力均高于仅在列车风载作用的情况。

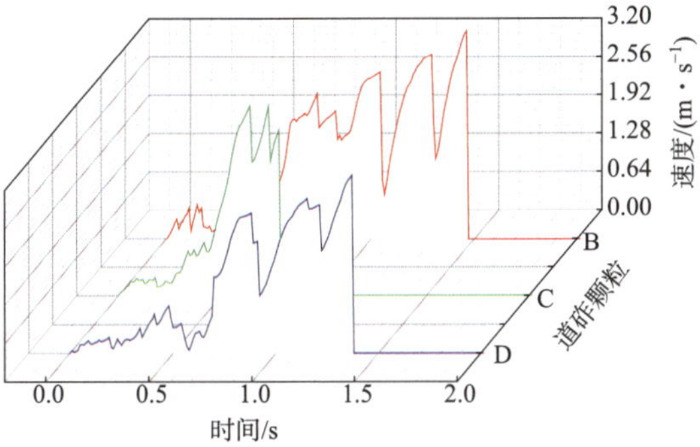

图 5-36　飞溅道砟速度

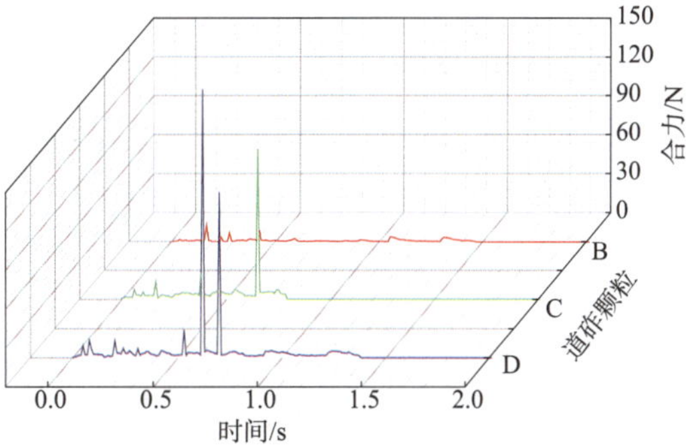

图 5-37　飞溅道砟合力

风振耦合作用下枕下道砟发生一定的振动响应，反映了有砟道床内部稳定状态。枕下道砟 E 的振动速度和加速度变化曲线分别如图 5-38 和图 5-39 所示，可知，风振耦合作用下，道砟 E 振动最大速度为 0.76 m/s，最大加速度为 3.4g，与仅考虑列车动力荷载时的振动特征值非常相近。此外，通过分析风振耦合作用下轨枕的动力响应特征可知，风振耦合条件下轨枕振动速度和沉降曲线同样与仅考虑列车动力荷载时的轨枕规律一致。故综合以上分析，列车风荷载不会对枕下道砟和轨枕的振动特征，以及道床沉降特征产生影响。

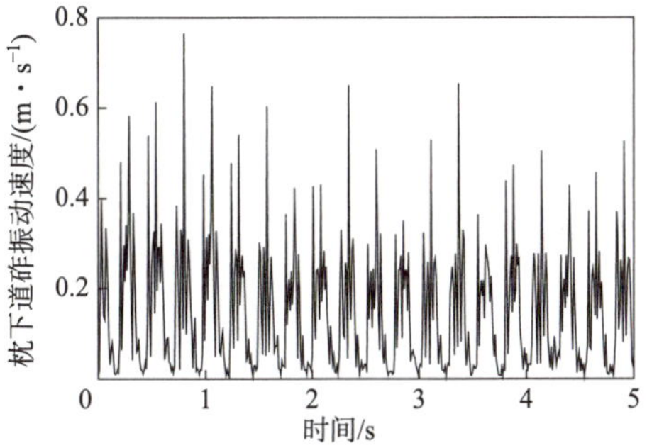

图 5-38　枕下道砟振动速度

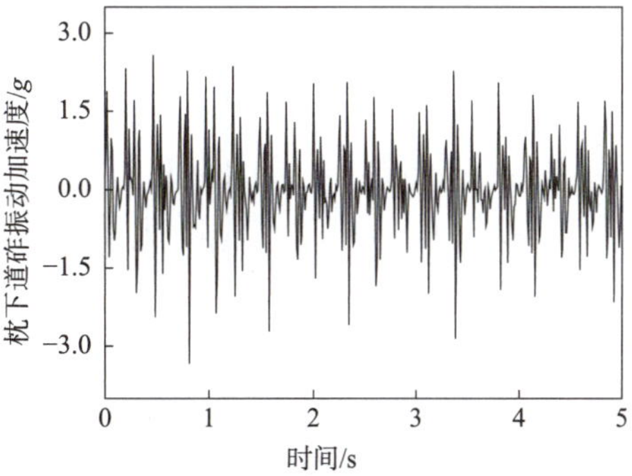

图 5-39　枕下道砟振动加速度

枕盒道砟颗粒振动响应反映了道砟发生飞溅的倾向。风振耦合作用下枕盒道砟颗粒的平均速度、角速度和所受合力分别如所示图 5-40、图 5-41 和图 5-42 所示，可知，枕盒道砟均与仅考虑列车动力荷载的情况一致，其变化规律及其产生的原因前文已详细阐述。需要注意的是，风振耦合下枕盒道砟的动力响应特征较仅考虑风荷载的情况存在一定差异：道砟平均速度最大为 0.16 m/s，显著高于风荷载作用影响的情况，是其最大速度的 11.6 倍；平均合力最大为 24.96 N，同样显著高于风荷载作用影响的情况，是其最大合力的 2.7 倍，表明列车动力荷载对枕盒道砟的速度和合力影响显著。道砟平均角速度最大值仅相差 1.0%，表明列车动力荷载对道砟转动特征影响较小。

枕盒道砟颗粒配位数反映了颗粒间的接触状态，影响颗粒在外荷载作用下的稳定性。风振耦合作用下道砟颗粒平均配位数变化规律如图 5-43 所示，可以看出，枕盒内道砟配位数表现出与列车动力荷载曲线相近的波动特征，在 1.2～3.7 之间循环往复波动。风振耦合作用下枕盒道砟平均配位数显著低于仅考虑风荷载的情况，同时最大配位数也低于仅考虑列车振动的情况的 12.1%。表明在风振耦合作用下，枕盒道砟稳定状态低于仅考虑列车风载，以及仅考虑列车动力荷载的情况，故在风振耦合作用下枕盒道砟更易飞溅。

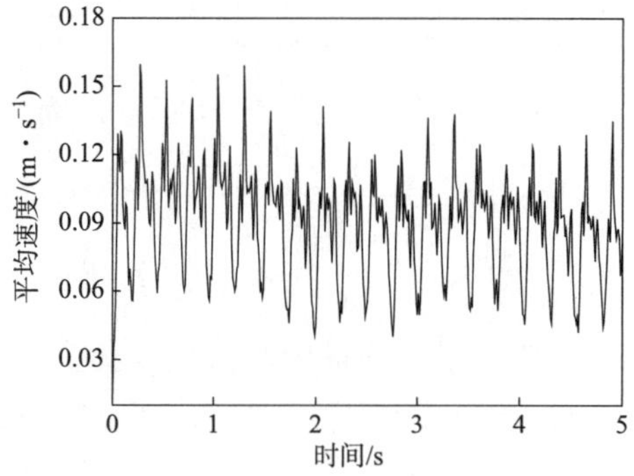

图 5-40　枕盒道砟平均速度

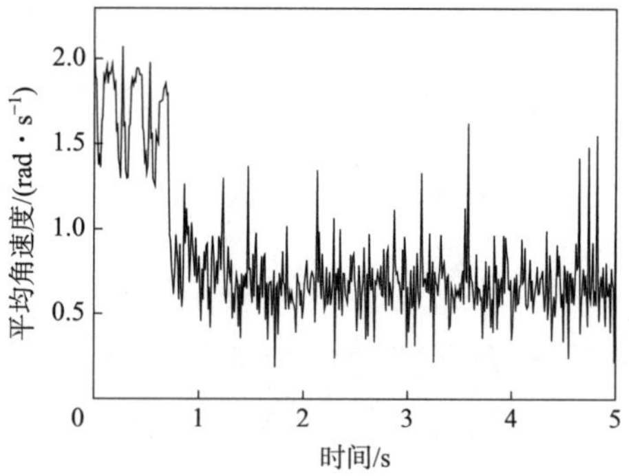

图 5-41　枕盒道砟平均角速度

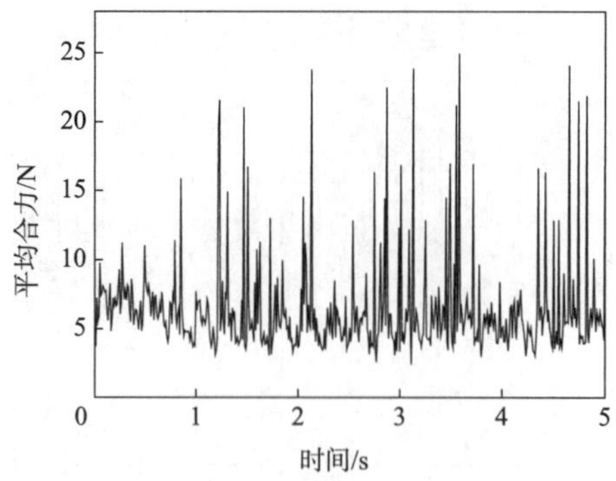

图 5-42　枕盒道砟平均合外力

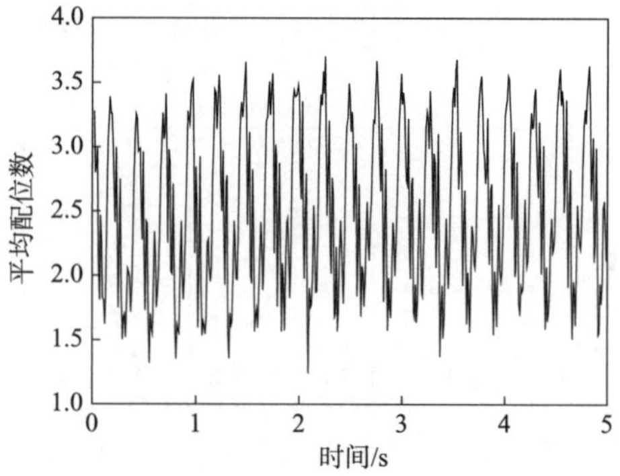

图 5-43　枕盒道砟平均配位数

综合上述分析，相比于列车风荷载及轨道振动荷载的单一作用，风振耦合作用下道砟颗粒的振动响应发生显著剧增，散体道床整体结构的稳定性也发生较大的衰减，因此易发生道砟飞溅现象。

5.5　车速和轴重对道砟飞溅动力特征影响分析

为探究行车速度、列车轴重对道砟飞溅的影响，进而有针对性地开展线路运营管理及养护维修工作，本节针对行车速度分别为 250 km/h、300 km/h、350 km/h 和 400 km/h，列车轴重分别为 12 t、14 t、16 t 和 18 t 条件下，开展道砟飞溅动力特征分析。分别研究行车速度对风载作用下、风振耦合作用下道砟飞溅的影响，以及列车轴重对风振耦合作用下道砟飞溅的影响，由于列车轴重对轨道流场影响甚微，故本节不考虑仅风载下列车轴重对道砟飞溅的影响。

5.5.1　车速对道砟飞溅影响分析

列车高速运行时轨道流场是引发道砟飞溅的关键因素，根据前文分析可知，列车运行速度对轨道流场产生显著的影响。为探明列车运行速度对道砟飞溅的影响机理，首先分析仅考虑风载条件下列车运行速度对道砟飞溅特征的影响规律，在基础上研究风振耦合作用下列车速度对道砟飞溅的影响。

5.5.1.1　风载下道砟飞溅变化分析

分别设置并计算车速为 250 km/h、300 km/h、350 km/h 和 400 km/h 时，仅在列车风荷载作用下的道砟飞溅动力特征。图 5-44 为飞溅道砟数量随行车速度的变化曲线，由图可知，行车速度为 250 km/h 和 300 km/h 时，并未出现道砟飞溅现象；车速为 350 km/h 时，道床表面三枚道砟发生飞溅；当车速提升至 400 km/h 时，飞溅道砟显著增多，共有 15 枚道砟飞离道床。图 5-45 所示为行车速度 400 km/h 时的道砟飞溅运动行为，由图可知，飞溅道砟集中出现在线路中心区域，其次为钢轨下部。

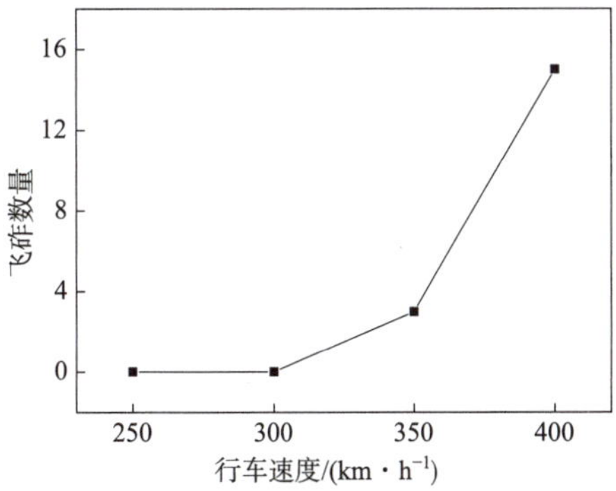

图 5-44　道砟飞溅数量

图 5-45　车速 400 km/h 时道砟飞溅情况

为对比分析车速对表层道砟动力响应的影响，对B、C、D三枚道砟在不同车速下的速度和合力进行监测。图5-46和图5-47分别为速度和合力最大值受风速影响曲线，由图可知，车速为250 km/h时，三枚道砟受到合外力均为零并保持静止状态。车速300 km/h时，道砟受到合力和速度缓慢增大，表示道砟出现微小摆动和位移。随着车速进一步增大至350 km/h和400 km/h时，三枚道砟速度和受到合外力显著增大，均飞离道床。飞溅道砟B、C和D在车速400 km/h时的最大速度分别为车速350 km/h时的2.4倍、2.0倍和4.8倍。

对不同车速的枕盒道砟动力响应特征进行监测，重点关注平均速度、角速度、所受合力、配位数的变化规律，提取不同车速条件下上述参数的最大值，得到车速对其的影响曲线。图5-48～图5-50分别为不同车速下的列车风载对枕盒道砟平均速度、角速度和合外力的影响曲线。由图可知，随着车速的增大，枕盒道砟的平均速度、角速度和合力均逐增大，道砟稳定性显著降低。且随着车速的增大，上述参数的变化幅度也逐渐增大。车速300 km/h时枕盒内道砟平均速度、角速度和合外力，较250 km/h时分别增大15.26%、0.48%和1.11%，车速400 km/h时枕盒内道砟平均速度、角速度和合外力，较350 km/h分别增大142.78%、2.38%和3.48%，增幅显著增大。上述参数直接影响道砟颗粒的稳定性，故道砟飞溅发生概率与行车速度之间存在非线性关系，车速越高飞砟概率越大。

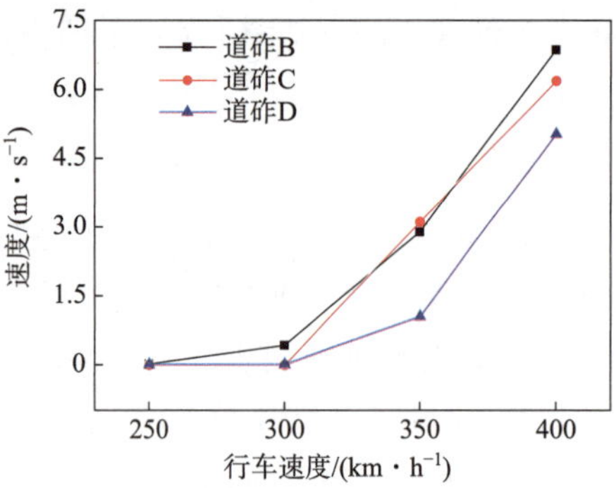

图5-46 飞溅道砟速度随车速变化曲线

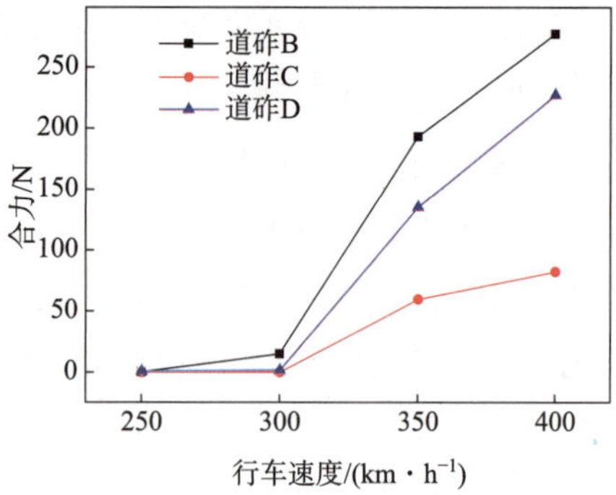

图5-47 飞溅道砟合力随车速变化曲线

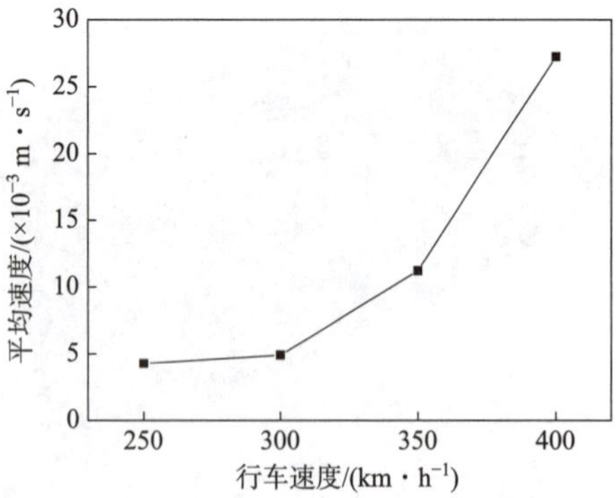

图5-48 车速对道床平均速度影响

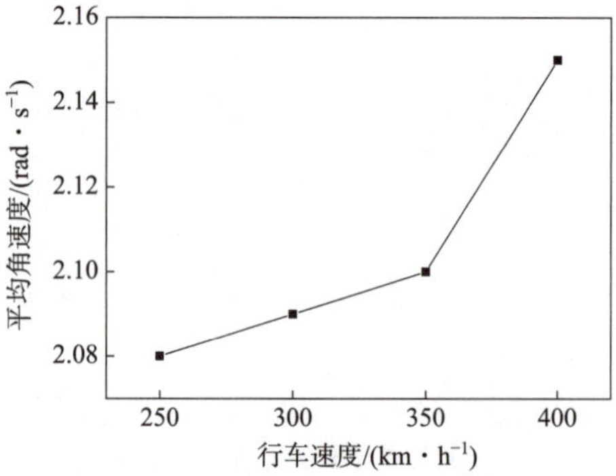

图5-49 车速对道床平均角速度影响

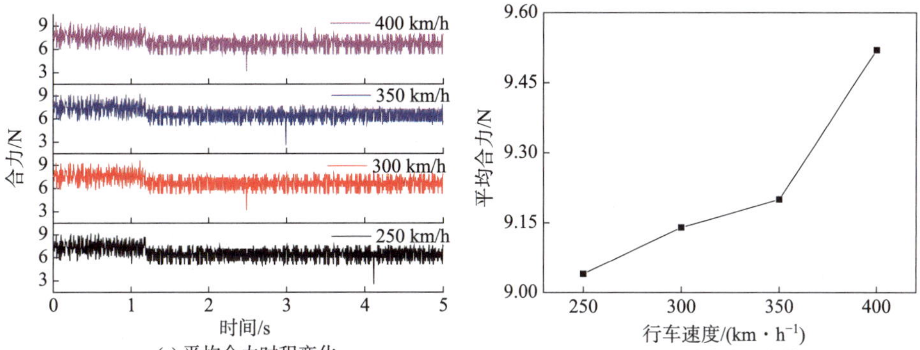

(a) 平均合力时程变化　(b) 平均合力最大值

图 5-50　车速对道床平均合力影响

不同车速下的列车风载对枕盒道砟平均配位数的影响规律如图 5-51 所示。由图可知，随着行车速度的提高，道砟配位数均逐渐增大，表示风载下道砟颗粒之间的接触状态发生变化，接触点数逐渐增大。随着行车速度的增大，道床表面流场强度也逐渐增大，枕盒道砟的平均配位数由 5.50 逐渐降低至 5.18，表示流场强度越大，表层道砟接触状态越不稳定，越易发生飞溅。

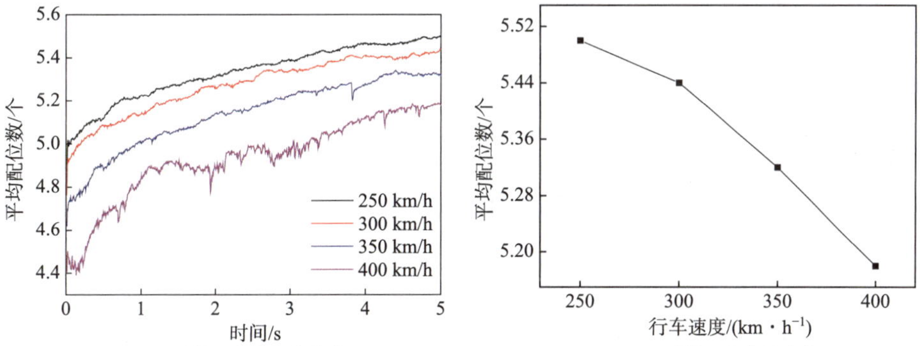

(a) 平均配位数变化曲线　(b) 平均配位数最大值

图 5-51　车速对道床平均配位数影响

综合上述分析，随着列车行车速度的提高，道床表层道砟颗粒速度和受到合力均逐渐增大，枕盒道砟整体的稳定性也逐渐降低。道砟颗粒一旦飞离道床，其速度和受到合力显著增大，且车速越高其增幅越大，飞溅道砟对轨道和车体等结构的危害也越严重。

5.5.1.2　风振耦合下道砟飞溅变化分析

随着行车速度的提高，列车风载强度和轨道动力荷载强度均逐渐增大。在前文仅考虑风载作用下列车运行速度对道砟飞溅影响分析结果的基础上，进一步研究行车速度分别为 250 km/h、300 km/h、350 km/h 和 400 km/h 时风振耦合作用下，表层道砟、枕盒道砟、枕下道砟等有砟轨道结构的动力响应特征。

道砟 B、C、D 均是在车速 350 km/h 产生的风荷载作用下，最先产生飞溅的道床表层道砟。通过对不同车速的风振耦合作用下，道砟 B、C、D 的运动速度和所受合外力进行监测，并提取其最大值，得到图 5-52 和图 5-53 所示的行车速度对表层道砟的速度和外力影响柱状图。可以看出，当行车速度由 250 km/h 增至 300 km/h 时，道砟 B、C、D 速度平均增大 73.2%，合外力平均增大 36.6%；当行车速度由 300 km/h 增至 350 km/h 时，道砟速度和合力增大幅度显著提高，速度增大 9.4 倍，合力增大 1.9 倍。由此可知，表层道砟运动速度和所受外力均随车速的提高而增大，但在车速低于 300 km/h 时，二者增大幅度较小，即车速提高对加剧道砟飞溅的影响有限。而当车速超过 300 km/h 时，表层道砟运动速度和所受外力受行车速度影响显著。

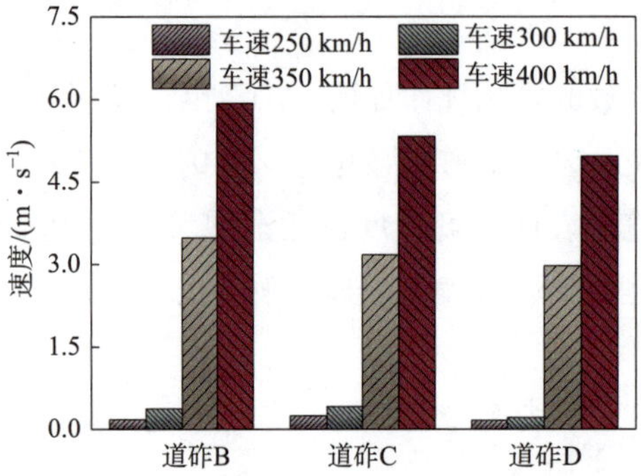

图 5-52 车速对表层道砟速度影响

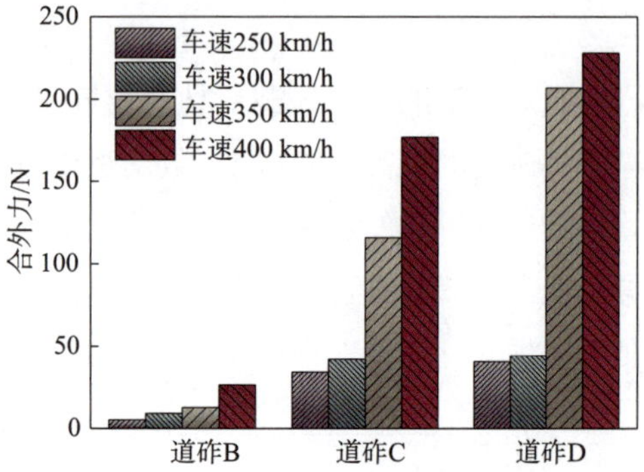

图 5-53 车速对表层道砟受力影响

枕盒道砟速度、角速度、受力和配位数在不同车速条件下的变化规律如图 5-54 和图 5-55 所示。可以看出，枕盒道砟的角速度、速度和合力均随着车速的提高而增大，当车速由 250 km/h 增大至 400 km/h 时，枕盒道砟角速度增大 10.3%，速度增大 66.7%，合力增大 20.9%，表明随着车速的提高，枕盒道砟振动特征加剧，颗粒稳定性降低。此外，枕盒道砟颗粒的平均配位数随车速提高而降低。前文研究表明，枕盒道砟配位数随风载强度的增大而增大，随轨道动载强度的增大而减小。故分析可知，风振耦合作用下，枕盒道砟颗粒之间的接触状态受到轨道动力荷载的影响更为显著，受列车风载影响并不敏感。

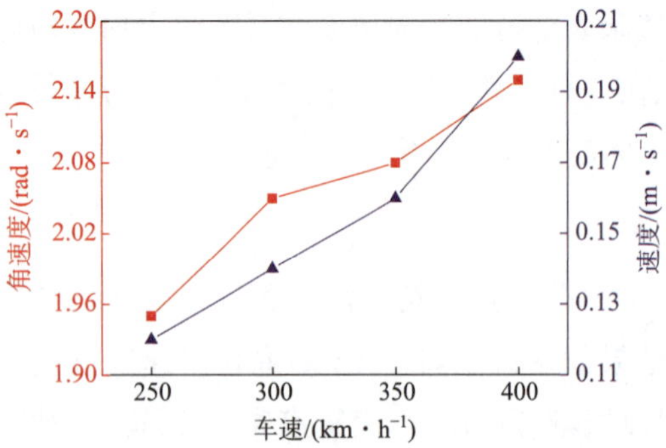

图 5-54 车速对枕盒道砟速度和角速度影响

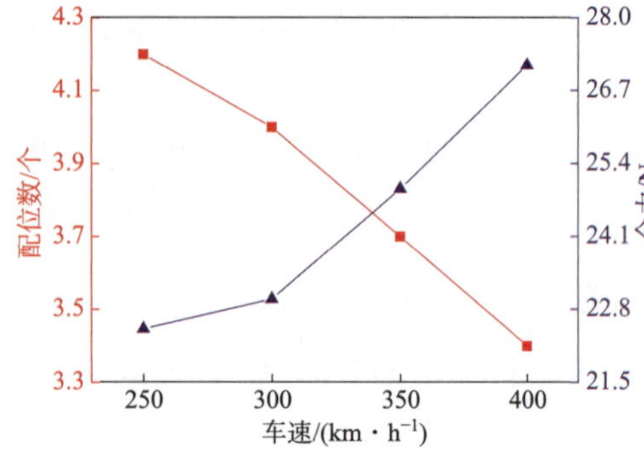

图 5-55 车速对枕盒道砟配位数和受力影响

风振耦合作用下行车速度对枕下道砟和轨枕动力响应的影响分别如图 5-56 和图 5-57 所示。可知，随着车速的提高，枕下道砟振动速度和加速度、轨枕振动速度和沉降均逐渐增大。车速由 250 km/h 增至 400 km/h 时，枕下道砟振动速度增大 1.6 倍，加速度增大 2.0 倍，轨枕振动速度增大 1.0 倍，道床沉降增大 1.3 倍。由于周边道砟及轨枕的约束限制，枕下道砟不会产生飞溅。但枕下道砟和轨枕的振动会加剧道床沉降，进而导致道床表面与轨枕顶面的相对高度降低，从而间接加剧道砟飞溅现象。

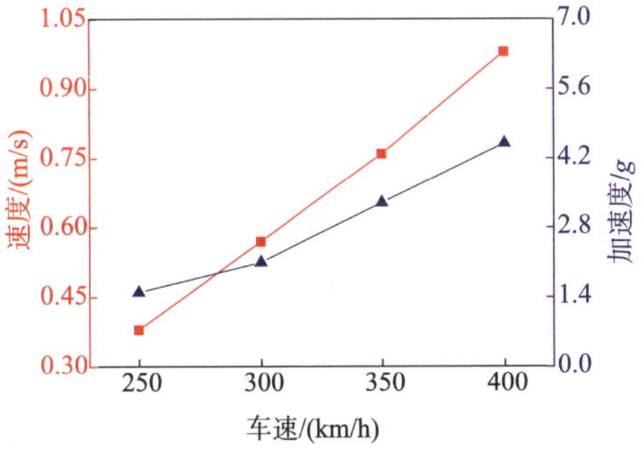

图 5-56　车速对枕下道砟速度和加速度影响

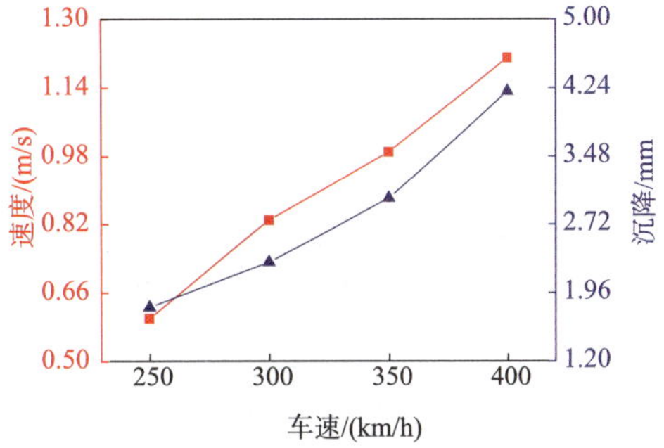

图 5-57　车速对轨枕速度和道床沉降影响

列车运行速度对轨道气动环境及振动响应均产生影响，致使道砟飞溅现象发生较大的变化。为探明不同运行速度条件下轨道流场及结构振动对道砟飞溅的影响程度，对仅在列车风荷载作用、仅在轨道动力荷载作用，以及在风振耦合作用下的 3 种情况的道砟飞溅数量进行统计分析，见表 5-2。分析可知：

（1）仅考虑列车风荷载作用，在车速低于 350 km/h 时，并未发生飞砟现象。车速高于 350 km/h 时，随着车速的增大飞砟数量增多。

（2）仅考虑轨道动力荷载作用，随着车速的增大，有砟轨道结构振动加剧，但各车速下均未发生道砟飞溅，表明在 400 km/h 运营速度范围内，轨道动力荷载并不会直接引发道砟飞溅。

（3）考虑风振耦合共同作用，在车速低于 300 km/h 时未发生道砟飞溅，随着车速的提高，逐渐发生飞砟现象，且飞溅道砟数量逐渐增大。此外，通过与仅在列车风载作用下的飞溅道砟数量对比可知，风振耦合作用下发生飞砟的临界车速由 350 km/h 降低为 300 km/h，表明轨道动力荷载对道砟飞溅起到了显著的加剧作用。

表 5-2　行车速度对飞溅道砟数量影响

行车速度	列车风/个	列车荷载/个	风振耦合/个
250 km/h	0	0	0
300 km/h	0	0	5
350 km/h	3	0	25
400 km/h	15	0	74

综合上述分析，仅考虑列车风载作用时，道砟飞溅数量及动力特征均随着列车运行速度的增加而变大，道砟飞溅后的速度及合力也会随着列车运行速度发生较大增长，对车辆及线路设施产生更大威胁。在风振耦合作用下，道砟飞溅的数量及动力特征发生进一步增长，当列车运行速度大于 300 km/h 时道砟飞溅变化尤为显著。

5.5.2 轴重对道砟飞溅影响分析

列车轴重的改变仅影响轨道结构承受的荷载强度，不会改变轨道流场特征，故本小节研究风振耦合作用下轴重对道砟飞溅特征的影响规律，列车运行条件为：行车速度 350 km/h，列车轴重分别为 12 t、14 t、16 t 和 18 t。

风振耦合作用下列车轴重对道砟 B、C、D 的速度和受力的影响规律分别如图 5-58 和图 5-59 所示。可以看出，表层道砟振动或飞溅速度，及其所受外力均随着轴重的增大而增大。当列车轴重由 12 t 增至 18 t 时，道砟 B、C、D 速度平均仅增大 4.7%，即表层道砟在风载耦合作用下，其振动或飞溅速度受轴重变化影响相对较小。

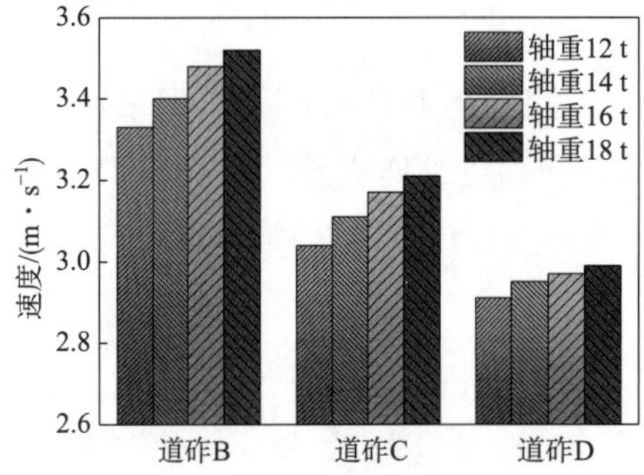

图 5-58　轴重对表层道砟速度影响

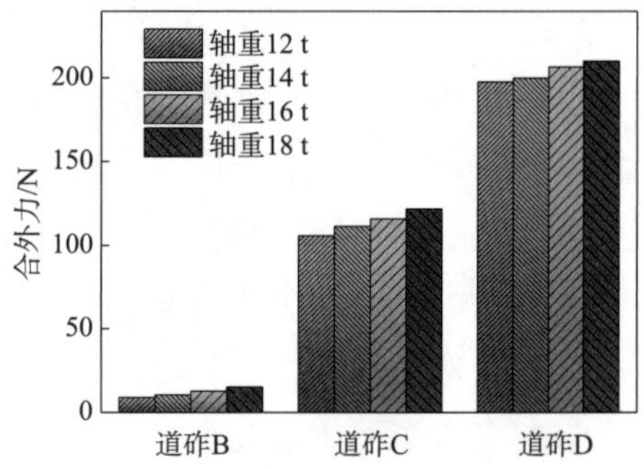

图 5-59　轴重对表层道砟受力影响

对不同轴重条件下枕盒道砟动力响应特征进行监测，重点关注颗粒速度、角速度、所受合力、配位数的变化规律。图 5-60 和图 5-61 为风振耦合作用下轴重对枕盒道砟平均速度、角速度、受力和配位数最大值的影响曲线。可知，枕盒道砟的速度、角速度和合力均随着轴重的增大而增大，平均配位数随着列车轴重的增大而降低，即列车轴重越大，枕盒道砟的振动特征越显著，稳定性越弱。当列车轴重由 12 t 增至 18 t 时，枕盒道砟速度增大 21.4%，角速度增大 2.4%，合力增大 4.2%，道砟颗粒平均接触点数降低 7.7%，枕盒道砟的振动特征受列车轴重增大的影响程度相对较小。

风振耦合作用下列车轴重对枕下道砟、轨枕动力响应的影响分别如图 5-62 和图 5-63 所示。可知，随着轴重的增大，枕下道砟振动速度和加速度、轨枕振动速度和沉降均增大。轴重由 12 t 增大至 18 t 时，枕下道砟振动速度增大 71.7%，加速度增大 100.0%，轨枕振动速度增大 26.8%，道床沉降增大 103.8%。故列车荷载对枕下道砟和轨枕动力特征的影响明显高于枕盒道砟和表层道砟。同时，道床沉降增大也间接表明，轴重增大会加剧道砟飞溅。

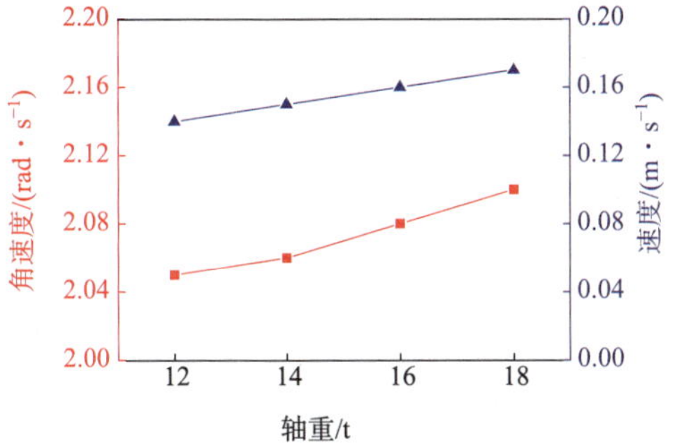

图 5-60　轴重对枕盒道砟速度和角速度影响

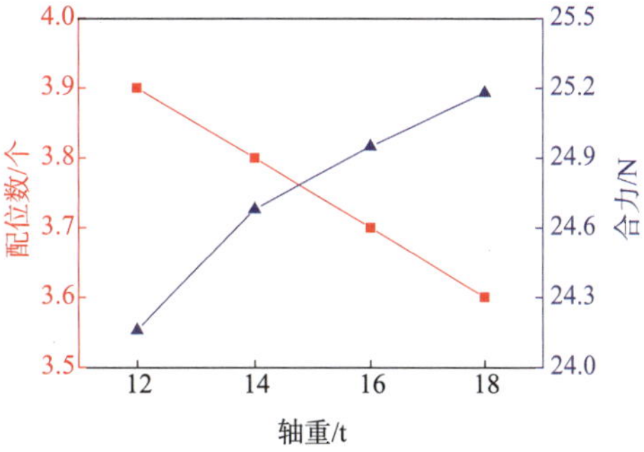

图 5-61　轴重对枕盒道砟配位数和受力影响

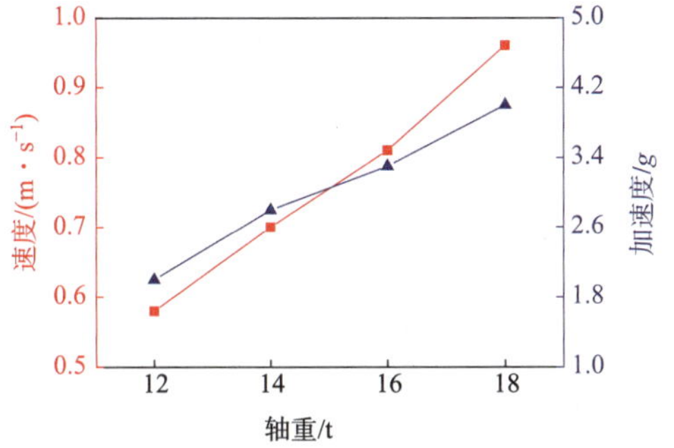

图 5-62　轴重对枕下道砟速度和加速度影响

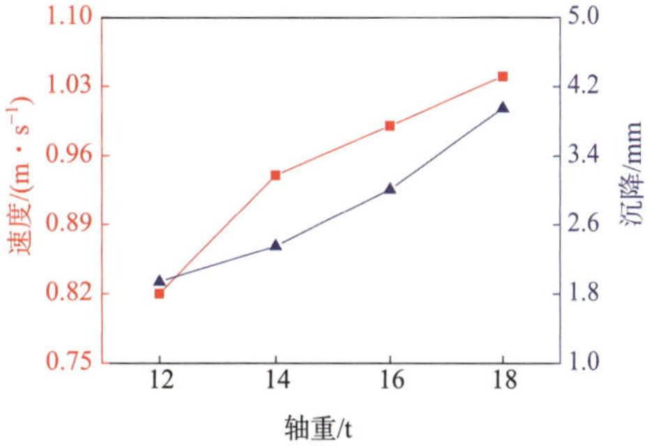

图 5-63　轴重对轨枕速度和道床沉降影响

列车轴重对轨道振动响应产生较大影响，对轨道气动流场的影响甚微。针对仅在列车风荷载作用、仅在轨道动力荷载作用，以及在风振耦合作用下的三种情况，不同轴重条件下产生飞溅道砟的数量见表 5-3。分析可知：

表 5-3　列车轴重对飞溅道砟数量影响

列车轴重	列车风/个	列车荷载/个	风振耦合/个
12 t	3	0	21
14 t	3	0	24
16 t	3	0	25
18 t	3	0	27

(1)仅考虑列车风载作用，由于每组轴重工况中的列车风载均为车速 350 km/h 的轨道流场，故飞砟数量均为三枚。

(2)仅考虑轨道动载作用，有砟轨道振动特征随轴重增大逐渐加剧，但不同轴重下均无道砟飞离道床，表明仅在轨道动力荷载作用下，并不会直接引发道砟飞溅。

(3)考虑风振耦合共同作用,随着列车轴重的增大,飞溅道砟数量逐渐增多。轴重由 12 t 增大至 18 t 时,飞砟颗粒数量增大 28.6%,且轴重每增大 2 t,飞砟数量平均仅增大 8.8%,增幅较小。以上分析表明,轨道动力荷载会加剧风荷载作用下的道砟飞溅现象,同时,风振耦合下飞砟数量受轨道动力荷载强度影响相对较小。

综上所述,轨道动力荷载对道砟飞溅的加剧效果显著,其主要影响道砟飞溅的初始阶段,会加剧枕盒和表层道砟的振动,为飞砟的产生提供初始条件,一旦道砟飞离道床就不再受到轨道动载的影响。列车风载会同时影响道砟飞溅的初始阶段与发展阶段,风载下表层道砟振动特征加剧,道砟飞起后在风载作用下会加速飞离道床。此外,风振耦合下随着行车速度与列车轴重的增大,飞砟数量逐渐增多,但二者改变对飞砟的影响程度存在差异。轴重改变引起的轨道动载幅值变化,对道砟飞溅的影响程度相对较小;车速提高后列车风载和轨道动载均会增大,故车速改变对道砟飞溅影响非常显著。

小　　结

本章基于 CFD-DEM-MBD 耦合算法构建了高速铁路道砟飞溅动力分析模型,分别分析了有砟道床在列车空气动力荷载作用,轨道动力荷载作用,以及二者共同作用下的道砟飞溅发展机理,重点分析了飞溅道砟、表层道砟、枕盒道砟、枕下道砟和轨枕等轨道结构的运动行为及动力响应特征,并研究了行车速度和列车轴重对道砟飞溅动力特征的影响。主要结论如下:

(1)建立道砟飞溅动力分析模型。提出 CFD-DEM-MBD 耦合分析方法,采用 DEM 模块模拟有砟道床,CFD 模块还原轨道流场,MBD 模块模拟列车动力荷载。基于该耦合方法建立了道砟飞溅动力分析模型,能够直观模拟和分析风振耦合作用下的道砟飞溅运动行为及动力响应特征,并真实反映有砟道床道砟颗粒形状、级配等散体特征,轨道流场对道砟颗粒影响,以及轨枕与道床结构之间相互作用关系。

(2)在列车风载对道砟飞溅的影响方面。列车风载对钢轨内侧道砟飞溅的影响显著,道砟飞溅主要发生在钢轨内侧道床表面,且在线路中心区域最为集中。列车风载会同时影响道砟飞溅的发生阶段与发展阶段,枕盒道砟在列车风载作用下会出现振动现象,道砟飞起后在风载作用下会加速飞离道床。

(3)在轨道动载对道砟飞溅的影响方面。轨道动载会加剧风载作用下的道砟飞溅,其主要影响道砟飞溅的发生阶段,会引起道床和轨枕等轨道结构的振动及道床沉降,为道砟飞溅提供初始条件。

(4)在风振耦合对道砟飞溅的影响方面。在风振耦合作用下,更易发生道砟飞溅,发生道砟飞溅的临界车速由仅在列车风载作用时的 350 km/h 降低为 300 km/h。轨道动力荷载对道砟飞溅起到了显著的加剧作用,其在高速铁路道砟飞溅机理研究中不可忽略。道砟飞溅现象主要集中发生在线路中心区域，在铁路现场应重点关注。

(5)在车速和轴重对道砟飞溅的影响方面。随着行车速度与列车轴重的增大，飞砟数量逐渐增多，但二者改变对飞砟的影响程度存在差异。轴重改变引起的轨道动载幅值变化，对道砟飞溅的影响程度相对较小；车速提高后列车风载和轨道动载均会增大。就本书理论分析结果，行车速度由300 km/h提升至400 km/h飞砟数量增大10倍以上。车速提升会导致道砟飞溅现象发生显著恶化，在高速铁路有砟轨道提速发展中应重点关注。

第6章 基于道床参数优化的道砟飞溅防治措施研究

道砟飞溅严重威胁高速铁路安全运营,《高速铁路设计规范》中明确规定了我国高速铁路有砟轨道各结构类型及参数,而既有轨道参数多针对延缓道床劣化角度设置,较少考虑对道砟飞溅的影响。且我国高速铁路有砟轨道的运营和维护工作,也多基于普速铁路的理论基础与工程经验。然而,普速铁路并不涉及高速行车条件下的道砟飞溅问题,故既有措施已不适用于我国现阶段高速铁路有砟轨道的运营特征。

前文研究提出,可通过控制道砟颗粒形状、材质等措施有效防治道砟飞溅。除此之外,国内外高速铁路线路还采用新型材料或附加轨道结构开展飞砟防治工作。如采用道砟胶将道床表层或整体粘结,采用聚氨酯发泡材料对道床孔隙填充,两种方法均能有效限制道砟颗粒运动,起到飞砟防治的目的。然而,对有砟道床进行粘结或填充,一方面会影响线路捣固、清筛等养护维修作业,另一方面也会大幅提高线路的建设成本。此外,日本新干线通过在道床表面铺设防护网开展飞砟防治,但该方法同样存在影响线路养护维修作业和增大建设成本的问题,且在长期运营中,若该防护网出现松动,在列车通过时也存在安全隐患。综上所述,采用新型材料或结构能够有效控制道砟飞溅,但也会在线路的建设、运营和维护阶段造成较多问题,甚至产生新的安全隐患。

针对上述问题,在不加外部措施条件下,仅从道砟及道床结构角度考虑,分析枕盒道砟高度、堆高高度、边坡坡度和道砟级配对道砟飞溅流场特征和动力特征的影响。首先,通过建立不同道床参数的有砟轨道流场分析模型,对比分析轨道流场特征差异。其次,基于CFD-DEM-MBD耦合算法,建立不同道床参数的道砟飞溅动力分析模型,对比风振耦合作用下,道砟飞溅运动行为及动力响应特征差异,进而提出道床参数优化建议。

6.1 枕盒道砟高度影响分析

《高速铁路设计规范》规定我国高速铁路有砟轨道道床顶面(即枕盒道砟高度)应低于轨枕承轨面40 mm,且不应高于轨枕中部顶面,即仅对道床表面距轨枕顶面的最高高度进行限制。为探究枕盒道砟高度对道砟飞溅的影响,本节采用道砟飞溅分析模型系统,对不同枕盒道砟高度进行模拟，分别设置道床表面距轨枕中部顶面为 1 cm、4 cm、7 cm 和 10 cm，设置各组参数模型的行车速度均为 350 km/h。通过重建道砟飞溅流场分析模型和动力分析模型，对不同枕盒道砟高度的轨道流场特征和道砟动力特征进行分析。

6.1.1　轨道流场特征分析

前文研究表明，列车高速运行时转向架区域的轨道空间流场强度较大，因此对该区域的流场分布重点关注，在此基础上，分析道床中部、轨枕中部和砟肩顶端三处典型区域的流场时程变化规律。

头车前转向架通过时，轨道表面风压云图如图 6-1 所示，为便于观察分析，各云图显示范围均为－300～600 Pa。可知，头车转向架通过时轨道结构表面正压与负压同时存在，不同枕盒道砟高度下轨道结构风压分布存在差异。如图 6-1(a)所示，道床表面距轨枕顶面 1 cm 时，在该风压强度显示范围内(－300～600 Pa)，靠近每跨轨枕迎风侧道床表面均存在两个显著的正压影响区，最大正压强度为 555 Pa，分布于转向架末端下方。图 6-1(b)、(c)、(d)中，当道床表面距轨枕顶面分别为 4 cm、7 cm 和 10 cm 时，该正压影响范围和幅值均逐渐降低，道床表面距轨枕顶面 10 cm 时，道床表面正压幅值较 1 cm 工况时降低 16.2%。即随着枕盒道砟高度的降低，流场风压影响范围及幅值均显著降低。

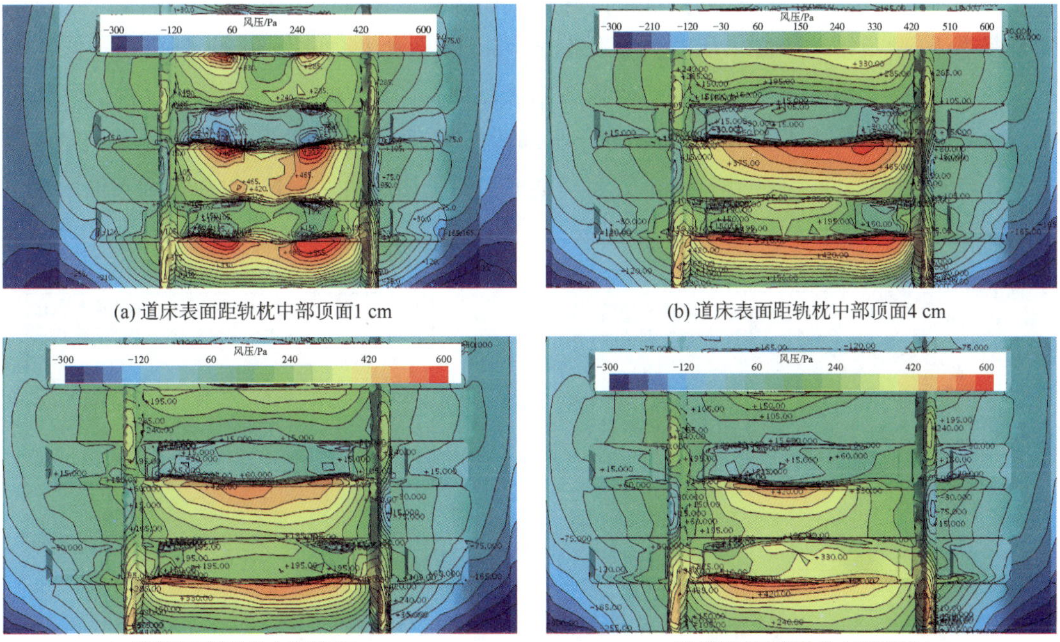

(a) 道床表面距轨枕中部顶面1 cm　(b) 道床表面距轨枕中部顶面4 cm

(c) 道床表面距轨枕中部顶面7 cm　(d) 道床表面距轨枕中部顶面10 cm

图 6-1　不同道床面高度的轨道表面风压等值线云图

不同枕盒道砟高度下，中间车转向架中部剖面风速分布如图 6-2 所示。由图可知，不同枕盒道砟高度下该剖面最大风速均产生于转向架顶端，风速最大均约为 120.0 m/s，高于行车速度，且剖面风速随着高度的降低而减小。如图 6-2(a)所示，在道床表面距轨枕顶面 1 cm 时，道床上方 5 cm 处的风速为 24.0 m/s，随着枕盒道砟高度的降低，至图 6-2(d)道床表面距轨枕顶面 10 cm 时，该风速降低为 12.0 m/s，降幅显著。

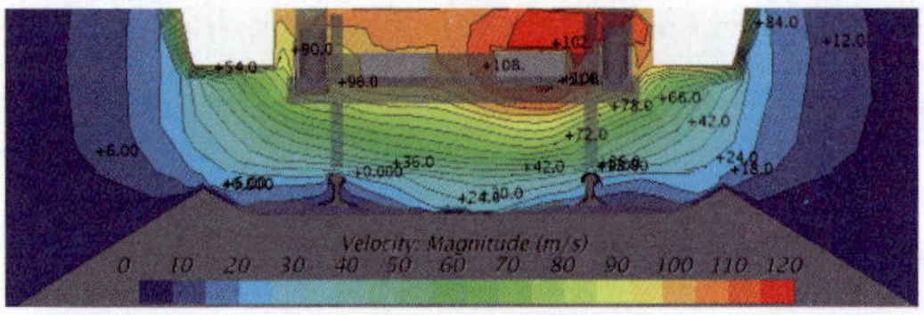

(a) 道床表面距轨枕中部顶面1 cm

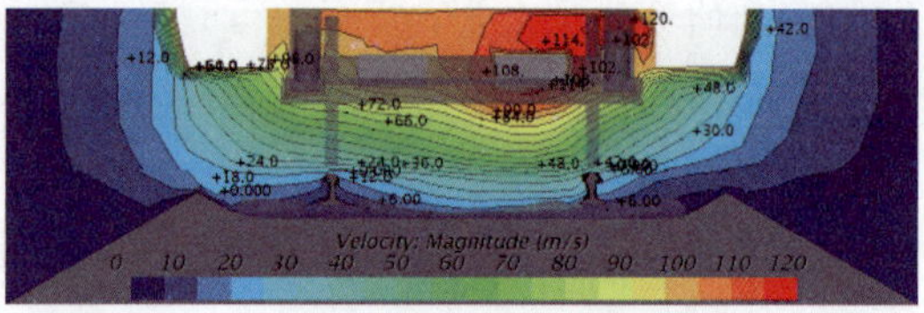

(b) 道床表面距轨枕中部顶面4 cm

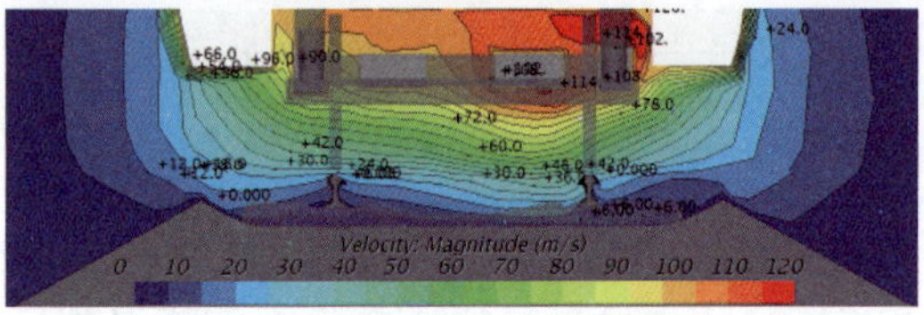

(c) 道床表面距轨枕中部顶面7 cm

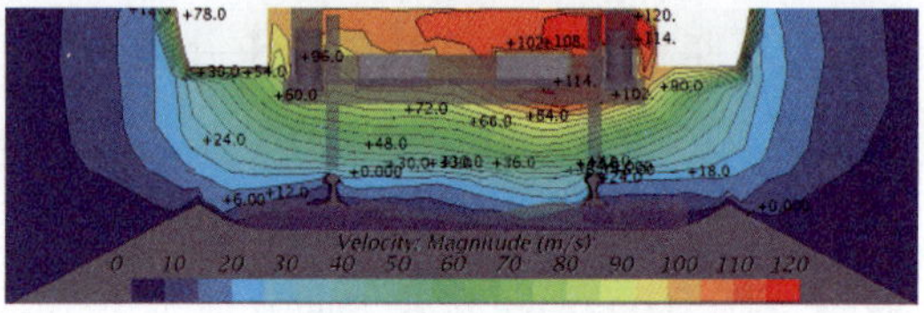

(d) 道床表面距轨枕中部顶面10 cm

图 6-2　不同道床面高度的风速等值线云图

对列车通过前后道床中部、轨枕中部和砟肩顶端测点开展风压实时监测，得到不同枕盒道砟高度下，轨道结构表面风压时程变化曲线，如图 6-3 所示。由图可知，列车以不同车速通过时，不同枕盒道砟高度的轨道结构风压均表现出“正压—负压—负压—正压”的变化特征，且风压波动特征也较为一致，均在列车底部转向架、车厢连接处等不连续区域产生风压波动。随着枕盒道砟高度的降低，车头和车尾引起的正压和负压幅值，以及车厢其他区域引起的轨道结构风压波动特征值均逐渐降低。

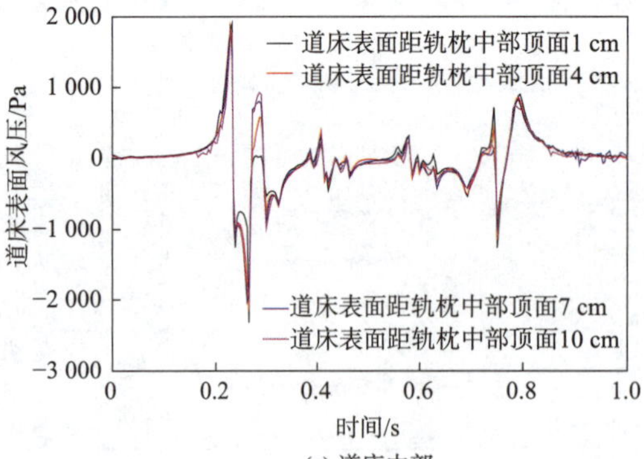

(a) 道床中部

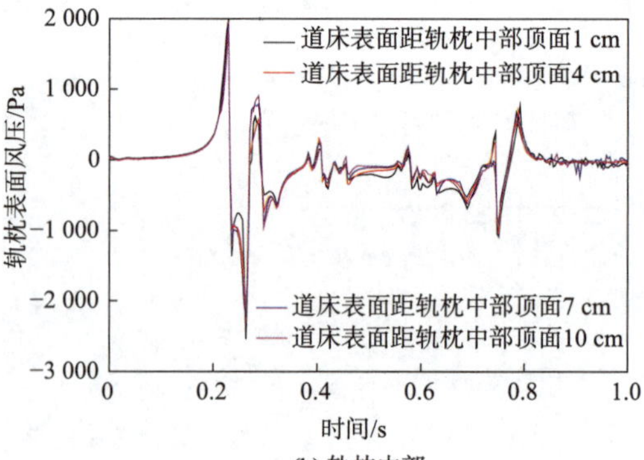

(b) 轨枕中部

图　6-3

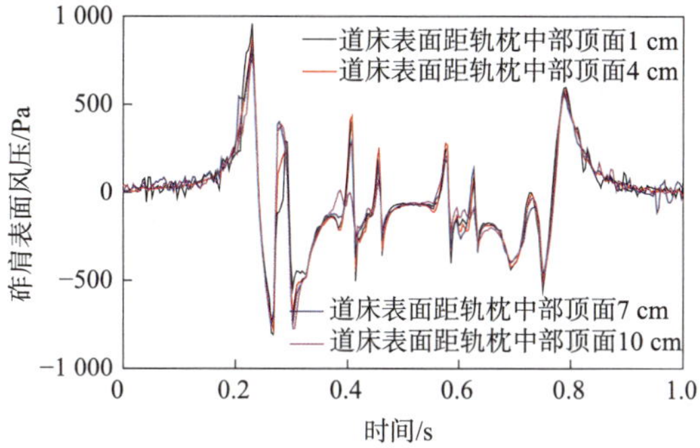

(c) 砟肩堆高顶端

图 6-3　轨道表面风压时程曲线

通过对风压特征值进行提取和分析，得到表 6-1 所示道床、轨枕和砟肩风压特征值统计数据。由表可知，道床、轨枕和砟肩表面由头车引起风压幅值 $\Delta p_{1\max}^{+}$ 和 $\Delta p_{1\max}^{-}$，以及由尾车引起的风压幅值 $\Delta p_{2\max}^{+}$ 和 $\Delta p_{2\max}^{-}$，均随着枕盒道砟高度的降低而减小。同时，由于道砟飞溅现象受到风压波动最大压差的影响显著，故需重点关注头车和尾车产生的最大压差 Δp_1、Δp_2 变化特征，枕盒道砟高度降低时轨道结构最大压差均减小。为研究枕盒道砟高度对轨道流场的影响规律，对列车通过前后轨道表面产生的最大压差 Δp_1、Δp_2 与枕盒道砟高度的关系进行分析。

表 6-1　不同枕盒道砟高度下道床测点风压特征值(Pa)

道砟高度	$\Delta p_{1\max}^{+}$	$\Delta p_{1\max}^{-}$	$\Delta p_{2\max}^{+}$	$\Delta p_{2\max}^{-}$	Δp_1	Δp_2
1 cm	1 900.3	−2 321.7	887.2	−1 268.7	4 222.0	2 155.9
4 cm	1 883.4	−2 157.5	863.6	−1 147.0	4 040.9	2 010.6
7 cm	1 875.8	−2 039.3	825.5	−1 041.3	3 915.1	1 866.8
10 cm	1 830.9	−1 942.5	743.6	−816.11	3 773.4	1 559.71

表 6-2　不同枕盒道砟高度下轨枕测点风压特征值(Pa)

道砟高度	$\Delta p_{1\max}^{+}$	$\Delta p_{1\max}^{-}$	$\Delta p_{2\max}^{+}$	$\Delta p_{2\max}^{-}$	Δp_1	Δp_2
1 cm	1 992.7	−2 542.4	764.7	−1 088.1	4 535.1	1 852.8
4 cm	1 956.8	−2 313.3	700.4	−1 043.9	4 270.1	1 744.3
7 cm	1 912.2	−2 239.6	669.3	−900.5	4 151.8	1 569.8
10 cm	1 870.7	−2 107.4	544.5	−860.3	3 978.1	1 404.8

表 6-3　不同枕盒道砟高度下砟肩测点风压特征值(Pa)

道砟高度	$\Delta p_{1\max}^{+}$	$\Delta p_{1\max}^{-}$	$\Delta p_{2\max}^{+}$	$\Delta p_{2\max}^{-}$	Δp_1	Δp_2
1 cm	957.2	−808.2	597.9	−558.2	1 765.4	1 156.1
4 cm	875.3	−785.1	584.1	−520.5	1 660.4	1 104.6
7 cm	807.9	−761.6	573.6	−481.7	1 569.5	1 055.3
10 cm	751.5	−736.1	554.8	−472.6	1 487.6	1 027.4

基于上述计算结果，针对轨道流场特征与枕盒道砟高度的相关性做进一步探究。图 6-4 所示分别为枕盒道砟高度与道床、轨枕和砟肩表面最大压差的拟合曲线、回归关系式和相关系数。如图所示，轨道结构表面最大压差与道床表面距轨枕顶面高度之间存在线性关系，二者通用关系式可表示为

$$\Delta p=\Delta p_0+a\cdot d \tag{6-1}$$

式中，Δp 为轨道结构表面由头车或尾车影响产生的最大压差；Δp_0 为道床表面与轨枕中部顶面相平时轨道结构表面最大压差，文章模拟工况中，头车引起的道床、轨枕和砟肩最大压差 Δp_0 分别为 4 257.2 Pa、4 561.8 Pa 和 1 165.7 Pa；a 为与轨道结构参数有关的拟合系数；d 为道床表面距轨枕中部顶面高度。

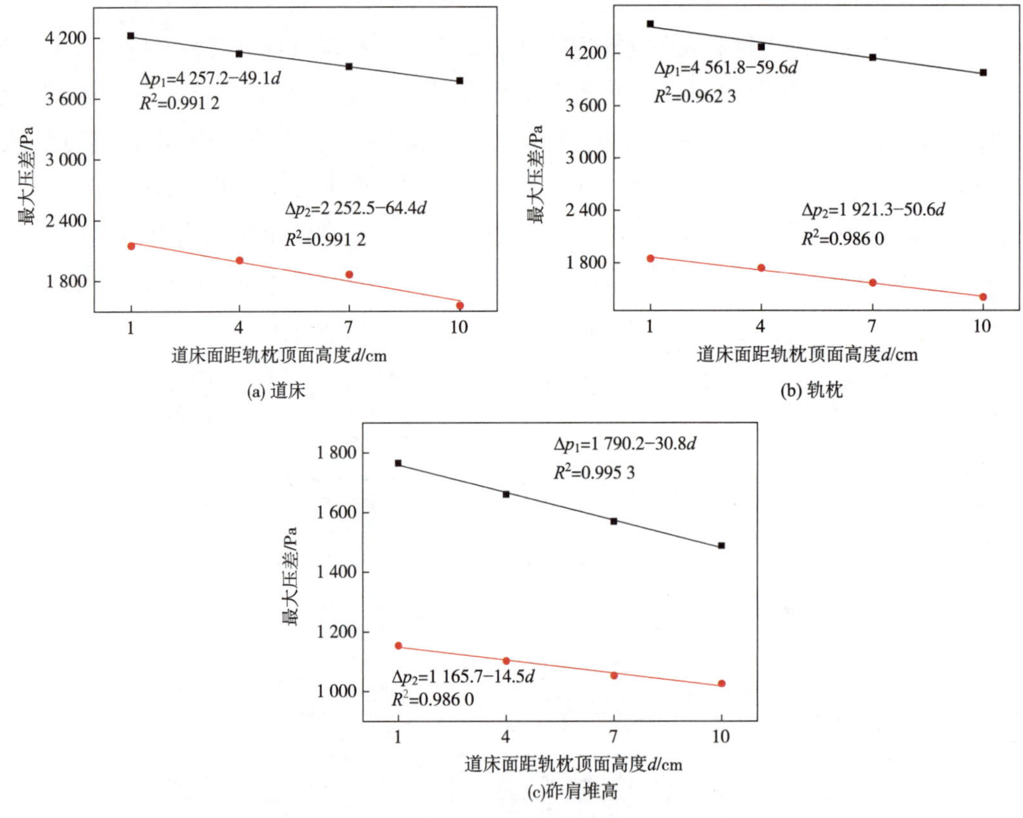

图 6-4　枕盒道砟高度与轨道最大压差关系拟合分析

综上所述，随着枕盒道砟高度的降低，轨道流场强度降低，最大压差呈线性减小。当枕盒道砟高度由距轨枕顶面 1 cm 降低至 10 cm 时，头车通过引起的道床、轨枕和砟肩表面最大压差分别降低 10.6%、24.2%和 15.7%。

6.1.2　道砟飞溅动力特征分析

通过建立不同枕盒道砟高度的道砟飞溅动力分析模型，考虑列车空气动力荷载与轨道

动力荷载共同作用，计算分析枕盒道砟高度对道砟飞溅动力特征的影响。

枕盒道砟高度对枕盒道砟角速度、速度、配位数和受力特征影响如图6-5和图6-6所示。图中横坐标上，道床面距轨枕高度越大表示枕盒道砟高度越低。由图可知，枕盒道砟的角速度、速度和合力均随着枕盒道砟高度的降低而增大，道砟配位数随枕盒道砟高度降低而减小，表明枕盒道砟高度越低，枕盒道砟振动越显著，道砟颗粒稳定性越低。而前文研究表明，轨道流场强度随枕盒道砟高度的降低而减弱，流场对枕盒道砟的影响也相应减弱。故分析可知，枕盒道砟振动特征受轨道动力荷载的影响高于列车空气动力荷载。当道床表面距轨枕顶面由1 cm降低至10 cm时，枕盒道砟角速度增大7.2%，速度增大7.4%，合力增大5.0%，枕盒道砟配位数减小3.3%。

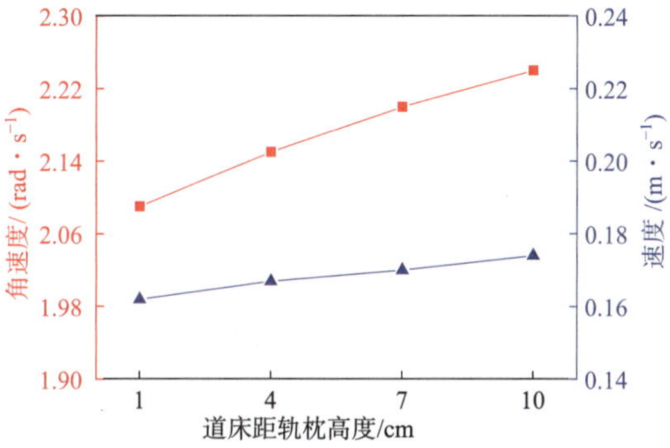

图6-5　道床面高度对道砟速度和角速度影响

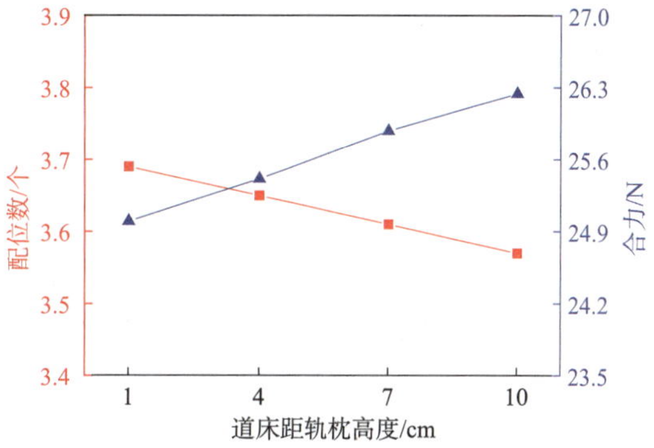

图6-6　道床面高度对道砟配位数和受力影响

风振耦合作用下枕盒道砟高度对枕下道砟和轨枕动力响应特征的影响分别如图6-7和图6-8所示，由图可知，随着枕盒道砟高度的降低，枕下道砟振动速度和加速度、轨枕振动速度和沉降均增大。当道床表面距轨枕顶面由1 cm降低至10 cm时，枕下道砟振动速度增大5.2%，加速度增大1.2%，轨枕振动速度增大20.8%，道床沉降增大1.3%。表明枕盒道砟高度对轨枕振动的影响较显著，对枕下道砟振动和轨枕沉降的影响相对较弱。

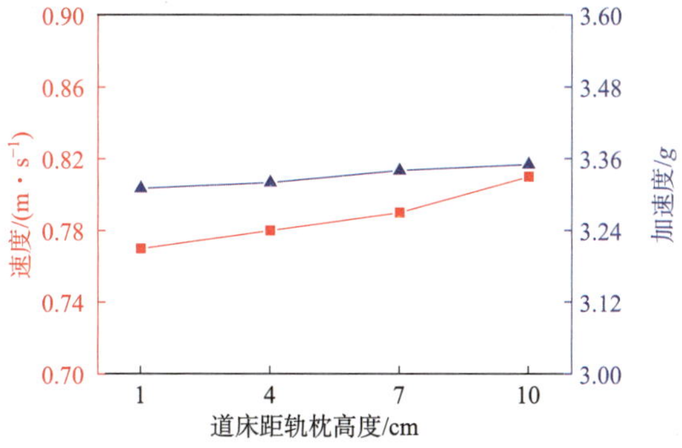

图6-7　枕盒道砟高度对枕下道砟速度和加速度影响

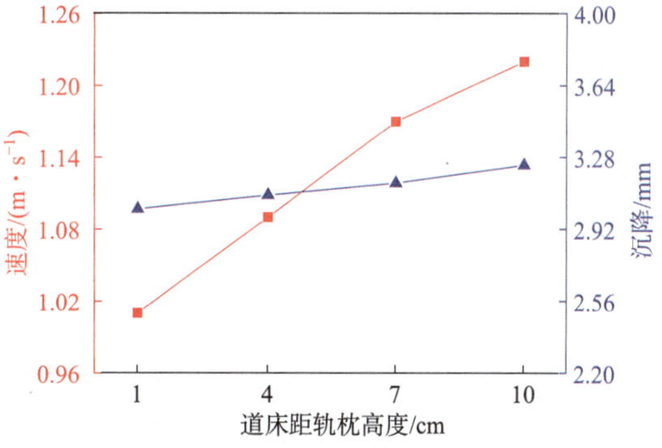

图6-8　枕盒道砟高度对轨枕速度和道床沉降影响

不同枕盒道砟高度条件下道砟动力特征及轨道流场发生显著变化，进而对道砟飞溅现象产生较大影响。图 6-9 所示为风振耦合作用下道砟飞溅数量受枕盒道砟高度影响曲线，由图可知，随着枕盒道砟高度的降低，道砟飞溅数量显著减少。当道床表面距轨枕顶面由 1 cm 降低至 10 cm 时，飞溅道砟数量减少 64.0%。

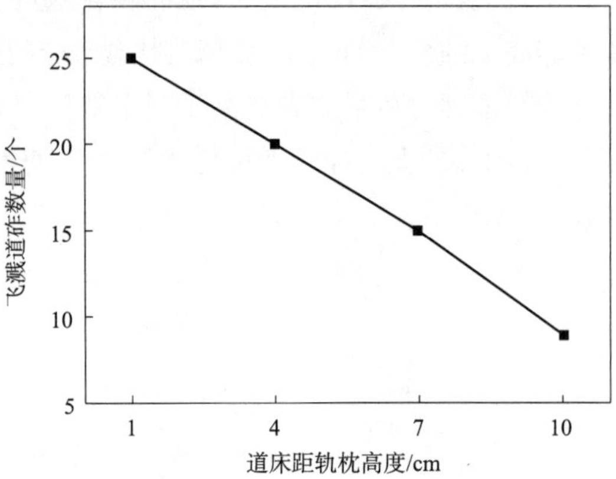

图 6-9　枕盒道砟高度对飞溅道砟数量影响

综上所述，随着枕盒道砟高度的降低，道床、轨枕、砟肩等轨道结构表面流场强度呈线性减小，枕盒道砟和轨枕的振动特征加剧，在风振耦合作用下道砟飞溅现象明显减少。同时，枕盒道砟振动特征受轨道动力影响较大，而道砟飞溅受轨道流场影响更为显著，降低枕盒道砟高度能有效控制道砟飞溅现象。

6.2　砟肩堆高高度影响分析

有砟道床砟肩对保持道床结构的稳定性起到至关重要的作用，砟肩高度影响有砟道床在列车荷载作用下的动力响应，同时影响列车风荷载作用下轨道表面流场特征，致使有砟道床发生不同程度的道砟飞溅现象。本节建立了不同砟肩堆高高度的道砟飞溅动力分析耦合模型，设置各组模型的行车速度均为 350 km/h，研究砟肩堆高高度对道砟飞溅特征的影响规律，进而提出砟肩堆高高度的优化建议。

6.2.1　轨道流场特征分析

砟肩堆高高度对列车风荷载作用下轨道流场特征产生一定影响，本小节分析不同砟肩堆高条件下转向架区域轨道空间的流场分布特征，在此基础上研究砟肩堆高高度对道床中部、轨枕中部和砟肩顶端风压时程特征的影响规律。

头车前转向架通过时，轨道表面风压等值线云分布如图 6-10 所示，各云图显示范围均为－300～600 Pa。可知，不同砟肩堆高高度下，钢轨内侧道床和轨枕表面风压分布和强度差异较小，道床表面最大正压均约为 510 Pa，产生于转向架后端通过时。然而，钢轨外侧道床和轨枕表面，以及砟肩位置处风压分布和强度受砟肩堆高影响显著。砟肩堆高由 15 cm 降低为 0 cm 时，钢轨外侧轨道结构表面最大负压分布区域逐渐向外侧移动，靠近钢轨处的道床表面风压由负压过度为正压，砟肩堆高顶端风压幅值降低，由 −150 Pa 变为 −75 Pa。综上所述，砟肩堆高高度对钢轨内侧轨道流场影响较小，对钢轨外侧轨道流场影响显著，随着砟肩堆高高度的降低，钢轨外侧轨道表面最大负压值显著降低。

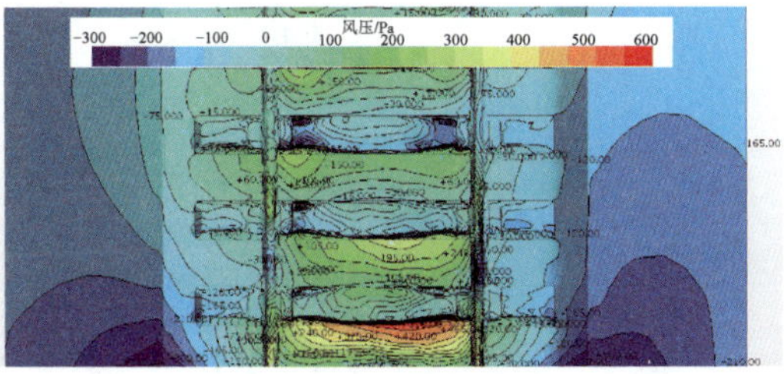

(a) 砟肩堆高15 cm

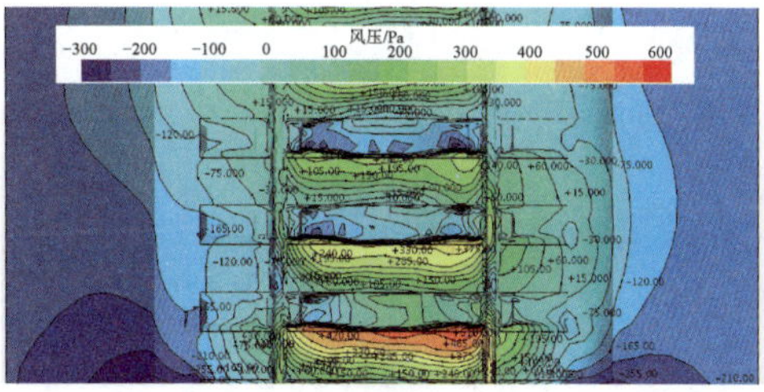

(b) 砟肩堆高10 cm

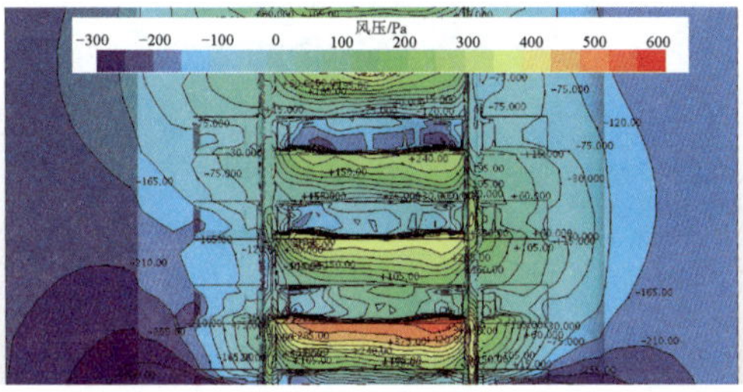

(c) 砟肩堆高5 cm

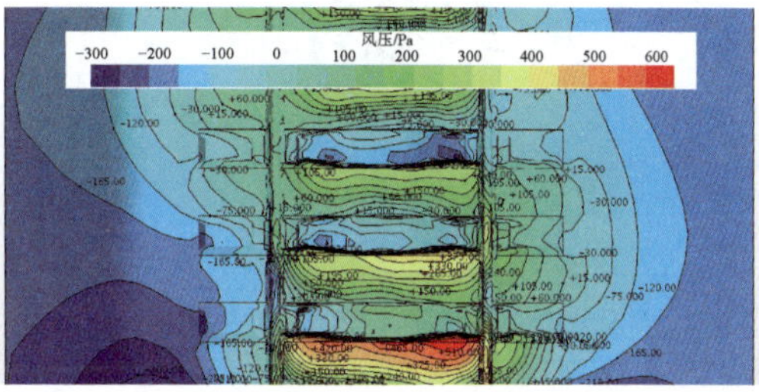

(d) 砟肩堆高0 cm

图 6-10　不同砟肩堆高轨道表面风压等值线云图

中间车转向架中部区域道床上方剖面风速等值线云分布如图 6-11 所示。由图可知，不同堆高下钢轨内侧道床上方风速分布和强度差异较小，砟肩堆高高度主要对钢轨外侧道床上方风速影响较大。由于砟肩堆高会对道床上方的空气流场产生阻碍作用，砟肩堆高 15 cm 时，砟肩顶端风速分布存在分层现象。随着砟肩堆高高度的降低，风速分层点的位置逐渐降低，直至与道床高度一致，这就导致原先聚集在砟肩内侧的空气流动分散到外侧边坡区域，造成边坡上方空气流速增大，但增幅较小，同时，钢轨外侧道床上方相同高度位置处的风速幅值相应降低。

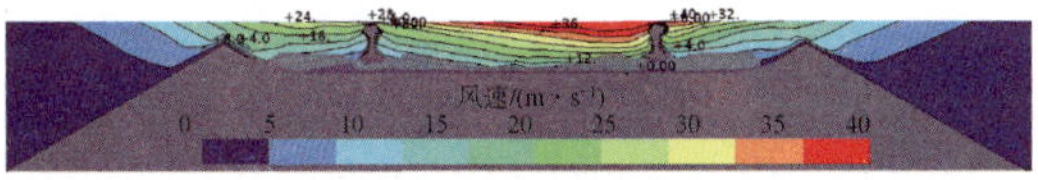

(a) 砟肩堆高15 cm

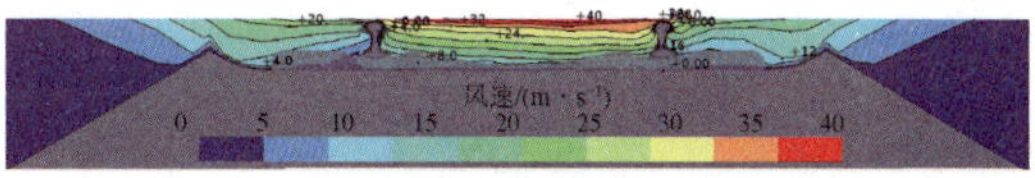

(b) 砟肩堆高10 cm

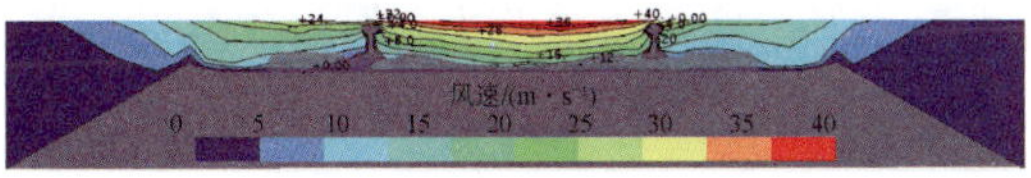

(c) 砟肩堆高5 cm

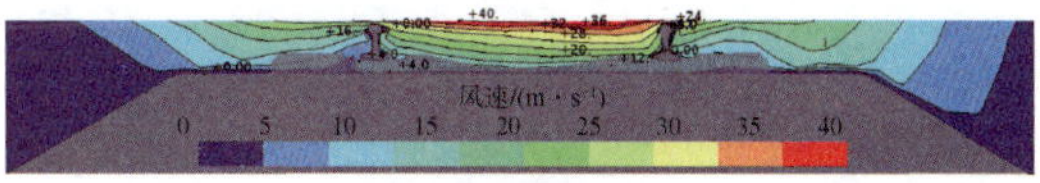

(d) 砟肩堆高0 cm

图 6-11　不同砟肩堆高道床上方风速等值线云图

对列车通过前后道床中部、轨枕顶面中部和砟肩堆高顶端测点风压实时监测，得到不同砟肩堆高高度下轨道结构风压时程变化曲线，如图 6-12 所示。可知，不同堆高的轨道表面风压波动特征较为相近，尤其是在道床和轨枕表面，不同砟肩堆高高度下其表面风压特征差异较小。图 6-12(c)为砟肩顶端风压时程曲线，图中砟肩风压随堆高的变化差异相对显著，随着砟肩堆高高度的降低，砟肩表面风压特征值逐渐减小。

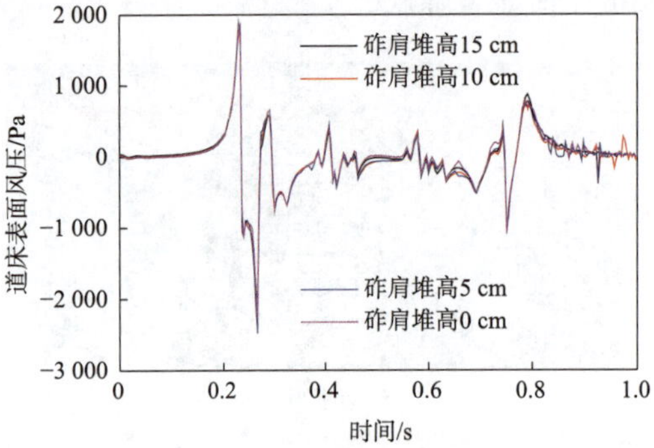

(a) 道床中部

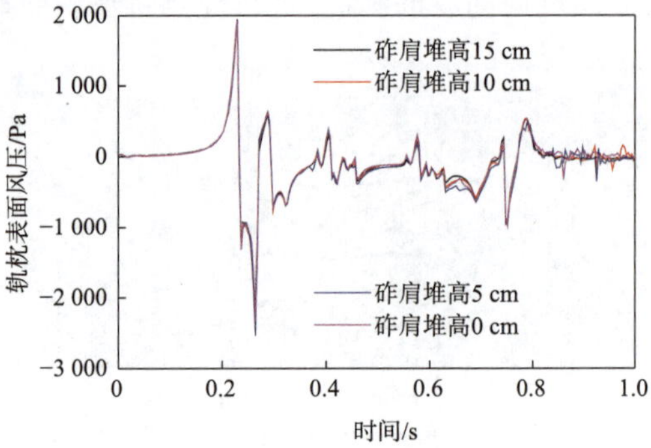

(b) 轨枕中部

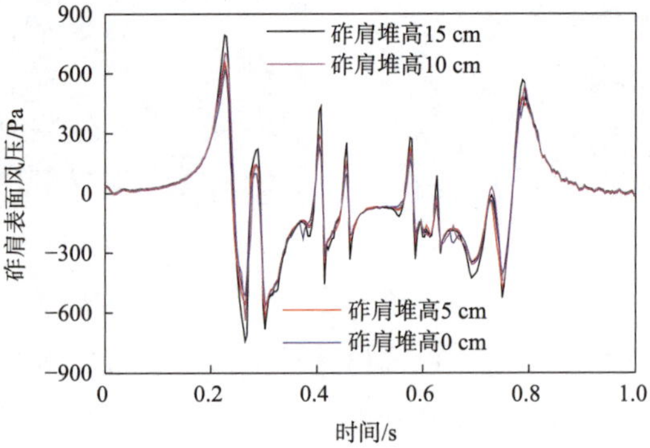

(c) 砟肩顶端

图 6-12　轨道表面风压时程曲线

对轨道结构表面风压特征值进行提取和分析，得到下表所示道床、轨枕和砟肩顶端风压特征值统计数据。由表可知，随着砟肩堆高的降低，道床和轨枕表面正压幅值 $\Delta p_{1\max}^{+}$ 和 $\Delta p_{2\max}^{+}$ 逐渐降低，负压幅值 $\Delta p_{1\max}^{-}$ 和 $\Delta p_{2\max}^{-}$ 逐渐增大，砟肩顶端的风压特征值 $\Delta p_{1\max}^{+}$、$\Delta p_{1\max}^{-}$、$\Delta p_{2\max}^{+}$ 和 $\Delta p_{2\max}^{-}$ 均逐渐减小。道砟飞溅受到风压波动最大压差 Δp_1、Δp_2 变化特征影响显著。砟肩堆高高度由 15 cm 降低至 0 cm 时，道床和轨枕表面 Δp_1 分别增大 8.3%和 3.7%，Δp_2 分别减小 3.6%和 6.2%。随着砟肩堆高高度的降低，砟肩顶端 Δp_1 和 Δp_2 均逐渐减小。砟肩堆高高度由 15 cm 降低至 0 cm 时，Δp_1 和 Δp_2 分别减小 26.1%和 25.4%。因此，砟肩堆高高度对道床和轨枕表面风压影响较小，对砟肩风压影响更为显著，随着砟肩堆高高度的降低，砟肩区域最大压差逐渐降低，该区域道砟颗粒产生飞溅的概率相应减小。

表 6-4 不同砟肩堆高高度下道床测点风压特征值(Pa)

砟肩堆高	Δp^+_{1max}	Δp^-_{1max}	Δp^+_{2max}	Δp^-_{2max}	Δp_1	Δp_2
15 cm	1 896.3	−2 081.3	872.4	−1 048.4	3 977.6	1 920.8
10 cm	1 878.9	−2 203.4	838.5	−1 063.5	4 082.3	1 902.0
5 cm	1 856.9	−2 305.5	802.4	−1 075.2	4 162.4	1 877.6
0 cm	1 831.5	−2 475.3	764.8	−1 087.4	4 306.8	1 852.2

表 6-5 不同砟肩堆高高度下轨枕测点风压特征值(Pa)

砟肩堆高	Δp^+_{1max}	Δp^-_{1max}	Δp^+_{2max}	Δp^-_{2max}	Δp_1	Δp_2
15 cm	1 943.4	−2 222.0	536.3	−902.1	4 165.4	1 438.4
10 cm	1 926.8	−2 300.4	466.7	−938.1	4 227.2	1 404.8
5 cm	1 901.1	−2 367.5	412.5	−953.2	4 268.6	1 365.7
0 cm	1 883.5	−2 436.5	364.9	−983.7	4 320.0	1 348.6

表 6-6 不同砟肩堆高高度下砟肩测点风压特征值(Pa)

砟肩堆高	Δp^+_{1max}	Δp^-_{1max}	Δp^+_{2max}	Δp^-_{2max}	Δp_1	Δp_2
15 cm	793.9	−742.1	565.9	−527.3	1 536.0	1 093.2
10 cm	704.3	−636.4	487.5	−478.4	1 340.7	965.9
5 cm	655.2	−552.5	434.2	−437.0	1 207.7	871.2
0 cm	621.8	−512.6	411.2	−404.8	1 134.4	816.0

基于上述计算结果，对列车通过前后轨道表面产生的最大压差 Δp_1、Δp_2 与砟肩堆高高度的关系进行分析，得到图 6-13 所示的拟合曲线、回归关系式和相关系数。可知，轨道结构表面最大压差与砟肩堆高高度之间存在线性关系，二者之间通用关系式可表示为

$$\Delta p = \Delta p_0 + b \cdot h \tag{6-2}$$

式中，Δp_0 为无砟肩堆高时，轨道结构表面最大压差；b 为与轨道结构参数有关的拟合系数；h 为砟肩堆高高度。拟合函数中，道床和轨枕函数斜率系数较小，表明其受砟肩堆高高度影响较小；砟肩表面斜率系数相对较大，表明其受到砟肩堆高高度影响显著。

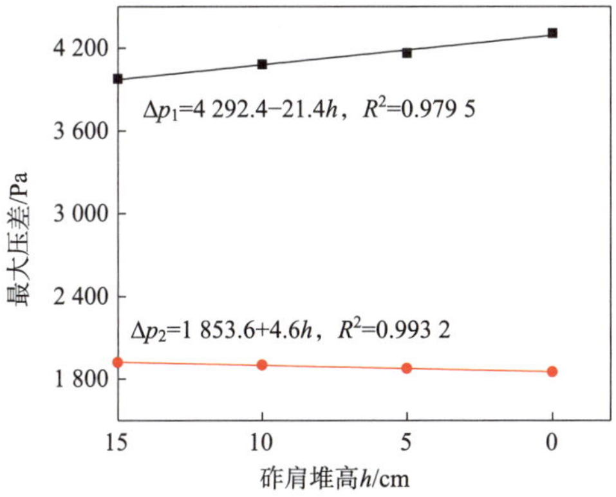

(a) 道床

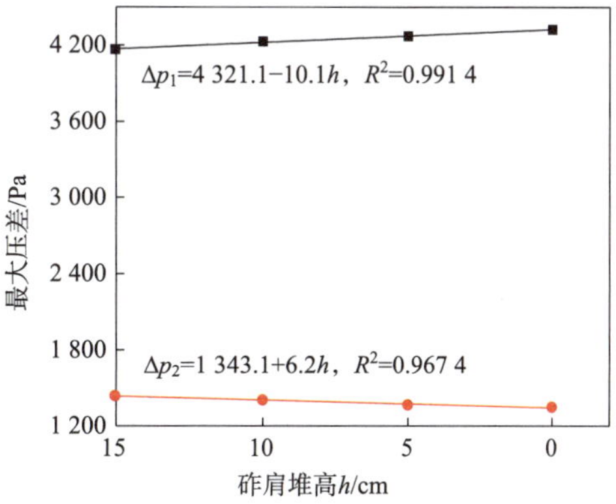

(b) 轨枕

图 6-13

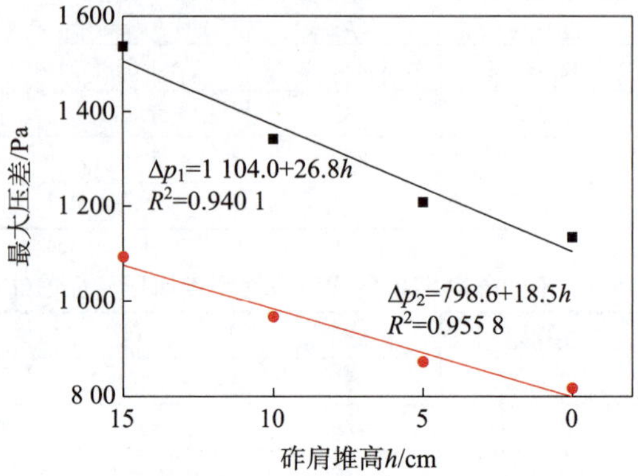

(c) 砟肩

图 6-13 砟肩堆高高度与轨道最大压差关系拟合分析

综上所述，随着砟肩堆高高度的降低，轨道流场强度降低，最大压差呈线性减小。且道床和轨枕表面风压受砟肩堆高高度影响较小，砟肩顶端风压受砟肩堆高高度影响显著，可通过降低砟肩堆高高度控制砟肩区域道砟飞溅现象。

6.2.2 道砟飞溅动力特征分析

通过建立不同砟肩堆高高度的道砟飞溅动力分析模型，考虑列车空气动力荷载与轨道动力荷载共同作用，计算分析砟肩堆高高度对道砟动力特征的影响。

砟肩堆高高度高度对枕盒道砟角速度、速度、配位数和受力特征影响如图 6-14 和图 6-15 所示，对枕下道砟和轨枕动力响应的影响如图 6-16 和图 6-17 所示。由图可知，枕盒道砟、枕下道砟和轨枕的振动均随着砟肩堆高高度的降低而加剧。砟肩堆高高度由 15 cm 降低至 0 cm 时，枕盒道砟角速度增大 0.1%，速度增大 1.3%，合力增大 2.4%，配位数降低 0.1%，表明枕盒道砟稳定性降低；枕下道砟振动速度增大 1.2%，加速度增大 0.2%，轨枕振动速度增大 0.4%，道床沉降增大 0.4%。结果表明，虽然道砟动力响应均随着砟肩堆高高度的降低而增大，但增大幅度较小。这是因为，砟肩堆高高度降低会在一定程度上减小道床纵向和横向阻力，影响道床稳定性，但其对钢轨内侧枕盒道砟和轨枕的影响相对较弱。

不同砟肩堆高条件下道砟动力特征及轨道流场发生变化，进而影响道砟飞溅现象。图 6-18 所示为风振耦合作用下道砟飞溅数量受砟肩堆高高度影响曲线，由图可知，随着砟肩堆高高度的降低，道砟飞溅现象逐渐减少。当砟肩堆高高度由 15 cm 降低至 0 cm 时，飞砟数量减少 24.0%。

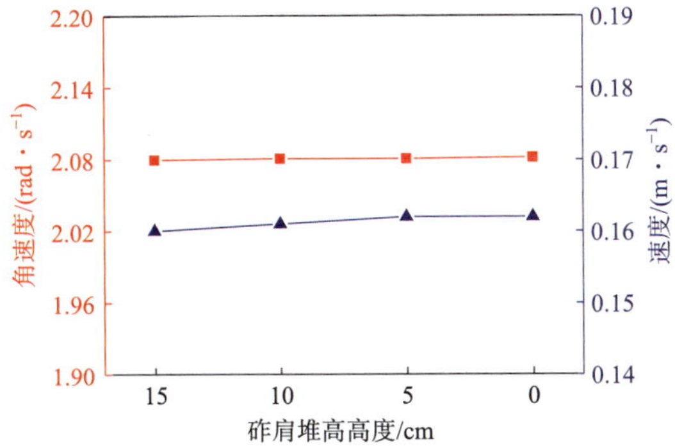

图 6-14　堆高对枕盒道砟速度和角速度影响

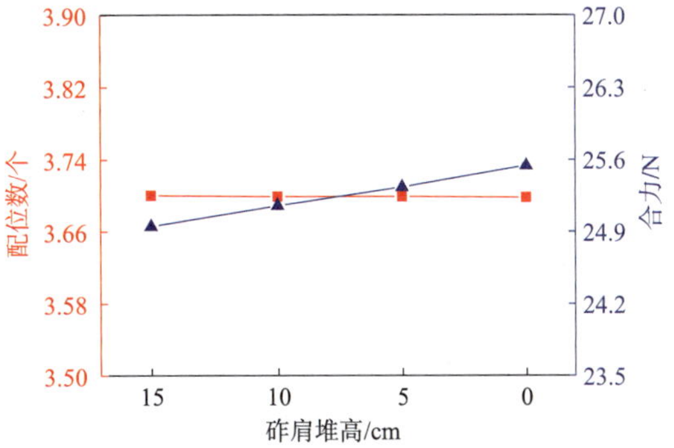

图 6-15　堆高对枕盒道砟配位数和受力影响

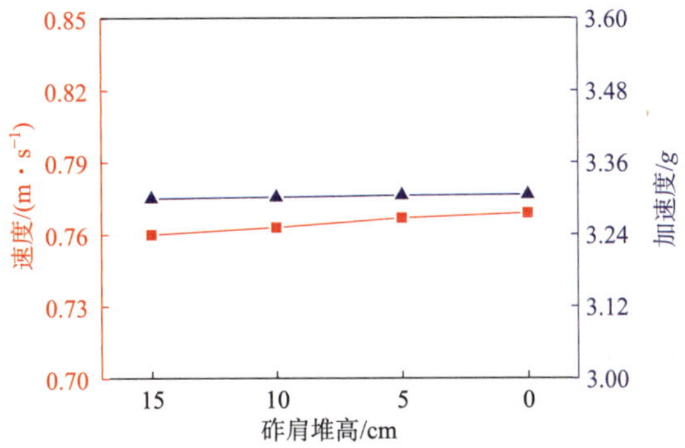

图 6-16　堆高对枕下道砟速度和加速度影响

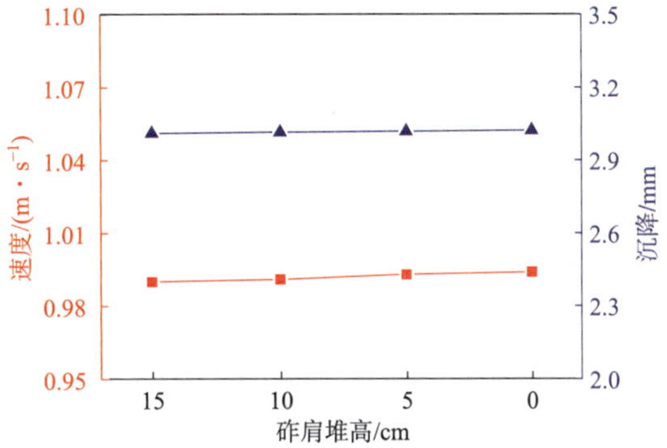

图 6-17　堆高对轨枕速度和道床沉降影响

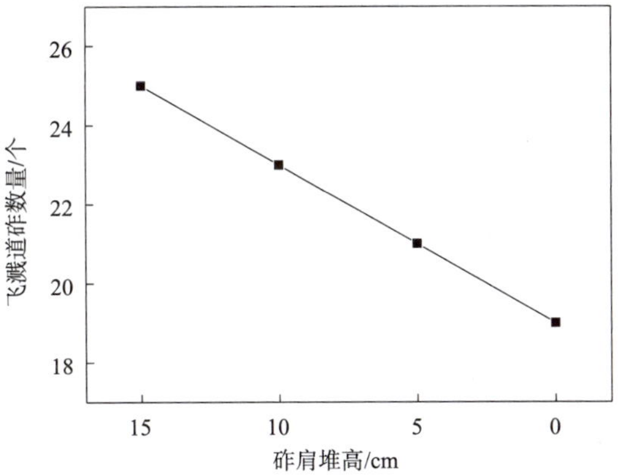

图 6-18　砟肩堆高高度对飞溅道砟数量影响

综上所述，随着砟肩堆高的降低，轨道流场强度逐渐减小，其中砟肩区域流场降低幅度相对显著，枕盒道砟和轨枕振动特征变化较小，在风振耦合作用下道砟飞溅现象逐渐减少。

6.3 边坡坡度影响分析

道床边坡坡度是有砟轨道道床断面参数主要特征之一，定义为道床边坡厚度与宽度之比，其对保障道床在高频列车荷载作用下的稳定状态至关重要。边坡坡度越小表示道床边坡越缓，在道床顶面宽度固定时，坡度较小的道床需增大路基面宽度；反之，边坡坡度越大表示道床边坡越陡，可以减少路基面宽度。

《高速铁路设计规范》规定，我国高速铁路有砟轨道道床边坡坡度为 1∶1.75。然而，已有道床边坡坡度的参数选取研究，多针对道床稳定性及道床劣化角度开展，边坡坡度对道砟飞溅的影响并不明确。采用道砟飞溅分析模型系统模拟不同边坡坡度，建立边坡坡度分别为 1∶1.55、1∶1.65、1∶1.75 和 1∶1.85 的道砟飞溅流场分析模型和动力分析模型，对不同边坡坡度的轨道流场特征和道砟动力特征进行分析，研究边坡坡度对道砟飞溅的影响。

6.3.1 轨道流场特征分析

通过对不同道床边坡坡度的仿真模型进行计算，分析在行车速度 350 km/h 条件下轨道空间流场分布特征，研究道床边坡坡度对道床中部、轨枕中部和砟肩顶端风压特征的影响规律。

头车前转向架通过时轨道风压等值线云分布如图 6-19 所示。可知，不同道床边坡坡度下，钢轨内侧道床和轨枕表面风压分布和强度差异较小，表明边坡坡度变化对钢轨内侧轨道结构影响不大。而边坡坡度改变对钢轨外侧道床、轨枕和砟肩区域风压影响显著，随着道床边坡变缓，钢轨外侧轨道表面同一幅值的风压等值线逐渐向外移动，表示轨道风压逐渐减弱。如图所示，当道床边坡坡度由 1∶1.55 逐渐调整为 1∶1.85 过程中，图中中间跨轨枕左侧附近道床表面风压由−120 Pa 降低为−30 Pa，轨枕右侧砟肩表面−75 Pa 的风压等值线逐渐向道床外侧移动。因此，边坡坡度变化对钢轨内侧轨道表面风压分布和强度影响较小，但对钢轨外侧轨道表面流场影响显著，随着边坡坡度变缓，轨道表面负压值逐渐降低。

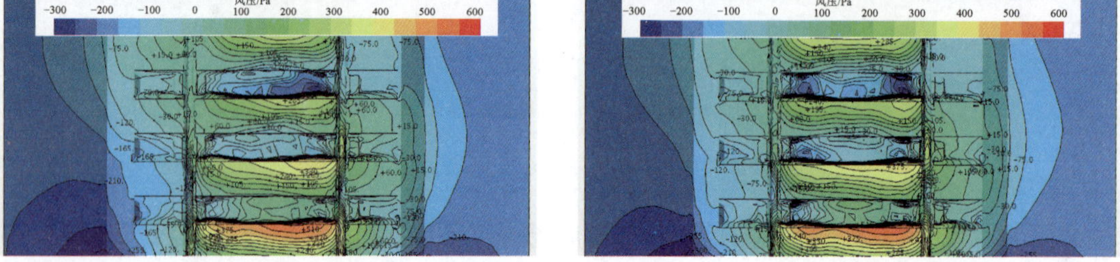

(a) 边坡坡率1∶1.55　　(b) 边坡坡率1∶1.65

图 6-19

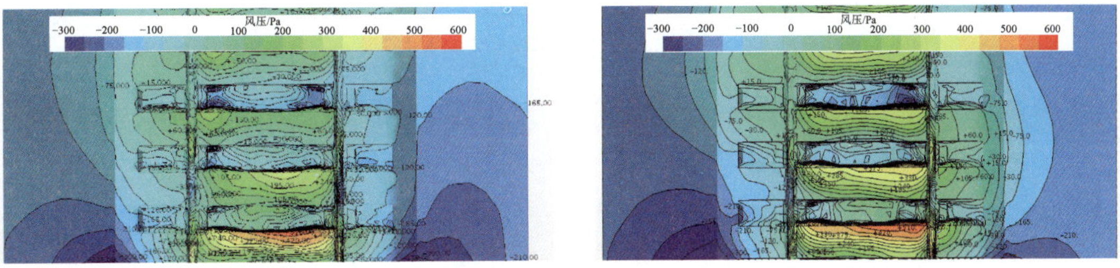

(c) 边坡坡度1∶1.75　　(d) 边坡坡度1∶1.85

图 6-19　不同边坡坡度的轨道表面风压等值线云图

中间车转向架中部区域道床上方剖面风速等值线云分布如图 6-20 所示。由图可知，边坡坡度变化对钢轨外侧轨道风速分布影响显著。边坡坡度由 1∶1.55 调整为 1∶1.85 过程中，砟肩堆高顶端风速值逐渐减小，且外侧边坡的风速分层点位置逐渐下降。分析原因，前文研究表明轨道流场强度由线路中心向边缘逐渐减弱，边坡坡度越缓道床越宽，砟肩堆高距线路中心距离越远，故砟肩表面风速降低。

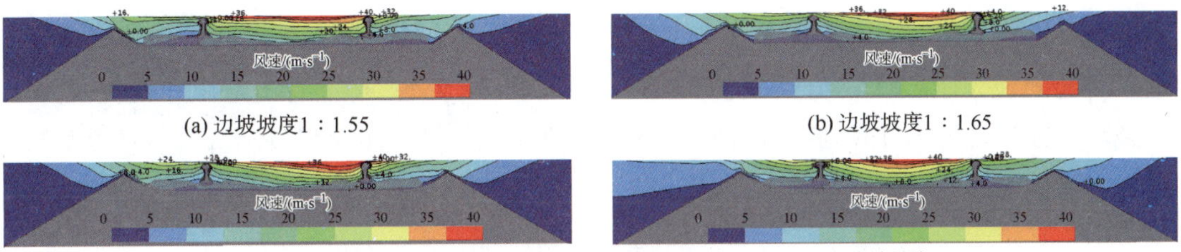

(a) 边坡坡度1∶1.55　　(b) 边坡坡度1∶1.65

(c) 边坡坡度1∶1.75　　(d) 边坡坡度1∶1.85

图 6-20　不同边坡坡度的风速等值线云图

对列车通过前后道床中部、轨枕顶面中部和砟肩堆高顶端开展风压实时监测，得到不同道床边坡坡度下轨道表面风压时程变化曲线，如图 6-21 所示。由图可知，不同边坡坡度的轨道结构表面风压波动特征较为相近，尤其是道床和轨枕表面，风压特征差异较小。图 6-21(c)为不同边坡坡度的砟肩风压时程曲线，图中砟肩表面风压随边坡坡度的变化差异相对显著。

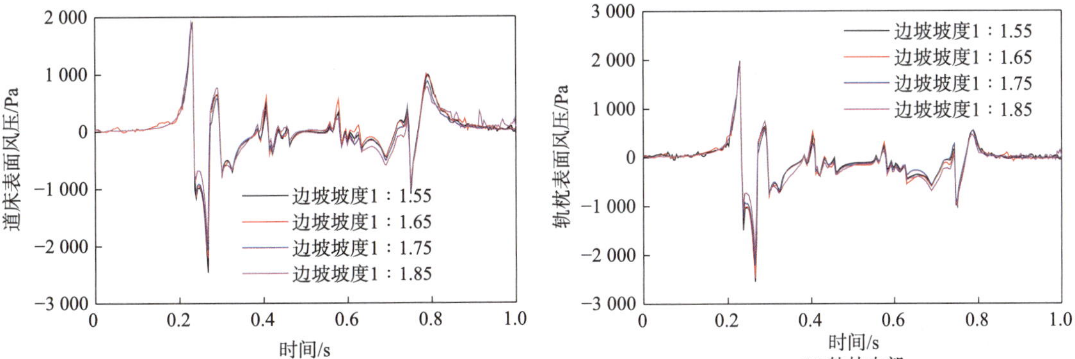

(a) 道床中部　　(b) 轨枕中部

图　6-21

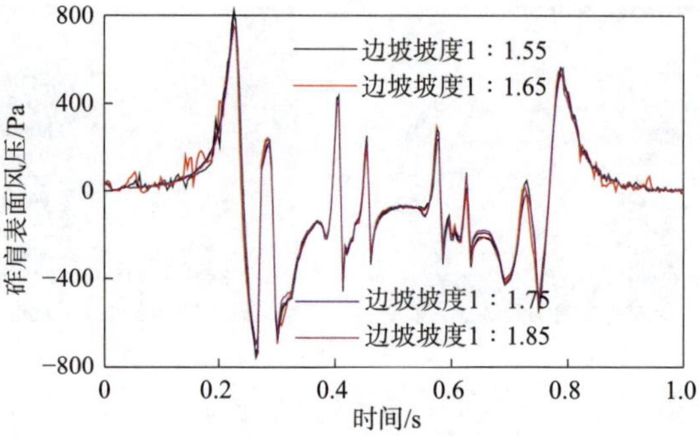

(c) 砟肩堆高顶端

图 6-21　轨道表面风压时程曲线

对轨道结构表面风压特征值进行提取和分析，得到表 6-7 所示的道床、轨枕和砟肩顶端区域风压特征值统计数据。由表可知，道床、轨枕和砟肩表面由头车和尾车引起的风压特征值，均随着边坡坡度变缓而降低。道砟飞溅受到风压波动最大压差 Δp_1、Δp_2 影响显著，随着边坡坡度变缓，轨道表面最大压差也均相应减小。边坡坡度由 1∶1.55 调整为 1∶1.85 时，道床、轨枕和砟肩表面由头车引起的最大压差 Δp_1 分别减小 4.1%、6.1%和 20.8%，由尾车引起的最大压差 Δp_2 分别减小 5.0%、7.7%和 20.7%。可以看出道床和轨枕最大压差减小幅度相对较小，而砟肩表面最大压差受边坡坡度变化影响相对较大，随着坡度放缓，砟肩表面最大压差显著降低。

表 6-7　不同边坡坡度下道床测点风压特征值(Pa)

边坡坡度	$\Delta p^+_{1\max}$	$\Delta p^-_{1\max}$	$\Delta p^+_{2\max}$	$\Delta p^-_{2\max}$	Δp_1	Δp_2
1∶1.55	1 914.7	−2 161.1	926.4	−1 064.7	4 075.8	1 991.1
1∶1.65	1 906.5	−2 106.1	904.1	−1 055.4	4 012.6	1 959.5
1∶1.75	1 896.3	−2 081.3	872.4	−1 048.4	3 977.6	1 920.8
1∶1.85	1 837.1	−2 070.5	851.3	−1 040.8	3 907.6	1 892.1

表 6-8　不同边坡坡度下轨枕测点风压特征值(Pa)

边坡坡度	$\Delta p^+_{1\max}$	$\Delta p^-_{1\max}$	$\Delta p^+_{2\max}$	$\Delta p^-_{2\max}$	Δp_1	Δp_2
1∶1.55	1 985.5	−2 312.4	556.2	−954.2	4 297.9	1 510.4
1∶1.65	1 944.1	−2 287.4	548.7	−924.1	4 231.5	1 472.8
1∶1.75	1 943.4	−2 222	536.3	−902.1	4 165.4	1 438.4
1∶1.85	1 936.7	−2 099.2	502.1	−891.5	4 035.9	1 393.6

表 6-9　不同边坡坡度下砟肩测点风压特征值(Pa)

边坡坡度	$\Delta p^+_{1\max}$	$\Delta p^-_{1\max}$	$\Delta p^+_{2\max}$	$\Delta p^-_{2\max}$	Δp_1	Δp_2
1∶1.55	918.1	−808.5	671.5	−597.2	1 726.6	1 268.7

续上表

边坡坡度	$\Delta p^{+}_{1\max}$	$\Delta p^{-}_{1\max}$	$\Delta p^{+}_{2\max}$	$\Delta p^{-}_{2\max}$	Δp_1	Δp_2
1∶1.65	863.6	−781.2	621.5	−561.5	1 644.8	1 183.0
1∶1.75	793.9	−742.1	565.9	−527.3	1 536.0	1 093.2
1∶1.85	726.3	−641.6	514.2	−492.1	1 367.9	1 006.3

对中头车、尾车通过前后轨道表面产生的最大压差 Δp_1、Δp_2 与道床边坡坡度的关系进行分析，得到下图所示的道床边坡坡度与道床、轨枕和砟肩表面最大压差的拟合曲线、回归关系式和相关系数。如 6-22 图所示，轨道结构表面最大压差与道床边坡坡度之间存在线性关系，二者间的通用关系式可表示为

$$\Delta p=\Delta p_0+c\cdot i \tag{6-3}$$

式中，c 为与轨道结构参数有关的拟合系数；i 为道床边坡坡度值。拟合函数中，道床和轨枕函数斜率系数较小，表明其受边坡坡度的影响较小；砟肩表面最大压差斜率系数相对较大，表明其受到边坡坡度变化的影响显著。

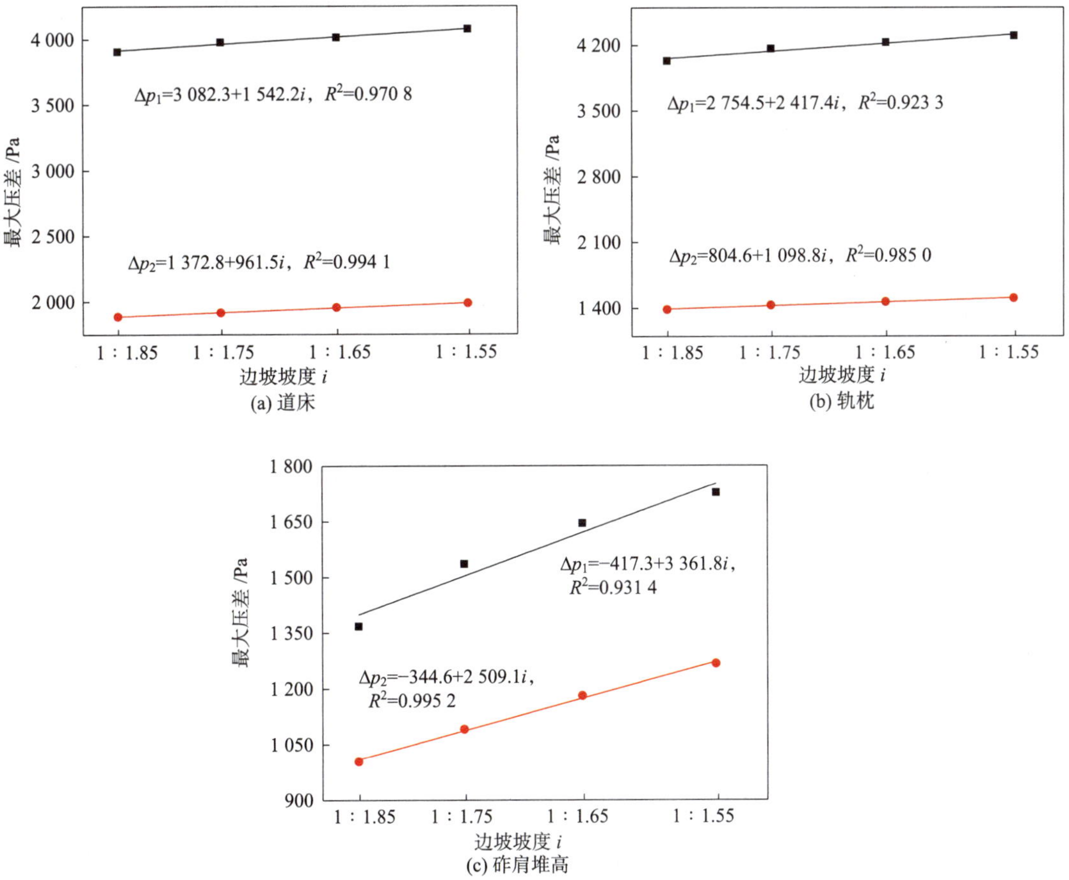

图 6-22　边坡坡度与轨道最大压差关系拟合分析

综上所示，随着边坡坡度放缓，轨道流场强度逐渐降低，最大压差呈线性减小，且道床和轨枕表面风压受边坡坡度影响较小，砟肩顶端风压受边坡坡度影响相对显著。

6.3.2 道砟飞溅动力特征分析

通过建立不同道床边坡坡度的道砟飞溅动力分析模型，考虑列车空气动力荷载与轨道动力荷载共同作用，计算分析道床边坡坡度对道砟飞溅动力特征的影响。

道床边坡坡度对枕盒道砟角速度、速度、配位数和受力特征影响如图 6-23 和图 6-24 所示，对枕下道砟和轨枕动力响应的影响如图 6-25 和图 6-26 所示。由图可知，枕盒道砟、枕下道砟和轨枕的振动均随着边坡坡度变缓而减弱。道床边坡坡度由 1∶1.55 变缓至 1∶1.85 时，枕盒道砟角速度降低 0.2%，速度降低 0.6%，合力降低 3.4%，配位数增大 0.1%；枕下道砟振动速度降低 1.0%，加速度降低 0.2%，轨枕振动速度降低 1.4%，道床沉降降低 0.4%。结果表明，道砟和轨枕等轨道结构动力响应特征均随着道床边坡坡度变缓而降低，但降低幅度较小。

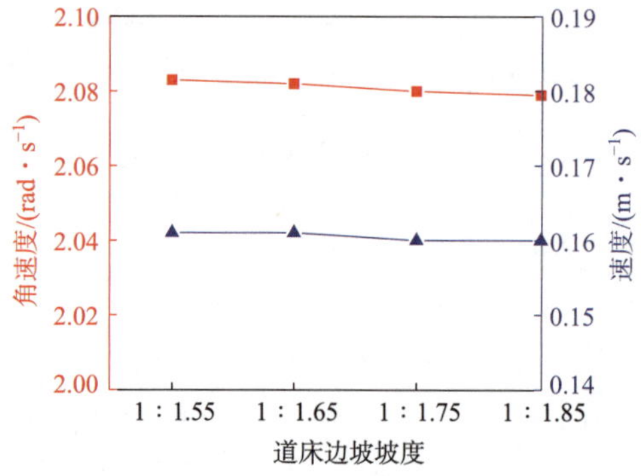

图 6-23 坡度对枕盒道砟速度和角速度影响

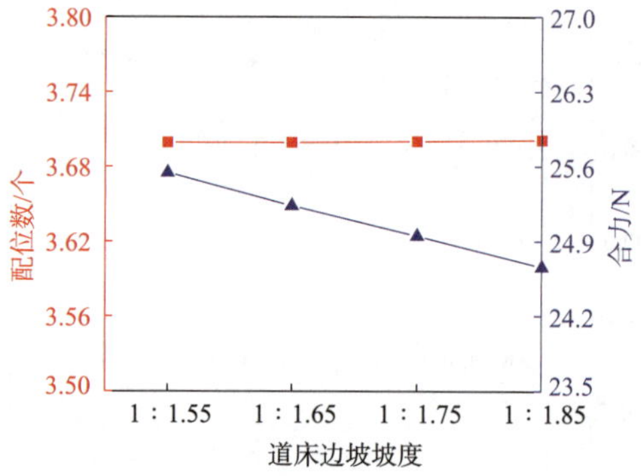

图 6-24 坡度对枕盒道砟配位数和受力影响

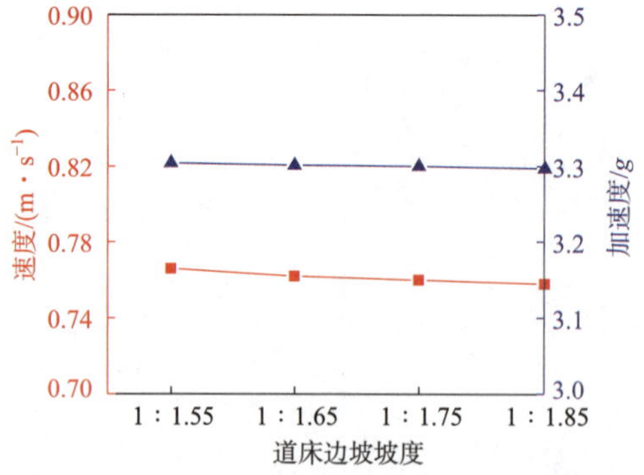

图 6-25 坡度对枕下道砟速度和加速度影响

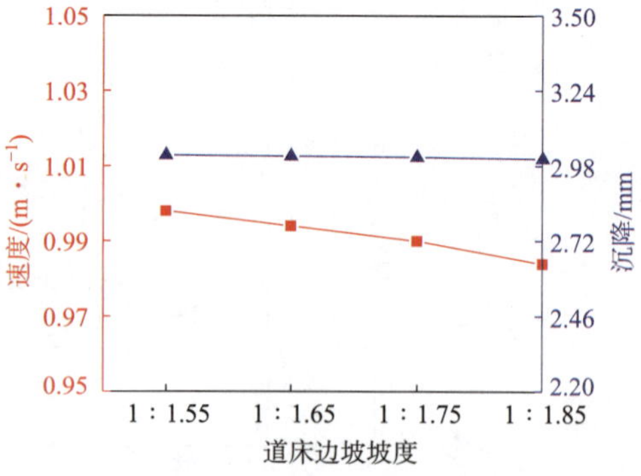

图 6-26 坡度对轨枕速度和道床沉降影响

边坡坡度影响列车高速运行时轨道流场及道砟动力特征，进而影响道砟飞溅现象。

图 6-27 所示为风振耦合作用下道砟飞溅数量受边坡坡度影响曲线，由图可知，随着道床边坡坡度变缓，道砟飞溅现象逐渐减少。当道床边坡坡度由 1∶1.55 变缓至 1∶1.85 时，道砟飞溅数量减少 11.1%。

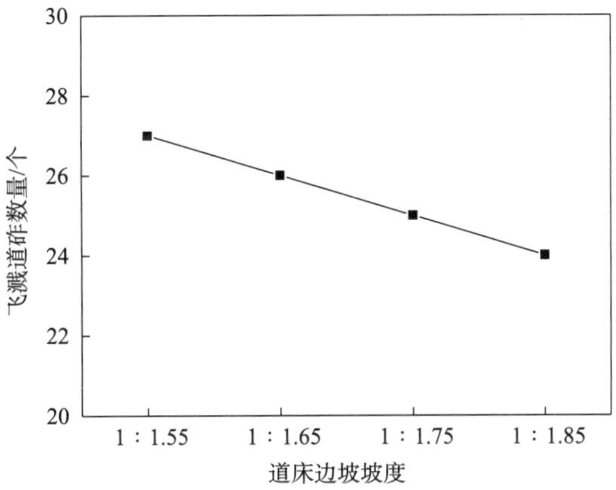

图 6-27　边坡坡度对飞溅道砟数量影响

综上所述，随着道床边坡坡度变缓，道床、轨枕、砟肩等轨道结构表面流场强度逐渐降低，道砟和轨枕等轨道结构动力响应特征逐渐减弱，风振耦合作用下道砟飞溅数量减少。通过放缓道床边坡坡度，在一定程度上能够控制道砟飞溅现象的发生。

6.4　道床级配影响分析

道床级配是有砟轨道的重要参数，表示道床内部各粒径道砟所占比例，其对有砟道床的质量状态和养护维修至关重要。不同级配的有砟道床力学性能差异显著，既有研究在针对级配对道床劣化的影响方面，开展了大量的试验和仿真分析，但级配对道砟飞溅的影响研究相对匮乏。本节通过设计如图 6-28 所示的不同道床级配，研究道床级配对道砟飞溅现象的影响。

图 6-28 中阴影区域表示《高速铁路设计规范》中规定的我国高速铁路特级道砟级配区间，级配 A 和 D 分别为级配区间范围的上、下包络曲线，由级配 A 至级配 D 组成有砟道床的小粒径道砟逐渐减少，大粒径道砟逐渐增多。级配 A 表示组成有砟道床的道砟颗粒粒径范围为 22.4～50 mm，无 50～ 63 mm 的大粒径道砟；级配 D 表示道床内道砟粒径分布在 31.5～63 mm，无 22.4～31.5 mm 范围的小粒径道砟；级配 B 和 C 为宽级配道砟，粒径分布范围为 22.4～63 mm，其中级配 B 中小粒径道砟含量高于级配 C，大粒径道砟含量低于级配 C。

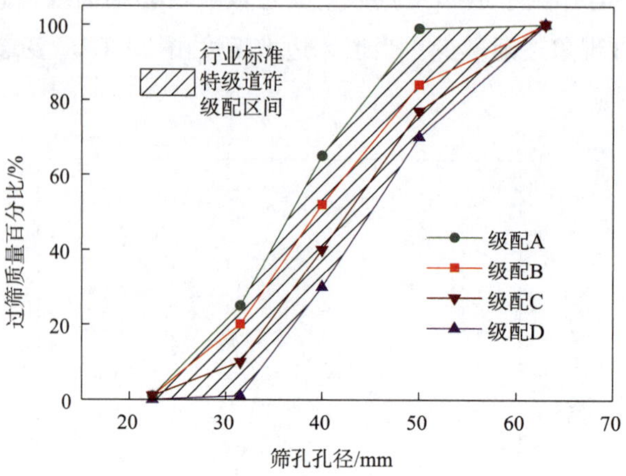

图 6-28　道床级配工况设计

基于 CFD-DEM-MBD 耦合算法构建不同级配的道砟飞溅动力分析模型，计算不同道床级配条件下，有砟轨道结构在高速列车以 350 km/h 速度通过时的轨道流场特征。结果表明，在本书设计的 4 组道砟级配范围内，轨道流场强度和分布特征差异较小，即道床级配对高速列车通过前后的轨道流场影响较小，故不做详细探讨。考虑列车空气动力荷载与轨道动力荷载共同作用，重点分析级配对道砟飞溅动力特征的影响。

枕盒区域为道砟飞溅的最不利区域，对该区域道砟的动力特征进行分析。级配对枕盒道砟角速度、速度、配位数和受力特征影响如图 6-29 和图 6-30 所示，可知，枕盒道砟的角速度、速度和合力均随着道床级配中小粒径道砟的减少而增大，表明小粒径颗粒越少，枕盒道砟振动越显著，道砟颗粒稳定性越低。不含小粒径道砟的级配 D 道床中，枕盒道砟角速度、速度和合力分别是不含大粒径道砟的级配 A 道床的 1.2 倍、2.6 倍和 1.1 倍，同时，前者配位数低于后者 62.7%，表明其道床中道砟颗粒稳定性相对较强。分析原因为，有砟道床结构中小粒径道砟颗粒会填充大粒径道砟之间形成的道床孔隙，使道床整体密度增大，道床结构更容易达到密实稳定阶段，故道床结构中小颗粒所占比例降低会使道床稳定性减弱，进而导致枕盒道砟颗粒振动加剧。

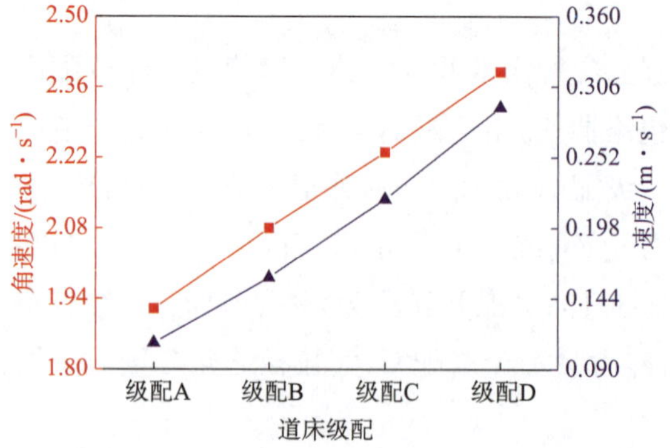

图 6-29　级配对枕盒道砟速度和角速度影响

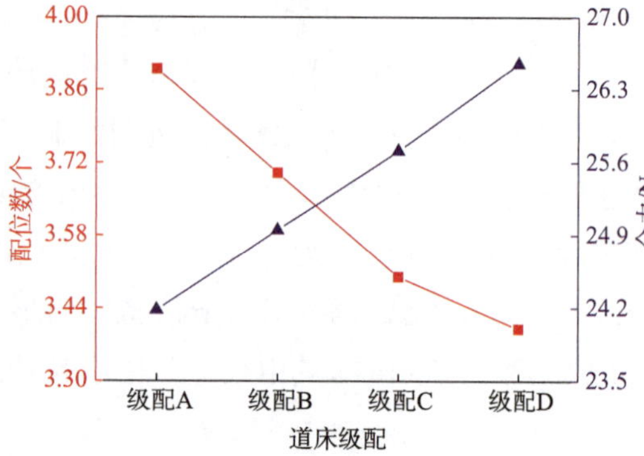

图 6-30　级配对枕盒道砟配位数和受力影响

枕下道砟及轨枕动力特征反映了道床整体稳定性。风振耦合作用下道床级配对枕下道砟、轨枕动力响应的影响如图 6-31 和图 6-32 所示，可以看出，随着道床级配中小粒径道砟的减少，枕下道砟振动速度和加速度、轨枕振动速度和沉降均加剧。级配 D 道床枕下道砟振动速度、加速度、轨枕振动速度和道床沉降分别是级配 A 道床相应参数的 1.3 倍、1.1 倍、1.2 倍和 1.5 倍。道床沉降受到道砟级配影响显著，表明小粒径道砟占比较大的道床中，在列车荷载作用下颗粒之间的相互运动和重新排列现象较少。

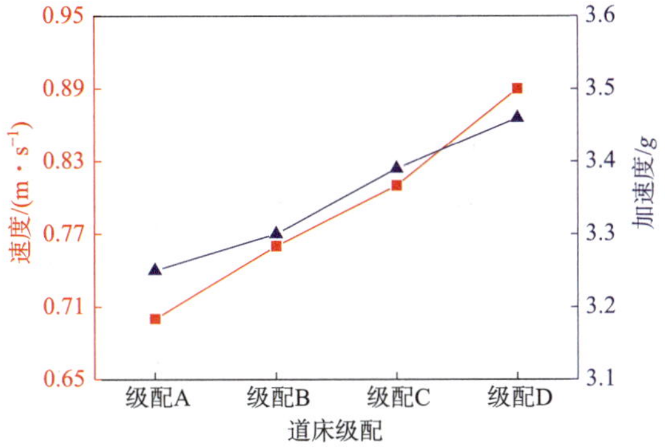

图 6-31　级配对枕下道砟速度和加速度影响

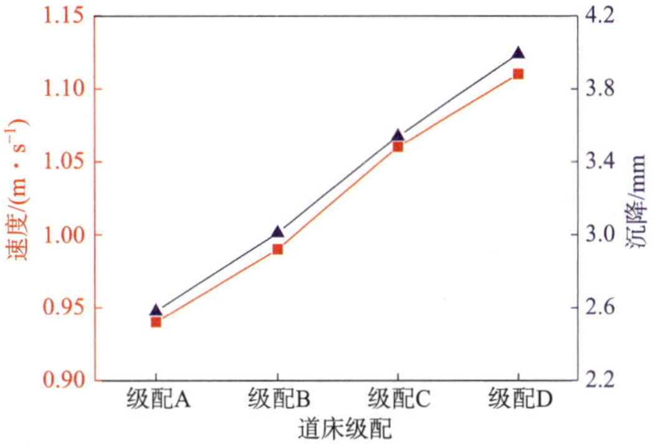

图 6-32　级配对轨枕速度和道床沉降影响

道床级配影响道砟颗粒在列车动力循环荷载作用下的动力响应，进而影响道砟飞溅现象。图 6-33 所示为风振耦合作用下道砟飞溅数量受道床级配影响曲线，由图可知，随着道床中小粒径道砟所占比例的降低，道砟飞溅现象显著减少，由不含 50～63 mm 大粒径的 A 级配道床，至不含 22.4～31.5 mm 小粒径的 D 级配道床，飞溅道砟数量减少 87.1%，效果显著。

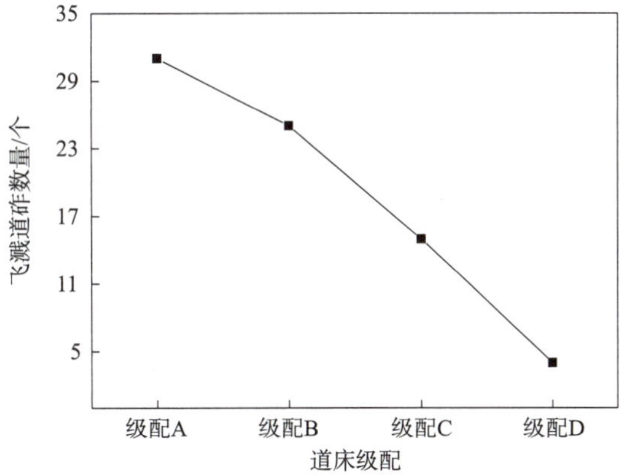

图 6-33　道床级配对飞溅道砟数量影响

综上所述，道砟级配对轨道流场影响较小，但对道床表层道砟等轨道结构的振动特征影响显著。然而，虽然道床中小粒径道砟减少会加剧轨道结构振动强度，但道砟飞溅现象显著降低。取消小粒径道砟可显著减少高速铁路道砟飞溅现象的产生，但小粒径道砟减少后道床密实度和稳定性降低，道床沉降增大，道床劣化病害现象加剧。故为在防治道砟飞溅的同时减少道床劣化病害，可在道床表层减少或不铺设 22.4～31.5 mm 的小粒径道砟，增大 50～63 mm 的大粒径道砟占比；在轨枕底部以下的道床范围，恢复铺设 22.4～63 mm 的宽级配道砟。

小　结

本章基于道砟飞溅动力分析耦合模型，通过调整枕盒道砟高度、堆高高度、边坡坡度和道砟级配的道床设计参数，分析上述参数对基于有砟轨道流场特征和动力特征的道砟飞溅防治效果的影响。进而提出在不采用新型材料或结构，仅调整既有轨道参数的基础上，科学、有效的道砟飞溅防治建议。主要结论如下：

(1)枕盒道砟高度、堆高高度和边坡坡度均与轨道风压存在线性关系，轨道风压随着各参数的降低而减小，但不同轨道结构的流场特征受其影响程度并不相同。随着枕盒道砟高度和砟肩高度的降低，边坡坡度的变缓，飞溅道砟数量均发生一定程度的减少。道床级配对道砟飞溅影响显著，降低小粒径道砟占比，道砟飞溅现象显著减少，但轨道结构振动加剧。

(2)对于道砟飞溅防治的现场实际应用，应结合道床劣化综合考虑。枕盒道砟高度对道砟飞溅的影响最为显著，在保证道床力学性能的条件下，建议适当降低枕盒道砟高度。调整级配可实现对道砟飞溅及劣化的综合防治，在满足特级道砟级配区间的条件下，建议在道床表面减少或不铺设小于 31.5 mm 的小粒径道砟，增加大于 50 mm 的大粒径道砟，道床其他区域铺设宽级配道砟。

第 7 章　基于轨枕参数优化的道砟飞溅防治措施研究

前文研究表明,轨枕对限制表层道砟运动效果显著。轨枕是高速铁路重要轨道结构之一,其直接承受经由钢轨传递下来的列车荷载作用,并将荷载分散传递至道床结构,起到了荷载传递和扩散的作用。目前Ⅲ型枕是我国高速铁路有砟轨道上应用最广的轨枕,无论在强度还是耐久性方面,其都能较好的满足高速铁路运营需求。国内外学者在轨枕对道床纵、横向阻力,有砟道床动力响应的影响方面,开展了大量的试验及理论研究,并提出了一系列轨枕结构优化建议。然而,既有研究多体现在轨枕强度和耐久性方面,在轨枕对道砟飞溅的影响方面研究较少。

在不加外部措施条件下,仅从轨枕结构考虑,分析轨枕铺设间距、边角形状、长度、宽度和高度对道砟飞溅流场特征和动力特征的影响。首先,建立不同轨枕参数的有砟轨道流场分析模型,对比分析不同工况下的轨道流场特征;其次,基于 CFD-DEM-MBD 耦合分析方法,建立不同轨枕参数的道砟飞溅动力分析模型,计算分析风振耦合作用下的道砟飞溅动力特征差异,进而提出轨枕结构优化建议。

7.1　轨枕间距影响分析

轨枕的间距与其铺设密度直接相关,Ⅲ型枕在应用之初铺设密度设计为 1 760 根/km,能够满足轴重 23 t,最高行车速度 160 km/h 的运营条件。目前,我国正线有砟轨道铺设Ⅲ型轨枕密度为 1 667 根/km,对应轨枕间距约 0.6 m。轨枕铺设密度的设置,主要从道床横向、纵向阻力等有砟轨道受力特征的角度出发考虑,轨枕铺设密度对道砟飞溅的影响研究相对匮乏。

采用道砟飞溅分析模型系统模拟不同轨枕铺设间距,建立轨枕间距分别为 500 mm、550 mm、600 mm 和 650 mm 的道砟飞溅流场分析模型和动力分析模型,设置各组参数模型的行车速度均为 350 km/h,研究轨枕间距对道砟飞溅流场特征和动力特征的影响。

7.1.1　轨道流场特征分析

轨枕间距对列车高速运行条件下的轨道流场特征产生较大影响。首先针对不同轨枕间距条件下轨道流场分布进行研究，在此基础上分析道床、轨枕、砟肩的流场时程特征，研究轨枕间距对轨道不同区域流场特征值的影响规律。

头车前转向架通过时，轨道表面风压分布如图 7-1 所示，图中列车运行方向为由下至上。可以看出，不同轨枕间距的轨道表面风压特征存在差异。当轨枕间距为 500 mm 时，道床表面最大风压为 658 Pa，当轨枕间距逐渐增大至 550 mm、600 mm 和 650 mm 时，最大风压分别为 699 Pa、743 Pa 和 761 Pa，即道床表面最大风压随着轨枕间距的增加而增大。同时，轨道流场风压分布也存在差异，随着轨枕间距的增加，具有相同幅值风压的影响范围逐渐扩大。这是因为，轨枕对轨道流场存在扰动影响，在轨枕的作用下空气流动强度逐渐减弱，随着轨枕间距的增大，轨枕对轨道流场的扰动影响逐渐减小，故道床表面流场强度随之增大。

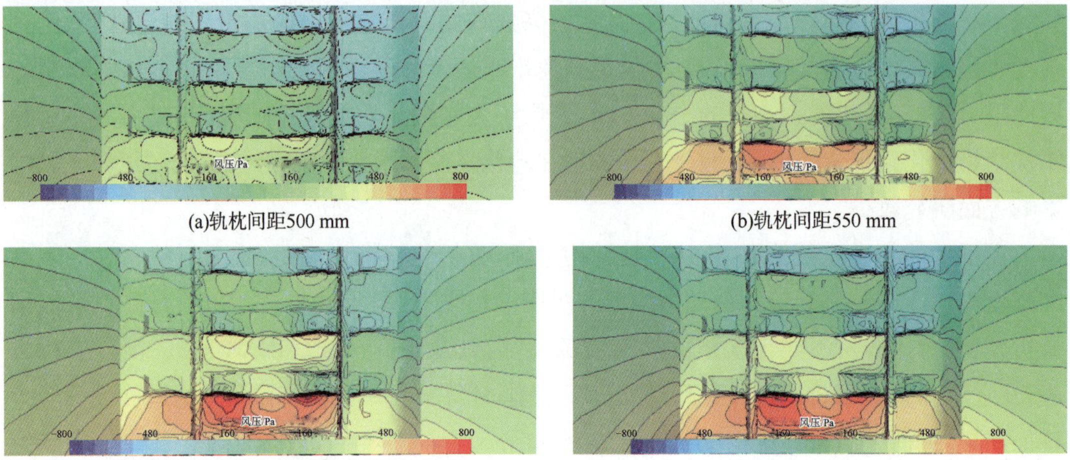

(a)轨枕间距500 mm (b)轨枕间距550 mm
(c) 轨枕间距600 mm (d) 轨枕间距650 mm

图 7-1　不同轨枕间距的轨道表面风压等值线云图

对列车通过时道床、轨枕、砟肩表面的流场风压进行监测。图 7-2 所示为不同轨枕间距下道床、轨枕和砟肩堆高表面风压时程曲线，由图可知，不同轨枕间距时各轨道结构风压波动特征基本一致，但风压特征值存在差异。

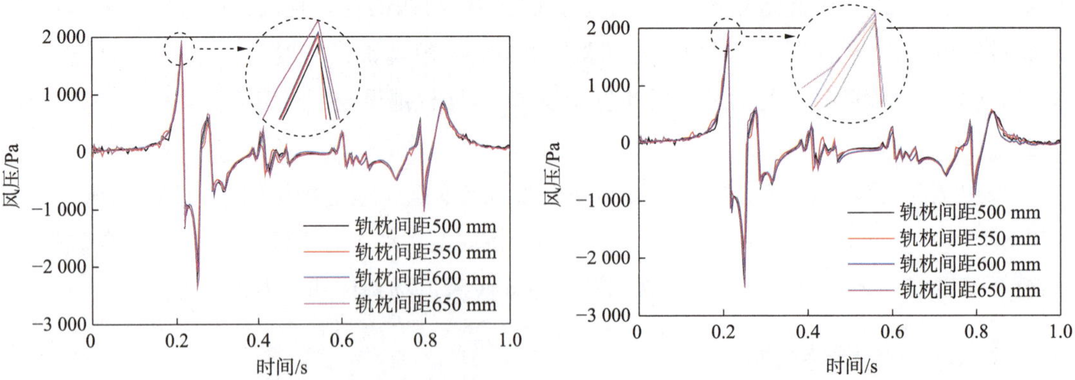

(a) 道床表面 (b) 轨枕表面

图　7-2

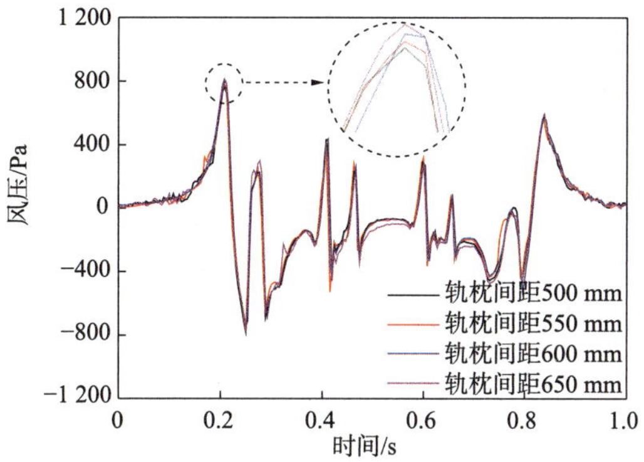

(c) 砟肩表面

图 7-2　轨道表面风压时程曲线

对列车通过时头车和尾车通过时引起的道床、轨枕和砟肩表面最大压差进行提取和分析，得到其随轨枕间距变化曲线，如图 7-3 所示。可知，头车和尾车尾车引起的道床、轨枕和砟肩表面的最大压差均随着轨枕间距的增加而增大。当轨枕间距由 500 mm 增大至 650 mm 时，头车和尾车引起的道床表面最大压差分别增大 3.5%和 3.2%，轨枕表面增大 0.9%和 1.6%，砟肩表面增大 6.9%和 7.1%，表明轨枕间距增大对道床和砟肩表面风压特征值影响显著，对轨枕表面风压影响较小。

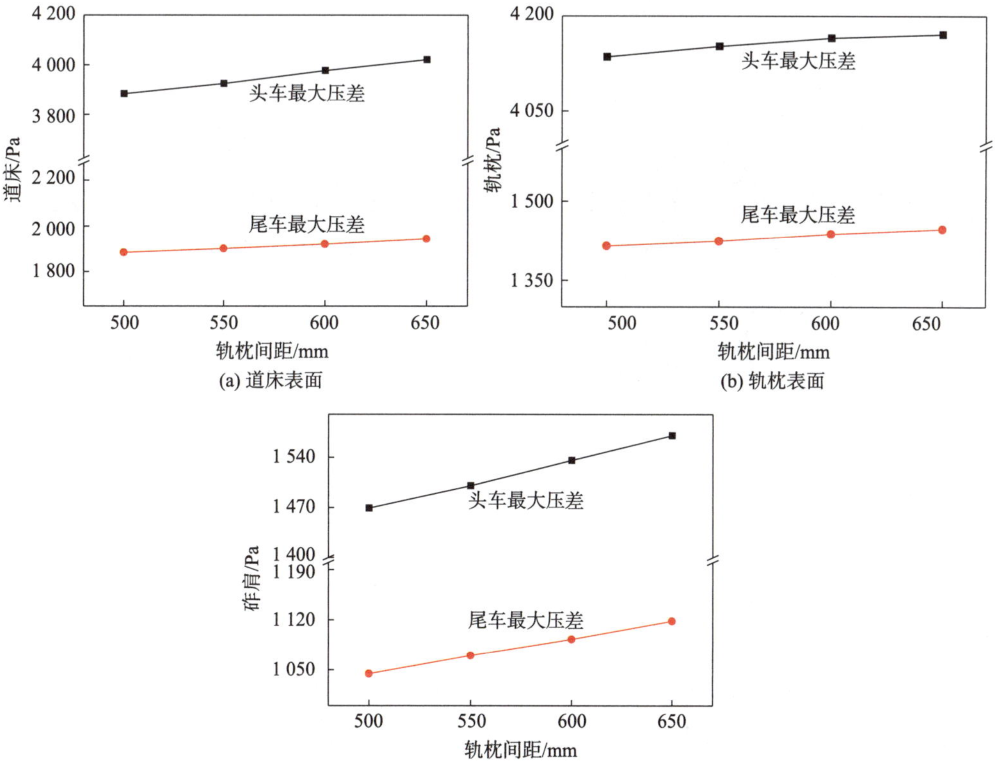

(c) 砟肩表面

图 7-3　轨枕间距对轨道表面最大压差影响曲线

综上所述，随着轨枕间距的减小，道床、轨枕、砟肩等轨道结构表面流场强度逐渐降低，其中轨枕表面流场强度降幅较小，因此，适当减小轨枕间距可降低发生道砟飞溅的概率。

7.1.2 道砟飞溅动力特征分析

考虑列车空气动力荷载与轨道动力荷载共同作用，采用 CFD-DEM-MBD 耦合分析方法建立道砟飞溅动力分析模型，计算分析轨枕间距对道砟动力特征的影响，在此基础上研究不同轨枕间距条件下道砟飞溅数量的变化规律。风振耦合下不同轨枕间距的道砟飞溅动力分析模型如图 7-4 所示。

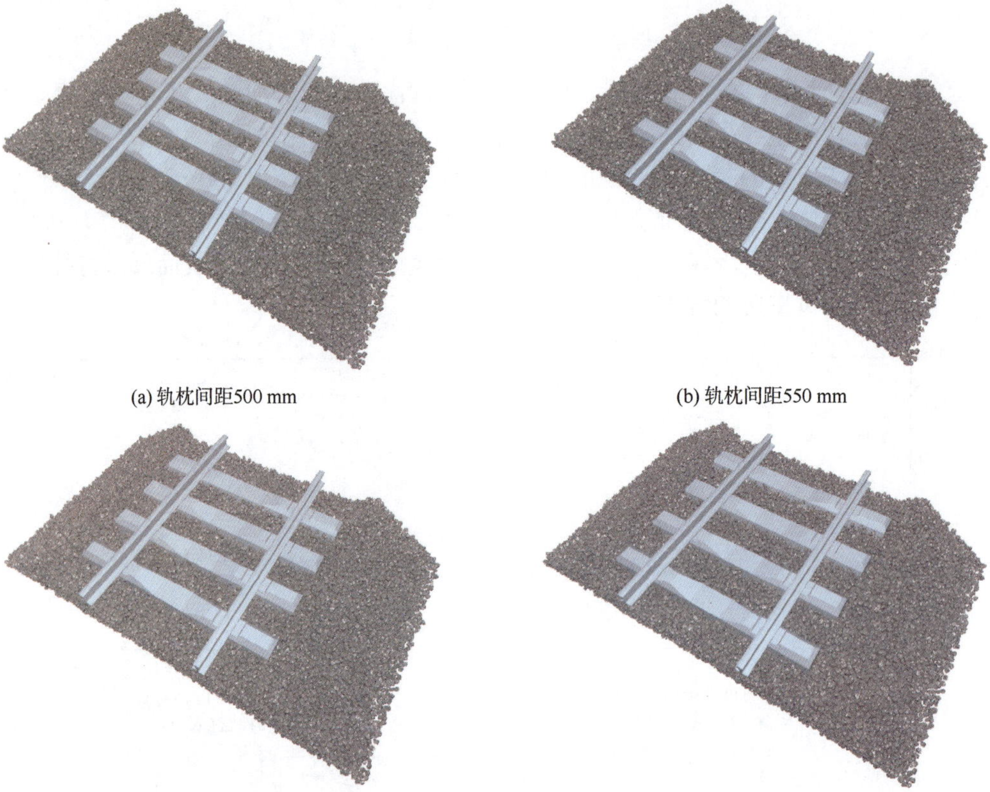

(a) 轨枕间距500 mm　(b) 轨枕间距550 mm

(c) 轨枕间距600 mm　(d) 轨枕间距650 mm

图 7-4　不同轨枕间距的道砟飞溅动力分析模型

基于风振耦合下道砟飞溅动力分析模型，计算得到不同轨枕间距条件下道砟动力响应。枕盒道砟角速度、速度、配位数和受力状况的变化规律如图 7-5 和图 7-6 所示。可知，枕盒道砟的角速度、速度和合力均随着轨枕间距的增大而减小，道砟配位数随轨枕间距增大而增大，表明轨枕间距越大，枕盒道砟振动越弱，道砟颗粒稳定性越高。当轨枕间距由 500 mm 增大至 650 mm 时，枕盒道砟角速度降低 11.2%，速度降低 45.5%，合力降低 5.9%，道砟配位数增大 8.6%。

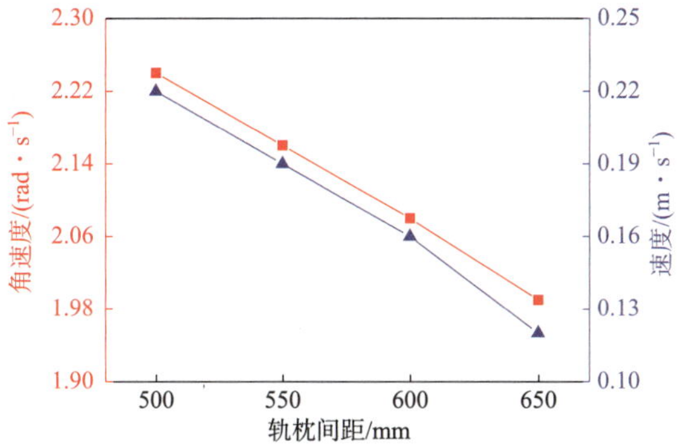

图 7-5　枕间距对枕盒道砟速度和角速度影响

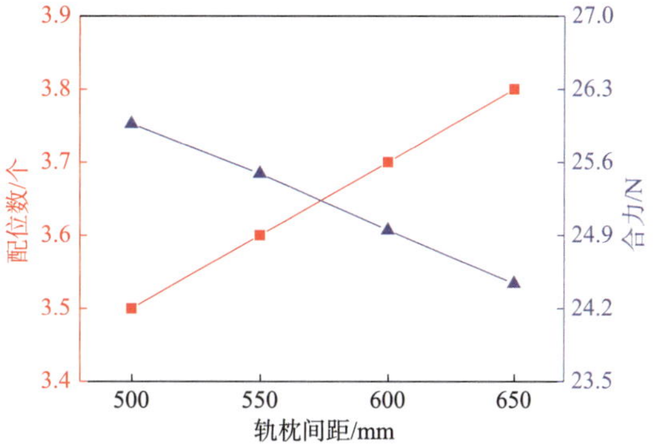

图 7-6　枕间距对枕盒道砟配位数和受力影响

风振耦合作用下轨枕间距对枕下道砟、轨枕动力响应的影响分别如图 7-7 和图 7-8 所示。可知，随着轨枕间距的增大，枕下道砟振动速度和加速度、轨枕振动速度和沉降均降低。轨枕间距由 500 mm 增大至 650 mm 时，枕下道砟振动速度降低 13.1%，加速度降低 8.6%，轨枕振动速度降低 7.6%，道床沉降降低 31.8%。分析可知，轨枕间距对道床沉降特征影响较为显著，对枕下道砟和轨枕的振动特征影响相对较弱。

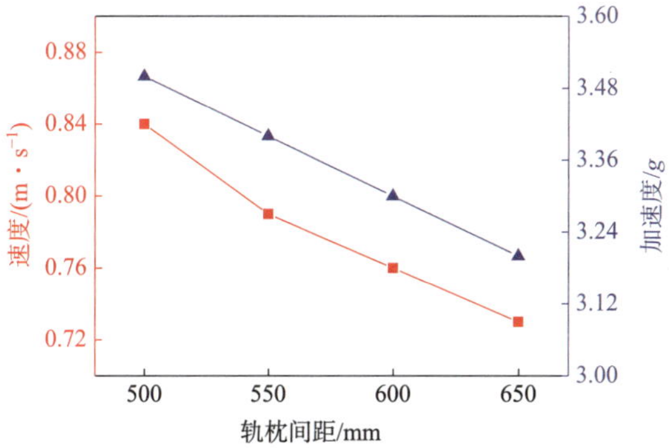

图 7-7　枕间距对枕下道砟速度和加速度影响

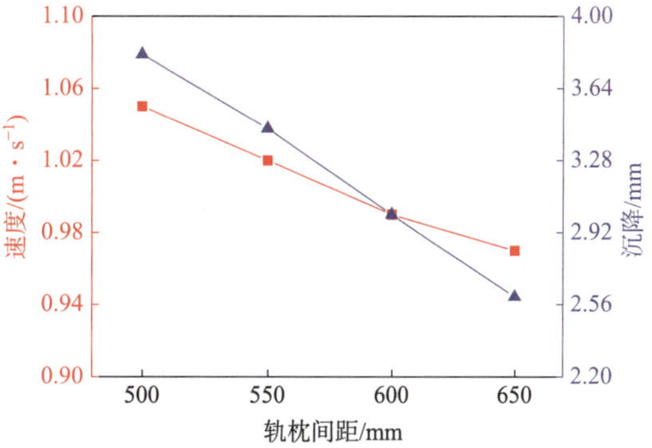

图 7-8　枕间距对轨枕速度和道床沉降影响

轨枕间距影响轨道流场及道砟动力响应，进而改变道砟飞溅现象。风振耦合作用下道砟飞溅数量受轨枕间距影响曲线如图 7-9 所示，由图可知，随着轨枕间距的增大，道砟飞溅现象逐渐加剧。当轨枕间距由 500 mm 增大至 650 mm 过程中，枕间距每增大 50 mm 飞砟数量平均增加 25%。

综上所述，道床表层道砟振动特征逐渐增大，风振耦合作用下道砟飞溅现象逐渐减少，表明表层道砟受到列车风载影响高于轨道动力荷载影响。故通过加密轨枕的方式，能够有效控制道砟飞溅现象。

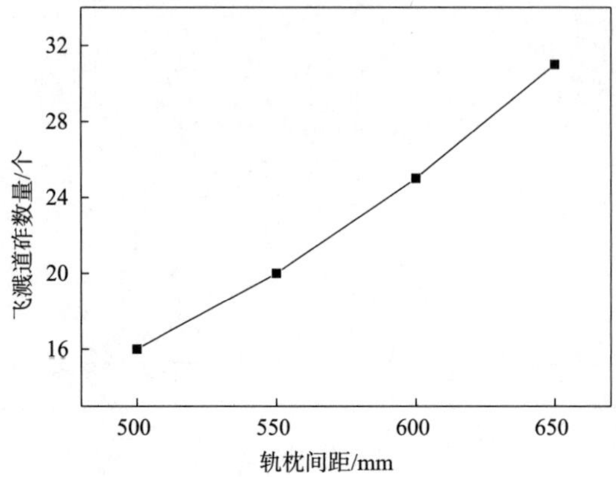

图 7-9　轨枕间距对飞溅道砟数量影响

7.2　轨枕边角形状影响分析

基于前文分析可知，流经轨枕的流体会在轨枕表面产生流动分离，对轨枕顶面和道床表面的流场产生扰动作用，影响表层道砟的稳定性。而轨枕表面的流动分离点多位于轨枕迎风侧的边角区域，故通过调整轨枕边角形状，能够有效改善流经轨枕的流体发展特征。

为分析轨枕边角形状对道砟飞溅的影响，本节对轨枕各棱边进行圆角处理，将棱边圆角半径分别设置为 0 mm、25 mm、50 mm 和 75 mm，各组参数模型的行车速度均为 350 km/h，研究不同轨枕边角形状下的有砟轨道流场特征和道砟飞溅动力特征。圆角半径越大表示轨枕边角越圆滑，图 7-10 所示为不同边角形状的轨枕结构模型图。

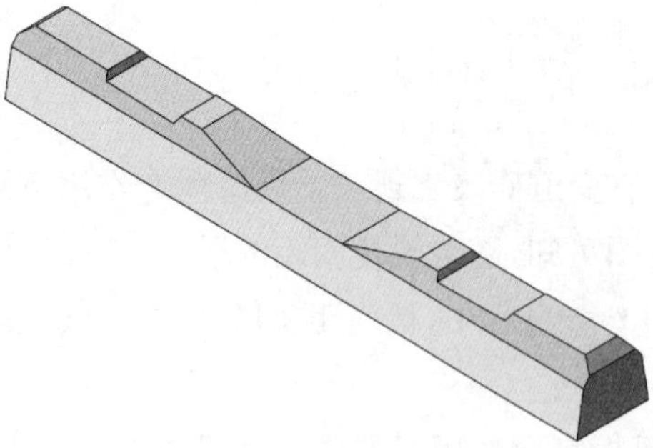

(a) 棱边圆角半径0 mm

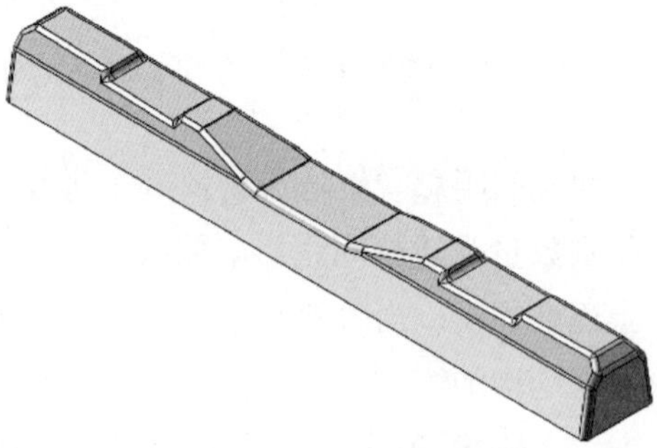

(b) 棱边圆角半径25 mm

图　7-10

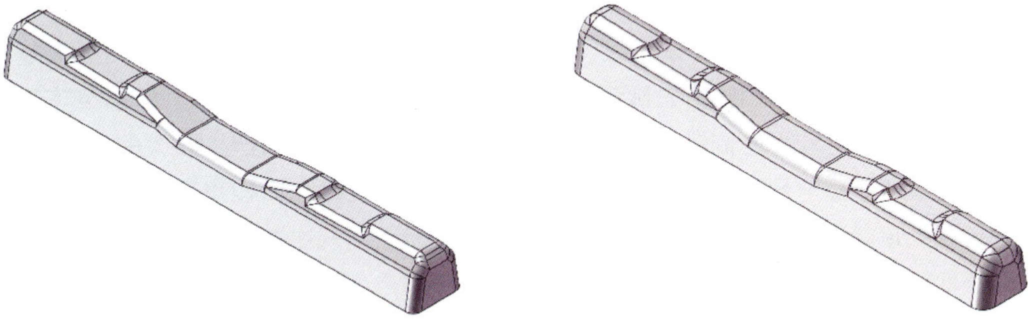

(c) 棱边圆角半径50 mm　　(d) 棱边圆角半径75 mm

图 7-10　不同边角形状的轨枕结构模型图

7.2.1　轨道流场特征分析

轨枕边角形状影响列车高速运行通过时轨面流线发展特征。本小节首先分析不同轨枕边角形状条件下轨道流场分布，在此基础上，研究道床、轨枕、砟肩的时程变化特征，分析轨枕边角形状对不同区域流场特征值的影响规律。

头车前转向架通过时，轨道表面风压分布如图 7-11 所示，图中列车运行方向为由下至上。可以看出，各轨枕边角形状下轨道结构表面风压特征存在一定差异。道床、轨枕和砟肩表面风压分布特征较为相近，但轨枕棱边角度不同时轨道表面风压幅值差异显著。当直接铺设未进行圆角处理的Ⅲ型轨枕时，图 7-11(a)所示，道床表面最大风压为 743 Pa；随着对轨枕的棱边进行圆角处理，当棱边圆角半径分别为 25 mm、50 mm 和 75 mm 时，道床表面最大正压分别下降到 722 Pa、689 Pa 和 657 Pa，风压强度降低显著。

(a) 轨枕棱边圆角半径0 mm

(b) 轨枕棱边圆角半径25 mm

(c) 轨枕棱边圆角半径50 mm

(d) 轨枕棱边圆角半径75 mm

图 7-11　不同边角形状的轨道表面风压等值线云图

分析原因为，列车风流经轨枕表面时，气流经轨枕迎风面顶端向上偏转产生流动分离，进而使轨枕顶面处于流动分离区，轨枕背风侧道床表面处于尾流区，流动分离越显著，尾流区涉及的道床区域越大、脉动特征越强烈。当轨枕迎风侧存在棱边时，列车风气流会在该棱边产生较大的流动分离，进而对轨枕背风侧道床表面产生较大的脉动影响，易导致表层道砟稳定性降低，进而发生飞溅现象。随着轨枕表面棱角逐渐圆滑，气流在轨枕迎风侧顶端产生的流动分离会沿着该圆角方向向上出现小幅度偏移，在轨枕顶面形成较小的流动分离区，在轨枕后道床表面形成面积小、强度低的尾流区，故该条件下道床表面受到的脉动风压特征，显著低于直接铺设原始Ⅲ型轨枕的情况，导致道床表面风压强度大幅降低。

监测列车运行通过时轨道不同区域流场风压数值，得到图 7-12 所示的不同轨枕边角形状的道床、轨枕和砟肩表面风压时程曲线，可以看出，不同轨枕间距时各轨道结构风压波动特征基本一致，但风压特征值存在差异。

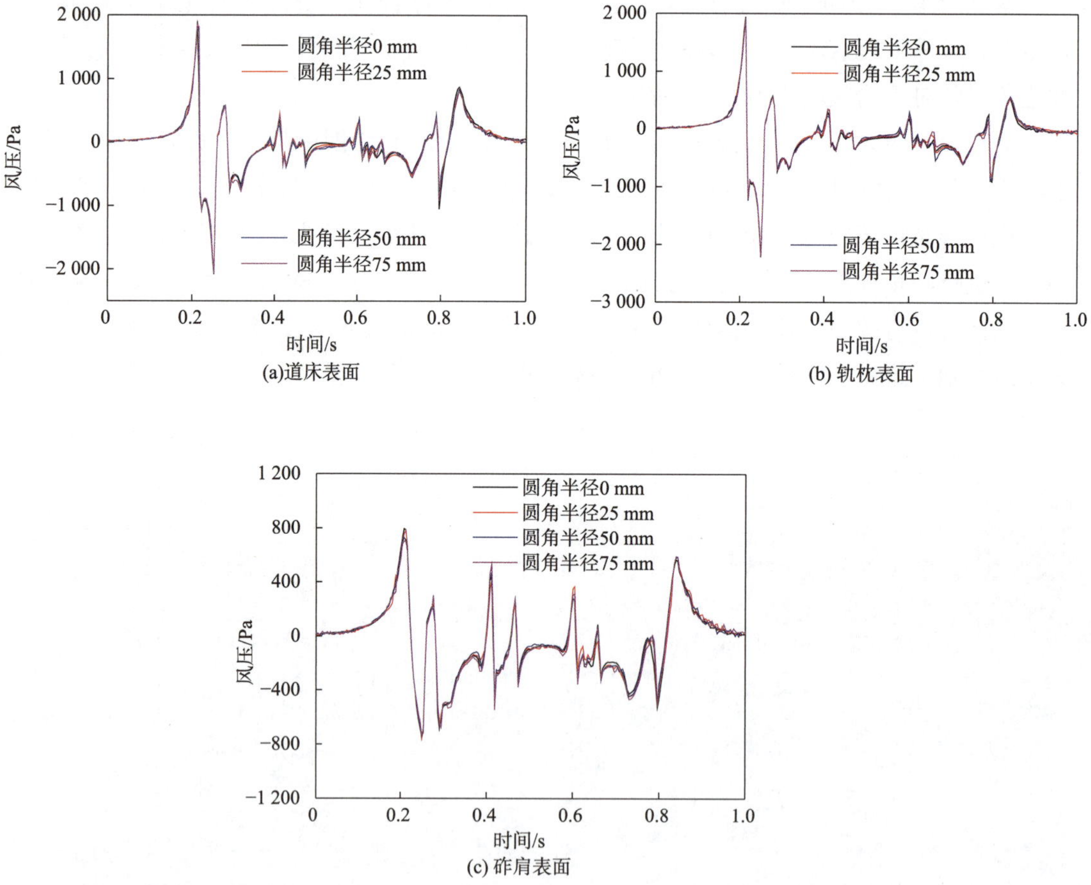

图 7-12　轨道表面风压时程曲线

对列车通过前后，头车和尾车通过时引起的道床、轨枕和砟肩表面最大压差进行提取和分析，得到其随轨枕边角形状变化曲线，如图 7-13 所示。可知，道床、轨枕和砟肩表面的最大压差均随着轨枕棱边圆角半径的增大而降低，且各轨道结构受其影响程度各不相同。当轨枕棱边圆角半径由 0 mm 增大至 75 mm 时，头车和尾车引起的道床表面最大压差分别降低 5.8%和 7.6%，轨枕压差分别降低 1.5%和 3.5%，砟肩压差均降低 3.1%。即轨枕棱边形状对道床表面风压影响更为显著，砟肩和轨枕表面风压受其影响相对较小。

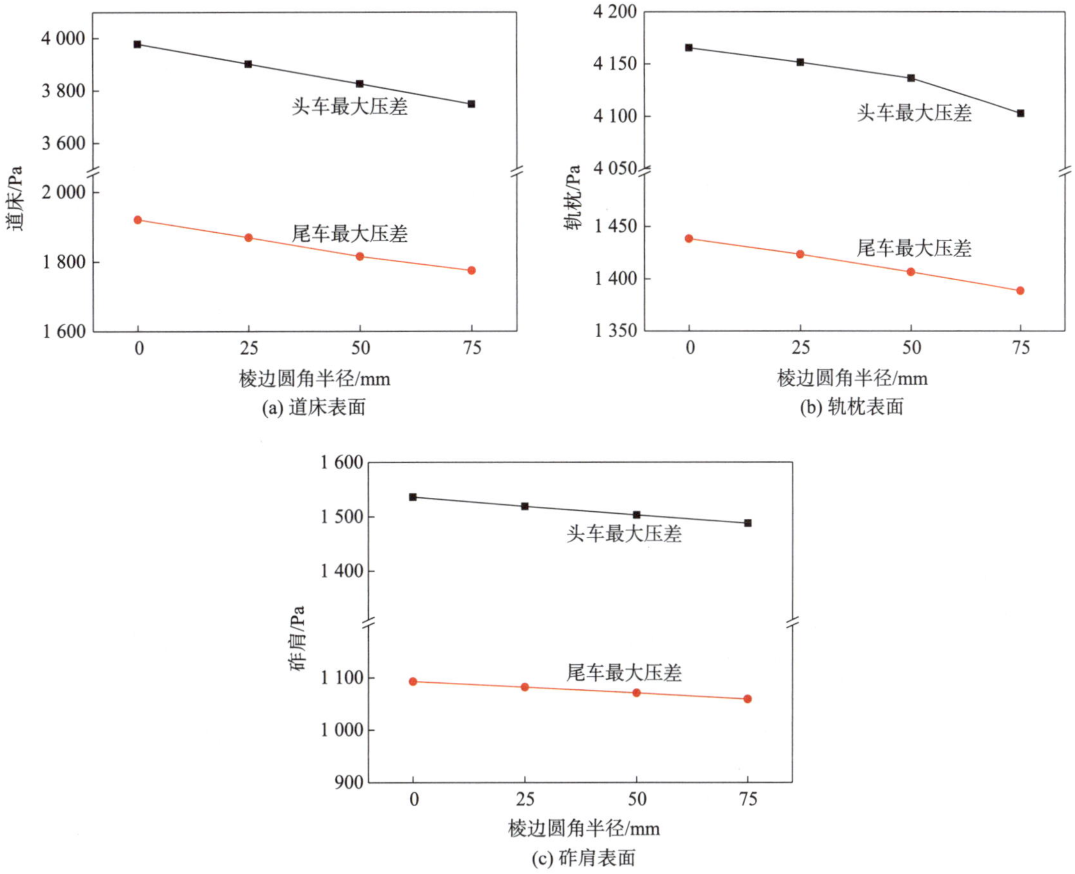

图 7-13　轨枕边角形状对轨道表面最大压差影响曲线

分析原因，对轨枕表面棱边进行圆角处理后，改变了轨枕顶面与侧面间的倾斜角度，使其与流动分离角度相近，从而改变流线再附点位置，降低了尾流区流场强度，流经轨枕的气流对枕后道床表面产生较小的脉动风压，故道床表面风压强度受其影响显著；轨枕表面处于流动分离区，虽然该区域内流场平均强度降低，但轨枕距车厢底部距离变化较小，故轨枕表面最大压差变化幅度不大；砟肩位于轨枕端部两侧，其表面流场强度受轨枕表面形状影响同样较小。

综上所述，轨枕边角形状对有砟轨道流场特征影响显著。随着轨枕棱边圆角半径的增大，即随着轨枕边角逐渐变得圆滑，道床表面流场强度随之降低。此外，轨枕表面圆滑处理后，可减少高速铁路线路运营、养护维修中散落在轨枕表面的道砟颗粒，降低道砟飞溅发生概率。

7.2.2 道砟飞溅动力特征分析

通过建立不同轨枕边角形状的道砟飞溅动力分析模型，如图 7-14 所示。考虑列车空气动力荷载与轨道动力荷载的共同作用，计算分析轨枕边角形状对道砟动力特征的影响。

(a) 圆角半径0 mm

(b) 圆角半径25 mm

(c) 圆角半径50 mm

(d) 圆角半径75 mm

图 7-14 道砟飞溅动力分析模型

基于风振耦合道砟飞溅动力分析模型，计算得到轨枕边角形状对枕盒道砟角速度、速度、配位数和受力的影响规律，如图 7-15 和图 7-16 所示。可知，枕盒道砟的角速度、速度和合力均随着轨枕棱边圆角半径的增大而降低，道砟配位数随轨枕圆角半径增大而增大。当轨枕圆角半径由 0 mm 增大至 75 mm 时，枕盒道砟角速度降低 1.2%，速度降低 1.9%，合力降低 0.7%，道砟配位数增大 1.1%。由以上数据可知，枕盒道砟振动特征受到轨枕边角形状的影响较小。

轨枕边角形状对枕下道砟、轨枕动力响应的影响分别如图 7-17 和图 7-18 所示。由图可知，随着轨枕棱边圆角半径的增大，枕下道砟振动速度和加速度、轨枕振动速度和沉降变

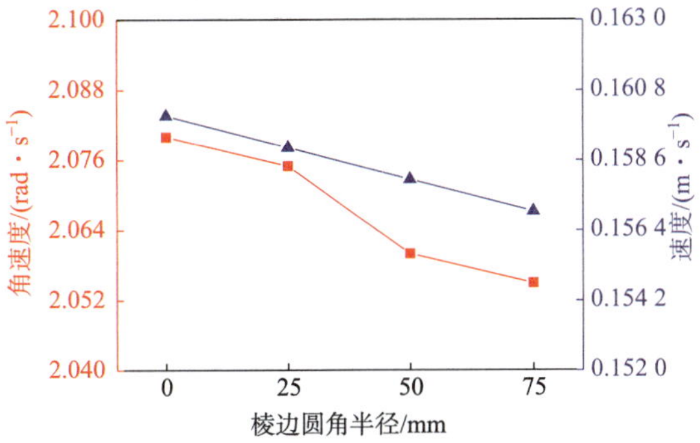

图 7-15　轨枕边角形状对枕盒道砟角速度和速度影响

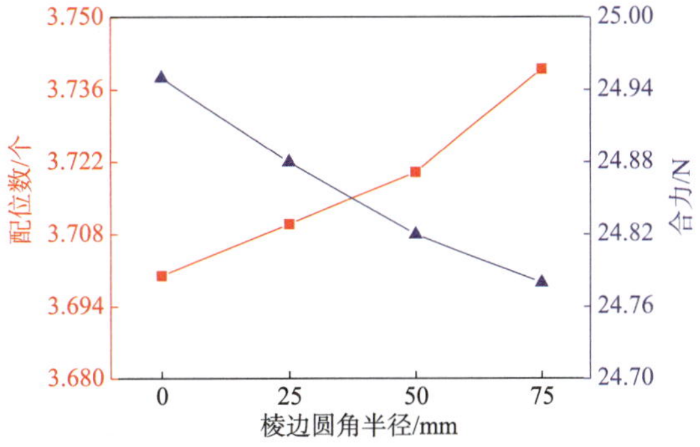

图 7-16　轨枕边角形状对枕盒道砟配位数和受力影响

化幅度同样较小。当轨枕圆角半径由 0 mm 增大至 75 mm 时，枕下道砟振动速度增大 0.8%，加速度增大 1.2%，轨枕振动速度增大 0.9%，道床沉降增大 3.3%。由以上分析可知，改变轨枕边角形状进行圆滑处理，对有砟轨道动力特征影响有限。

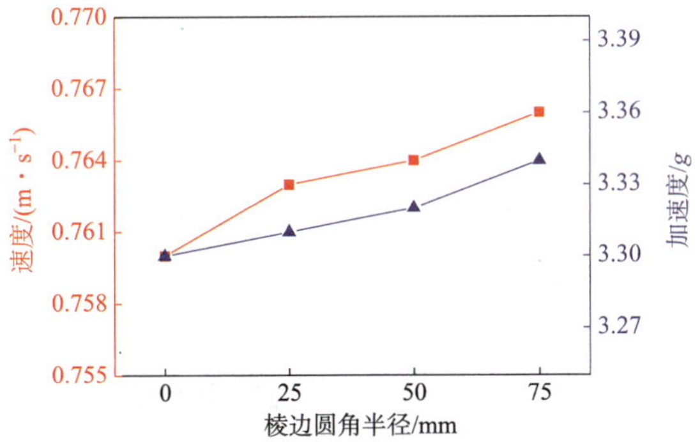

图 7-17　轨枕边角形状对枕下道砟速度和加速度影响

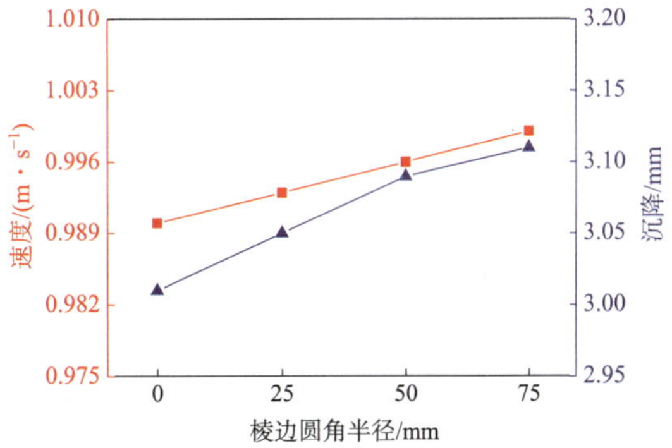

图 7-18　轨枕边角形状对轨枕速度和道床沉降影响

轨枕边角形状显著影响轨道流场特征，同时使道砟动力特征也发生一定的变化，导致道砟飞溅现象发生较大的改变。图 7-19 所示为风振耦合作用下道砟飞溅数量受轨枕边角形状影响曲线。由图可知，随着轨枕棱边圆角半径的增大，道砟飞溅数量显著减少，当轨枕圆角半径由 0 mm 增大至 75 mm 时，飞砟颗粒数量减少 40.0%，即对轨枕棱边进行圆滑处理对道砟飞溅防治效果非常显著。

综上所述，轨枕边角形状对轨道结构振动特征具有一定的影响，但影响程度相对较小。随着轨枕棱边圆角半径的增大，即随着轨枕边角逐渐变得圆滑，轨道流场强度显著降低，致使风振耦合作用下道砟飞溅数量明显减少。值得注意的是，对轨枕进行圆滑处理后，轨枕对枕盒道砟的阻挡作用也相应减弱，导致枕盒内的道砟颗粒一旦产生位移，极易跨过轨枕飞离

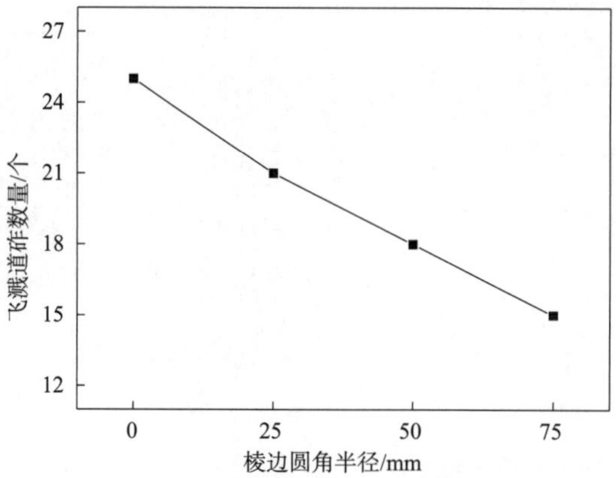

图 7-19 轨枕边角形状对飞溅道砟数量影响

道床，不再受到轨枕的阻挡。故可在对轨枕边角圆滑处理的同时，结合其他道砟飞溅防治措施，达到既可降低轨道流场强度，又能够有效限制枕盒道砟位移的飞溅防治效果。

7.3 轨枕长度影响分析

轨枕长度主要依据其在轨道结构中的受力状态而设计，轨枕越长其中部承受的外荷载弯矩越小，轨枕承载能力越高，并能提高道床纵横向阻力，使有砟轨道的稳定性和整体刚度增大。混凝土轨枕长度一般在 2 300～2 700 mm，在高速铁路上广泛应用的有挡肩的Ⅲc 型混凝土轨枕长度 2 600 mm。

为分析轨枕长度对道砟飞溅的影响，本节通过对Ⅲc 型混凝土轨枕进行缩短、加长设计，建立轨枕长度分别为 2 500 mm、2 600 mm、2 700 mm 和 2 800 mm 的道砟飞溅流场分析模型和动力分析模型，设置各组模型的行车速度均为 350 km/h，计算分析不同轨枕长度的有砟轨道流场特征及动力特征。

由于我国高速铁路标准轨距为 1 435 mm，而钢轨需固定在轨枕承轨槽内，故在调整轨枕长度时，需确保承轨槽及其内侧的轨枕长度和形状保持不变，通过改变挡肩长度调整轨枕整体长度。图 7-20 所示为不同长度的轨枕结构设计图。

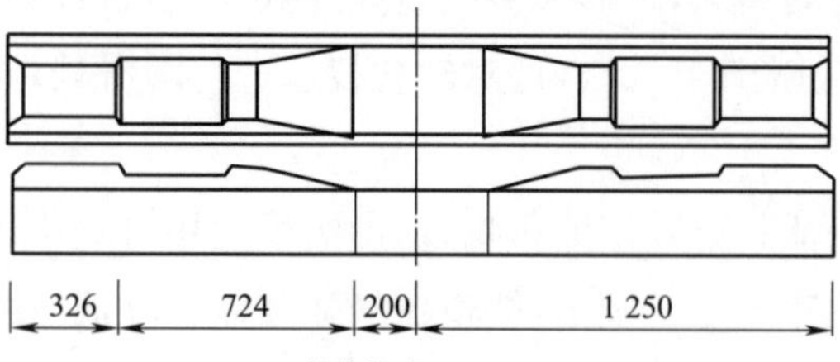

(a) 轨枕长度2 500 mm

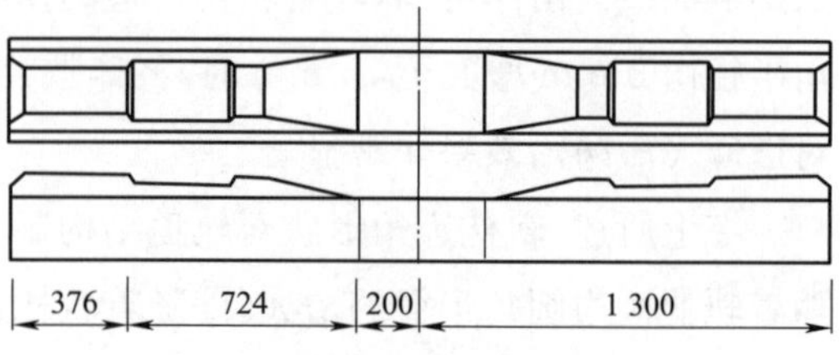

(b) 轨枕长度2 600 mm

图 7-20

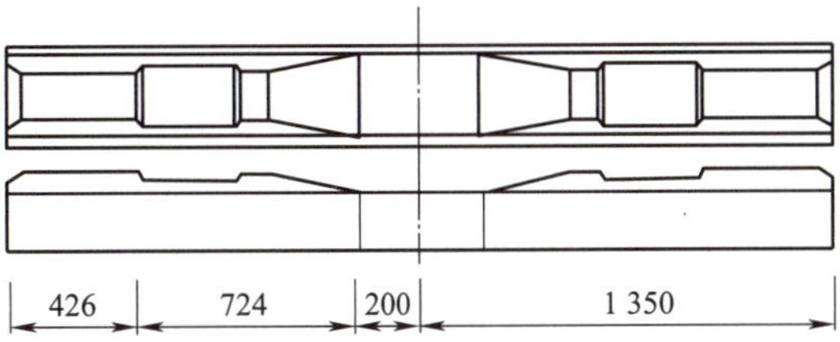

(c) 轨枕长度2 700 mm

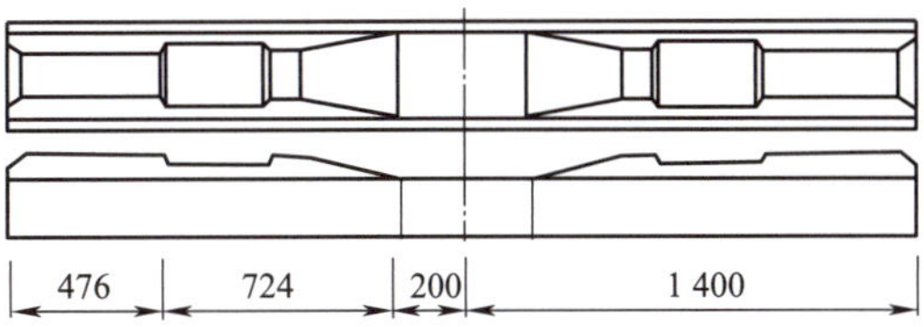

(d) 轨枕长度2 800 mm

图 7-20　不同长度的轨枕结构设计图(单位:mm)

7.3.1　轨道流场特征分析

基于有砟轨道流场分析模型,本小节分析不同轨枕长度条件下轨道流场分布,在此基础上,研究轨枕长度对道床、轨枕、砟肩流场风压的影响,分析流场风压特征值随轨枕长度的变化规律。

头车前转向架通过时,轨道表面风压分布如图 7-21 所示。可以看出,各轨枕长度条件下道床和轨枕表面风压幅值相差不大,道床表面最大正压均约为 750 Pa,且集中分布在靠近轨枕迎风侧的道床表面。轨枕长度对钢轨外侧的轨道结构表面风压影响显著,当轨枕长度由 2 500 mm 增长至 2 800 mm 过程中,钢轨外侧道床表面最大风压由 336 Pa 降低至 215 Pa,且具有相同数值的风压等值线逐渐向轨道边缘区域移动。分析原因为,轨枕挡肩长度的增大导致钢轨外侧轨道表面流场特征发生变化,轨枕对该区域空气流动的阻挡作用增大,故其流场强度相应降低。

(a) 轨枕长度2 500 mm

(b) 轨枕长度2 600 mm

(c) 轨枕长度2 700 mm

(d) 轨枕长度2 800 mm

图 7-21　不同轨枕长度的轨道表面风压等值线云图

获取道床、轨枕、砟肩表面流场在列车运行通过时的风压值。图 7-22 所示为不同轨枕长度下道床、轨枕和砟肩表面风压时程曲线,可以看出,不同轨枕长度条件下,道床、轨枕和砟肩表面风压均呈现出相同的时程变化趋势，但量值有所差异。

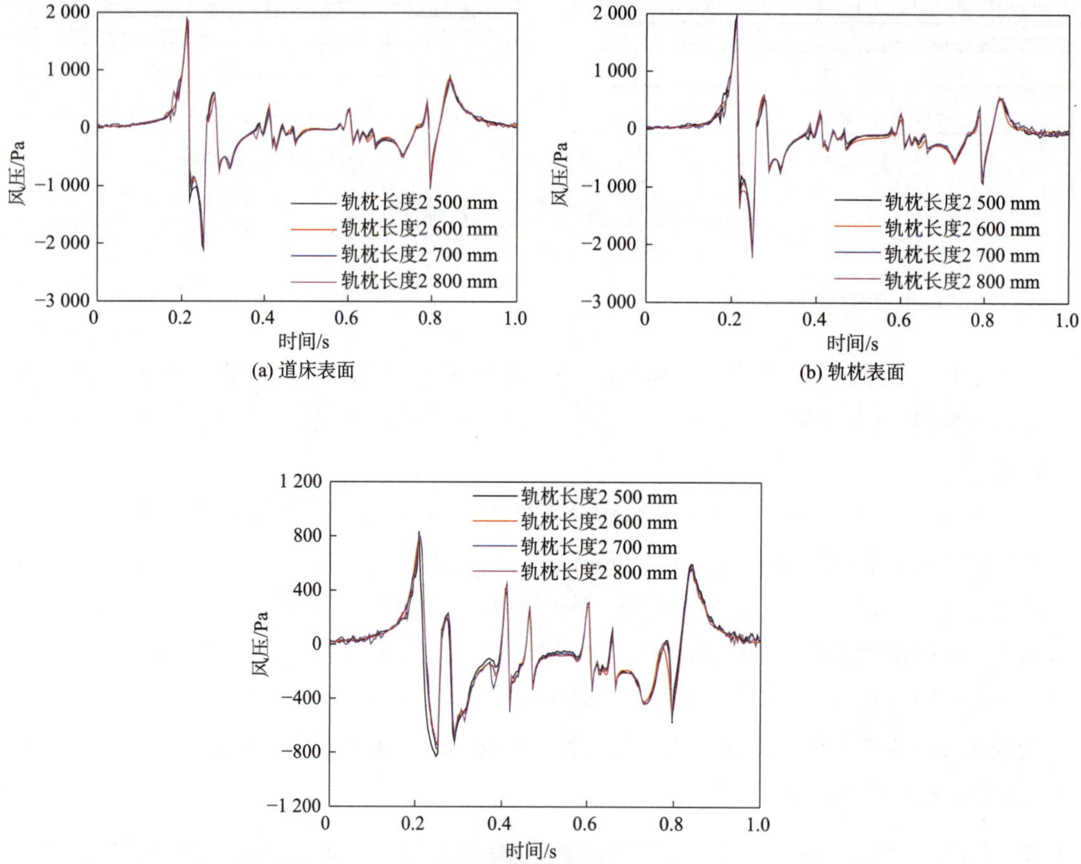

(a) 道床表面

(b) 轨枕表面

(c) 砟肩表面

图 7-22 轨道表面风压时程曲线

对列车通过前后，头车和尾车通过时引起的轨道最大压差进行提取和分析，得到其随轨枕长度变化曲线，如图 7-23 所示。由图可知，头车和尾车通过引起的道床、轨枕和砟肩表面的最大压差均随着轨枕长度的增大而降低，但各轨道结构风压受轨枕长度变化的影响程度差异显著。当轨枕长度由 2 500 mm 增大至 2 800 mm 时，头车和尾车引起的道床表面最大压差分别降低 1.1%和 1.4%，轨枕表面压差降低 0.6%和 0.9%，砟肩表面压差降低 5.9%和 6.3%，表明轨枕长度增大对道床和轨枕表面风压特征值影响较小，而砟肩表面风压受轨枕长度影响显著。

分析原因，受钢轨之间的固定轨距限制，仅能通过调整挡肩长度实现轨枕长度改变，即轨枕长度的变化对钢轨内侧轨道结构不产生影响，但对钢轨外侧的道床、轨枕和砟肩影响较大。轨枕越长对砟肩流场的阻挡作用越显著，故增大轨枕长度对降低砟肩表面流场强度影响显著，但对钢轨内侧道床和轨枕表面流场影响较小。

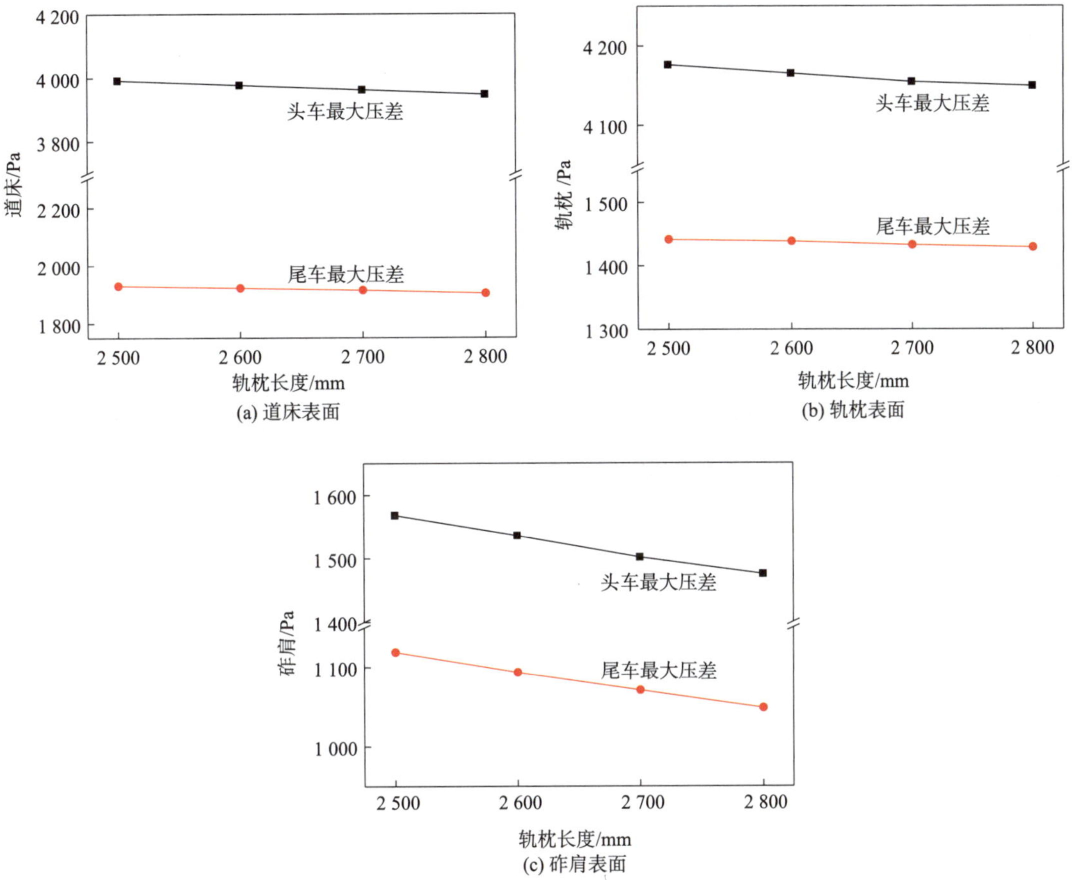

图 7-23　轨枕长度对轨道表面最大压差影响曲线

综上所述，轨枕长度的增大对钢轨外侧轨道流场强度影响显著，随着轨枕长度的增大，该区域流场强度逐渐降低；而轨枕长度对易发生道砟飞溅的线路中心区域轨道流场强度的影响较小，故增大轨枕长度对道砟飞溅防治效果有限。此外，由于轨枕表面风压高于道床表面，若加长轨枕会导致线路的运营或养护中出现的道砟颗粒散落在轨枕表面的现象增多，增加了道砟飞溅发生的概率。

7.3.2　道砟飞溅动力特征分析

考虑列车空气动力荷载与轨道动力荷载共同作用，采用 CFD-DEM-MBD 耦合方法建立道砟飞溅动力分析模型，计算分析轨枕长度对道砟动力特征的影响。

轨枕长度对枕盒道砟角速度、速度、配位数和受力的动力响应影响规律如图 7-24 和图 7-25 所示。由图可知，枕盒道砟的角速度、速度和合力均随着轨枕长度的增大而降低，道砟配位数随轨枕长度增大而增大，但变化幅度有限。当轨枕长度由 2 500 mm 增大至 2 800 mm 时，枕盒道砟角速度降低 2.9%，速度降低 6.7%，合力降低 2.5%，道砟配位数增大 1.6%。

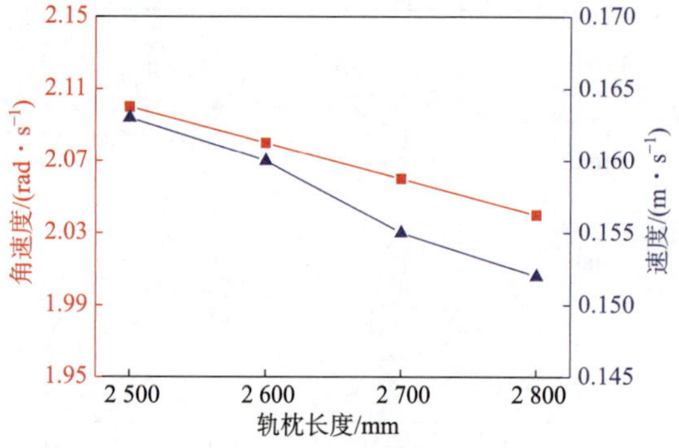

图 7-24　枕长对枕盒道砟速度和角速度影响

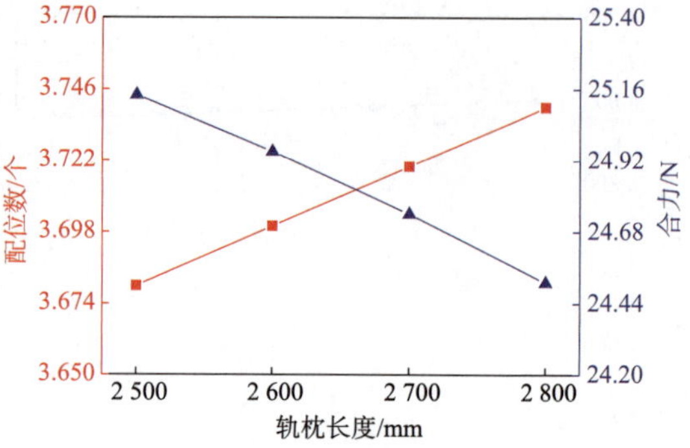

图 7-25　枕长对枕盒道砟配位数和受力影响

风振耦合作用下轨枕长度对枕下道砟和轨枕动力响应的影响分别如图 7-26 和图 7-27 所示。由图可知，随着轨枕长度的增大，枕下道砟振动速度和加速度、轨枕振动速度和沉降均降低。轨枕长度由 2 500 mm 增大至 2 800 mm 时，枕下道砟振动速度降低 24.4%，加速度降低 8.8%，轨枕振动速度降低 24.1%，道床沉降降低 24.4%。表明轨枕长度对枕下道砟和轨枕的动力响应显著高于枕盒道砟，且振动特征的降低主要由于轨枕长度增大导致的质量增大。

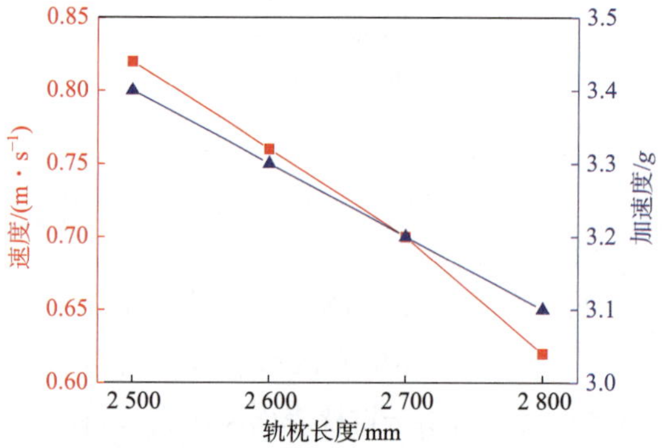

图 7-26　枕长对枕下道砟速度和加速度影响

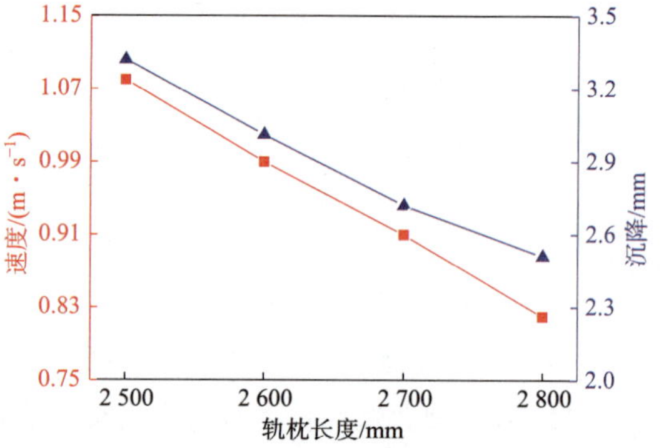

图 7-27　枕长对轨枕速度和道床沉降影响

轨枕长度影响列车高速运行时的轨道流场及道砟动力响应，进而改变道砟飞溅现象。图 7-28 所示为风振耦合作用下道砟飞溅数量受轨枕长度影响曲线，由图可知，随着轨枕长度的增大，道砟飞溅现象随之减少，但飞砟颗粒数量变化幅度较小，当轨枕长度由 2 500 mm 增大至 2 800 mm 时，飞砟颗粒数量仅减少 2 枚。这是因为轨枕长度变化是通过改变承轨槽外侧的轨枕长度实现的，故其对钢轨外侧道床影响显著，而对钢轨内侧道床表面流场强度及道砟振动幅度几乎不产生影响。然而，前文研究提出，风振耦合作用下道砟飞溅现象主要发生于钢轨内侧道床表面，且在线路中心区域较为集中，故轨枕长度变化对道砟飞溅的影响效果有限。

综上所述,轨枕长度的增大在一定程度上可降低道砟动力响应,但对易发生道砟飞溅的线路中心区域道砟振动的影响较小,故增大轨枕长度对道砟飞溅防治效果有限。此外,轨枕长度改变会影响轨道结构断面尺寸,也在一定程度上影响桥梁、路基等线下基础的设计、建设参数,增大线路建设、运营及养护成本。故不建议采取增大轨枕长度的方式开展道砟飞溅防治工作。

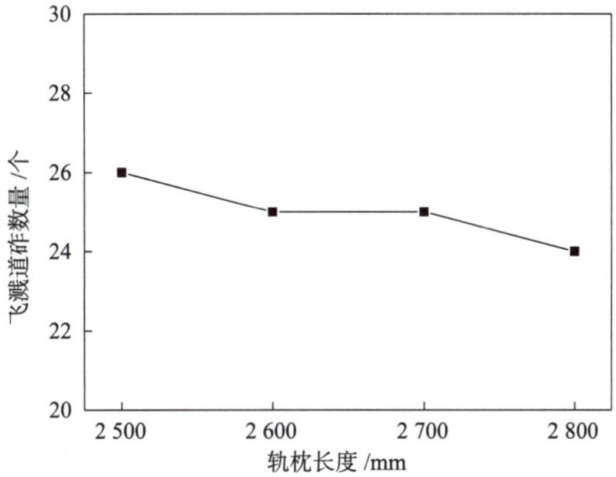

图 7-28　轨枕长度对飞溅道砟数量影响

7.4　轨枕宽度影响分析

Ⅲ型混凝土轨枕截面为上窄下宽的梯形断面,其宽度设计需考虑轨枕抗弯强度、钢轨支承面积、扣件型号尺寸等综合因素。轨枕越宽,其顶面与钢轨底面,以及其底面与道床的接触面积越大,轨枕承受和传递的列车荷载越均匀,有利于降低道床受力,同时还能减少轨枕病害。

为分析轨枕宽度对道砟飞溅的影响,设置Ⅲ型混凝土轨枕底面宽度分别为 300 mm、320 mm、340 mm 和 360 mm,各组模型的行车速度均为 350 km/h,研究不同轨枕宽度下,有砟轨道流场特征和动力特征。在调整轨枕宽度时,需保证轨枕断面形状不变,对轨枕顶面和底面宽度同时进行调整,图 7-29 所示为不同宽度的轨枕结构设计图。

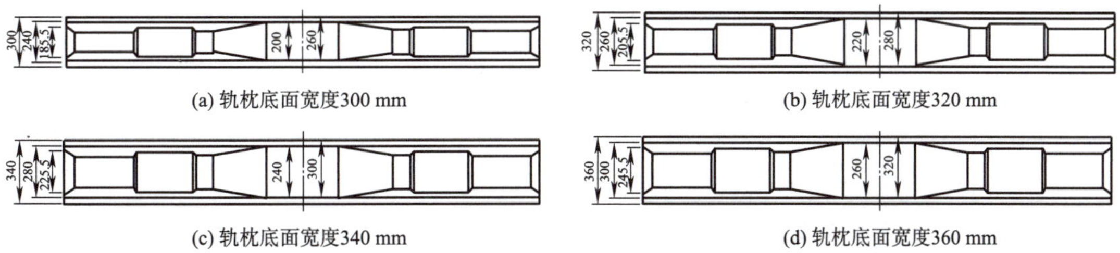

图 7-29　不同宽度的轨枕结构设计图(单位:mm)

7.4.1 轨道流场特征分析

轨枕宽度影响列车高速运行时轨道气动环境的流线发展。本小节分析不同轨枕宽度条件下的流场分布特征，在此基础上，研究道床、轨枕、砟肩表面的风压时程曲线，分析轨枕宽度对风压特征值的影响规律。

头车前转向架通过时轨道表面风压分布如图 7-30 所示。可以看出，各轨枕宽度条件下道床表面正压幅值相差不大，但风压变化特征存在差异。随着轨枕宽度的增大，道床表面风压变化幅度增大，轨枕宽度越大，道床表面风压降低幅度越快，故加宽轨枕有利于降低道床表面平均风场强度。同时，不同宽度的轨枕表面风压也存在差异，由图可知，轨枕宽度为 300 mm 时，轨枕表面最大负压为－686 Pa，轨枕宽度增大为 360 mm 时，轨枕表面最大负压值为－512 Pa，即轨枕越宽其表面流场越弱。

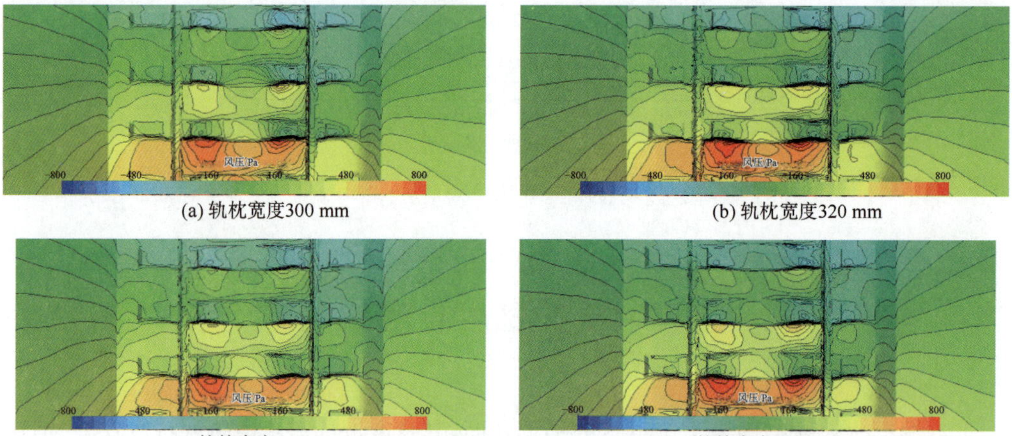

(a) 轨枕宽度300 mm　(b) 轨枕宽度320 mm

(c) 轨枕宽度340 mm　(d) 轨枕宽度360 mm

图 7-30　不同轨枕宽度的轨道表面风压等值线云图

不同轨枕宽度下道床、轨枕和砟肩堆高表面风压时程曲线如图 7-31 所示。可以看出，不同轨枕宽度条件下，道床表面、轨枕表面、砟肩表面风压均有相同的发展趋势，但不同区域风压的最大量值发生变化。

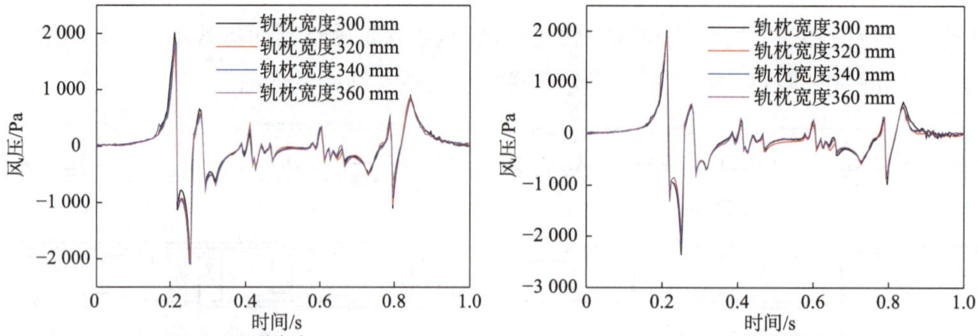

(a) 道床表面　(b) 轨枕表面

图　7-31

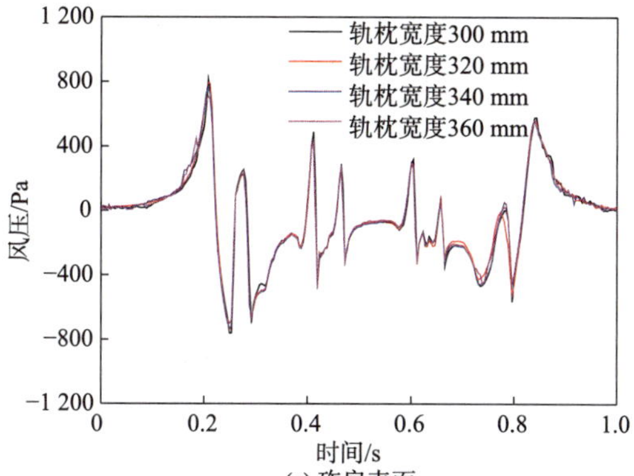

(c) 砟肩表面

图 7-31 轨道表面风压时程曲线

对列车通过前后,头车和尾车通过时引起的轨道结构表面最大压差进行提取和分析,得到其随轨枕宽度变化曲线,如图 7-32 所示。可知,轨道结构表面最大压差均随着轨枕宽度的增大而降低,且道床、轨枕和砟肩表面风压受轨枕宽度变化的影响程度相近。当轨枕宽度由 300 mm 增大至 360 mm 时,头车和尾车引起的道床表面最大压差分别降低 2.8%和 2.5%,轨枕表面压差降低 2.4%和 3.9%,砟肩表面压差降低 3.5%和 3.6%。

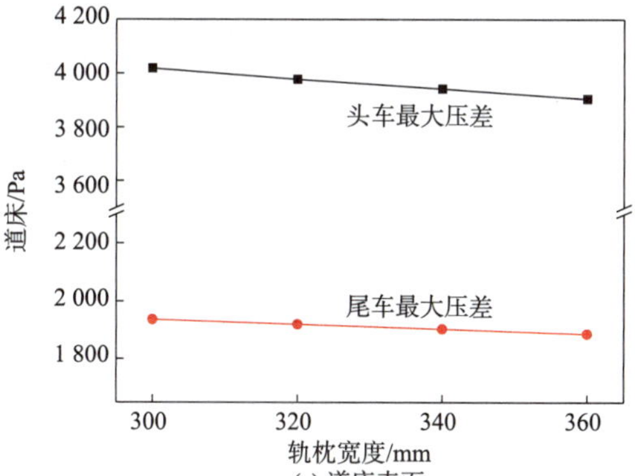

(a) 道床表面

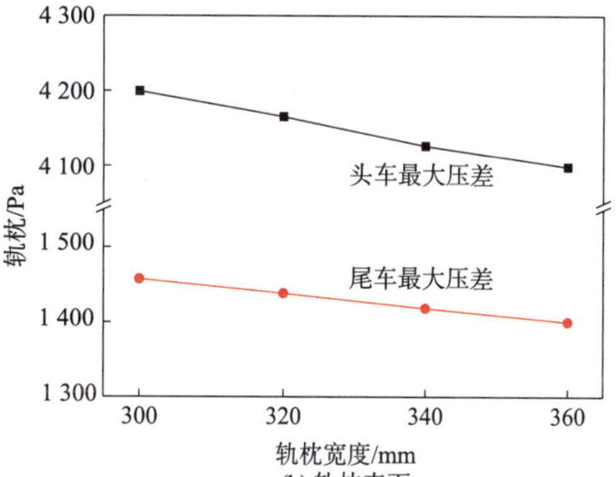

(b) 轨枕表面

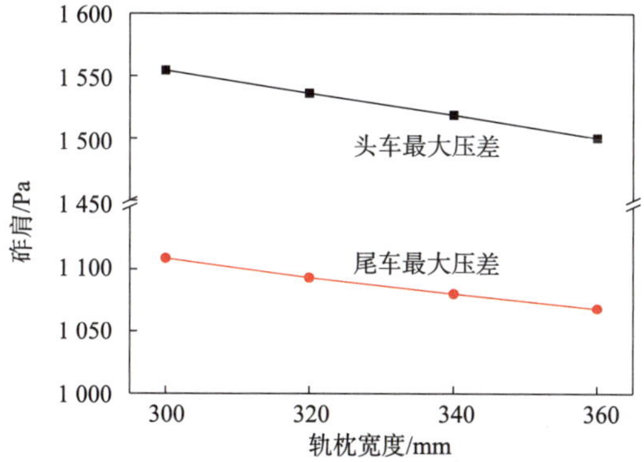

(c) 砟肩表面

图 7-32 轨枕宽度对轨道表面最大压差影响曲线

轨枕宽度对轨道表面流场特征的影响规律与轨枕间距对其的影响较为类似。这主要是因为随着轨枕宽度的增大,轨枕间距相应减小。但是与轨枕间距影响规律不同的是,轨枕宽度改变会造成轨枕顶面面积发生变化,使流体在流经轨枕顶面时产生的附着特征发生变化,进而导致对枕间道床的扰动影响并不相同;而轨枕间距变化仅能改变流体流经轨枕后,在道床表面的分布特征差异,不会改变轨枕顶面的流场特征。

综上所述,轨枕加宽与轨枕加密对道床流场特征影响相近,但轨枕加宽后,流经轨枕顶面的流体会再次附着在轨枕顶面,进而降低了流体对枕间道砟的扰动影响,故较轨枕加密而言,轨枕加宽对飞砟防治效果更佳。

7.4.2 道砟飞溅动力特征分析

考虑列车空气动力荷载与轨道动力荷载共同作用,采用 CFD-DEM-MBD 耦合方法建立道砟飞溅动力分析模型,计算分析轨枕宽度对道砟动力特征的影响。

轨枕宽度对枕盒道砟角速度、速度、配位数和受力的动力响应影响规律如图 7-33 和图 7-34 所示。可知,枕盒道砟的角速度、速度和合力均随着轨枕宽度的增大而增大,道砟配位数随轨枕宽度增大而降低。当轨枕宽度由 300 mm 增大至 360 mm 时,枕盒道砟角速度增大 10.0%,速度增大 12.3%,合力增大 5.6%,配位数降低 5.8%。综上,轨枕宽度会影响枕盒道砟振动特征,轨枕越宽枕盒道砟振动幅度越大。

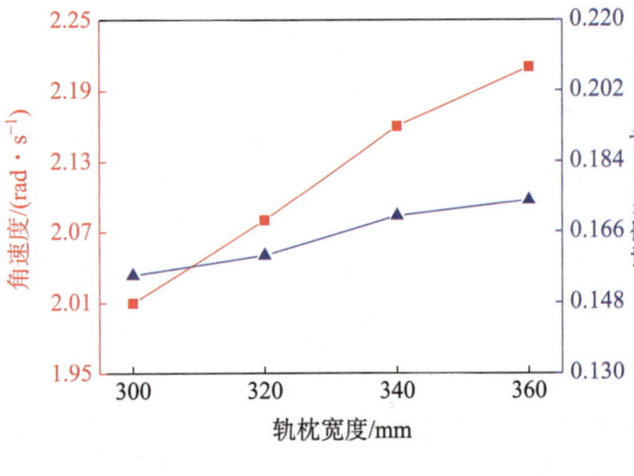

图 7-33 枕宽对枕盒道砟速度和角速度影响

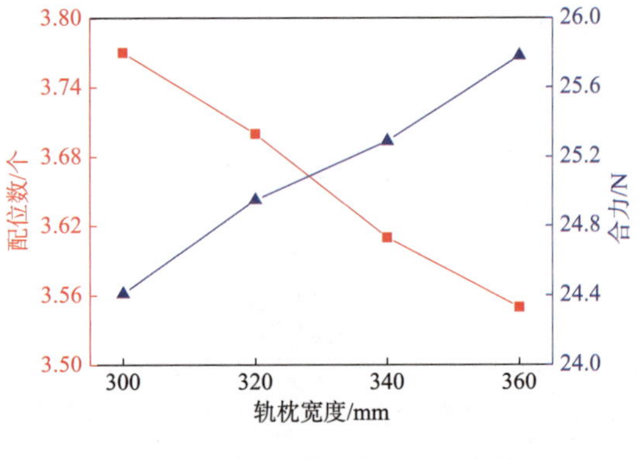

图 7-34 枕宽对枕盒道砟配位数和受力影响

轨枕宽度对枕下道砟和轨枕动力响应的影响如图 7-35 和图 7-36 所示。由图可知,随着轨枕宽度的增大,枕下道砟振动速度和加速度、轨枕振动速度和沉降均降低。当轨枕宽度由 300 mm 增大至 360 mm 时,枕下道砟振动速度降低 18.5%,加速度降低 6.8%,轨枕振动速度降低 24.3%,道床沉降降低 18.9%。由以上分析可知,轨枕宽度对枕下和枕盒道砟的振动特征影响并不相同,轨枕越宽,枕盒道砟振动越显著,而枕下道砟振动幅度越低。分析原因,轨枕宽度越大,轨枕间距越小,枕盒道砟受到轨枕传递荷载的影响越显著;枕下道砟的振动减弱,主要是由轨枕宽度增大导致的质量增大所致。

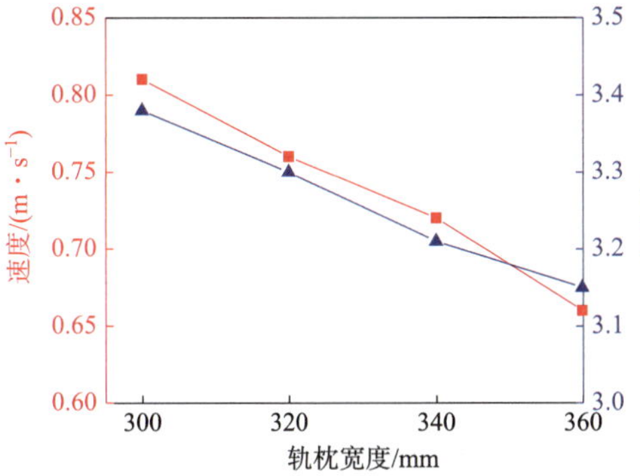

图 7-35　枕宽对枕下道砟速度和加速度影响

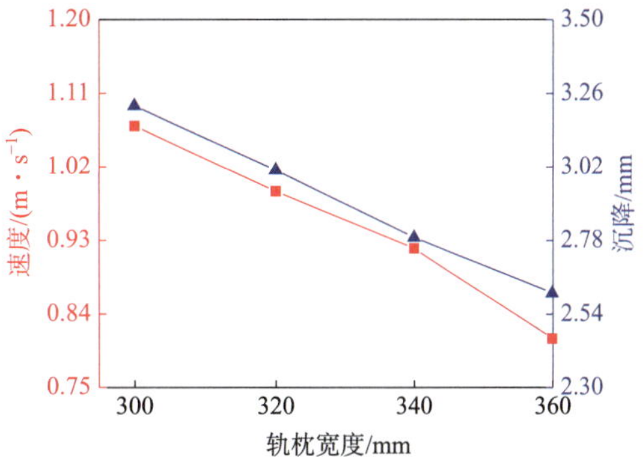

图 7-36　枕宽对轨枕速度和道床沉降影响

轨枕宽度影响列车高速通过时轨道流场及道砟动力响应，进而影响道砟飞溅现象。图 7-37 所示为风振耦合作用下道砟飞溅数量受轨枕宽度影响曲线，由图可知，随着轨枕宽度的增大，道砟飞溅现象随之减少，当轨枕宽度由 300 mm 增大至 360 mm 时，飞砟颗粒数量减少 37.9%，故轨枕加宽对道砟飞溅防治效果显著。

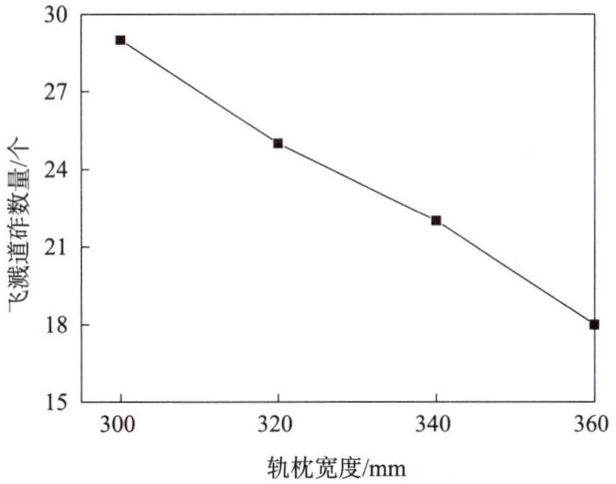

图 7-37　轨枕宽度对飞溅道砟数量影响

综上所述，轨枕宽度对有砟轨道流场特征和动力特征影响显著。随着轨枕宽度的增大，道床、轨枕和砟肩表面流场强度均降低，枕下道砟振动减弱，而枕盒道砟振动特征随之增大。但总体而言，道砟飞溅受轨道流场特征的影响更为显著，故在风振耦合作用下，轨枕宽度越大道砟飞溅数量越少。此外，轨枕加宽较轨枕加密的飞砟防治效果更佳。

7.5　轨枕高度影响分析

轨枕高度在其长度方向上并不相同，轨枕中部高度较低，两侧相对较高，以使轨枕能够承受更大的力和力矩作用。为分析轨枕高度对道砟飞溅的影响，本节调整轨枕最高高度分别为 260 mm、280 mm、300 mm 和 320 mm，建立不同轨枕高度的道砟飞溅流场分析模型和动力分析模型，设置各组参数模型的行车速度均为 350 km/h。需要注意的是，需同步调整轨枕中部、承轨槽、端部的轨枕高度，图 7-38 所示为不同高度的轨枕结构设计图。

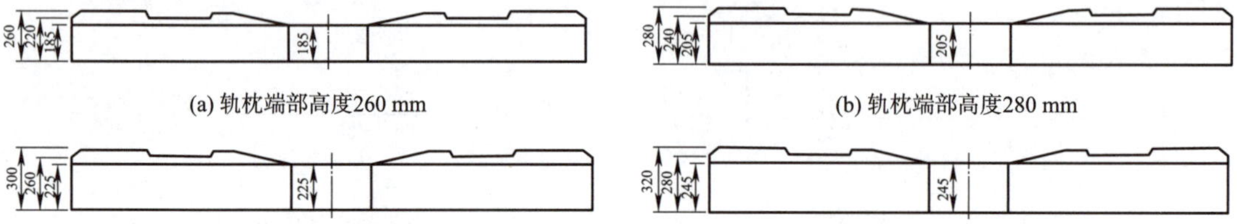

(a) 轨枕端部高度260 mm　(b) 轨枕端部高度280 mm

(c) 轨枕端部高度300 mm　(d) 轨枕端部高度320 mm

图 7-38　不同高度的轨枕结构设计图(单位：mm)

7.5.1　轨道流场特征分析

轨枕高度影响列车风载在轨道空间的传递与发展。本小节分析不同轨枕高度条件下轨道流场分布特征，在此基础上，研究轨枕高度对轨道流场风压时程特征的影响规律。

头车前转向架通过时轨道表面风压分布如图 7-39 所示。可以看出，各轨枕高度条件下道床表面风压特征差异显著。当轨枕高度为 260 mm(Ⅲc 型枕原始高度)时，道床表面与轨枕中部顶面高差较小，此时位于钢轨内侧承轨槽附近的轨枕表面距道床表面高度较大，故在该区域迎风侧的道床表面形成较大的正压分布。

随着轨枕高度的增大，轨枕中部顶面与道床面的差距也逐渐增大，导致靠近轨枕迎风侧的道床表面的正压分布，由集中于线路中心线两侧变化为集中于线路中心。且随着轨枕高度的增大，道床表面正压幅值也逐渐降低。在轨枕高度由 260 mm 增大至 320 mm 过程中，道床表面最大风压由 788 Pa 逐渐降低至 739 Pa、701 Pa、654 Pa，降幅显著。此外，不同高度轨枕表面风压分布及强度变化较小，这是由于随着轨枕高度的增大，承轨槽、钢轨、车轮及车厢底部等一系列结构高度均随之增大，故车厢底部距轨枕表面的距离并未随轨枕高度的增大而发生变化，导致轨枕表面流场特征差异较小。

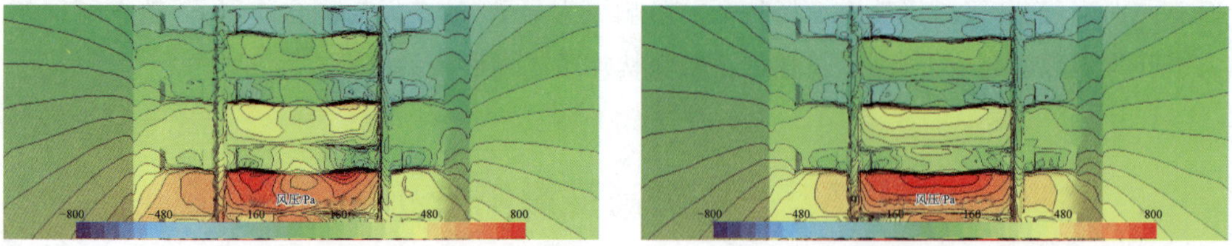

(a) 轨枕高度260 mm　(b) 轨枕高度280 mm

图　7-39

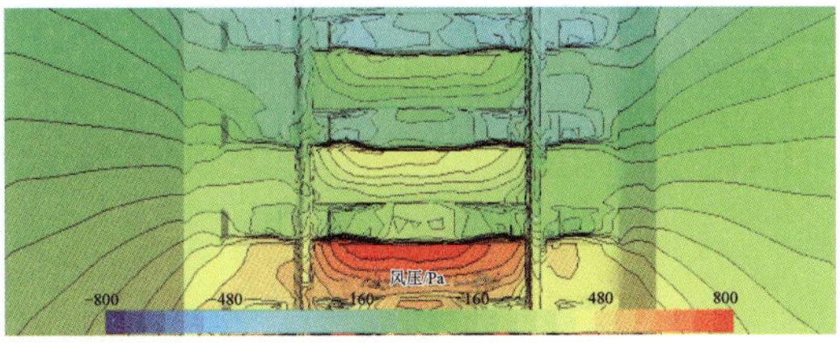

(c) 轨枕高度300 mm

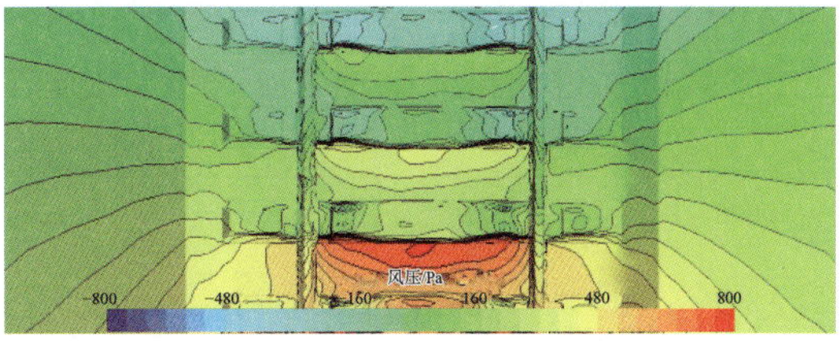

(d) 轨枕高度320 mm

图 7-39　不同轨枕高度的轨道表面风压等值线云图

不同轨枕高度下道床、轨枕和砟肩堆高表面风压时程曲线如图 7-40 所示，可以看出，不同轨枕高度条件下，道砟、轨枕、砟肩风压随列车运行通过均表现出相同的演变趋势，但最大风压、最小风压等特征值表现出一定差异。

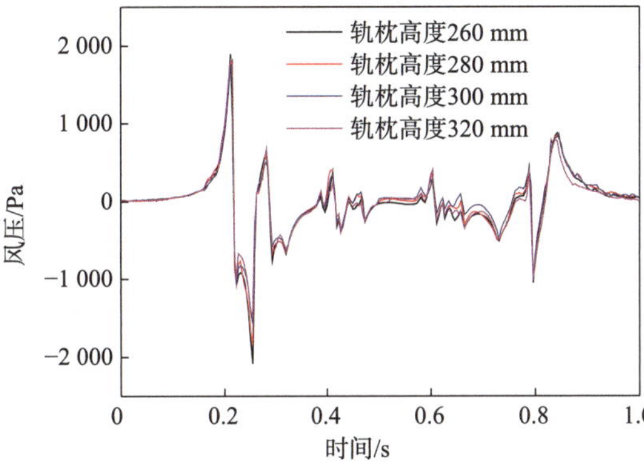

(a) 道床表面

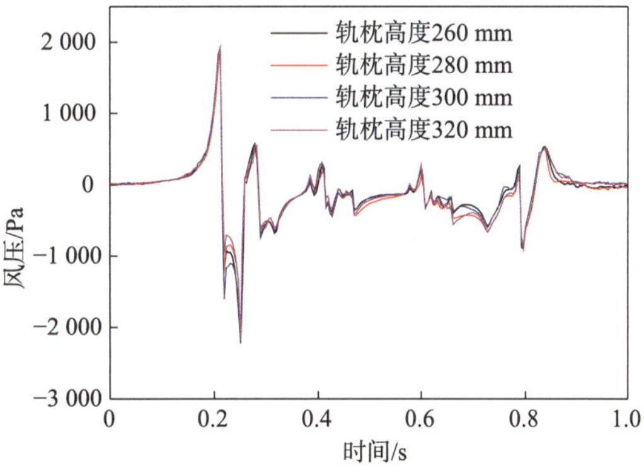

(b) 轨枕表面

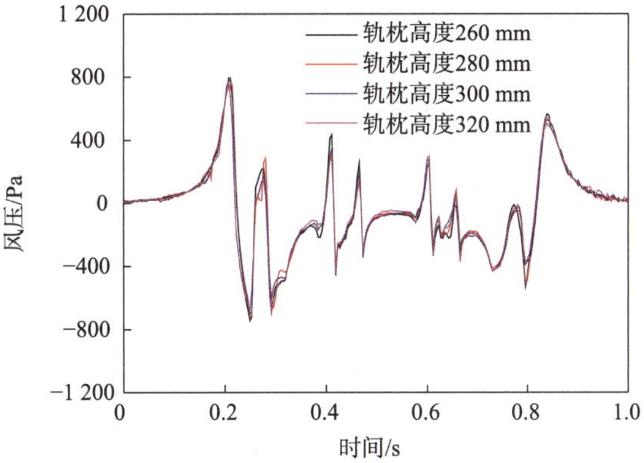

(c) 砟肩表面

图 7-40　轨道表面风压时程曲线

对列车通过前后，头车和尾车通过时引起轨道结构最大压差进行提取和分析，得到其随轨枕高度变化曲线，如图 7-41 所示。可知，轨道结构表面的最大压差均随着轨枕高度的增大而降低，且道床、轨枕和砟肩表面风压受轨枕高度变化影响程度各不相同。当轨枕高度由

260 mm 增大至 320 mm 时，头车和尾车引起的道床表面最大压差分别降低 7.7%和 11.5%，轨枕表面压差降低 1.4%和 3.0%，砟肩表面压差降低 11.2%和 11.3%。

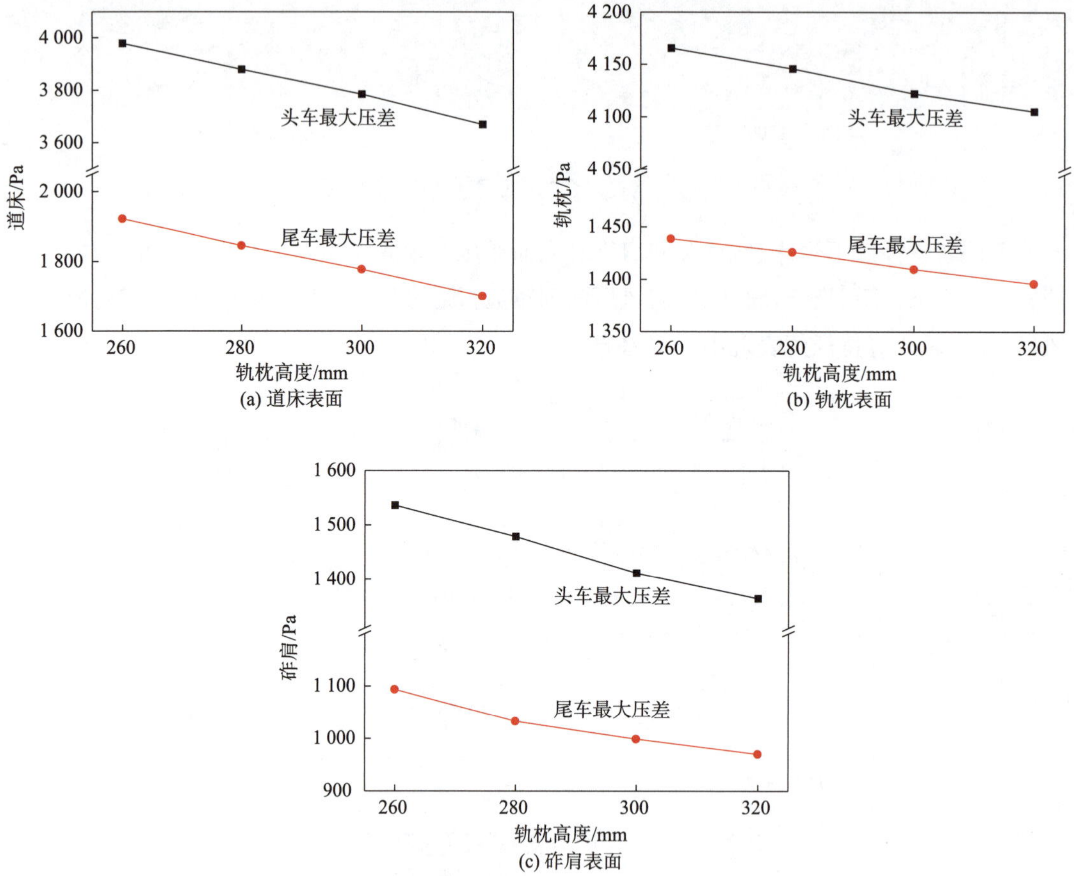

图 7-41　轨枕高度对轨道表面最大压差影响曲线

综上所述，轨枕高度增大对道床和砟肩表面风压变化影响更为显著，轨枕表面风压受其高度变化影响较小。这是因为轨枕高度增大导致车厢底部距道床和砟肩表面距离增大，二者受到列车通过产生风载影响减弱；而轨枕顶面距车底高度并未变化，故其表面受到列车风载作用的影响基本不变。

7.5.2　道砟飞溅动力特征分析

考虑列车风与轨道动力荷载共同作用，采用 CFD-DEM-MBD 耦合方法建立道砟飞溅动力分析模型，计算分析轨枕高度对道砟动力特征的影响。

轨枕高度对枕盒道砟角速度、速度、配位数和受力的动力响应影响规律如图 7-42 和图 7-43 所示。可知，枕盒道砟的角速度、速度和合力均随着轨枕高度的增大而降低，道砟配位数随轨枕宽度增大而增大。当轨枕高度由 260 mm 增大至 320 mm 时，枕盒道砟角速度降低 2.9%，速度降低 6.9%，合力降低 2.5%，道砟配位数增大 1.4%。综上所述，枕盒道砟振动特征会受到轨枕高度变化影响，轨枕越高枕盒道砟振动越小，但影响程度较小。

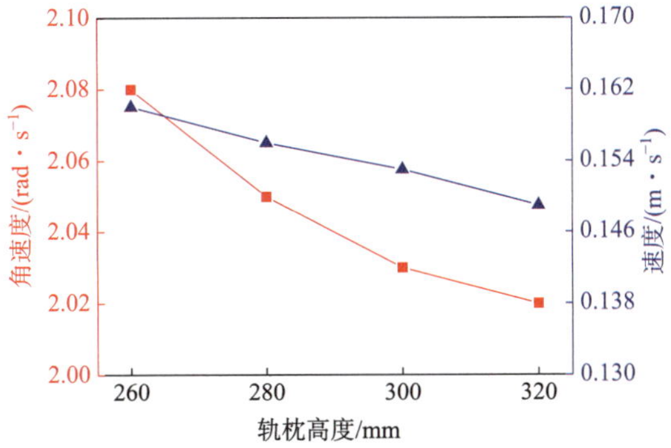

图 7-42　枕高对枕盒道砟速度和角速度影响

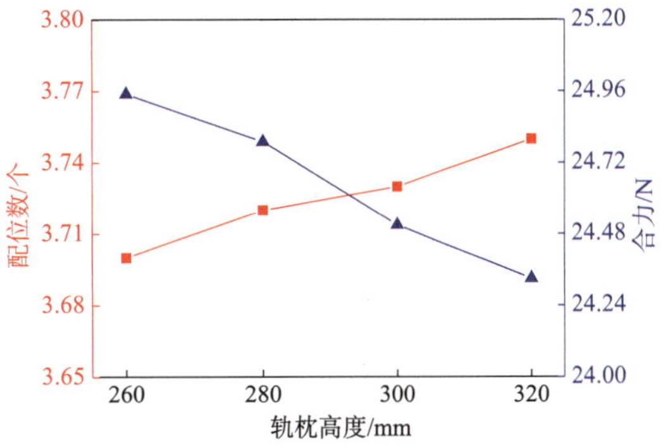

图 7-43　枕高对枕盒道砟配位数和受力影响

风振耦合作用下轨枕高度对枕下道砟和轨枕动力响应的影响分别如图 7-44 和图 7-45 所示。可知，随着轨枕高度的增大，枕下道砟振动速度和加速度、轨枕振动速度和沉降均降低。当轨枕高度由 260 mm 增大至 320 mm 时，枕下道砟振动速度降低 19.7%，加速度降低 9.1%，轨枕振动速度降低 21.2%，道床沉降降低 17.6%。

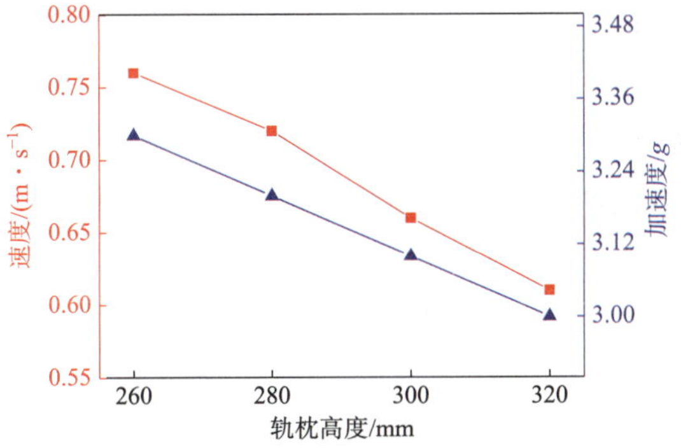

图 7-44　枕高对枕下道砟速度和加速度影响

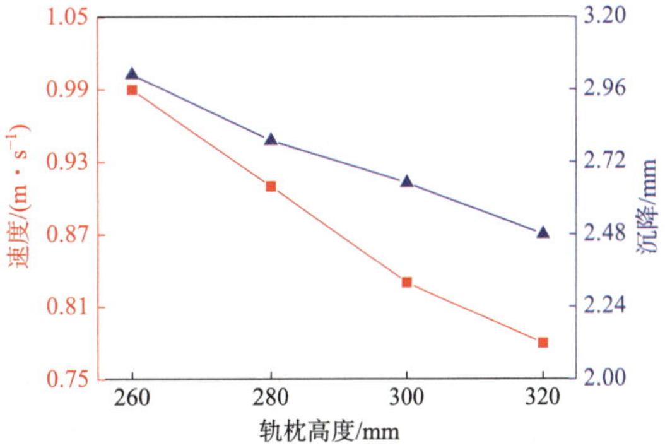

图 7-45　枕高对轨枕速度和道床沉降影响

由以上分析可知，轨枕高度对枕下和枕盒道砟的振动特征的影响规律相同，轨枕越高，枕盒和枕下道砟的振动幅度越小，在列车风和轨道动力荷载作用下越不易产生位移。这是因为随着轨枕高度的增大，轨枕质量相应增大，轨枕及附近道砟在轨道动力荷载作用下的振动均减弱；另一方面，轨枕加高后，其对列车风的阻挡作用随之加强，枕盒道砟受到的列车风的影响减弱。进一步对不同轨枕高度条件下道砟飞溅数量做进一步分析，如图 7-46 所示。可以看出，随着轨枕高度的增大，道砟飞溅现象随之减少，当轨枕高度由 260 mm 增大至 320 mm 时，飞砟颗粒数量减少 44.0%，即轨枕加高对道砟飞溅防治效果非常显著。

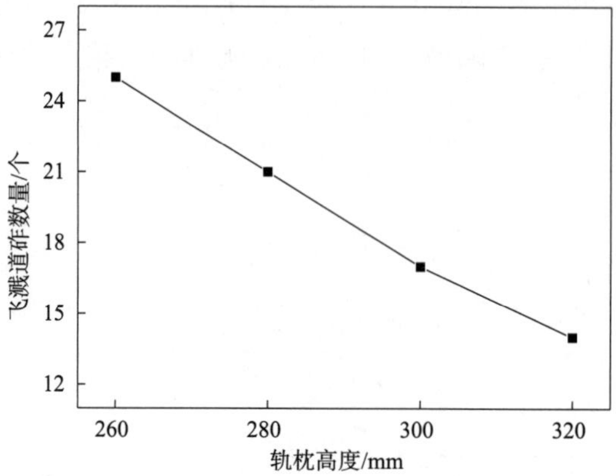

图 7-46　轨枕高度对飞溅道砟数量影响

综上所述，轨枕高度对有砟轨道流场特征和动力特征影响显著。随着轨枕高度的增大，道床、轨枕和砟肩表面流场强度均降低，其中道床和砟肩距车厢底部距离增大，受到的列车风影响随之减弱，故二者表面流场强度显著降低；枕盒和枕下道砟振动减弱，但减弱程度相对较小，而道砟飞溅受轨道流场影响更为显著，故在风振耦合作用下道砟飞溅数量随之减少，轨枕加高对道砟飞溅防治效果优于轨枕加密、加长和加宽。

小　结

本章基于前文建立的高速铁路有砟轨道流场分析模型及道砟飞溅动力分析模型，研究轨枕铺设间距、边角形状、长度、宽度和高度的轨枕设计参数对有砟轨道流场特征及道砟飞溅防治效果的影响，进而提出有效的道砟飞溅防治建议。主要结论如下：

(1)加密轨枕具有一定的道砟飞溅防治效果。随着轨枕间距的减小，轨道结构表面流场强度逐渐降低，其对枕盒道砟的阻挡效果也相应增强，从而降低道砟飞溅数量。轨枕边角形状对轨道流场影响显著，随着轨枕边角形状逐渐变得圆滑，道砟飞溅现象显著减少。

(2)轨枕尺寸改变会使其表面流体的绕流特征发生变化，轨枕加长、加宽或加高后，轨枕和道床表面的流动分离区和尾流区流场强度均降低，道砟飞溅数量发生不同程度地减少。相比较而言，加高轨枕对道砟飞溅的防治效果更为显著。

(3)对于道砟飞溅防治的现场实际应用，可将多种措施综合考虑。如在采取轨枕表面圆滑处理的同时，为提高轨枕对表层道砟的阻挡作用，可同时采取适当加高轨枕和降低道床面高度的措施。在设计道砟飞溅防治方案时，需根据线路实际情况综合考虑线下基础尺寸、大机作业参数等因素，同时可配合弹性轨枕、道砟垫、道砟水洗等措施改善道床力学性能，起到延缓道床劣化及防治道砟飞溅的效果。

第8章 结论及展望

8.1 结　　论

道砟飞溅严重威胁高速铁路安全运营，其产生原因复杂，不确定性显著，现有的防治措施多依赖工程经验，且效果欠佳。本书针对目前道砟飞溅机理及防治措施研究方面存在的不足，建立了高速铁路道砟飞溅分析模型系统，并结合道砟飞溅风洞试验，分析了基于道砟颗粒和有砟轨道流场特征的道砟飞溅发生机理，研究了基于道砟飞溅运动行为和动力响应特征的道砟飞溅发展机理，以及道床和轨枕参数对道砟飞溅的影响机制，进而提出科学、有效的道砟飞溅防治建议。主要研究结论如下：

1. 自主设计了道砟颗粒和有砟轨道风洞试验，精确考虑道砟颗粒、有砟道床、轨枕、钢轨、车底等结构外形的影响，揭示了道砟颗粒和有砟轨道流场特征。

(1)自主研发了道砟颗粒风压装置，实现道砟颗粒表面风压的精准监测，进而设计了道砟颗粒风洞试验，解决了既有方法因道砟表面粗糙引发测试精度不足的问题；自主研发了真实外形轨枕、砟肩风压测试装置，设计了有砟轨道结构风洞试验，解决了既有研究较少考虑轨枕、车底等精细化外形的问题。

(2)在道砟颗粒风洞试验研究方面。道砟质量越大越不易发生飞溅，质量相近且充分接触条件下，椭球体道砟最易飞溅，扁状体道砟最不易发生飞溅。道砟接触面粗糙度越大，越不易发生飞溅，但控制效果较为有限。

(3)在有砟轨道风洞试验研究方面。钢轨内侧道床和轨枕承受列车风荷载的影响最为显著，流场风速及风压均由道心至线路边缘逐渐减小，流场风速随道床表面竖向距离的增加逐渐变大，线路中心区域最易发生道砟飞溅现象。

2. 提出了道砟复杂外形特征的精细化还原方法，构建了道砟颗粒细观流场分析模型，揭示了道砟颗粒细观流场分布特征及风载强度的影响机制。

(1)道砟颗粒细观流场分析模型构建。提出道砟外形密集点云数据三角化处理方法及道砟颗粒形态特征计算方法，实现道砟颗粒复杂外形的精准还原，结合计算流体动力学构建了道砟颗粒细观流场分析模型，基于道砟颗粒风洞试验结果验证了仿真模型的准确性。

(2)道砟颗粒细观流场分布特征方面。外风荷载条件下,道砟颗粒迎风面上凸起区域的顶点位置出现最大正压,侧面或背面的相邻棱边出现最大负压。椭球体道砟表面压差最大,最易发生飞溅现象,扁状体道砟表面压差最小,流动分离现象较少,最不易飞溅。道砟表面压差与风速的平方呈现出显著的正相关性。

(3)道砟颗粒细观属性的影响机制方面。道砟颗粒质量越大,越不易发生飞溅现象,在有砟道床表面铺设大粒径道砟颗粒具有较好的道砟防治效果。颗粒形状特征对道砟飞溅产生一定的影响,其中片状系数最为敏感,可为道砟飞溅防治指标提供一定的参考。

3. 基于多孔介质及滑移网格方法构建了有砟轨道宏观流场分析模型,真实还原有砟轨道流场特征,揭示了行车速度及外风条件对有砟轨道流场的影响机制。

(1)有砟轨道流场分析模型建立。将有砟道床考虑为多孔介质结构,创建了有砟轨道流场分析模型,基于滑移网格分析方法实现列车与有砟轨道的相对运动,并精确考虑轨道和车底结构外形的影响,能够对高速列车通过时的轨道流场进行真实还原和分析,基于风洞试验结果验证了模型的准确性。

(2)在有砟轨道流场风压特征方面。列车风载作用下有砟轨道流场风压表现出不均匀分布的特征,车头和车尾区域的流场风压明显高于转向架、车厢等区域,线路中心区域表面风压最大。道床、轨枕和砟肩表面风压在时程上均表现出“正压—负压—负压—正压”的波动特征。

(3)在有砟轨道流场风速特征方面。有砟轨道结构的风速由线路中心向两侧逐渐降低,尾车引起的最大风速高于头车。钢轨下方道床表面及轨枕迎风侧的风速相对较大。线路中心的风速流线较为均匀,钢轨及枕端附件出现一定的涡旋现象,易引发道砟飞溅。

(4)在行车速度影响方面。轨道结构最大压差与车速的平方表现出较好的正相关性。列车车头、车厢等不同区域引起的轨道表面正压、负压幅值、以及波动特征均随行车速度的提高显著增大。

(5)在外风条件影响方面。外风作用下,轨道表面正压和负压幅值、以及最大风速均显著增大。轨道上方始终存在涡旋的产生、扩大、合并等现象,对表层道砟的稳定性影响较大。

4. 基于CFD-DEM-MBD耦合算法构建了道砟飞溅动力分析模型,真实模拟列车风荷载及轨道动力荷载对道砟飞溅的耦合作用,揭示了风振耦合作用下道砟飞溅发生及发展机理。

(1)道砟飞溅动力分析模型建立。采用DEM模块精确反映道砟形状和级配特征,CFD模块还原轨道流场,MBD模块真实传递轨道动力荷载。基于CFD-DEM-MBD耦合方法建立了道砟飞溅动力分析模型,解决了既有方法较少考虑轨道结构振动的问题,实现了风振耦合作用下道砟飞溅运动行为及动力响应特征的真实模拟及分析。

(2)在列车风载对道砟飞溅的影响方面。列车风载作用下,钢轨内侧道砟易发生飞溅现象,尤其是线路中心区域。道砟飞溅的发生与发展阶段均受到列车风载的显著影响。

(3)在轨道动载对道砟飞溅的影响方面。仅在轨道动载作用下,有砟道床不会发生道砟飞溅,但会通过降低表层道砟稳定性为道砟飞溅提供初始条件。轨道动载的影响主要体现在道砟飞溅发生阶段。

(4)在风振耦合对道砟飞溅的影响方面。风振耦合作用下,道砟发生飞溅的概率显著增大。相比于仅列车风载作用,临界车速由 350 km/h 降低为 300 km/h,道砟飞溅数量发生较大的增长。轨道动力荷载对道砟飞溅具有显著的加剧作用。

(5)在车速和轴重对道砟飞溅的影响方面。道砟飞溅数量随行车速度与列车轴重的增加均逐渐增多。列车轴重影响轨道结构振动,行车速度同时影响列车风荷载及轨道振动,对道砟飞溅影响更加显著,在线路提速发展中应重点关注。

5. 揭示了道床和轨枕设计参数对轨道流场特征和道砟动力特征的影响机制,提出在不采用新型材料或结构,仅调整既有轨道参数基础上的道砟飞溅防治建议。

(1)在道床参数对道砟飞溅影响方面。轨道流场风压随枕盒道砟高度、堆高高度和边坡坡度的减小逐渐降低,其中枕盒道砟高度对道砟飞溅的影响最为显著。道床级配对道砟飞溅产生较大的影响,可通过降低小粒径道砟占比达到道砟飞溅防治的效果。

(2)在轨枕参数对道砟飞溅影响方面。轨枕间距和边角形状对道砟飞溅防治效果显著。轨枕尺寸影响其表面流体的绕流特征,轨枕和道床表面的流动分离区和尾流区流场强度均随轨枕尺寸的增大逐渐降低,致使道砟飞溅数量逐渐减少。

(3)在道砟飞溅防治建议方面。可通过降低枕盒道砟高度、砟肩堆高高度、边坡坡度防治道砟飞溅,其中降低枕盒道砟高度效果最佳。通过轨枕加密,轨枕加高,对轨枕边角圆滑处理,均能有效防治道砟飞溅。为开展道砟飞溅与劣化病害的综合防治,可在道床表层减少或不铺设小粒径道砟,增加大粒径道砟。在开展道砟飞溅防治工作时,可根据线路实际条件选择多种防治措施,并综合考虑拟采取措施对线路建设、运营和维护的影响。

8.2 展　　望

本书主要采用数值仿真与室内试验相结合的方式,对高速铁路道砟飞溅的发生发展机理和防治措施进行研究,研究结论能为高速铁路道砟飞溅的防治工作提供一定的参考,但仍存在如下内容有待进一步完善:

(1)本书开展的道砟飞溅机理及防治措施研究仅针对相对单一的运营条件,我国高速铁路里程广,线路条件差异大,需进一步将道砟飞溅机理及防治措施的理论分析方法与高速铁路实际线路相结合,考虑高速铁路线路的特殊、复杂运营条件,如双线列车交会影响,隧道内复杂列车空气动力及轨道动力特征影响,路基-桥梁过渡段刚度显著差异影响的情况,通过大量线路试验,不断优化和完善该理论分析方法。根据线路实际情况,提出具有针对性的道砟飞溅防治建议。

(2)高速铁路有砟轨道面临的两个突出问题为道砟飞溅和道床劣化,二者均会影响高速铁路的安全运营。既有研究分别仅针对道砟飞溅机理和防治措施,以及道床劣化机理和防治措施开展了分析。然而,飞溅道砟一旦击打钢轨表面致其伤损,会增大列车荷载作用下的轮轨动力响应,加速道床劣化;同时,道床劣化会导致散体道床小粒径道砟颗粒含量增加,进而加重道砟飞溅现象。即二者存在显著关联,并在病害防治方面也具有较大的相关性。因此,在高速铁路有砟轨道的研究中,需进一步开展道砟飞溅和劣化机理及防治措施的综合分析。

参考文献

[1] 高亮,徐旸. 高速铁路有砟轨道碎石道床力学分析[M]. 北京:中国铁道出版社,2020.

[2] 王树国,王璞,赵磊,等. 高速铁路工务工程前沿基础理论与科学问题:轨道系统与运维机制[J]. 铁道建筑,2018,58(11):5-12,25.

[3] PREMOLI A, ROCCHI D, SCHITO P, et al. Ballast flight under high-speed trains: Wind tunnel full-scale experimental tests[J]. Journal of Wind Engineering and Industrial Aerodynamics, 2015, 145: 351-361.

[4] ROCCHI D, TOMASINI G, SCHITO P, et al. Wind effects induced by high speed train pass-by in open air[J]. Journal of Wind Engineering and Industrial Aerodynamics, 2018, 173: 279-288.

[5] SOPER D, BAKER C, JACKSON A, et al. Full scale measurements of train underbody flows and track forces[J]. Journal of Wind Engineering and Industrial Aerodynamics, 2017, 169: 251-264.

[6] LÁZARO B, GONZALEZ E, CANTOS T, et al. Characterization and modeling of flying ballast phenomena in high-speed train lines[C]//19th Word Congress Railway Research. 2011, 5: 22-24.

[7] QUINN A D, HAYWARD M, BAKER C J, et al. A full-scale experimental and modelling study of ballast flight under high-speed trains[J]. Proceedings of the Institution of Mechanical Engineers, Part F: Journal of Rail and Rapid Transit, 2010, 224(2): 61-74.

[8] QUINN A, HAYWARD M. Full-scale aerodynamic measurements underneath a high speed train[J]. Bluff Bodies Aerodynamics & Applications, 2008.

[9] KWON H B, PARK C S. An experimental study on the relationship between ballast-flying phenomenon and strong wind under high-speed train[J]. Proceeding of WCRR, 2006: 625.

[10] KALTENBACH H, GAUTIER P, AGIRRE G, et al. Assessment of the aerodynamic load causing ballast projections: Results from the DEUFRAKO project aerodynamics in open air (AOA)[J]. 8th World Congress on Railway Research, 2008.

[11] SIMA M, GRAPPEIN E. Presentation of the EU FP7 AeroTRAIN project and first results[J]. 9th World Congress Railway Research, 2011.

[12] 郄录朝,许永贤,王红. 高速铁路道砟飞溅理论计算与试验研究[J]. 铁道建筑,2014,54(3):88-91.

[13] SAUSSINE G, PARADOT N. Full-scale tests on ballast track in wind tunnel[Z]. Munich: DEUFRAKO, 2008.

[14] BELL J R, BURTON D, THOMPSON M C, et al. A wind-tunnel methodology for assessing the slipstream of high-speed trains[J]. Journal of Wind Engineering and Industrial Aerodynamics, 2017, 166: 1-19

[15] KALTENBACH H J, PORTILLO I A, SCHOBER M. A generic train-underfloor experiment for CFD validation[Z]. Milano, Italy, 2008.

[16] KALTENBACH H J. Implications for the definition of a common measurement procedure[Z]. Munich: DEUFRAKO, 2008.

[17] KALTENBACH H J. The Generic underfloor geometry laboratory experiment"BIAC"[Z]. Munich: DEUFRAKO, 2008.

[18] KALTENBACH H J, DEEG P, EISENHAUER M. Experimental investigation of particle dislodgement in scale 1:10 (SUMKA)[Z]. Munich: DEUFRAKO, 2008.

[19] KIND R J. Tests to determine the wind-speeds for scouring and blowoff of rooftop gravel[Z]. Cambridge University Press, 1975.

[20] IDO A, SAITOU S, NAKADE K, et al. Study on under-floor flow to reduce ballast flying phenomena [J]. World Congress on Rail Research, 2008: S2-S3.

[21] NIU J Q, ZHOU D, LIANG X F. Experimental research on the aerodynamic characteristics of a high-speed train under different turbulence conditions[J]. Experimental Thermal and Fluid Science, 2017, 80: 117-125.

[22] SIMA M, GURR A A, ORELLANO A, et al. Validation of CFD for the flow under a train with 1:7 scale wind tunnel measurements[Z]. Milano, Italy, 1920.

[23] GARCÍA J, CRESPO A, ALONSO I, et al. Estimation of the flow characteristics between the train underbody and the ballast track[Z]. Milano, Italy, 2008 .

[24] GARCÍA J, CRESPO A, BERASARTE A, et al. Study of the flow between the train underbody and the ballast track[J]. Journal of Wind Engineering and Industrial Aerodynamics, 2011, 99(10): 1089-1098.

[25] PAZ C, SUÁREZ E, GIL C. Numerical methodology for evaluating the effect of sleepers in the underbody flow of a high-speed train[J]. Journal of Wind Engineering and Industrial Aerodynamics, 2017, 167: 140-147.

[26] PAZ C, SUÁREZ E, GIL C, et al. Effect of realistic ballasted track in the underbody flow of a high-speed train via CFD simulations[J]. Journal of Wind Engineering and Industrial Aerodynamics, 2019, 184: 1-9.

[27] GRAPPEIN E, RUETER A. Head pressure pulse in open air: Full assessment by computational fluid dynamics as a new standard[J]. Proceedings of the Institution of Mechanical Engineers, Part F: Journal of Rail and Rapid Transit, 2015, 229(6): 570-580.

[28] ROCCHI D, SCHITO P, TOMASINI G, et al. Numerical-experimental study on flying ballast caused by high-speed trains[Z]. Cambridge, United Kingdom, 2013

[29] ZHU J Y, HU Z W. Flow between the train underbody and trackbed around the bogie area and its impact on ballast flight[J]. Journal of Wind Engineering and Industrial Aerodynamics, 2017, 166: 20-28.

[30] HEMIDA H, BAKER C, GAO G J. The calculation of train slipstreams using large-eddy simulation [J]. Proceedings of the Institution of Mechanical Engineers, Part F: Journal of Rail and Rapid Transit, 2014, 228(1): 25-36.

[31] HEMIDA H, BAKER C, GAO G J. The calculation of train slipstreams using large-eddy simulation

[J]. Proceedings of the Institution of Mechanical Engineers, Part F: Journal of Rail and Rapid Transit, 2014, 228(1): 25-36.

[32] WANG J B, GAO G J, LIU M Y, et al. Numerical study of snow accumulation on the bogies of a high-speed train using urans coupled with discrete phase model[J]. Journal of Wind Engineering and Industrial Aerodynamics, 2018, 183: 295-314.

[33] WANG J B, ZHANG J, ZHANG Y, et al. Impact of bogie cavity shapes and operational environment on snow accumulating on the bogies of high-speed trains[J]. Journal of Wind Engineering and Industrial Aerodynamics, 2018, 176: 211-224.

[34] WANG J B, ZHANG J, ZHANG Y, et al. Impact of rotation of wheels and bogie cavity shapes on snow accumulating on the bogies of high-speed trains[J]. Cold Regions Science and Technology, 2019, 159: 58-70.

[35] 殷浩，高亮，蔡小培，等. 高速列车作用下道床表面风场特性研究[J]. 铁道学报，2018，40(12)：137-144.

[36] 田红旗. 中国列车空气动力学研究进展[J]. 交通运输工程学报，2006，6(1)：1-9.

[37] 田红旗. 中国高速轨道交通空气动力学研究进展及发展思考[J]. 中国工程科学，2015，17(4)：30-41.

[38] 田红旗，高广军. 270 km·h^{-1}高速列车气动力性能研究[J]. 中国铁道科学，2003，24(2)：14-18.

[39] 梁习锋，田红旗. 列车气动性能评估参数研究[J]. 中国铁道科学，2003，24(1)：38-42.

[40] 田红旗，梁习锋. "中华之星"高速列车综合空气动力性能研究[J]. 机车电传动，2003(5)：40-45.

[41] 梁习锋，田红旗，邹建军. 动力车纵向气动力风洞试验及数值模拟[J]. 国防科技大学学报，2003，25(6)：101-105.

[42] 韩锟，田红旗. 客运专线隧道空气动力学实车测试技术的研究与应用[J]. 中南大学学报(自然科学版)，2007，38(2)：326-332.

[43] 田红旗，许平，梁习锋，等. 列车交会压力波与运行速度的关系[J]. 中国铁道科学，2006，27(6)：64-67.

[44] 田红旗，姚松，姚曙光. 列车交会压力波对车体和侧窗的影响[J]. 中国铁道科学，2000，21(4)：6-12.

[45] 田红旗，梁习锋，许平. 列车空气动力性能研究及外形、结构设计方法[J]. 中国铁道科学，2002，23(5)：138-141.

[46] 田红旗，周丹，许平. 列车空气动力性能与流线型头部外形[J]. 中国铁道科学，2006，27(3)：47-55.

[47] 许平，田红旗，姚曙光. 流线型列车头部外形设计方法[J]. 中国铁道科学，2007，28(1)：76-80.

[48] 田红旗. 风环境下的列车空气阻力特性研究[J]. 中国铁道科学，2008，29(5)：108-112.

[49] 周丹，田红旗，杨明智，等. 强侧风下客车在不同路况运行的气动性能比较[J]. 中南大学学报(自然科学版)，2008，39(3)：554-559.

[50] 周丹，田红旗，鲁寨军. 大风对路堤上运行的客运列车气动性能的影响[J]. 交通运输工程学报，2007，7(4)：6-9.

[51] 苗秀娟，田红旗，高广军. 峡谷风对桥梁上列车气动性能的影响[J]. 中国铁道科学，2010，31(6)：63-67.

[52] 田红旗. 中国恶劣风环境下铁路安全行车研究进展[J]. 中南大学学报(自然科学版)，2010，41(6)：2435-2443.

[53] 郗艳红,毛军,高亮,等.横风作用下高速列车安全运行速度限值的研究[J].铁道学报,2012,34(6):8-14.

[54] 毛军,郗艳红,高亮,等.横风作用下高速列车气动阻力[J].中南大学学报(自然科学版),2014,45(11):4059-4067.

[55] 郗艳红,毛军,高亮,等.横风作用下高速列车转向架非定常空气动力特性[J].中南大学学报(自然科学版),2014,45(5):1705-1714.

[56] 毛军,郗艳红,高亮,等.腔室耗能型高速铁路风障的减载抗风性能[J].机械工程学报,2014,50(4):99-106.

[57] 毛军,郗艳红,杨国伟.侧风风场特征对高速列车气动性能作用的研究[J].铁道学报,2011,33(4):22-30.

[58] 郗艳红,毛军,李明高,等.高速列车侧风效应的数值模拟[J].北京交通大学学报,2010,34(1):14-19.

[59] 柳润东,毛军,赵萌,等.风障表面的高速列车风致空气脉动压力研究[J].华南理工大学学报(自然科学版),2016,44(10):87-95.

[60] 柳润东,毛军,郗艳红.高速铁路风障在横风与列车风耦合作用下的气动特性研究[J].振动与冲击,2018,37(3):153-159,166.

[61] 任尊松,徐宇工,王璐雷,等.强侧风对高速列车运行安全性影响研究[J].铁道学报,2006,28(6):46-50.

[62] 黄林,廖海黎.横向风作用下高速铁路车桥系统绕流特性分析[J].西南交通大学学报,2005,40(5):585-590.

[63] 黄林.列车风与自然风联合作用下的车—桥耦合振动分析[D].成都:西南交通大学,2007.

[64] 李雪冰,杨征,张继业,等.强风中高速列车空气动力学性能[J].交通运输工程学报,2009,9(2):66-73.

[65] 单魏,邓海,王金田,等.CRH3 型高速动车组空气动力学阻力特性优化设计[J].铁道车辆,2012,50(2):1-3,32,10.

[66] DANESH A, MIRGHASEMI A A, PALASSI M. Evaluation of particle shape on direct shear mechanical behavior of ballast assembly using discrete element method (DEM)[J]. Transportation Geotechnics,2020,23:100357.

[67] SCHROEDER-BODENSTEIN K. Full-scale experiment on the ballast bed impact of particles[Z]. Munich:DEUFRAKO,2008.

[68] KAWASHIMA K, IIKURA S, ENDO T, et al. Experimental studies on ballast-flying phenomenon caused by dropping of accreted snow/ice from high-speed trains[R]. RTRI report,2003.

[69] NAVARRO-MEDINA F, SANZ-ANDRES A, PEREZ-GRANDE I, et al. The Ballast Pick-Up Problem:A Theoretical Approach and two Experimental Campaigns[J]. 数学研究与评论:英文版. 2011,116(5):882-888.

[70] DENG J Y,LIU X,JING G Q,et al. Probabilistic risk analysis of flying ballast hazard on high-speed rail lines[J]. Transportation Research Part C:Emerging Technologies,2018,93:396-409.

[71] JING G Q,LIU G X,LIN J,et al. Aerodynamic characteristics of individual ballast particle by wind

tunnel tests[J]. Journal of Engineering Science and Technology Review,2014,7(2):137-142.

[72] 井国庆,丁东,邵帅. 基于 Monte Carlo 高速铁路飞砟可靠性分析研究[J]. 铁道科学与工程学报,2016,13(7):1234-1240.

[73] 王芸芸,谢军龙,钟小普,等. 有砟轨道高速列车车速对道砟飞溅的影响[J]. 中国工程热物理学会,2012.

[74] SAUSSINE G,VOIVRET C,PARADOT N,et al. A risk assessment method for ballast flight; managing the rolling stock/infrastructure interaction[J]. Proceedings of the Institution of Mechanical Engineers,Part F:Journal of Rail and Rapid Transit,2015,229(6):581-593.

[75] GOO J S,KIM J S,SHIN K B. Evaluation of structural integrity after ballast-flying impact damage of a gfrp lightweight bogie frame for railway vehicles[J]. Journal of Mechanical Science and Technology,2015,29(6):2349-2356.

[76] 井国庆,高亮,曾树谷. 中欧高速铁路有砟轨道道床参数的比较与分析[J]. 铁道建筑,2011,51(10):84-85,119.

[77] 徐锡江,井国庆,籍雅萌. 超高速铁路飞砟防治技术研究[J]. 现代交通技术,2019,16(2):76-80.

[78] 井国庆. 高速铁路有砟轨道道砟飞溅的研究与防治[J]. 铁道建筑,2009,49(2):97-98.

[79] 宋佳宁,井国庆,黄红梅,等. 高速铁路飞砟与防治[J]. 中国铁路,2015(9):62-64,69.

[80] 郄录朝,王红,徐旸,等. 大西高铁聚氨酯固化道床施工中轨道变形控制措施研究[J]. 中国铁道科学,2018,39(4):1-7.

[81] 井国庆,贾文利,付豪,等. 高速铁路飞砟防治专用聚氨酯适用性研究[J]. 铁道工程学报,2019,36(5):25-29.

[82] 赵健. 沪昆高铁北盘江特大桥聚氨酯固化道床施工质量控制技术[J]. 铁道建筑,2017,57(2):120-123,128.

[83] 郄录朝,王红,许永贤,等. 聚氨酯固化道床的力学性能试验研究[J]. 铁道建筑,2015,55(1):107-112.

[84] 韩自力,郄录朝,王红,等. 聚氨酯固化道床技术研究与应用[J]. 中国铁路,2017(5):1-6.

[85] 邓沛,赵海妮,黄克军,等. 聚氨酯固化道床浇注前轨道施工工艺研究[J]. 铁道建筑,2014,54(12):110-112.

[86] 蒋函珂. 聚氨酯固化道床结构动力特性研究[D]. 北京:北京交通大学,2015.

[87] 贾文利. 聚氨酯固化道床力学特性试验与数值分析[D]. 北京:北京交通大学,2018.

[88] 郄录朝,王红,陈宏,等. 聚氨酯固化道床线路运营与维护[J]. 中国铁路,2017(5):7-12.

[89] 朱彦,韩文,于大海,等. 聚氨酯固化道床用聚氨酯材料使用寿命预测[J]. 铁道建筑,2017,57(5):113-117.

[90] 王红. 铁路有砟道床聚氨酯固化技术的发展及应用[J]. 铁道建筑,2015,55(4):135-140.

[91] 柯在田,王红,郄录朝,等. 一种新型轨道结构:聚氨酯固化道床技术[Z]. 广州,2015.

[92] 王红,许永贤,许良善,等. 重载铁路聚氨酯固化道床结构形式及其合理参数的研究[J]. 铁道建筑,2014,54(7):129-132.

[93] RIESSBERGER K. Frame sleepers adapt ballasted track to modern needs[J]. Railway Gazette International,2000,156(2):92-94.

[94] WAKUI H. Technological innovation in railway structure system with ladder sleeper[J]. Concrete Journal,1998,36(5):8-16.

[95] YAMAZAKI N, IDO A, KURITA T, et al. Experimental study on flow field under a high speed shinkansen train[M]. Tokyo:Springer,2012:487-494.

[96] 林建,井国庆,黄红梅. 严寒地区高速铁路冰雪飞溅与防治[J]. 铁道科学与工程学报,2016,13(1):28-33.

[97] 林建. 基于计算流体力学有砟道床飞砟力学特性研究[D]. 北京:北京交通大学,2014.

[98] 丁东. 基于风洞试验和 CFD 仿真高速铁路有砟轨道空气动力学特性分析[D]. 北京:北京交通大学,2017.

[99] 贾文利. 聚氨酯固化道床力学特性试验与数值分析[D]. 北京:北京交通大学,2018.

[100] 王斌,包进荣,杨冠岭,等. 道砟胶对道床参数的影响研究[J]. 铁道标准设计,2010,54(11):14-16.

[101] 朱永见,亓伟,陈攀. 道砟胶对过渡段道床参数的影响规律研究[J]. 铁道科学与工程学报,2016,13(1):34-39.

[102] 刘晓阳,刘浩. 道砟胶对加强道床刚度的作用[J]. 中国西部科技,2013,12(5):14-15,33.

[103] 亓伟,刘玉涛,李成辉. 道砟胶分段固化道床动力性能测试与分析[J]. 中南大学学报(自然科学版),2018,49(3):764-770.

[104] 亓伟. 道砟胶固化道床技术在有砟-无砟轨道过渡段的应用[J]. 中国铁路,2016(12):47-51.

[105] 朱永见. 道砟胶应用于有砟-无砟轨道过渡段的关键控制技术[J]. 铁道建筑,2016,56(8):133-136.

[106] 杨建明. 道砟胶在道床过渡段的应用与施工[J]. 铁道建筑,2011,51(2):111-113.

[107] 胡飞. 高速铁路道砟胶固化道床轨道过渡段力学特性研究[D]. 北京:北京交通大学,2013.

[108] 何斌,肖宏. 高速铁路胶粘道砟固化道床的动力学特性[J]. 铁道建筑,2018,58(2):112-116.

[109] 张徐. 高速铁路散粒体道床宏细观力学行为的数值模拟与试验研究[D]. 成都:西南交通大学,2017.

[110] 高志国. 高速铁路有砟与无砟轨道过渡段优化设计研究[J]. 铁道建筑,2016,56(9):118-120.

[111] 姜涵文,肖宏,安博伦. 基于 SIMPACK 和 ANSYS 联合仿真的胶粘道砟过渡段动力学特性研究[J]. 铁道标准设计,2018,62(1):10-14.

[112] 邵帅. 基于离散元—有限元耦合法的有砟铁路结构动力特性分析及试验验证[D]. 大连:大连理工大学,2017.

[113] 肖宏,令行. 胶粘道床横向阻力特性试验和离散元分析[J]. 西南交通大学学报,2017,52(6):1046-1054.

[114] 朱永见. 聚氨酯在铁路道砟粘结技术中的应用综述[J]. 铁道标准设计,2016,60(10):31-36.

[115] 郭宏伟,刘树铎,连智敏. 京哈线秦沈段道砟飞溅防治技术的应用研究[J]. 铁路工程造价管理,2012,27(2):12-15.

[116] 刘春明. 防止列车高速运行时道碴飞散的有效措施[J]. 铁道建筑技术,2004(1):58-60.

[117] JING G Q, LIU G X, LIN J, et al. Aerodynamic characteristics of individual ballast particle by wind tunnel tests[J]. Journal of Engineering Science and Technology Review,2014,7(2):137-142.

[118] SUN Y F, ZHENG C J. Breakage and shape analysis of ballast aggregates with different size distributions[J]. Particuology,2017,35:84-92.

[119] ZHANG Z T,GAO W H,WANG X,et al. Degradation-induced evolution of particle roundness and its effect on the shear behaviour of railway ballast[J]. Transportation Geotechnics,2020,24:100388.

[120] 国家铁路局. 高速铁路设计规范:TB 10621—2014[S]. 北京:中国铁道出版社,2015.

[121] 徐旸,高亮,杨国涛,等. 道砟颗粒的精细化建模及对道床力学性能影响[J]. 铁道学报,2014,36(9):73-78.

[122] 邵文杰,杨新文,练松良. 基于最小投影的离散元道砟模型的粒径识别[J]. 铁道学报,2017,39(1):90-96.

[123] 邵文杰,练松良,杨新文. 碎石道床沉降的离散元分析[J]. 同济大学学报(自然科学版),2017,45(2):195-202,222.

[124] 赵春发,张徐,翟婉明. 高速铁路碎石道砟振动的离散元模拟[J]. 计算力学学报,2015,32(5):674-680.

[125] 李朋,刘鉴兴,肖杰灵,等. 基于图像处理的道砟颗粒二维廓形追踪提取算法[J]. 铁道标准设计,2019,63(5):20-25.

[126] 边学成,李伟,李公羽,等. 基于颗粒真实几何形状的铁路道砟剪切过程三维离散元分析[J]. 工程力学,2015,32(5):64-75,83.

[127] 徐旸,高亮,王红,等. 道砟级配的分形方法及对道床剪切性能影响[J]. 铁道学报,2016,38(12):94-101.

[128] 肖军华,郭佳奇,张德,等. 铁路道砟形态特征的统计分析与几何重构[J]. 同济大学学报(自然科学版),2020,48(12):1758-1769.

[129] 肖军华,张德,王延海,等. 基于 DEM-FDM 耦合的普通铁路碎石道床-土质基床界面接触应力分析[J]. 工程力学,2018,35(9):170-179.

[130] 张徐,赵春发,翟婉明,等. 铁路有砟道床振动和变形的离散元模拟与试验验证[J]. 岩土力学,2017,38(5):1481-1488.

[131] 徐旸,高亮,蔡小培,等. 基于激光扫描法的铁路道砟级配对道床动力特性影响的离散元研究[J]. 振动与冲击,2017,36(5):127-133,156.

[132] JERÓNIMO P,RESENDE R,FORTUNATO E. An assessment of contact and laser-based scanning of rock particles for railway ballast[J]. Transportation Geotechnics,2020,22:100302.

[133] 王福军. 计算流体动力学分析:CFD 软件原理与应用[M]. 北京:清华大学出版社,2004.

[134] 李人宪. 有限体积法基础[M]. 北京:国防工业出版社,2005.

[135] TU Y,YEOH G H,LIU C. Computational fluid dynamics:A practical approach[J]. Artificial Organs,2012,33(9):727-732.

[136] BEAR J. Dynamics of fluids in porous media[M]. New York:American Elsevier Publishing Company Inc. ,1972.

[137] WARRICK A W. Physical principles of water percolation and seepage[J]. Soil Science Society of America Journal,1968,32(6):iv.

[138] XU X,SUN H,HUA G,et al. CFD analysis and optimization of automobile radiator based on STAR-CCM+[J]. International Journal of Plant Engineering and Managemen,2017,22(4):212-221.

[139] 西迪阿特信息科技(上海)有限公司技术部. STAR-CCM+使用技巧[J]. 计算机辅助工程,2010,19(2):98-99.

[140] 刘涛,刘凤华,余以正,等. 基于 STAR-CCM+的高速列车空气动力学性能数值分析[J]. 大连交通大学学报,2013,34(2):24-27.

[141] 邱静,王国志,李玉辉. 基于 STAR-CCM+的简单流体模型 CFD 研究[J]. 液压气动与密封,2010,30(10):8-10.

[142] 国家铁路局. 铁路线路设计规范:TB 10098—2017[S]. 北京:中国铁道出版社,2017.

[143] MORTENSEN J,FAURHOLT J F,HOVAD E,et al. Discrete element modelling of track ballast capturing the true shape of ballast stones[J]. Powder Technology,2021,386:144-153.

[144] WANG Z J,JING G Q,YU Q F,et al. Analysis of ballast direct shear tests by discrete element method under different normal stress[J]. Measurement,2015,63:17-24.

[145] GAO L,LUO Q,YANG X U,et al. Discrete element method of improved performance of railway ballast bed using elastic sleeper[J]. 中南大学学报(英文版). 2015.

[146] JIA W L,MARKINE V,GUO Y L,et al. Experimental and numerical investigations on the shear behaviour of recycled railway ballast[J]. Construction and Building Materials,2019,217:310-320.

[147] ZHAO J D,SHAN T. Coupled CFD-DEM simulation of fluid-particle interaction in geomechanics[J]. Powder Technology,2013,239:248-258.

[148] 陈志伟. MSC Adams 多体动力学仿真基础与实例解析[M]. 北京:中国水利水电出版社,2012.

[149] 张越今,宋健. 多体动力学仿真软件 ADAMS 理论及应用研讨[J]. 机械科学与技术,1997,16 (5):753-758.

[150] 刘又午. 多体动力学在机械工程领域的应用[J]. 中国机械工程,2000,11(S1):144-149.

[151] 邵忍平. 机械系统动力学[M]. 北京:机械工业出版社,2005.

[152] 陈立平. 机械系统动力学分析及 ADAMS 应用教程[M]. 北京:清华大学出版社,2005.

[153] 耿超,徐楠,钱经. 基于有限元与 Gear 算法的变压器绕组振动的理论建模分析[J]. 电工材料,2017(6):14-18.

[154] LIM W L. Mechanics of railway ballast behavior[D]. Nottingham:University of Nottingham,2004.

[155] LU M,MCDOWELL G R. The importance of modelling ballast particle shape in the discrete element method[J]. Granular Matter,2006,9(1/2):69-80.

[156] 徐旸,高亮,杨国涛,等. 道砟颗粒的精细化建模及对道床力学性能影响[J]. 铁道学报,2014,36(9):73-78.

[157] 徐旸,高亮,蔡小培,等. 基于激光扫描法的铁路道砟级配对道床动力特性影响的离散元研究[J]. 振动与冲击,2017,36(5):127-133,156.

[158] 高亮,罗奇,徐旸,等. 基于离散元法的铁路道床力学特性[J]. 同济大学学报(自然科学版),2014,42(7):1064-1069.

[159] 徐旸,高亮,井国庆,等. 脏污对道床剪切性能影响及评估指标的离散元分析[J]. 工程力学,2015,32(8):96-102.

[160] BIAN X C,JIANG H G,CHEN Y M,et al. A full-scale physical model test apparatus for

investigating the dynamic performance of the slab track system of a high-speed railway[J]. Proceedings of the Institution of Mechanical Engineers, Part F: Journal of Rail and Rapid Transit, 2016, 230(2): 554-571.

[161] 蒋红光,边学成,陈云敏,等. 高速铁路轨道-路基列车移动荷载模拟的全比尺加速加载试验[J]. 土木工程学报,2015,48(9):85-95.

[162] 高亮,殷浩,徐旸,等. 基于离散元法的散体道床与基床表层耦合变形机理研究[J]. 振动与冲击,2018,37(7):186-192,226.

[163] HUANG H, CHRISMER S. Discrete element modeling of ballast settlement under trains moving at "Critical Speeds"[J]. Construction and Building Materials, 2013, 38: 994-1000.

[164] GROSSONI I, POWRIE W, ZERVOS A, et al. Modelling railway ballasted track settlement in vehicle-track interaction analysis[J]. Transportation Geotechnics, 2021, 26: 100433.

[165] ISHIKAWA T, LIN T S, YANG J Q, et al. Application of the UIUC model for predicting ballast settlement to unsaturated ballasts under moving wheel loads[J]. Transportation Geotechnics, 2019, 18: 149-162.

[166] ZENG K, QIU T, BIAN X C, et al. Identification of ballast condition using smartrock and pattern recognition[J]. Construction and Building Materials, 2019, 221: 50-59.

[167] KUMARA J J, HAYANO K. Deformation characteristics of fresh and fouled ballasts subjected to tamping maintenance[J]. Soils and Foundations, 2016, 56(4): 652-663.

[168] SHI S W, GAO L, CAI X P, et al. Effect of tamping operation on mechanical qualities of ballast bed based on DEM-MBD coupling method[J]. Computers and Geotechnics, 2020, 124: 103574.

[169] OFFENBACHER S, ANTONY B, BARBIR O, et al. Evaluating the applicability of multi-sensor equipped tamping machines for ballast condition monitoring[J]. Measurement, 2021, 172: 108881.

[170] LING X, XIAO H, CUI X H. Analysis of mechanical properties of polyurethane-mixed ballast based on energy method[J]. Construction and Building Materials, 2018, 182: 10-19.

[171] SHI S W, GAO L, XIAO H, et al. Research on ballast breakage under tamping operation based on dem-mbd coupling approach[J]. Construction and Building Materials, 2021, 272: 121810.

[172] DANESH A, PALASSI M, MIRGHASEMI A A. Effect of sand and clay fouling on the shear strength of railway ballast for different ballast gradations[J]. Granular Matter, 2018, 20(3): 1-14.

[173] NGO T, INDRARATNA B. Mitigating ballast degradation with under-sleeper rubber pads: experimental and numerical perspectives[J]. Computers and Geotechnics, 2020, 122: 103540.

[174] 卢祖文. 我国铁路混凝土轨枕的现状和发展[J]. 中国铁路,2006(6):8-11,5.

[175] 杨全亮,朱彬. Ⅲ型混凝土轨枕道床纵、横向阻力试验分析[J]. 铁道标准设计,2010,54(3):4-6.

[176] 杨艳丽. Ⅲ型混凝土轨枕有砟道床纵横向阻力设计参数试验研究[J]. 铁道工程学报,2010,27(10):49-51,57.

[177] 马春生,肖宏,高亮. 高速铁路弹性轨枕有砟轨道力学特性试验研究[J]. 土木工程学报,2015,48(S2):81-87.

[178] 刘玮,曲村. 高速铁路桥上有砟轨道轨枕选型方案研究[J]. 高速铁路技术,2011,2(3):38-42.

[179] 蔡小培，曲村，高亮. 国内外高速铁路桥上有砟轨道轨枕结构研究现状分析[J]. 铁道标准设计，2011，55(11)：5-10.

[180] 叶军，裴爱华，郭骁. 京张高速铁路有砟轨道动力特性及轨枕优化研究[J]. 高速铁路技术，2017，8(4)：45-49，65.

[181] 蔡小培，谭诗宇，沈宇鹏，等. 隧道内有砟轨道铺设弹性轨枕的动力特性分析[J]. 铁道学报，2018，40(1)：87-93.

[182] ABADI T，PEN L L，ZERVOS A，et al. Effect of sleeper interventions on railway track performance [J]. Journal of Geotechnical and Geoenvironmental Engineering，2019，145(4)：04019009.

[183] 高亮. 轨道工程[M]. 北京：中国铁道出版社，2010.

[184] REZAIE F，FARNAM S M. Fracture mechanics analysis of pre-stressed concrete sleepers via investigating crack initiation length[J]. Engineering Failure Analysis，2015，58：267-280.

[185] EDWARDS J R，GAO Z，WOLF H E，et al. Quantification of concrete railway sleeper bending moments using surface strain gauges[J]. Measurement，2017，111：197-207.

高速铁路基础研究与技术创新丛书

第一期(16 册)

(一)基础理论与基础技术系列

高速铁路散体道床宏细观力学行为 赵春发 翟婉明 张 徐 著

ISBN 978-7-113-28857-0

高速铁路线路系统动力学 龙许友 时 瑾 王英杰 编著

ISBN 978-7-113-28997-3

高速铁路弓网关系研究 韩通新 著

ISBN 978-7-113-28941-6

(二)动车组系列

高速列车轻量化设计 李 明 伊召锋 米莉艳 等编著

ISBN 978-7-113-28972-0

(三)供电系列

高速铁路受电弓 韩通新 编著

ISBN 978-7-113-28975-1

高速铁路接触网检测技术 韩通新 著

ISBN 978-7-113-28961-4

(四)工程设计系列

高速铁路桥梁抗震设计 陈兴冲 张永亮 编著

ISBN 978-7-113-28964-5

高速铁路轨道工程 BIM 正向设计软件开发与实践 姚 力 刘大园 董凤翔 等编著

ISBN 978-7-113-28934-8

(五)工程施工与组织系列

高速铁路桥梁 BIM 技术研究与实践 盛黎明 苏 伟 刘延宏 宋树峰 编著

ISBN 978-7-113-28938-6

高速铁路岩溶路基边坡变形与稳定 白明洲 师 海 田 岗 等编著

ISBN 978-7-113-28880-8

高速铁路工程地质灾害超前预报图形判别和解译 李　忠　郝娜娜　等编著

ISBN 978-7-113-28935-5

（六）通信与列控系列

高速铁路宽带无线信道测量与建模技术 周　涛　何睿斯　艾　渤　编著

ISBN 978-7-113-28930-0

（七）测量与检测系列

（八）高铁运营与经济系列

高速铁路社会效益研究——基于时空经济分析 李红昌　夏璇璇　著

ISBN 978-7-113-28942-3

（九）现代信息技术系列

高速铁路物联网技术 史天运　孙　鹏　张惟皎　陈瑞凤　编著

ISBN 978-7-113-29029-0

（十）安全·健康·维护系列

高速铁路道砟飞溅机理及防治 高　亮　石顺伟　殷　浩　著

ISBN 978-7-113-28906-5

高速列车多目标均衡综合节能技术 张　雷　李　明　司志强　等编著

ISBN 978-7-113-28976-8